Limite

PUC
RIO

Reitor
Pe. Josafá Carlos de Siqueira SJ

Vice-Reitor
Pe. Álvaro Mendonça Pimentel SJ

Vice-Reitor para Assuntos Acadêmicos
Prof. José Ricardo Bergmann

Vice-Reitor para Assuntos Administrativos
Prof. Luiz Carlos Scavarda do Carmo

Vice-Reitor para Assuntos Comunitários
Prof. Augusto Luiz Duarte Lopes Sampaio

Vice-Reitor para Assuntos de Desenvolvimento
Prof. Sergio Bruni

Decanos
Prof. Júlio Cesar Valladão Diniz (CTCH)
Prof. Luiz Roberto A. Cunha (CCS)
Prof. Luiz Alencar Reis da Silva Mello (CTC)
Prof. Hilton Augusto Koch (CCBS)

Luiz Costa Lima

Limite

© Luiz Costa Lima, 2019

© Editora PUC-Rio
Rua Marquês de S. Vicente, 225, casa Editora PUC-Rio
Rio de Janeiro, RJ – 22451-900
Tel.: (21) 3527-1760/1838
www.puc-rio.br/editorapucrio | edpucrio@puc-rio.br

Conselho gestor: Augusto Sampaio, Danilo Marcondes, Felipe Gomberg, Hilton Augusto Koch, José Ricardo Bergmann, Júlio Diniz, Luiz Alencar Reis da Silva Mello, Luiz Roberto Cunha e Sergio Bruni

© Relicário Edições
Rua Machado, 155, casa 2, Colégio Batista
Belo Horizonte, MG – 31110-080
www.relicarioedicoes.com | contato@relicarioedicoes.com

Coordenação editorial: Maíra Nassif
Conselho editorial: Eduardo Horta Nassif Veras (UFTM), Ernani Chaves (UFPA), Guilherme Paoliello (UFOP), Gustavo Silveira Ribeiro (UFMG), Luiz Rohden (Unisinos), Marco Aurélio Werle (USP), Markus Schäffauer (Universität Hamburg), Patrícia Lavelle (PUC-Rio), Pedro Süssekind (UFF), Ricardo Barbosa (Uerj), Romero Freitas (UFOP), Virginia Figueiredo (UFMG)

Revisão: Ivone Teixeira
Revisão de provas: Maíra Nassif
Projeto gráfico de miolo: Regina Ferraz
Projeto gráfico de capa: Caroline Gischewski

Dados Internacionais de Catalogação na Publicação (CIP)

Lima, Luiz Costa

    Limite / Luiz Costa Lima. – Rio de Janeiro: Ed. PUC-Rio; Belo Horizonte: Relicário Edições, 2019.

    346 p.; 23 cm

    Inclui bibliografia
    ISBN (PUC-Rio): 978-85-8006-274-8
    ISBN (Relicário Edições): 978-85-66786-91-0

    1. Mimese na literatura. 2. Imagem (Filosofia). I. Título.

CDD: 809.12

Elaborado por Lizandra Toscano dos Santos – CRB-7/6915
Divisão de Bibliotecas e Documentação – PUC-Rio

A Rebeca, companheira

Agradecimentos a

Aline Magalhães Pinto
Eduardo Sterzi
José Mário Pereira
Lucas Santos
Melanie Macdonald
Nilza e Carlos Nascimento Silva
Paulo Soethe
Ricardo Sternberg
e a todos a quem sou devedor por textos e/ou conversas

É percorrendo o problema que o pensamento
instala em si o tempo.

                                          Fernando Gil, 1984

Aceleração e retardamento são momentos dos processos históricos até hoje pouco notados.

[*Beschleunigung und Verzögerung sind Momente an geschichtlichen Prozessen, denen bisher zu wenig Beachtung zuteil wurde*]

                                    Hans Blumenberg, 1971

Sumário

Prefácio, por Aline Magalhães Pinto 13

Apresentação 23
Nota 1 26
Nota 2 26

Capítulo 1 – Uma visão parcial e interessada da arte 29

Capítulo 2 – *Mímesis* e representação 119

Capítulo 3 – Ostracismo e imagem 171
Primeira parte: Ostracismo da *mímesis* e filosofia 171
Segunda parte: Modos de pensar a *mímesis*
A singularidade de René Girard 184
Terceira parte: A imagem 216

Capítulo 4 – Situando primeiras intuições 249

Apêndice – A topografia da recepção de Auerbach
na América Latina, por Carlos Rincón 289

Referências bibliográficas 309
Bibliografia geral 323
Índice remissivo 333
Obras do autor 343
Sobre o autor 345

Prefácio

> Em cada coisa o lado
> que corta se revela
> "Uma faca só lâmina", J. C. M. Neto

O verso escolhido como epígrafe, extraído de um poema caro a Luiz Costa Lima, condensa sua escrita e obra ao aludir à firmeza de um traço que, por não admitir superficialidades, não concede aos leitores a não ser o mais absoluto rigor e a maior das seriedades. Incisivo, esse traço cortante retorna em *Limite* para nos levar à situação limiar a que já havíamos sido conduzidos em *Limites da voz* (1993), *Mímesis: desafio ao pensamento* (2003) e *Frestas* (2013). Aguda, dirigida inicialmente ao campo da teoria da literatura, essa escrita que corta profundo se torna um estudo significativo sobre os processos comunicativos e padrões de reflexividade da sociedade ocidental, o que, portanto, projeta a teoria literária num horizonte mais vasto, que solicita e dialoga com o pensamento histórico, sociológico, filosófico e psicanalítico.

Gosto de pensar que o mergulho que leva Costa Lima ao conceito de *mímesis* é impulsionado, pelo menos em parte, pela tentativa de compreender as formas pelas quais a escrita e as formações discursivas configuram o desejo constituinte da relação com a alteridade, entendendo por desejo o outro nome da pré-reflexividade demandante de uma identificação – parâmetro em que se pauta a *mímesis*, como Sérgio Alcides bem aponta no posfácio à segunda edição de *Mímesis: desafio ao pensamento* (2014). Nesse livro, em que está empenhado o primeiro grande esforço de sistematização teórica da *mímesis*, Costa Lima apresentara a formulação da representação-efeito: imagem que não desliga de si a resposta afetiva do sujeito observador. Com isso está aberta a distorções, desfigurações, diferenças. Não obedecendo ao clássico confronto de matriz cartesiana entre sujeito-objeto, sua tematização acabou por consolidar uma visada alternativa para a análise da ficcionalidade, principal foco de atenção do autor.

Os trabalhos publicados a partir do final da primeira década do século XXI são marcados pela expansão do campo de incidência da *mímesis* e questionamento dos limites da representação-efeito, justamente porque sua investigação alinha a *mímesis* à problematização dos sistemas de referências que regulam as noções de verdade e ficção. Produto da tensão entre os vetores da "semelhança" e da "diferença", a *mímesis* aparece não mais endereçada somente à análise dos artefatos verbais, e sim como processo poiético de construção identitária que evidencia a plasticidade de que se vale a espécie humana para lidar com sua carência constitutiva (*Mängelwesen*), i.e., falta de um ambiente ou cenário que se possa chamar de fato "natural" ao homem. Essa lacuna ou vazio está na base da discursividade em geral, mas na medida em que o conhecimento crítico de um objeto de arte é diverso de um estado de consciência espontaneamente gerado em si mesmo, o campo do estético permanece como meio de reflexão privilegiado. Seguindo por essa estrada, Costa Lima afirma em *Frestas* (2013, 403): "Tal reflexão não se cumpre sobre a arte senão que nela, pela expansão que a obra oferece ao espírito".

A produção recente de Luiz Costa Lima, como a força elegante de um esgrimista, parece-me girar ao redor dessa preocupação e cuidado em construir uma reflexão teórica atenta à plasticidade dos processos geradores envolvidos nas formações discursivas, em especial a ficcional, conectada a uma capacidade ou potência humana que plasma o desejo em imagem.

Conforme afirmava anteriormente[1] no caminho aberto por LCL em sua teorização da *mímesis*, a discussão sobre o estatuto da imagem tem três fontes fundamentais: 1. as reflexões aristotélicas de cunho antropológico contidas, principalmente, nos tratados *De anima* e *De memoria et reminiscentia*; 2. o pensamento freudiano, em especial a teoria das pulsões; 3. a estética transcendental kantiana e, mais particularmente, uma interpretação singular da experiência estética.

---

[1] Cf. "Sem a imagem, a vida seria impossível: um trajeto sobre a recente produção de Luiz Costa Lima" em Cechinel, A.: 2016, 113-144.

Valendo-se da interpretação de D. Frede, o autor brasileiro encontra a chave que liga *phantasia* e uma disposição dinâmica: ela, *phantasia*, oscila permitindo ao intelecto não encerrar-se em si mesmo, pois o impulso humano se move em função do desejável. Essa disposição dinâmica, esse estar direcionado para, *configura* uma resposta do corpo pensante ao desejável. Munida de uma função suplementar, *phantasia* supre, por sua plasticidade, uma carência da percepção sensível. Costa Lima ressalta a ambiguidade da interpretação aristotélica, que considera a *phantasia* uma condição necessária ao pensamento e, ao mesmo tempo, um prolongamento epifenomênico das sensações, acentuando, ainda, que "[Dorothea Frede] consegue extrair do labirinto do *De anima* uma função afirmativa da *phantasia*: sem que seja uma faculdade própria, ela desempenha o papel suplementar de, plasmando o desejo em imagem, mover o pensamento, ao mesmo tempo que funciona como fusão dos elementos da percepção sensível, abrangente do passado e da expectativa de futuro enquanto a expectativa supõe a repetição do que já se deu" (Costa Lima, L.: 2009, 129).

Embora não seja possível, como ressalta Costa Lima, traduzir, no contexto grego, *phantasia* por imaginação, no sentido de um poder ou atividade de fazer ou criar algo,[2] os estudos sobre Aristóteles (destaque para D. Frede) fornecem o primeiro alicerce para pensar o encadeamento entre desejo, movência do intelecto e imagem. Isso é como um estado em que estamos dispostos a nos afetar pela aparência em que as coisas se mostram, a forma pela qual elas se fazem ver. Um modo de estar que envolve a dimensão em que o desejo é a mediação que, através de imagens, estimula o intelecto. Por sua vez, a imagem é o meio em que o movimento desejante se realiza: algo que se vê (uma imagem que aparece, *phainetai*) e conduz *o olhar* ao movimento. Nem criação nem reprodução, a imagem traria consigo, desde sua tematização pelo estagirita, uma tensão entre prestar-se ao estabelecimento de

---

[2] Sempre é importante remeter, em relação a esse problema, ao precioso texto de H. Blumenberg, "Imitação da natureza. Contribuição à pré-história da ideia do homem criador". Tradução de Luiz Costa Lima, sob revisão de Doris Offerhaus (Luiz Costa, L.: 2010; ver, especialmente, a nota 30).

uma verdade e cumprir um papel dinâmico, como ricochete do corpo à demanda do desejo.

Essa tensão, exposta aos paradoxos da modernidade, conduz a teorização ao encontro dos conceitos psicanalíticos de *mímesis*, que têm um papel importante para o trabalho reflexivo de Costa Lima. É sempre importante lembrar que, nas teorias psicanalíticas da gênese do sujeito, a função central da *mímesis* não deriva da *imitatio*, e, como mediação que é, se desvia sempre da produção de imagens cópias (Schwab, G.: 1999, 119). Para a constituição psíquica, cada movimento mobiliza os sentidos e põe à prova tanto os objetos e resistências como a si mesmo. Para cada movimento em direção ao que se deseja ser, há uma espécie de "projeto" imaginativo que antecipa e orienta a ação, constituindo uma ligação entre o fazer algo e o ver a si mesmo fazendo algo que tem como base modelos identificatórios e, alimentando-os, um desejo de existir que aponta para um fundo a ser explorado por uma antropologia cultural filosófica. Nesse território mais amplo, o que chamamos de terceira fonte aparece como uma demarcação e um enclave.

Para LCL, o pensamento sobre a imagem, voltado ao artefato verbal e empreendido a partir da teorização da *mímesis*, escapa à estetização e ao solipsismo subjetivista; supõe e implica o sintoma, o inconsciente e interdito, configurando-se como uma crítica (no sentido kantiano) da representação. Isso porque, não se tratando de uma emulação ou de uma transferência figurativa, e sim de um circuito ou disposição dinâmica desejante e antropogênica, o engendramento das imagens vai ao encontro daquilo que, a partir da determinação do juízo de reflexão, Kant formulou como experiência estética. Experiência que promove uma suspensão provisória e afastamento momentâneo do império do semântico (que impregna as relações pragmáticas) e que, por isso mesmo, rompe com a cadeia formada entre intuição, representação e sensação. "A experiência estética implicaria tomar-se a sintaxe como *espera e intervalo que antecede a (re)ocupação semântica*" (Costa Lima, L.: 1993, 137). A (re)ocupação semântica promove uma distância; isso significa dizer que emocionalmente – não só intelectualmente – o receptor ganha espaço para sentir criticamente (atividade que reúne pensar e imaginar) o que perde no mundo tão só semantizado.

Costa Lima retorna, pois, às definições básicas da estética transcendental, orientado por sua interpretação não ortodoxa da experiência estética, para chamar a atenção para dois pontos: 1. a intuição, porque tende a assumir relações mediadas pelo encadeamento com a representação e a sensação, tende igualmente a estar presa à ordem semântica, à qual o objeto estético não se submete totalmente; 2. "a intuição não diz respeito ao que não é conhecimento".

Logo, o aparelho que se conforma tendo por base as formas puras de intuição, espaço e tempo, fundamentando a possibilidade de conhecimento, não pode se disparar sozinho porque o aparato transcendental equivale a uma máquina em *stand-by* ou modo de espera, pronta para se ativar, sem algo que a acione. Tampouco pode ser absolutamente controlado pelo critério de verdade e conduzido totalmente pelo conceito. Se é verdade que o jogo de dessemantização e ressemantização não está restrito à dimensão do prazer e do desejo, é igualmente verdadeiro (e essa é a contribuição fundamental de Kant) que, na experiência estética, não estamos contra a verdade, mas o juízo que lhe cabe não se compõe pelo princípio de verdade.

É a partir desse alargamento proporcionado pelo pensamento kantiano que se torna possível, para LCL, compreender a imagem para além de sua dimensão como transferência figurativa. Não se trata de estabelecer uma equivalência entre imagem e experiência estética. Mas, devido à sua força e dinamicidade configuradas pela sua relação com a dimensão psíquica do desejo, o engendramento de imagens e, logo, o seu entendimento, tal como a experiência estética, carece e demanda a expansão e ultrapassa o critério de verdade.

A partir dessa tripla base teórica que acabamos de delinear, a obra de Luiz Costa Lima conforma-se como um arranjo conceitual amplo e rizomático sobre as relações que se tecem entre linguagem e realidade. Em *Mímesis e arredores* (2017), LCL dispõe os elementos pelos quais a imagem se desvencilha de seu papel como sombra ou ornamento, situando-a no registro aberto entre o psíquico e o corpóreo. Consolida-se, nesse livro – que tem forte conexão com o anterior, *Eixos da linguagem* (2016) –, a ampliação do campo de incidência da *mímesis* em geral. Mais ainda, sua teoria confirma a visualização do produto da *mímesis*, o ser do *mímema*, como descarga de uma excitação (movimento desejante) concernente à criatura humana (não necessária nem exclusivamente o indivíduo moderno). Nesse sentido podemos afirmar que o produto da *mímesis* não se cumpre em separado do engendramento de imagens, isto é, ele precisa aparecer, ele se dá a ver.

Portanto, da perspectiva teórica de LCL, a superfície do domínio da imagem deixa de ter como característica determinante o caráter de transferência figurativa para se deixar entender como uma disposição (movimento para) que emprega forma e força, compreendendo não somente aquilo que aparece por fim, mas também a atividade que plasma desejo em imagem. Essa textura instável, descontínua, móvel – a que se devem tanto a insuficiência do princípio de verdade para conduzi-la quanto o lugar subalterno a que foi relegada – está presente como característica da imagem em geral. Em *Mímesis e arredores*, LCL afirma:

> Podemos entender melhor por que dissemos que a Terceira Crítica Kantiana abriu novos horizontes para o conhecimento. Enquanto se considerou que a cultura compreendia a filosofia e as ciências, não se tinha como princípio básico senão a verdade. O que nela não coubesse era sua negação. Ao estabelecer-se que a ficção se confunde com uma propriedade material desnuda, verifica-se que o real contém mais do que é passível de ser percebido. (2017, 93)

Esse é, portanto, o salto dado por LCL daquilo que havia sido dito entre 2009 e 2013 – no conjunto formado por *O controle do imaginário & a afirmação do romance* (2009), *A ficção e o poema* (2012), *Frestas: a teorização em um país periférico* (2013) e aquilo que foi realizado no período imediatamente posterior e que está compreendido pelas publicações de *Os eixos da linguagem* (2015) e *Mímesis e arredores* (2017): embora as propriedades acima assinaladas sejam comuns a todo o terreno coberto pela palavra "imagem", o campo do estético permanece como meio de reflexão privilegiado porque – desde Kant – é a experiência estética que coloca (põe à mostra, deixa ver) o engendramento das imagens como objeto para a consciência.

A tarefa de compreender esse terreno supõe, ao considerar o campo estético como um meio de reflexão, que o *logos* (isto é, a razão discursiva, propriedade de uma consciência intencional) concebe o pensamento para refletir sobre si mesmo e não só para nomear as coisas. A linguagem, portanto, não gira somente ao redor de seu eixo conceitual, e a busca por explorar sua outra face, a metafórica, leva LCL ao encontro da filosofia de H. Blumenberg, que se tornou seu interlocutor privilegiado nessa etapa de seu trabalho.

Sem que seja possível, nesse espaço, resgatar e esmiuçar o significado dessa interlocução cujo peso atua também sobre o livro que agora vem a público, será preciso ao menos situá-la em função do indagar-se pelo movimento/dilaceramento que resulta da passagem, no plano do conhecimento, da representação (*Vorstellung*) à apresentação (*Darstellung*) – território onde localizamos nossa discussão sobre imagem e desejo. Em *Os eixos da linguagem* (2015, 190 ss), LCL trabalha a inconceitualidade como âmbito da reflexão filosófica que entende o metafórico como "campo prévio" do conceito, a base plástica de sua forma. Nessa análise, mostra-nos que justamente essa reflexão prescinde de uma distinção tão sutil quanto poderosa entre a forma dos processos ou de estados, caracterizados por uma estaticidade relativa, e a configuração, a dinâmica plasticidade que circula entre os componentes de uma imagem. Tênue, essa distinção coloca entre as duas partes a mesma relação que há entre um carimbo e o ato de imprimir (ou cunhar). Importante, essa distinção permitirá a LCL explorar o campo da dinâmica plástica da imagem sem correr o risco de confundir-se com o deslumbramento da estetização.

Ao contrário, desviando-se da *performance*, LCL projeta a plasticidade da imagem sobre a questão da indeterminação. Mais especificamente, a partir de sua leitura da *Crítica da faculdade do juízo*, será a *mímesis*, enquanto geradora do indeterminado, que atuará dentro da dimensão do nomeável (sintático/semântico), desestabilizando-o, o que tem implicações desdobradas para o campo da imagem (artefato verbal e visual) em *Limite*. Costa Lima parte da concepção desenvolvida por C. Argan, que pode ser sintetizada nesta proposição: "A imagem é ainda a forma, mas privada de suas estruturas intelectivas" (Argan apud Costa Lima). Desdobrando-a, Costa Lima apresenta a problemática da imagem para a qual busca oferecer uma visada alternativa.

Conforme o autor brasileiro argumenta, essa problemática se constrói tendo por base uma concepção de arte moderna que afirma que a imagem deixa de remeter à "aparência da coisa" para se apresentar como "uma coisa diferente", num contexto em que a arte deixa de ser condicionada pela natureza enquanto alusão a um outro, buscando ser, ela mesma, o outro. Em desvio/alternativa a essa visão, Costa Lima busca refletir sobre as maneiras pelas quais a imagem, na arte, fatalmente configura o que ultrapassa o referente. Mas só pode fazê-lo na medida em que contém um indício ou um traço do plano do existente. Essa marca se traduz como um elemento analógico que será explorado pelo autor por meio de uma teorização que toma como ângulo o eixo metafórico: para que a imagem cumpra a tarefa de apresentar uma ausência, ela traz consigo a possibilidade de se relacionar metaforicamente com esse ausente.

Nesse ponto, a interlocução com um dos autores mais instigantes do cenário atual, Didi-Huberman, encarrega-se de um afazer crucial, pois consolida a via desviante/alternativa de Luiz Costa Lima. Em contraposição a uma concepção de imagem que, performática e anacronicamente, acentua o âmbito da diferença projetando-a em direção ao inaudível e inefável, Costa Lima nos oferece uma elaboração em que a imagem é focalizada pelo que nela ressalta a dimensão da semelhança, o estoque ou a bagagem cultural socialmente compartilhada projetados numa temporalidade que não admite como única escapatória a teleologia, o anacronismo. Da mesma forma como o corpo lacerado em relação à lâmina que o corta, uma temporalidade entrecortada por adiamentos e precipitações configura uma concepção de imagem em que o desejo por reconhecimento se mostra mais profundo que a dispersão e a singularidade. Essa trilha permite que escapemos da fatalidade da imagem como um murmúrio incompreensível, preso em sua irredutível diferença. Sem negar que experiências-limite provoquem o inimaginável, Costa Lima propõe uma teoria em que o corte se faz sutura, isto é, a situação de excepcionalidade, submetida ao trabalho reflexivo, arranca da singularidade inefável aquilo que, na imagem, como metáfora, se expande condicionando um saber que é finalmente reconhecimento. O quadro teórico assim pintado implica que: 1. o domínio do conhecimento humano mantém-se constante e inquietantemente inconcluso, afastando do mundo qualquer possibilidade de plenitude, ou seja, mantendo-o aberto, precário e perigoso; 2. a imagem torna-se testemunha por excelência do "ser carente" (*Mängelwesen*) que somos ao estar, inexoravelmente, amarrados a este mundo.

Ao sacar uma vez mais a afiada lâmina, Costa Lima lapida seu conceito de *mímesis*, que engendra uma relação entre imagem e desejo indeterminada e inconclusa (aberta) dentro da dimensão do nomeável: é como um silêncio que se ouve.

Aline Magalhães Pinto

Apresentação

Esta apresentação teve um curso inesperado. Antes mesmo de haver estabelecido a composição deste livro, havia pensado em dedicar um apêndice ao pensador português Fernando Gil (1937-2006). Embora dele houvesse lido apenas *Viagem do olhar* (1998), sua crítica corajosa e incomum de *Os lusíadas* e sua apreciação de Gil Vicente, o título de *Mímesis e negatividade* (1984) me levava a crer que deveria ser o objeto da homenagem. Dois aspectos faziam-me estabelecer esse juízo antecipado: (a) a surpresa de não conseguir saber como o autor teria tanto a dizer a ponto de precisar de 500 páginas; (b) aspecto mais importante: por que o livro não aparecia em nenhuma bibliografia que houvesse consultado? Previa, então, que o apêndice se chamaria "A sombra da língua", com que pretendia dizer que, sendo o nosso português uma língua academicamente secundária, estar uma obra escrita nela determinava sua exclusão do circuito internacional. Antes mesmo que isso: a circulação do livro português tornou-se difícil no Brasil e suponho que o mesmo suceda com o nosso em Portugal. Mas, afinal, concluiria que os pressupostos eram inadequados: nem houve marginalização pela língua nem o título correspondia à realidade de seu conteúdo.

Umas poucas considerações bastarão para justificar a mudança de plano. Mesmo porque estou de acordo que a objetividade de um juízo não decorre do reconhecimento das propriedades da coisa em si, porquanto se há de ter em conta a interferência das inclinações do sujeito (amoldáveis a seu condicionamento histórico-temporal, seus valores, sua orientação sociopolítica, sua posição social), a objetividade requer "uma homogeneidade entre o sujeito e o objeto" (Gil, F.: 1984, 37). Para que os dois enunciados se ajustassem entre si seria necessário que a interferência do sujeito distinguisse entre a sem medida, portanto sem qualquer relação com a disposição do objeto representado, e a inferência regrada. O autor, entretanto, disso não cogita.

A objeção acima ainda seria menor diante de outra passagem do capítulo sobre "representar": "O 'retorno das opiniões' revela-se sobretudo um logro, por motivo da singularidade dos problemas" (ib., 25). Apesar da eficácia dos casos em que se apoia, a afirmação não poderia ser generalizada. Não é exatamente o contrário que se revela ao longo dos séculos com a identificação da *mímesis* com a *imitatio* horaciana e, em seguida, com o ostracismo da *mímesis* porque julgada equivalente à *imitatio*? Ademais, de onde parte a durabilidade da *imitatio* senão da relevância da *physis* para o pensamento grego e em que se apoia a inferência hegeliana entre o tipo de arte e a sociedade que a envolvia senão na reiteração das propriedades sociais no objeto de arte? Por certo, há uma alteração entre a imitação segundo a natureza ou segundo a sociedade, mas a permanência dos dois tipos só pode ser explicada pela insuficiência da teorização da arte. Quanto à continuidade da chave hegeliana, basta considerar a assim chamada crítica marxista.[3] Quanto à primeira, lembre-se a métrica de John Salisbury, no século XII:

> mas em nada melhora a natureza,
> senão por meios que ela mesma cria.
> Assim, essa arte a que vos vos referistes,
> Que ajuda a natureza é uma arte feita
> Por ela própria. (apud McLuhan, M.: 2005, 203)

Ou, no século XVII, a "agudeza" barroca de Diego Saavedra Fajardo (1584-1648): "*Si no es naturaleza la pintura, es tan semejante a ella, que en sus obras se engaña la vista*" (Fajardo, D. S.: 1640, 1, 81).

Logo esclareço a razão por que enfatizo no Capítulo 1. Ao longo dos livros em que tenho procurado avançar a revisão da *mímesis*, tenho insistido no que chamo de representação-efeito. Desse modo ressaltava o primado do sensível (*sinnlich*) sobre o sentido (*Sinn*) (cf. no últi-

---

[3] Note-se, ainda: o relacionamento feito por Hegel entre *mímesis* e sociedade resultava, por um lado, de sua ênfase positiva na história e, por outro, da continuação do *topos* da *imitatio*. Como *Limite* não pretende se deter nem em Hegel nem em Marx, tenha-se em conta que entre os dois não há simplesmente continuidade, assim como a *imitatio* hegeliana, na prática marxista, recebe, no seu principal praticante, Lukács, o "reforço" da reflexologia. Acrescente-se que a divergência a propósito de Hegel e Marx não diminui a extrema consideração que os dois pensadores merecem.

mo capítulo, a referência a Wolfgang Welsch). Fernando Gil, contudo, abranda aquela primazia pela admissão de haver "um apetite universal de comunhão" (ib., 62) que ele assim explicita:

> As dificuldades da teoria da representação foram percebidas desde cedo, e [...] Cícero explica por que é que o "critério de representação" – apesar de sua clareza iminente – deve, em última análise, ser-lhe exterior e por que consiste ele numa semelhança com o objeto, por este causada. (Id.)

Essa seria uma suposição relativamente admissível, mas no todo improvável, sendo uma das muitas aporias de que o autor se serve. Se isso não diminui necessariamente sua qualidade, revela a distância de seu projeto quanto à questão da *mímesis*. Assim, afinal, se explica a direção assumida por Fernando Gil. Antes de detalhá-la, posso conjeturar que ela tinha por pressuposto a crise da razão, amplamente difundida no mundo contemporâneo, e a busca, por meio de um questionamento metafísico e teórico-científico, de reequilibrá-la.[4]

O detalhamento consiste, a partir do capítulo sobre "representar", logo assumir um rumo curvo, por certo abrangente, culto e inteligente, mas em que a conciliação do exame dos princípios metafísicos junto à teoria da ciência impede que seu andamento vise propriamente à *mímesis*. Assim, ao contrário do que indicaria a ordem topográfica dos capítulos, a verdadeira orientação seria dada pelo desenho:

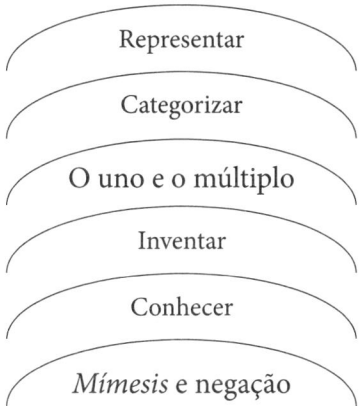

---
[4] Ver, a propósito, Jay, M.: 2016, 81-94.

Não será preciso propor um segundo gráfico de como todo o arrazoado se dirigia ao título do livro. Ou seja, sua meta, *mímesis* e negação, viria próxima da representação e, provavelmente, "inventar" viria antes de "conhecer". Mas, na ordem efetiva do livro, o título é um item do último elemento e abre com a observação: "A constância das controvérsias é, por si só, um índice da instabilidade do conhecimento" (ib., 484). Apesar disso, a frase final nos daria alguma esperança de recuperar o projeto inicial de *Limite*: "O fato da negação – do contraste, da oposição, da controvérsia – é o limite insuperável da *mímesis*" (ib., 507), se já não soubéssemos o encaminhamento que fora dado.

Nota 1

Exceto para aquele que se encontra diante de uma irremediável condenação à morte, ao homem é impossível saber quando deixará de tagarelar. Isso não o impede de intuir quando tenha esgotado sua capacidade de explorar o que, algum dia, tenha se decidido fazer.

A um atleta, a exploração de seus feitos não ultrapassará os 35/40 anos. Atividades que exijam menos do físico costumam seguir bem mais adiante. Mas, em comum, aquele sabe e este intui quando seu limite foi alcançado. Por isso, ainda que não possa assegurar que não escreverei mais nada – afinal, escrever, mais do que um hábito sem maiores vantagens materiais, se converteu em uma razão de querer-me vivo –, pressinto que aqui cheguei ao meu limite.

Nota 2

A nota anterior já explicou este livro chamar-se como se chama. Ocioso acrescentar que espero isso não significar que deixe de escrever. Dois motivos, contudo, justificariam a expectativa negativa. Em primeiro lugar, o estado de dissolução em que se encontram as nossas mais diversas instituições, com a mediocrização geral da cultura, repercute em forma de desânimo. Só para quem tivesse o estofo de um líder revolucionário o próprio desastre institucional poderia servir de ânimo para seguir avante. Não é o meu caso. Além do mais, a morte de alguns dos poucos amigos, Otto Maria Carpeaux, José Laurênio de Mello, Haroldo de Campos, Sebastião Uchoa Leite, Karl-Heinz-Barck,

Ricardo Benzaquen, aumenta a sensação de isolamento. Daí o segundo motivo: durante os anos da penúltima ditadura, quando defender o estruturalismo de Lévi-Strauss era considerado sinônimo de apoio à ditadura (!), escrevi no jornal de resistência, *Opinião*, um artigo intitulado "O bloco do eu sozinho". Foi uma das poucas vezes em que fiz uma declaração de caráter autobiográfico. Contra quem no momento me atacava, declarava não representar parcela alguma de um dito pensamento nacional. Já era muito conseguir tempo livre para ler, pensar e escrever. Hoje, a aposentadoria não me dá tempo livre que supunha que teria porque o aumento da burocracia não me dá paz e as trapalhadas institucionais substituem o que acreditava iminente. Assim desaparecia desta nota a expectativa que dirigira parte de meus livros: romper com o interesse dominante pela literatura brasileira, substituindo-a pela reflexão teórica e a abordagem comparativa.

Acrescento por fim: revisando estes originais, dou-me conta como eles se relacionam aos dois livros próximos anteriores. Desde *Melancolia. Literatura* e *Mímesis e arredores*, ambos de 2017, venho girando em torno do meu limite. A falta de coragem em concluir era estimulada pela esperança de um novo *insight* ainda se preparar. Compreendi, afinal, que a espera em demasia era arriscada.

CAPÍTULO 1
Uma visão parcial e interessada da arte

A João Adolfo Hansen,
membro da liga das exceções

1

Por que parcial?, alguém perguntará. Parcial, extremamente parcial, mesmo porque interessada. E interessada porque tem como propósito mostrar a razão de, já em Platão, mesmo que por linhas tortuosas, o vocábulo "*mímesis*" encaminhava para a sinonímia *imitatio*, a ser firmada séculos depois, desde Horácio e a dominação romana; a sinonímia é legitimada com a vitória do cristianismo e – eis o momento decisivo –, desde *a afirmação do sujeito como autocentrado*, o que levará, agora de modo mais rápido, a grande maioria dos *scholars a* considerar o termo "*mímesis*" ocioso e mesmo irritante. Esse repúdio, em suma, será aqui visto como um erro que permanece despercebido. Afirmar-se-á não só que um erro tem sido cometido, senão que suas consequências são mais sérias: o descaso com a acepção própria que a *mímesis* recebera com Aristóteles, e cujo questionamento temos procurado desenvolver, constitui o correspondente a uma falha geológica. É, na estrutura do pensamento ocidental, uma falha geológica. Dizer que as artes não têm um princípio diferencial, que, portanto, tudo pode ser tomado como artístico, é uma falácia pseudodemocrática, que justifica a incorporação das artes a uma sociedade de consumo.

Quando falarmos em Platão, já não pensaremos de imediato nas passagens condenatórias de *A República*. A negação da presença da arte na cidade ideal do filósofo já se tornou bastante trivial para que seja reiterada. É preferível recorrer a uma passagem menos celebrada do *Político*, diálogo que, anterior a *A República* e, em prosseguimento de *O sofista*, pertence à sua última fase. Ao fazê-lo, será preludiada a discussão a ser travada. O trecho que nos importa não se integra no argumento principal do diálogo, embora seja um de seus esteios. Refiro-me ao privilégio da semelhança:

> Por não terem os homens o hábito de dividir por classes o que estudam, aproximam sem nenhum critério as coisas mais disparatadas, no pressuposto de que são semelhantes, enquanto noutros casos fazem precisamente o contrário, por não cortá-las em seus segmentos naturais. (*Pol.* 285 a)

A afirmação é corriqueira no juízo da diferenciação das espécies. Mas, se a conduzirmos ao campo de atuação da *mímesis*, o resultado será desastroso: o dissemelhante será identificado com o disparatado. Mas ainda não é tudo. O próprio privilégio da semelhança, que já encaminhava para a identificação da *mímesis* com a *imitatio*, só era considerado válido no âmbito do menos relevante, pois "para as mais importantes verdades [...] não há imagem capaz de fornecer uma ideia clara [...] para completa satisfação do espírito" (id., 286 a). Porquanto, acrescenta a passagem, só a razão (*logos*) será bastante. Unificadora, a razão justificava que as artes fossem apenas historicizadas.

Dois passos antecipam a equivalência com a negação platônica da arte, só excetuada quando servil, e a futura tradução latina: o realce da semelhança e a identificação da razão com a ideia estratosférica.

Já o comentário feito ao *Político* mostra a não coincidência da posição que assumo com a que Stephen Halliwell defende extensamente em *The aesthetics of mimesis* (2002). Apesar do desacordo, estamos, em geral, de acordo com a tese do helenista inglês – não só o termo *mímesis*, desde seus raros empregos anteriores ao século V, não se confundia com "imitação", como é a palavra sobre a qual ancora a reflexão ocidental sobre a arte, mesmo antes de ser criado o neologismo "*aesthetica*". Embora Halliwell desdobre uma compreensão que não se confunde com a defesa costumeira da *imitatio*, deixa de lado que a tal ponto a influência platônica sobre o pensamento em elaboração do cristianismo, junto com a admissão da forma latinizada, *imitatio*, se impôs no pensamento ocidental, que o ostracismo do termo *mímesis*, por decorrência de sua equivalência com *imitatio*, se tornou um lugar-

-comum, convertido em absolutamente transparente do signo verbal, junto com a alegada morte da arte, em vigência desde a segunda metade do século XX.

Esmiucemos o até agora dito de maneira esquemática. Comece-se pela consideração do verbete que Halliwell dedicou à *mímesis* em *The Princeton encyclopedia of poetry & poetics* (cito a 4ª ed., 2012). A partir dele, desenvolvamos seu argumento em *The aesthetics of mimesis* (2002).

Embora o próprio helenista não o ressalte, a sua tese é um desdobramento corrigido e em grau bastante mais aprofundado da hipótese antes enunciada por Hermann Koller, em *Die Mimesis in der Antike* (1954). Com antecedência de mais de duas décadas, o filólogo suíço reafirmara sua posição: ao contrário do que se costuma afirmar, o sentido original de *mímesis* não era "imitação" (*Nachahmung*), mas expressão (*Ausdruck*), cujo uso se restringia aos campos da música e da dança. Por essa razão, concede que o contexto primeiro do termo se ligava à expressão de situações da vida cotidiana, em um espetáculo teatral conhecido como *mimos*. Mas discorda que o termo se referisse unívoca e precisamente ao gênero como tal, senão que também a seu ator, participante do drama orgiástico de culto a Dioniso. Para que assumisse um papel na educação, a própria filiação ao culto do deus teria sido descartada pela teoria musical do século V. "Palavra, melodia e ritmo eram, no *mimos*, os meios sensíveis do espetáculo (*Spiel*), os portadores da expressão para a condição presente e os antecedentes da alma" (Koller, H: 1980, 5, 1398). Para o filólogo suíço, o sentido costumeiramente dado a *mímesis* não compreende a reviravolta que o termo sofrera:

> À inscrição "apresentar" (*darstellen*), "exprimir" (*ausdrücken*) relaciona-se à conotação "fazer à semelhança de", "imitar", pela qual em um *mimos* realista se descrevem figuras (*Gestalten*) não fictícias. Em tais *mimoi*, a conotação assumiu o significado principal e recalcou o registro de "apresentar". Algo comparável ao que sucede no termo coloquial latino "ad-ripare", "vir à terra", "aterrissar", cuja conotação de "chegar" se impôs no latim tardio e nas línguas românicas (ital. *arrivare*, fr. *arriver*). Assim é que, já em documento bastante remoto, *mimeisthai* significa cotidianamente

"imitar". No entanto, a teoria da música e a estética sempre procede do significado "espetáculo dramático por meio da música" e de modo algum do significado secundário. Em suma, a compreensão da teoria musical e da *mímesis* platônica há de ser separada do conceito de *mímesis-imitatio* do período pós-clássico. (Id.)

A dificuldade da argumentação decorre da escassez de material comprobatório – o único texto passível de testar alguma interpretação é um fragmento de tragédia de Ésquilo, *Edônoi*, referência aos súditos do rei Licurgo, da Trácia. Será com base nele que Gerald Else levantará sua objeção a Koller. Descreve-se uma orgia dionisíaca, e a passagem em que se fala do soar de flautas baixas e do fragor de pratos era entendida pelo filólogo suíço como referência à participação de atores e espectadores da peça orgiástica (a alusão seria importante por acentuar o caráter expressivo de *mimeisthai*). Mas Else o refuta. A passagem, que, conforme o contestador, é introduzida por Estrabão, mostra claramente que o que aqui temos é uma lista de instrumentos musicais, entre os quais estão "terríveis imitadores (/ções) de rugidos de touro, bramindo de um lugar não visto", justamente como há uma "imagem ou o efeito de um tambor, que soa de algum lugar subterrâneo" (Else, G.: 1958, 74). Em conclusão, a frase em que Koller se baseava "deve se referir ao próprio espetáculo, à produção de uma voz que soa como a de touros [...]. O que aqui é descrito é um *efeito sonoro calculado*. [...] Portanto, onde quer que seja usado com uma finalidade ritual, a lei irrefutável consiste em que *não deve ser visto*" (ib., 75).

Else desenvolve sua contestação além desse ponto. Mas o que nos importa é destacar que a hipótese de uma transformação diacrônica de *mimeisthai* não era sustentável. Como o interesse do contestador é puramente filológico, basta acentuar que a tese defendida pelo autor suíço, consistente em romper a equivalência *mímesis-imitatio*, não encontrava base suficiente.

Se não for arbitrário da minha parte, Halliwell aproveita o embate entre Koller e Else de maneira mais intensa do que parece admitir. Sua tese se diferencia da formulação precedente porque não se apoia fortemente em uma base precária como a etimológica. Trata-se muito menos de contar com maior número de fontes do que de substituir uma suposta transformação diacrônica por uma correlação diversa de sentidos contemporâneos. Em vez, contudo, de falar em nome do autor, é preferível acompanhá-lo de maneira mais próxima.

Comecemos pelo mais rotineiro: o que escreve no formato necessariamente pequeno do verbete para *The Princeton encyclopedia*. O tamanho reduzido do que propõe não o impede de reiterar o ponto de vista que já apresentava em *Aristotle's poetics* (1986) e mais frontalmente desenvolverá em *The aesthetics of mimesis*: a pouca evidência do uso pré-platônico do vocábulo não o impede de acentuar "a possibilidade de que obras ou atos da *mímesis* artística não precisam ser (sempre) pensados como correspondendo a específicos 'originais' empíricos" (Halliwell, S.: 2002, 16). O "*always*" é indispensável: ao contrário do hábito de entender a *mímesis* como equivalência da *imitatio*, o parêntese acentua que, embora assim possa suceder, já não mais será tomado como incontestável. Mas a frase não surge solta, senão que integrada a um contexto em que o autor argumenta sobre a mínima eficácia do argumento etimológico. No caso que nos importa, é menos eficaz discutir se a origem do termo encontra-se no *sketch* dramático da vida trivial, o *mimos*. Como já se disse, sua única comprovação se mostra em fragmento de peça de Ésquilo. Já aqui, entretanto, o argumento principia a se modificar. Na tragédia esquiliana, "em uma elaborada descrição da música orgiástica que acompanhava a chegada de Dioniso à Trácia, refere-se o som ribombante dos instrumentos musicais primitivos conhecidos como rugidos de touro" (ib., 17). Já havíamos feito a referência a propósito do debate entre Koller e Else. Não a repetimos senão pelo que de imediato se segue. Halliwell recorda que, para Hermann Koller, a referência era à *expressão* do ator. Em sua contraposição, Gerald Else afirmara que se tratava simplesmente da imitação do bramido da fera. Como parece indiscutível que a sonoridade do instrumento era associada à manifestação do animal, Halliwell levanta uma terceira hipótese: tratar-se-ia de uma metáfora. Não parece assim pretender que sua proposta seja melhor que as outras, senão que o termo em discussão sempre supunha *o realce de uma correspondência*. Em termos de Cassirer, enfatiza-se a *função* e não a constante da *substância*.⁵

Em conclusão, o documento apresentado e a maneira de enfrentá-lo – o entendimento etimológico – carecem de valor comprobatório. Afastando-nos provisoriamente do autor, poderíamos pensar que o privilégio da correspondência entre o dito e o fenômeno (fosse a voz bovina, fosse a voz atoral ou a analogia metafórica) facilmente também poderia conduzir à dimensão platônica, que inferioriza e desterra os agentes da *mímesis*. Ante o impasse, acompanhemos Halliwell em seu desenvolvimento imediato.

Sem sair das poucas fontes pré-platônicas, o filólogo recorda que a forma verbal, *mimeisthai*, já aparecia nos versos 162-164 do *Hino a Apolo*, de Homero, e que, em *Thesmophorizasae*, de Aristófanes, Agatão, "propondo um princípio de identificação criadora entre poetas e seus personagens, diz que 'as qualidades que não possuímos em nós mesmos devem ser encontradas pela *mímesis* (vv. 155-156)", (ib., 884). O argumento etimológico já aqui era substituído pela exegese. (Como prova da validez do argumento, evidentemente ainda estamos em terreno demasiado frágil, mas nem por isso há de passar despercebida a diferença argumentativa.)

Passando para *The aesthetics of mimesis*, nos prenderemos quase tão só à sua discussão do pensamento de Platão:

> Embora seja levado a negar que devamos esperar uma resposta simples a esta questão [...] uma observação preliminar pode ajudar a que se ponha

---

⁵ Sintetiza-se o ensaio de Cassirer, *Substanzbegriff und Funktionsbegriff* (1910). Coube à filosofia jônica unificar o conceito de substância como uma constância das entidades materiais. Enquanto assim restrito ao campo do que serão as ciências naturais, o conceito continua válido. Sua problematicidade surge quando as categorias aristotélicas o conduzem também ao plano metafísico, e "atrás do mundo de nossas experiências ergue-se um reino de substâncias absolutas" (Cassirer, E.: 1910, 165). É contra a extensão metafísica que surge, obviamente não mais no pensamento grego, o conceito de função, pois "a conexão dos membros de uma série pela posse de uma 'propriedade' comum é apenas um exemplo especial das conexões logicamente possíveis, em geral" (ib., 17). Ao contrário, "os 'elementos' agora ligados em novas unidades [...] são formas de função que reciprocamente se determinam entre si e se unem em um sistema de dependências" (ib., 76). A correção introduzida pelo conceito de função não anula a propriedade da substância senão que indica seu limite de validez.

em perspectiva a espécie de papel que a *mímesis* desempenha nos diálogos. Nos termos mais amplos, a *mímesis* permite a Platão construir um quadro de pensamento mais elaborado para a consideração não só da poesia como do grupo inteiro das artes, tanto da músico-poética, quanto da visual. (Halliwell, S.: 2002, 43)

Sem que o sigamos na abordagem de cada diálogo, enuncia-se a formulação geral da *mímesis* que será detalhada. Nos Livros 2 e 3 de *A República*, ela é entendida como conceito geral de representação artística, normalmente traduzida como "imitação". Mas, a partir do Livro 3 (393 a), o termo assume maior precisão, limitando-se a definir o modo diegético: a narrativa dramática em 1ª pessoa, oposta à narrativa em 3ª pessoa. No Livro 10, Sócrates retorna à *mímesis*. Conquanto a compare a algo relacionado ao espelho (10. 596 d-e), a comparação não é entendida literalmente. Na tradução que usamos: o artesão que faz mesas e leitos opera segundo os objetos já existentes, "porém a ideia em si mesma (de mesa e leito), o obreiro não fabrica" (10, 596 c). Contra-argumente-se que, embora seja evidente a distinção entre a execução da obra e sua ideia, que impede pensar-se em uma "simples noção de imitação", o realce do vetor *semelhança* será bastante para que triunfe a equivalência negada. Pois, apesar do justo esforço de Halliwell de negar que a *mímesis* platônica suponha a adoção de uma concepção naturalista de mundo, seu forte emprego da imagem, entendida como transparência visual, a afasta do campo de *logos* (razão) e, em consequência, do que seria desejável postular para o âmbito da república ideal.

Como o nosso interesse não está em apresentar um resumo da argumentação de Halliwell sobre questão da *mímesis* entre os gregos, mas enfatizar sua tese geral, acentuemos que é justo seu esforço de separá-la, mesmo em Platão, da modalidade imitativa. É então oportuno recordar a passagem de seu prefácio: "(Desde) seu primeiro aparecimento fugaz relacionado a uma forma de arte, a *mímesis* já sugere complexidades de estilo e efeito representacionais, que dificilmente podem ser captadas por uma insípida noção de imitação" (Halliwell, S.: 2002, 19). Sem sair do âmbito do prefácio, destaque-se ainda a passagem: "Ao menos a partir do *Crátilo*, e tão posteriormente como em *As leis*,

Platão introduz a terminologia da *mímesis* em uma ordem de contextos extraordinariamente amplos, usando-a em conexão com questões de epistemologia, ética, psicologia e metafísica. [...] Seus propósitos em assim fazer [...] estão longe de ser diretos ou uniformes" (ib., 24). E apenas acentuando o capítulo I:

> O legado de Platão à história do mimético (*mimeticism*) pode ser descrito como uma combinação de gravidade filosófica (a *mímesis* não pode ser separada dos problemas maiores e mais sérios com que a filosofia se confronta) com a sugestão perturbadora, embora inconcludente, de que filosofia e arte de algum modo podem estar em desacordo e mesmo talvez sejam, no fim, inconciliáveis. (Ib., 37-8)

A afirmação sobre a proximidade e o provável desacerto final da *mímesis* com a indagação filosófica é paralela ao caráter de sistema não totalmente fechado do pensamento platônico: "Permanece discutível se Platão tinha uma 'doutrina' sobre qualquer coisa ou, de todo modo, tenha dado expressão direta, em suas obras escritas, ao doutrinar" (ib., 38). Em conformidade com tal flutuação, Halliwell ressalta "que a *mímesis* nunca ocupou uma função fixa no pensamento platônico" (ib., 43).

Trata-se, por certo, de uma retificação que contraria um juízo multissecular e que se indispõe à tendência do pensamento inglês em antes navegar em águas mais tranquilas. Ao acatar, em termos assim gerais, a posição de Halliwell, nos contrapomos à afirmação da *Genealogia da moral*, que apresentava "*der Instinkt Plato's, dieses grössten Kunstfeindes, den Europa bisher hervorgebracht hat. Plato gegen Homer*". Mas a formulação nietzschiana precisa ser considerada em um contexto mais amplo. Um pouco antes, Nietzsche escrevia:

> A arte, em que exatamente a mentira (*Lüge*) se santifica, em que a vontade de enganar tem a boa consciência de seu lado, opõe-se muito mais fundamentalmente que a ciência ao ideal ascético. Assim sentiu o instinto de Platão, o maior inimigo da arte que a Europa até hoje produziu. Platão contra Homero. (Nietzsche, F.: 1887, V, § 25, 402)

Se a passagem deixada no original pareceria a contraposição explícita ao formulado por Halliwell, a mínima contextualização feita a seguir nos permite uma argumentação mais confiável. Para isso, é preciso antes esclarecer que o filósofo entendia por "ideal ascético" a decorrência de algo que faltava ao homem; de que homem é *"ein krankhaftes Tier"* (um animal doente) (ib., § 28, 411). O que lhe faltava? Um sentido para ser. "A falta de sentido do sofrimento, não o sofrimento, foi a maldição que até agora se desdobrou sobre a humanidade – e o ideal ascético lhe ofereceu um sentido" (id.). Exprobá-lo significava por viés atacar o cristianismo, essa religião dos fracos, e tornar previsível a doutrina do super-homem. Ainda implicava o louvor da ciência? Não nos fragmentos que consideramos. Como se falasse de uma outra criatura, a *Genealogie* ainda acrescentava: "Sua relação com o ideal ascético por si não é de todo antagônica. No que mais importa, ela antes exprime a força impulsionadora da elaboração interna daquele ideal. Melhor examinados, sua resistência e luta não se relacionam àquele ideal mesmo, senão apenas à sua expressão externa, a seu adorno, a seu jogo de máscaras" (§ 25, 402).

O ascetismo, em suma, encontra seu lugar venerando no cristianismo e, secundariamente, na ciência. Em troca, a arte, que deixa o princípio de verdade entre parênteses e faz do engano seu princípio de construção, seria o território do homem confiante em si.

Como sucede com frequência nos textos nietzschianos, nesse seu asilo antes da loucura, aqui o temos em um ato de insânia lúcida. Por lúcida quero dizer que calcula com toda consciência a que *topoi* atacará como esteios em sua argumentação contra o cristianismo. Identifico dois *topoi*, banalizados como clichês. O primeiro se refere a Platão. Duas interpretações antagônicas haviam acompanhado sua recepção erudita a propósito da arte. Para uns, inclusive críticos relevantes, ele era um poeta que, se expulsou o poeta de sua *polis* ideal, noutros momentos louvava o seu mérito. Para outros, o destaque cabe apenas ao Sócrates-Platão de *A República*. Nietzsche fecha os ouvidos à primeira posição e radicaliza a segunda. A mesma posição é reiterada a propósito do poeta. A partir sobretudo da reação a Aristóteles, da superioridade que este concede ao poeta sobre o historiador, a poesia, ainda quando exaltada por Nietzsche, não deixava de ser vista como o equivalente a uma bem tramada mentira – o que, para ele, não se confundia com uma crítica!

Evidentemente, a postura mais branda de Halliwell sobre o filósofo dos diálogos, que se apoiava mesmo em passagens de Agostinho e Tomás, diminuía aquela carga. O conhecimento generalizado de Platão permitia que se afirmasse que já ele assinalava a convergência do belo com o bem. Em ambos os casos, Nietzsche opta pela formulação mais contundente: seu louvor da vontade, ainda contando com o apoio em Schopenhauer e em favor de Wagner, em detrimento do ascetismo, tomado como uma modalidade de boa conduta e da vida medíocre, o levava a eleger a figura do artista como o homem que aprende a viver fora dos eixos.

A consideração mais ampla da passagem se nos impôs para então se dizer: por certo que a frase que expõe Platão como o grande inimigo da arte não poderia ser esquecida por Halliwell (cf. 2002, 72), pois acentua uma longa tradição moderna a que sua tese se opõe. Mas o reconhecimento da estratégia nietzschiana – ressaltar sua posição porque ela se contrapõe a lugares comuns – diminui o impacto da observação. Adiantando o que desenvolveremos pela análise de passagem de *As leis*, reitere-se que a observação justa de Halliwell de haver um amálgama de posições platônicas sobre a arte é suficiente para negar que ele tenha merecido o epíteto que Nietzsche concedeu. Porém, de maneira menos arrebatada que Nietzsche, a exposição do analista inglês depende de uma estratégia semelhante. Contrastivamente, ela consiste em evitar, na medida do possível, a posição subalterna reservada para a poesia, no território do ideal, cuja afirmativa por Platão não se poderia negar:

> Não te esqueças de que em matéria de poesia só devemos admitir na cidade hinos aos deuses e elogios de varões prestantíssimos. Porém, se aceitares as Musas açucaradas, ou seja na lírica ou seja na epopeia, o prazer e a dor passarão a governar tua cidade, em lugar da lei e do princípio racional que em todos os tempos foi considerado pela comunidade como o melhor. (*A Rep.*, Livro X, 607 a)

Ao assim fazer, Halliwell deixa de notar que a equivalência da *mímesis* com a *imitatio*, desde que contestada, tem dado lugar ao ostracismo do primeiro termo; em Halliwell, quando o ostracismo não é negado, é posto em segundo plano. Com isso, sua constatação de que a *mímesis* é, desde os gregos, a categoria constante da apreciação da arte no Ocidente subestima a equivalência e o consequente grande erro que se tem mantido no pensamento ocidental. O erro agora mais nitidamente se revela quando se fala, a partir de certa prática nas artes visuais, de morte da arte. (Não me incomodarei que essa formulação apareça e reapareça ao longo deste livro. Afinal, é uma de suas teses centrais.)

Venhamos então ao exame prometido das *Leis*. Por ele, tentar-se-á explicar o conjunto de fatores presentes na fórmula *mímesis-imitatio*.

O trecho destacado por Halliwell é longo (2. 653-71). Nosso comentário será diferente do seu. Comece-se por passagem em que a argumentação já está avançada:

> Não devemos atender a quem afirma que o prazer determina o valor da música, nem considerar digna de atenção a música que se apresentar com essas características, mas apenas a que, pela imitação, se aproxima do belo. [...] Imitação correta é a que reproduz com fidelidade a grandeza e a qualidade de algum objeto. (*Leis*, 2, 668 b)

Não importa que a tradução adotada fale tranquilamente em "imitação", pois esse foi o princípio mantido nas diversas versões nas línguas ocidentais. Interessa considerar que a correção da *mímesis* esteve em assegurar a aproximação do belo, pela exaltação de sua grandeza e qualidade. Pouco depois, aquele que dirige o diálogo, o ateniense, acrescenta:

> O vulgo é sumamente ridículo por imaginar que é capaz de saber o que está bem harmonioso e ritmado só porque foi forçado a cantar e a marchar na cadência certa. Todos ignoram que fazem essas coisas sem conhecer-lhes a estrutura, e que toda melodia é justa quando apresenta as qualidades que lhe convém, e errada, na hipótese contrária. (Ib., 670 c)

A primeira parte desenvolve por que não é o prazer suscitado pelo *mímema* que explica sua qualidade, senão que inclui as qualidades próprias do belo. Serão essas, portanto, que devemos bem captar. Um passo decisivo já era dado atrás:

> Com relação aos ademanes e ao canto do covarde e do corajoso, com propriedade poderemos dizer que são belos os do corajoso e feios os do

pusilânime. Para não nos alongarmos em demasia [...] digamos simplesmente que são belos todos os gestos próprios para dar expressão à virtude da alma ou à do corpo ou a qualquer de suas imagens, e precisamente o contrário disso as que dão expressão ao vício. (Ib., 655 a)

A ênfase que aí se assinala é desenvolvida na continuação imediata do diálogo. Uma das condições para que o belo alcance a grandeza do objeto a que se refere será que se confunda com o valor ético do bem. Como é sabido, a equivalência do belo com o bem será convertida em lugar-comum pelo pensamento dos primeiros padres, sendo uma condição para a aceitação da arte pelo cristianismo. Temos aí, por conseguinte, um dos esteios em que se sustentará a correspondência com a imitação. Por ele já se vê que Halliwell tem razão em observar que, nas línguas antigas, o correspondente à "imitação" tinha uma largueza de significação que se perderá nas línguas modernas. Admitindo o acerto da anotação, podemos entender que o que ouvimos como *imitation*, *imitazióne*, *Nachahmung* seja compreendido como *correspondência*. Embora a acepção mais banal de reduplicação seja enfraquecida, não se perde a ênfase na semelhança. De todo modo, o trecho assinalado vai além desse primeiro achado. Mais adiante, referindo-se à arte no Egito, algo mais será acrescentado:

> Ao que parece, desde a mais remota antiguidade, eles chegaram à compreensão [...] que os jovens precisam habituar-se à prática de meneios graciosos e de belas canções. Depois de haverem regulado essa parte, porão nos templos os modelos do que deverá ser imitado e a maneira de fazê-lo, proibindo aos pintores e demais artistas que se ocupam com figuras e outras obras introduzir inovações nesse domínio ou excogitar modificações no que receberam dos antepassados [...]. Se fordes investigar, encontrareis por lá pinturas e esculturas que datam de dez mil anos [...] nem mais belas nem mais feias do que as produzidas em nosso tempo, porque trabalhadas com a mesma arte. (Ib., 656 e)

Ou seja, à conjunção belo = bem era acrescentada a durabilidade do padrão alcançado. Conquanto a justificação do valor concedido à antiguidade não apareça nas *Leis*, análises posteriores a Platão nos permitem entender ser ele decorrente da veneração da ordem que, uma vez alcançada, há de ser reiterada. Essa veneração assume com frequência uma justificação religiosa, mas sua validade não é menor se compreendida no sentido de destacar a autoridade política – daí a proximidade da Contrarreforma com o autoritarismo, ainda que disfarçado de democracia, contemporâneo.

A segunda propriedade é submetida à anterior. Sem que perca sua autonomia, ela, entretanto, só encontra sua plena justificação ao ser conectada com o eticamente bom, pois só ele é saudável:

> Dizem que o principal bem é a saúde; o segundo, a beleza; o terceiro, os bens materiais, vindo no rastro desses uma infinidade de outros, tal como a excelência da vista e do ouvido e tudo o que contribui para o bom funcionamento dos sentidos; depois, na posição do tirano, fazer o que bem entender, e como remate a felicidade suprema, após a aquisição de tudo isso, tornar-se imortal o mais depressa possível. Mas o que eu e vós dissemos é que todos esses bens são excelentes para os homens justos e piedosos, e, para os injustos, o pior dos males, a começar pela saúde. Sim, a própria vista, o ouvido, a sensibilidade, numa palavra, a vida em seu conjunto seria verdadeira calamidade para quem fosse imortal e possuísse tudo o que damos o nome de bens, mas carecesse de justiça e da virtude em universal. (Ib., 661 b)

Como se temesse que o que dissera sobre o papel decisivo da qualidade ética não tivesse sido bastante claro, o ateniense o explicita pela consideração de casos concretos e particulares. O tirano entra na lista dos candidatos possíveis porque, como modalidade do governo de um único soberano – no máximo, de dois –, era tomado como a forma de governo ideal. O fato de que não insistia na permanência de um padrão expressivo milenar não implica sua secundariedade, mas apenas que, concretizada pelo caso egípcio, não podia ser comprovada na Grécia. Dados esses pré-requisitos, o diálogo pode concluir:

> Se eu fosse legislador, tentaria obrigar os poetas e demais moradores da cidade a falar nesse sentido, e nada castigaria com tanto rigor como dizer algum dos nativos que podia haver indivíduos maus porém felizes, ou que há coisas úteis e proveitosas, mas que há outras mais justas. (Ib., 662 b)

Daí, em suma, o conselho transmitido ao que legisla: "O discurso que não separa do justo o agradável, do bem e do belo pode, pelo menos, em falta de outras indicações, concitar-nos a viver uma vida justa e sã" (ib., 663 b).

Como não continuaremos a examinar os diálogos platônicos pela ótica de Halliwell, apenas se reitere que estamos de acordo com suas observações feitas ainda no prefácio:

> Parte da importância da *mímesis* na história da estética não está em qualquer concepção estreita ou fixa da arte, prontamente incluída em um *slogan* como "a imitação da natureza", mas sim no âmbito e profundidade das questões (cognitivas, psicológicas, éticas e culturais) que as teorias da *mímesis*, por um longo processo de adaptação e transformação, têm aberto para a análise e a reflexão. (Halliwell, S.: 2002, 13)

De maneira mais concreta: "A *mímesis* artística é concebida como a representação de um mundo em relação ao qual a plateia imaginariamente ocupa a posição de uma testemunha absorvida ou monopolizada. Essa é uma razão por que conceitos de *mímesis* [...] inescapavelmente propõem questões acerca da relação entre o mundo *dentro* e o mundo *fora* da obra mimética" (ib., 22).

As afirmações são irretocáveis. Apenas nos parece passível de reparo não se notar que o termo execrado, "imitação", supunha uma constelação de índices, passíveis de serem resumidos no termo "correspondência"; que esse subsolo se mantém mesmo quando seu descendente, "imitação", é abandonado. O desenvolvimento da abordagem procurará mostrar como sucederam sua manutenção e suas desastrosas consequências.

2

Como não tenho o propósito de expor a obra principal do celebrado filólogo inglês, não levaremos aqui em conta o livro que anteriormente dedicara a Aristóteles: *Aristotle's poetics* (1986). Só não o faremos para o enlace mais direto com as questões propostas pelo exame de Platão.

O esforço de Halliwell em denunciar o caráter de "*jejune notion*", da concepção de imitação e de negar que ela se confundisse com a posição platônica, o leva a subestimá-la, mesmo quando tal cuidado, como em *A República*, é bastante irrazoável. Apesar da polidez de Aristóteles em não se referir explicitamente às formulações de seu ex-mestre, isso é bastante explícito em sua *Poética*, pois, por um lado, não é concebível que seu autor não conhecesse a obra platônica e, por outro, que não atinasse com sua extrema discordância. Muito embora aqui tampouco caiba o exame sistemático do tratado – não consideraremos as questões de metrificação (embora seja importante a anotação de que ela não basta para caracterizar uma obra como poética), nem muito menos a da hierarquia dos gêneros, com a dominância da tragédia, para não falar na relação da metáfora com a analogia – o simples confronto das postulações dos dois pensadores será suficiente para mostrar suas posições antitéticas. Mas as restrições a que estaremos adstritos não se limitam àqueles aspectos. O analista da *Poética* deverá concordar que suas partes nucleares concernem à caracterização da própria *mímesis* e ao problema da catarse. Apesar de sabê-lo, o segundo, com sua ênfase no papel que *eleos* e *phobos* (compaixão e pasmo) desempenham sobre o espectador, não será aqui tratado. (Para a maneira como o encaro, veja-se a *A ficção e o poema* [2012].)

A concentração no modo como o grande filósofo trata a *mímesis* há de se iniciar com o fato assinalado com frequência: não ser ela definida. Paul Woodruf, a quem nos referiremos bastante, repete o que não nos cansamos de ler: "*Mímesis* e seus cognatos gregos desafiam a tradução". (Entre as várias alternativas a "*imitation*" – obviamente, não só em inglês –, ele toma como insuficiente o uso de "*representation*", porém adotada na competente tradução contemporânea de Dupont-Roc e Lallot (1980), (endossada de passagem por Halliwell), e por Woodruff (1992, 73). Para justificar a nossa discordância quanto à sua tentativa de solução, vale reiterar ponto já esboçado.

Perguntávamo-nos se ao esforço de Halliwell de afastar o fantasma da "imitação" não seria preferível acentuar a correspondência estabelecida no *mímema* entre o mundo interno e o externo. Se, na *mímesis*, a questão básica consiste no relacionamento entre a obra, o mundo que lhe servira de apoio e a compreensão de sua *diferença* pelo receptor, por que, afinal, correspondência não seria o termo preciso nas modernas línguas ocidentais? Não o é porque a designação em pauta *supõe um enlace por entrosamento, uma articulação harmoniosa entre as partes, ou seja, entre a interioridade da obra e o aspecto da realidade que ela exaltaria*. A supor correta tal articulação harmoniosa, dever-se-ia de imediato pensar que os retratos e autorretratos seriam confiáveis quanto ao que teria sido a imagem autêntica do retratado. Assim Albrecht Dürer deveria de fato ter-se parecido com a figura de Cristo e a *Mona Lisa*, em vez de intrigante por seu enigmático sorriso, de fato corresponder à Gioconda que figura. (Claro que a afirmação seria reiterada a partir da época em que se impôs a concepção identitária do eu.) Por isso, se, por um lado, a correspondência não valeria para a arte egípcia, por outro explicava que a escultura de Émile Zola, antes encomendada a Rodin, fosse recusada pelos que a tinham comissionado por considerarem indigno ao escritor apresentá-lo tão feio. Mas, quando se diz que Rafael declarava que, ao receber uma encomenda de mais uma *madonna* procurava inspirar-se nos bordéis de Florença, se não se acusa o pintor de ateu iconoclasta, há se de entender que o belo entrosamento escapara de como Platão o entendera. Em muitas oportunidades, a correspondência será exaltada. Por exemplo em: "Como os homens participam do senso do ritmo, [...] inventaram e criaram a dança; e quando o canto sugere e desperta o ritmo da união dos dois nasce a coreia e a diversão" (*Leis*, II, 673 d).

A dificuldade com o realce da correspondência está em que ela supõe a equivalência do que se compara, ou seja, exalta a semelhança. Halliwell está certo quando insiste que o princípio da imitação é o aspecto mais rude e trivial da explicação do ato da *mímesis* como correspondência. Dito na maneira como o compreendemos, isso supunha destacar apenas o vetor *semelhança*, sem considerar seu embate e consequente tensão com a *diferença* contraposta. Mas em que o termo "diferença" será capaz de provocar semelhante discrepância? Procuremos sugeri-lo examinando a sugestão conclusiva de Paul Woodruff.

Intelectualmente, a ousadia é benfazeja quando de algum modo procedente. Não parece ser o caso ante a justificação oferecida ao título do item "Uma nova teoria da *mímesis*" (Woodruff, P.: 1992, 89). Para o autor, ela se funda em três razões. A primeira é válida, embora por si insuficiente: "*Mímesis* não é o mesmo que representação, porque somente algumas representações podem ser miméticas" (ib., 90). Até porque discordamos da ressalva, que se concretizaria pela música e pela dança – áreas a que a *mímesis* não se aplica, ela não serviria ao propósito que a convoca. Para não parecermos ficar em um plano nominalista, nos perguntemos por que discordamos da "representação" e afirmamos o papel da diferença quando também não é toda diferença que caberia na função que lhe reservamos.

Para nos fazermos melhor entender façamos uma rápida análise da película *O apartamento* (2016), do diretor iraniano Asghar Farhadi. Duas cenas são seminais: a chegada do casal ao apartamento que fora ocupado por uma mulher de programa e a montagem, já então iniciada, da peça *A morte do caixeiro viajante*, de Arthur Miller. Não há nenhuma relação entre elas, salvo que o diretor da montagem é o marido da mulher que, nos primeiros dias no novo apartamento, é estuprada. As cenas permanecem alheias entre si caso não se destaque uma terceira cena, na aparência menor ou mesmo insignificante: sendo o marido e diretor também professor ginasiano, durante uma aula percebe que um aluno usa disfarçadamente o celular. O professor se aproxima, pede que ele o passe. Como o aluno nega que o tenha, o professor o toma à força e exibe fotos que o garoto passara a alegar haver apagado. Sem que sejam mostradas na película, eram provavelmente fotos pornográficas. O professor adverte que vai chamar o pai do aluno; ante o que um colega declara que o pai morrera.

Sem nenhuma explicação extra, a pequena sequência será fundamental para explicar a conduta do professor, na condição de marido da estuprada. Enquanto a vítima se nega a prestar queixa na polícia, Emad, o marido, concentra todo o esforço em vingar-se do criminoso. Termina por identificá-lo através de uma investigação tão sutil como difícil. Sua vingança consistia em desmascarar o ancião, responsável pelo ato, ante sua família. Mas a morte outra vez se interpõe: um ataque do coração do acusado impede que a família, já presente, soubesse do que fizera seu cultuado patriarca. O personagem, em suma, protagonista do filme, era, em matéria de sexualidade, um severo moralista. Morte, violência e moralismo se *compõem*, não se *combinam*, em uma obra magistral. O que vale dizer: não há harmonia entre os termos centrais, mas, ao contrário, a unidade é formada pelo com-pôr (pôr em conjunto), áreas semânticas bastante diversas.

Ora, supondo-se que ainda seja necessária uma palavra extra, por que o termo "combinação" não é cabível? Não o é porque o vetor "semelhança" desempenha papel pequeno, embora assinalável – o propósito de vingança é motivado, ou seja, é a ponta que compatibiliza a conduta de Emad com seu perfil psicológico. Se "representação" não é o termo adequado é porque se filia à família "do que se combina". Em seu lugar, será preferível falar em "composição", porque integra vetores díspares, que, integrados na obra, não escondem a dissonância, ou seja, a tensão que, sem emergir, não desaparece.

Explicada a insuficiência do primeiro componente da "nova teoria da *mímesis*", sejamos mais rápidos quanto ao segundo e terceiro. Isso é tanto mais possível porque ambos lidam com a força concedida à presença do "engano", na realização mimética – "*mimesis as functional deception*" e interrogativamente como "*benign deception?*" (ib., 92-3).

Permanecer na caracterização da *mímesis* como engano é superestimar a tradição, porquanto equivale a entender todos os atos da fala como comandados pelo princípio da verdade. Segundo esse pressuposto, o que não fosse dirigido pela disposição de ser verdadeiro equivaleria à formulação de falsidades. Pensar a *mímesis* pela ótica do engano seria considerá-la uma falsidade não nociva. Como o autor prefere uma formulação não tão trivial, dirá: "M é um mímema de O no caso em que M tem um efeito que é próprio a O" (ib., 91). A formulação soa melhor, mas trocada em miúdos remete à mesma correspondência.

O autor não pareceria concordar com essa argumentação. Como prossegue, se o pensamento moderno tem dificuldade em acatar a ideia de *mímesis* é porque ela pertence a uma rede de conceitos de ordem teleológica: "A *mímesis* rompe a ordem natural de objetivo e efeito. É por isso que ela é maravilhosa e excitante e porque nos oferece um caminho seguro para saber fatos sobre leões – através de fotos (*pictures*) e um modo agradável de desenvolver corajosos hábitos mentais – pela música e pela dança" (ib., 92).

Os exemplos práticos não recomendam a leitura da *Poética* pelo autor. Mas, sem ainda entrarmos no que diz sobre Aristóteles, sua defesa do que apresenta sob forma de interrogação, "decepção benigna?", não é animadora: "Se a *mímesis* engana minhas emoções sem me enganar (é porque) me fornece uma impressão com que não concordo mas me comove como se eu concordasse" (ib., 93). Contra o próprio Platão, Woodruff regressa à primazia do efeito prazeroso contra aquilo que provoca o deleite.

Ainda que seja parcialmente correta, tomada em sua totalidade faz lembrar a agressividade contra o deleite presente nas peças de Bertolt Brecht.

A conclusão precedente torna quase ocioso o exame de um quarto item: a *mímesis* considerada do ponto de vista da ficção. "A ficção é mimética não enquanto é composta, mas à medida que é bastante provável que provoque nossas emoções" (ib., 92). A posição deriva do mesmo pressuposto já assinalado: os atos de fala são examinados pelo princípio de verdade. Assim, também a ficção, sendo julgada por sua veracidade (ou não veracidade), tem como salvo-conduto ser benfazeja às nossas emoções. Um pregador antes dos tempos modernos só não endossaria a posição do analista contemporâneo porque não poderia deixar de entender que a emoção despertada por seus sermões tinha por fundamento verdades dogmaticamente estabelecidas. Voltaremos de imediato à questão ao tratarmos propriamente de Aristóteles.

Em suma, a incursão pela parte final do ensaio não foi bem-sucedida. Vejamos se aproveitamos melhor seu desenvolvimento sobre a própria *Poética*.[6]

Com efeito, não escolhemos o autor por sua estrita argumentação senão porque procura examinar Aristóteles nos passos de Platão. Por si, o encaminhamento pode não ser o mais produtivo, mas não deixa de ser oportuno ante o propósito deste ensaio.

Do que já foi antecipado, pode-se prever que Woodruff dará grande importância à questão do engano. O ponto crucial em Platão seria que a *mímesis* "visa ao engano a propósito da identidade do falante e

---

[6] As citações serão feitas de acordo com a tradução de Paulo Pinheiro (*Poética*, ed. bilíngue, São Paulo: Editora 34, 2015). A referência às passagens será feita de acordo com a ordem adotada na tradução de R. Dupont-Roc e J. Lallot (Paris: Seuil, 1980), por ser a mais frequentemente reiterada noutras traduções.

nos seduz a fazer o mesmo: o poeta 'se esforça em fazer-nos pensar', o que não é o caso e o mesmo deve fazer o ator" (ib., 76). Esse o desafio que se lhe apresentava, pois, preocupado com a ordem da *polis* e a educação dos jovens, Platão temia que estes, "atuando na poesia mimética, se tornassem como os personagens que representassem" (id.). O intérprete admite que, sem o citar, Aristóteles diverge de seu temor e aponta para o lugar certo em que a divergência se efetiva:

> A tarefa do poeta não é de dizer o que de fato ocorreu, mas o que é possível e poderia ter ocorrido segundo a verossimilhança e a necessidade. Com efeito, o historiador e o poeta diferem entre si não por descreverem os eventos em versos ou em prosa [...], mas porque um se refere aos eventos que de fato ocorreram, enquanto o outro aos que poderiam ter ocorrido. Eis por que a poesia é mais filosófica e mais nobre do que a história: a poesia se refere, de preferência, ao universal; a história, ao particular. (*Poét.*, 9, 51a1-51b7)

Woodruff concorda que a divergência com Platão é inquestionável. A poesia não mais se submete a pretensos padrões pedagógicos. Mas por que a passagem recorre ao "universal"? Segundo o intérprete comentado, porque as ações ou são de ordem particular ou completas e globais, tendo, então, certa magnitude. Se a história narra o particular, a poesia pertence ao caso oposto (cf. ib., 81). A essa motivação é necessário acrescentar uma de ordem histórica: ainda que o pensamento grego soubesse da existência de outros povos, considerava a si mesmo como dotado de um investimento universal. Daí decorre: aceitar a diferenciação com a história, ao contrário do que afirma a *Poética*, não implica acatar a universalidade da poesia, pois assim era afirmado em decorrência da maneira como os gregos se viam a si mesmos.

Passemos à segunda discordância. Conforme Platão, a poesia inspira cuidados do pensador, seja pelo já referido temor pedagógico, seja porque o poeta pode fazer de conta que entende de mil tarefas de que nada sabe:

> O pintor [...] é capaz de pintar um sapateiro, um carpinteiro ou qualquer outro artesão sem conhecer absolutamente nada das respectivas profissões. No entanto, se for um bom pintor, com o retrato de um carpinteiro, mostrado de longe, conseguirá enganar. (*Rep.* 598 c)

Aristóteles não responderia diretamente a essa objeção senão por observar que o homem é um animal mimético desde o nascimento e o mais mimético entre as criaturas (*Poét.* 4, 48b 5-12). Tanto podemos aceitar que sua contestação é indireta como que é mais aguda: a *mímesis* não se restringe a atuar nas artes; anterior à elaboração do princípio de verdade, ela se confunde com a própria espécie. O argumento, que não cabe ser aqui desenvolvido, é importante para pensar a questão do ficcional. Mesmo ainda não o fazendo, vale assinalá-lo pela ordem da argumentação de Woodruff. Enquanto Platão considerava que a *mímesis* tem a ver com objetos que são reais ou são *mimemata* de coisas reais (*Rep.*, 81), em Aristóteles, a *mímesis*, sem estar subordinada ao real, nunca é ficção porque a distinção se dá entre realizar ações e produzir a *mímesis* de ações que foram realizadas (id.). Trata-se de um *a priori* mantido pelo intérprete norte-americano desde o início de seu ensaio. As coisas ou estão aí ou passam a estar ao serem confeccionadas ou, como era dito no princípio, a ordem natural conhece que os objetos têm uma visada e um efeito. Como a *mímesis rompe* a ordem natural, ela só pode ser identificada como engano. A tal ponto Woodruff está aferrado a seu *a priori* que debater com ele equivaleria a bater com a mão contra uma faca de ponta. Sem comparações, o ponto que mantém toda sua argumentação revela menos a sua debilidade do que ressalta a dificuldade de refletir sobre o estatuto do ficcional.

Sem pretender que, na *Poética*, o princípio da ficção estivesse presente, considere-se a abordagem do item 25, "Problemas críticos", na *Poética*. Diz o trecho capital:

> No campo da poética, há duas modalidades de erro: o erro segundo a própria poética e o erro acidental. Se o poeta escolheu efetuar a *mímesis* de tal coisa[7] por incapacidade, o erro se reporta à própria arte poética. Mas, se escolheu corretamente e mimetizou um cavalo que avança com ambas as patas direitas, trata-se de um erro que se reporta a cada arte particular. (60b 15-8)

---

[7] Como esclarece o tradutor, há uma falha no original, que não impede que se leia: "Se o poeta escolheu efetuar a *mímesis* de tal coisa e não conseguiu realizá-la a contento por incapacidade, então o erro (*hamartía*) se deve à própria técnica ou arte poética" (Pinheiro, P.: 2015, 199 n).

De todo modo, como prova de que o domínio ou falha na *techné* não tem a ver com a alternativa estreita postulada por Woodruff, recorde-se o trecho imediatamente seguinte: "Não saber que a corça não tem cornos é menos grave do que pintá-la de modo não mimético" (60b, 31-2).

Sem se discutir que haja uma técnica na *mímesis* que se executa e que ela guarda um vínculo com o que apresenta, a passagem torna patente ela não se medir pela fidelidade ao aspecto do objeto. Venhamos a um último relance sobre a *Poética*:

> Quando observamos situações dolorosas, em suas imagens mais depuradas, sentimos prazer ao contemplá-las; por exemplo, diante das formas dos animais mais ignóbeis e dos cadáveres. A causa disso é que conhecer apraz não apenas aos filósofos, mas, de modo semelhante, também aos outros homens, ainda que participem disso em menor grau. Pois sentem prazer em contemplar ao observar as imagens e, uma vez reunidos, aprendem a contemplar e a elaborar raciocínios sobre o que é cada coisa, e dirão, por exemplo, que este é tal como aquele. (*Poét.* 48b 9-15)

Por si só, o trecho já mostraria que a concepção aristotélica é bastante distinta da platônica. Desde logo, não há nenhum risco de confundir *mímesis* com imitação porque o efeito da imagem (*eikon*) mimética é nitidamente diverso do de qualquer outra. Assim resulta que a afirmação do verdadeiro/falso não se impõe anteriormente ao conhecimento, que, de sua parte, não remete de imediato àquela dicotomia, senão que, como concretização do pensamento (*dianoia*), provoca uma rede de modos de conhecimento. Por isso, sem que a imagem mimética se esgote no prazer que provoca, ela excita um *hedoné* que lhe é próprio *e não se confunde com o imediatamente agradável aos sentidos*. Sem que haja na *Poética* traço consolidado do que se entenderá por ficção, a gama das modalidades de conhecimento revela que sua sombra já ali se projetava. O prazer que séculos adiante se dirá estético não é da ordem do pragmático, mas da sensibilidade que não se confunde com uma função utilitária. Daí a relação do que declara o trecho citado com o reiterado a propósito da corça sem chifres (cf. *Poét.* 60b 31-2).

O sumário parece suficiente para que, mesmo sem ter a competência de helenista, se perceba quão distante a *mímesis* aristotélica se diferencia da *imitatio*. Reitere-se a propósito a preciosa anotação de seus tradutores franceses: "Componha um drama ou uma epopeia, o poeta é [...] antes de tudo aquele que *modela* sua história como uma figura de que se expurga o traço" (Dupont-Roc, R. e Lallot, J.: 1980, 21). Assim sucede em virtude de que Aristóteles já não tematizava tão só o vetor "semelhança": aquele que estabelece correspondências. Em seu lugar, pelo recurso da metáfora, ele *faz ver* o semelhante: "Bem expressar-se em metáforas é bem apreender a semelhança" (*Poét.* 59a 9).[8]

Voltemos ao verbete de Halliwell, no que concerne à contribuição grega posterior. A exposição deverá ser curta, porque sua valia para a visão da *mímesis* é bastante inferior.

Para os estoicos, a poesia de qualidade mantinha-se "em conformidade mimética com a unidade racional do cosmos. O que significava que tipicamente tratavam a *mímesis* poética como um meio em que as ideias filosóficas podiam ser incluídas em forma narrativa e dramática" (Halliwell, S.: 2012, 885).

Contra a amplidão que as modalidades do ato da fala assumiam em Aristóteles, em antecipação do que contemporaneamente será conhecido como leque discursivo, tal redução do mimético ao enunciado filosófico supunha outra ainda maior: "A *mímesis* supõe a correspondência com a estrutura divina da realidade, mesmo se a correspondência é algumas vezes considerada como alegoricamente codificada" (id.). Desse modo, a especulação assume um viés declaradamente especulativo-religioso, indo além da plataforma das ideias platônicas e sendo preciso para a reflexão cristã.

Posição bastante diversa, conquanto não menos redutora, surgia com os epicuristas. "A mímesis mais se assemelha a uma reflexão superficial de todas as diferentes concepções da vida (inclusive das crenças enganosas) que os poetas e seus espectadores são capazes de produzir" (id.). Embora o verbetista assinale que a posição, admitindo uma relação não fixa com a verdade, dava lugar para a ficção, como parece ser o caso do tratado de Filodemo (de que só se conhecem fragmentos), *Sobre poe-*

---

[8] Não desenvolvemos a questão da metáfora. Ela envolveria tratar das modalidades da analogia.

mas, não é possível evitar a sensação de que o grande momento grego havia passado. A instabilidade de posições que Halliwell observara em Platão, não obstante o inegável caráter negativo assumido em *A República*, não se confundia com o especulativismo presente entre estoicos e epicuristas. Pode-se mesmo admitir que essa falta de rigor facilitará a leveza a dominar entre os romanos, assim como a especulação de orientação religiosa dos estoicos favorecerá a edificação do pensamento cristão.

3

Em lugar da estrita sequência cronológica, é conveniente introduzir uma advertência, acompanhada de um recuo temporal, ainda que breve, acentuado. O recuo se justifica pelo caráter que a *mímesis* assumirá entre os romanos. Parta-se, pois, da advertência.

Uma exposição que privilegie as concepções fundamentais da *mímesis* deverá, na Antiguidade clássica, concentrar-se em Platão e Aristóteles. Se o interesse se prolongar até à curiosidade, considerará os estoicos e epicuristas; no mundo romano, a segunda epístola aos Pisões de Horácio, conhecida como *Ars poetica* (cerca de 14 d.C.), o *Tratado do sublime*, provavelmente de Longino, ao Livro XXV da *História natural*, de Plínio, o Velho, o tratado de retórica de Quintiliano, *Institutio oratoria*, todos do mesmo século I de nossa era; nos séculos seguintes a dissolução do Império Romano do Ocidente e do Oriente, o padrão e influência da arte bizantina, as considerações dos pais dos pensadores cristãos e ao Renascimento. Para quem estranhe que a poetologia renascentista seja posta no mesmo rol, lembre-se que a história da *mímesis* de Günter Gebauer e Christoph Wulf a considera tão igual às anteriores que, de 430 páginas, lhe dedica menos de 20 (Gebauer, G. e Wulf, C.: 1992, 109-127).[9]

---

[9] Para os que se interessam especialmente pela poética renascentista, a bibliografia, no entanto, é abundante. Continua a ser válida a leitura de Joel Spingarn, *Literary criticism in the Renaissance* (1899), assim como, na bibliografia recente, de Baxter Hathaway, *Marvels and commonplaces: Renaissance literary criticism* (1968), o detalhado *Humanist and scholastic poetics, 1250-1500* (1981) de Concetta Carestia Greenfield, bem como várias das contribuições incluídas do colóquio Phantasia – Imaginatio (1988).

Em desafio à vontade de passar ao que de fato importa, dedicam-se uns poucos parágrafos aos outros citados. Da *Ars poetica* vale ressaltar que já o seu começo, pelo detalhamento do que o pintor não deve fazer, exalta o verossímil:

> Suponhamos que um pintor entendesse de ligar a uma cabeça humana um pescoço de cavalo, ajuntar membros de toda procedência a cobri-los de penas variegadas, de sorte que a figura, de mulher formosa em cima, acabasse num hediondo peixe; entrados para ver o quadro, [...] vocês conteriam o riso? (Horácio, 55)

Por mais que pareça absurdo considerar a abertura da epístola como um convite ao leitor romano para vir à *Poética* aristotélica, na verdade a circulação do pequeno tratado horaciano a tal ponto influenciará a poetologia renascentista que Spingarn parece glosá-lo quando escreve a propósito de Muzio: sua "noção purista da arte é enfatizada em todas as partes na crítica renascentista. Era no *verisimile* [...] que os escritores do período especialmente insistiam. A poesia deve ter a aparência da verdade [...]" (Spingarn, J.: 1899, 25).

A relação aristotélica do verossímil (*eikos*) com o necessário (*ananké*) não era produtiva para o velho poeta romano. Em lugar de uma indagação *en abîme*, interessa-lhe a horizontalidade de uma estilística, onde se exaltem o decoro – "Não se mostrem em cena ações que convém se passem dentro e furtem-se muitas aos olhos, para as relatar logo mais uma testemunha eloquente. Não vá Medeia trucidar os filhos à vista do público" (ib., 60) – e o bom senso – "Aos gregos deu a Musa o gênio [...]; os meninos romanos aprendem por meio de cálculos demorados a dividir o asse (moeda romana, LCL) em cem partes" (ib., 64).

Sumárias, as passagens são suficientes para entender o seu entrosamento com a retórica sistematizada por Quintiliano. A poética e por extensão as artes visuais são afastadas da área do pensamento. Nem sequer vale a suspeita platônica de que, afinal, a poesia e a filosofia tendem a se chocar. O antagonismo entre as duas será afirmado desde que, com a vitória do cristianismo, a filosofia encontrará seu cume na teologia, e esta só pode servir a uma igreja pela adoção de dogmas.

Ainda será preciso declarar que a vitória da horizontalidade provoca o realce da *imitatio*? Se, em Horácio, talvez pela proximidade do tratado aristotélico, ainda se insinuava alguma hesitação, que devia ser combatida por exemplos concretos, sequer essa sombra se insinua em Plínio, o Velho. Para o autor, a arte não apresenta um perfil próprio, mas antes se integra a uma história natural. A ausência de pressupostos ajudava o historiador a afirmar sua dependência da natureza e das condições externas. Ou seja, a acatar sem discussão o princípio da *imitatio*. Não precisamos percorrer com paciência as páginas do Livro XXXV. Duas passagens são conclusivas. De Parrásio de Éfeso, Plínio recordava a razão de sua celebridade, em uma anedota a ser repetida por séculos:

> Conta-se que (ele) entrara em competição com Zêuxis: este apresentara uvas tão felizmente reproduzidas que os pássaros vinham voar em torno de sua cena; mas o outro apresentou uma cortina pintada com tal perfeição que Zêuxis, cheio de orgulho pelo julgamento dos pássaros, pediu que se suspendesse a cortina para mostrar-se a pintura, depois, compreendendo seu erro, cedeu a palma a seu rival [...], pois, dizia, se havia pessoalmente enganado os pássaros, Parrásio o enganara a ele, um artista. (*Hist. Nat.*, XXXVI, 61)

A exemplificação é bem mais ampla. No entanto, basta um outro trecho, referente ao mesmo pintor, de que só oferecemos o princípio:

> Há dele, ademais, duas pinturas célebres: um hoplita em combate, que corre ao ponto que se acreditaria vê-lo transpirar, e um outro, que depõe as armas e de que se acreditaria escutar que ofegava. (Ib., 65)

Para não nos restringirmos a propósito do Renascimento a uma escassa referência bibliográfica[10] sobre sua poetologia, recorramos ao *De pictura* (1455), de Alberti e, quase que só nominalmente, a Giorgio Vasari.

A tal ponto a natureza é o centro de gravidade em *De pictura* que um tratado que se pretendia tão só técnico começava por declarar que

---

[10] Não se há de esquecer, que, na década de 1960, o Wilhelm Fink Verlag publicou uma coleção de poéticas do *Cinquecento* em fac-símile, que constava de mais de 30 volumes.

"trataremos da pintura partindo dos próprios princípios da natureza" (Alberti, L.B.: 1435, I, 73). Por isso, ao tratar do ponto, acrescenta ser ele um signo, entendendo pelo termo "tudo que é situado sobre uma superfície de maneira a poder ser percebido pela vista" (ib., 75). E, na continuação: os pontos formam uma linha e "o pintor não se aplica a imitar senão o que se vê sob a luz. Se os pontos são ligados de modo contínuo, formam uma linha", que, retas ou curvas, formam a superfície. Passagem imediata mostra o que Alberti entendia por técnica da pintura: são seus componentes visíveis. A pintura é confundida com sua constituição geométrica. Rotineira, a descrição não pode ser evitada para que se esteja a par de seu propósito:

> As superfícies têm duas qualidades constantes. Uma é conhecida pelo contorno externo que encerra as superfícies, chamado por alguns de horizonte. [...] Esse contorno será constituído por uma ou várias linhas; por somente uma se é circular, de várias se uma é curva e a outra reta, ou mesmo de várias linhas retas e de várias linhas curvas. A linha circular é este contorno que contém o conjunto do círculo. O círculo é a forma de superfície que uma linha encerra como uma: se um ponto se encontra em seu meio, todos os raios feitos em linha reta desse ponto até à coroa são de comprimento igual. Chama-se esse ponto o centro do círculo. A linha reta que cortará duas vezes a coroa do círculo, passando exatamente pelo centro, é chamada pelos matemáticos de diâmetro do círculo. Nós a chamaremos de linha central. (Ib., 77)

O que se transcreve é a redação por um poetólogo correspondente à de um poema à sua metrificação. Mas, como a indagação da métrica poderia ser proveitosa, assim também as considerações de Alberti sobre a linha, os modos de superfície, as modalidades do que chama de raios externos – i.e., os que tocam as partes extremas de uma superfície – de medianos –, que, tocando toda a superfície, a iluminam por inteiro, de raio central – que toca de tal maneira a superfície que determina ângulos iguais em torno dela –, os tipos de cores etc. etc. poderiam servir de lastro a algo produtivo. Mas, não sendo o caso, tal incursão seria ociosa.

3.1

Nada de melhor se esperaria do *Vite de' più eccelenti pittori, escultori e architettori* (1550), de Giorgio Vasari. Sua frase inicial, a ser glosada por Winckelmann, declara o lugar-comum que vigora durante séculos. Em formulação simplificada, ela declara que os pintores sempre se engenham em representar e imitar a natureza (cf. Vasari, G.: 1550, 3). Assim, de Giotto, já na abertura das biografias dos mais ilustres dirá que

> Ajudado pela natureza e adestrado por Cimabue [...] se fez tão bem imitador do natural que abandonou por completo a prática de retratar o estilo bizantino, [...] introduzindo a prática de retratar fielmente do natural as pessoas vivas, como não se praticava há mais de 200 anos. (Ib., 4)

E, como prova de que a anedota relatada por Plínio continuava a repercutir, repete seu conteúdo a propósito de Giotto: ainda quando aprendiz de Cimabue fizera tão bem uma mosca pousada em uma figura pintada pelo mestre que este, ao voltar ao ateliê, várias vezes tentou afugentá-la (ib., 24).

O tratamento repete-se mesmo perante um nome excepcional como o de Da Vinci. Não havendo razão em mostrá-lo, assinale-se que o termo "imaginação" não escapa da subordinação à imitação da natureza. Dirá por isso de Ticiano que, encarregado de pintar a já sucedida batalha de Chiaradadda, "o furor dos soldados que combatem sob uma chuva terrível" é tão cheio de vida que não há quadro mais belo na sala do Grande Conselho de Veneza (ib., 334). Pois a *imitaziòne* não admite ressalvas. Daí ainda observar sobre Leonardo que, havendo pintado uma Última Ceia para os dominicanos de Santa Maria delle Grazie, de Milão, "deixou a cabeça de Cristo sem terminar porque sentiu que não podia lhe dar a celestial divindade que ela requer" (ib., 227). A veneração religiosa se conjuga ao papel assegurado à imitação. Como veremos a seguir, essa conjunção não era exclusiva do biógrafo.

Ainda que longa a advertência, teve a vantagem de terminar por um ponto que justifica o recuo temporal a ser agora feito. Por ele se destaca que, por motivos a serem temporalmente diferenciados, o estatuto da imagem é incerto e inseguro. Como então a *mímesis* é uma composição por imagens, sua problemática se deposita em sua própria raiz. No caso do recuo temporal aqui procedente, essa propriedade da imagem se apresenta na origem do cristianismo: "O monoteísmo judaico concebia o Deus único como de ordem invisível que se separava dos muitos deuses dos infernos e de suas imagens" (Belting, H.: 1990, 144). Lembrá-lo aqui é indispensável, não só porque da lei mosaica decorriam as perseguições que os cristãos sofreriam em Roma, como pela postura que a Igreja assumirá, a partir do século IV, quando se tornar a religião oficial do Império. Não seria admissível tratar da questão da *mímesis* no Império Romano do Ocidente e do Oriente sem o referir.[11]

Presume-se que a instabilidade do estatuto da imagem na origem do cristianismo era receptiva à maneira diluída que a reflexão grega da *mímesis* assumira a partir dos romanos. Uma e outra se farão presentes na sacralização da imagem. Mas, para seu exame apropriado, é preciso acentuar as premissas teológicas e políticas que nela se enlaçam. Do ponto de vista religioso, é relevante a tradição judaica:

> Nenhuma imagem visível podia fazer justiça à ideia de Deus. Uma imagem de Javé que se assemelhasse a um ser humano podia ser confundida com os ídolos do politeísmo. O monoteísmo sempre tendeu a um conceito não imagético do Deus uno e universal. (Belting, H.: 1990, 42)

---

[11] Ante a discussão a ser apresentada, vale lembrar um pouco da história das duas partes do Império Romano. Se a parte principal do Império tinha Roma por capital, cabe não esquecer que seu colapso culmina em 476 d.C., declarando-se sua decadência ante a progressiva perda de território para os chamados bárbaros, desde o século precedente. Por isso, a cisão definitiva com a parte oriental, Bizâncio, se dá em 395, quando o imperador Constantino estabelece, em 330, em Constantinopla, cidade por ele fundada a nova capital do Império. Do ponto de vista específico da questão da imagem, importa considerar que, no ano seguinte à batalha de Ponte Mílvios, Constantino, pelo Édito de Milão, permitia o culto cristão e, em 384, pelo Édito de Tessalônica, Teodósio Magno o convertia na religião oficial. A queda de Roma provocará a supremacia de Bizâncio, a culminar em 620, quando o grego se torna a língua oficial. Longe de ter a importância política e histórica de Roma, o Império Oriental terá vida muito mais longa, estendendo-se de 395 até à Idade Média e princípio do Renascimento (395-1452). Sua autonomia, embora progressivamente diminuída – em 1204, é capturada pela Quarta Cruzada, controlada pelos venezianos, recapturada em 1261 por Miguel VII Paleólogo –, cessa definitivamente com a queda de Constantinopla ante os turcos, em 1453.

O caráter divino-humano de Cristo será o complicador que terminará por provocar a separação do cristianismo quanto ao seu berço judaico. "Apenas Cristo – cuja imagem pintada era a semelhança física de Deus com a forma humana – e a Mãe de Cristo podiam demandar um culto universal" (id.).

Com menor esforço teológico, a licença se estende aos santos. Sua justificativa é bastante mais terrena e mais adaptável à prática politeísta romana. A imagem dos santos se justificava por seu papel de intercessores ao pedido de ajuda pelos sofrimentos humanos. Eles assim exerciam um papel que o Estado romano reservava à figura do imperador. Fosse do lado religioso, fosse do lado político, as imagens representativas dos intercessores indicavam, em comum, uma sociedade desigual. É certo que a hierarquia religiosa concernia ao poder maior do sobrenatural e daí de seus oficiantes, enquanto a política se concentrava na ordem social. Mas o que importava era a função correlata. Daí, mesmo dando uma conotação equivalente nas duas áreas – o que não esteve no propósito do autor – "é comum [...] ao reconhecimento da imagem de culto não a ilusão estética ou (a consideração) da obra de um artista senão que a manifestação de uma realidade superior" (Belting, H.: 1990, 47). Daí, ainda, a importância do papel assumido pela imagem quando do triunfo do cristianismo em Roma. Se a recusa da adoração da imagem do imperador serviu de fundamento para a perseguição dos primeiros cristãos, a situação muda drasticamente, entre os séculos VI e VII, quando a figura do imperador, cunhada na moeda romana, é acompanhada, no verso, pela imagem da cruz; depois, mais explicitamente, quando a imagem do governante é substituída pela própria imagem de Cristo. "Agora chamado de 'servo de Cristo', o imperador toma em suas mãos a cruz, que antes adornava seu reverso" (ib., 8). Constantino justificara sua conversão porque em vésperas de uma batalha tivera a visão que depois reconheceria como sendo a de Cristo. Pouco importa que a comprovação de seu reconhecimento, tal como legitimada pela Igreja, hoje se sabe baseada em uma fraude (cf. ib., 121). O que importa é o acordo então estabelecido entre a motivação cristã e os interesses políticos do Império. Essa convergência era fundamentada pela sacralização da imagem. Ela, em suma, expunha uma vontade de acomodação de ambas as partes. Belting não assinala a motivação dos imperadores. Podemos presumir que se baseava em uma superstição pragmática. Como Constantino teria pensado: "Sob este signo vencerás". Em troca, Belting procura fundamentar a razão dos dirigentes da Igreja:

> Só as imagens que, por força da aura do sagrado, ultrapassavam o mundo material a que de outro modo pertenciam podiam assumir um poder real. Mas que habilitava uma imagem a se distinguir do mundo comum e ser tão "sagrada" como era um signo totalmente sobrenatural ou um agente da salvação? Era, em suma, precisamente aquela qualidade de "sagrado" que originalmente era negado a imagens que ainda traziam o estigma de serem ídolos mortos, pagãos, e, ao contrário, reservada aos sacramentos. (Ib., 7)

Ora, como a transformação de coisas – como o pão, o vinho, o azeite – em sacramentos era provocada pela consagração sacerdotal, "os sacerdotes seriam então não só mais importantes do que os pintores, mas também os verdadeiros autores do caráter sagrado das imagens" (ib., 9).

Do ponto de vista aqui adotado, o reconhecimento do acordo político que respalda a vitória do cristianismo tem como consequência que *a imagem então reconhecida, o ícone, não só vinha carregada da conotação de corresponder autenticamente ao objeto que representava, como ser objeto de veneração – em ambos os casos, prevalece o critério de imitação*. Não é preciso insistir que a sobrecarga de venerável não se contrapunha, mas enfatizava a propriedade oriunda da leitura pobre da *mímesis* grega. A dupla carga a que então o ícone responde – ser fidedigno ao que teria sido a figura do original e prestar-se ademais a ser venerado – faz com que sua correspondência com o suposto referente, i.e., sua relação imitativa, deixe de ser empírica, fundada em uma equivalência materialmente testável, para se tornar propriamente ontológica (cf. Belting, H.: 1990, 47). Daí, no marco da sacralização da imagem, a função por ela desempenhada:

> Na história pictórica de Cristo e dos santos, o ícone ou imago é sempre posto em nível mais alto que a imagem narrativa, ou história. Mais ainda

do que na história bíblica ou hagiográfica, o ícone dificulta compreender-se a função da memória e de tudo a ela conectado. Não basta ver o culto ao ícone como um símbolo da presença e a pintura narrativa como símbolo da *história*. O poder do ícone também deriva de sua reivindicação de historicidade, da existência de uma pessoa histórica. (Ib., 10)

Seu poder, excedente durante a existência autônoma de Bizâncio, evidencia uma mentalidade arcaica frente ao surgimento de uma concepção artística do objeto retratado:

> A crise da velha imagem e a emergência do novo conceito de arte são interdependentes. A mediação estética concede um uso diverso das imagens sobre o qual o artista e o receptor podem concordar entre si.. [...] A forma e o conteúdo renunciam à sua significação imediata em prol da significação mediatizada da experiência estética e da argumentação encoberta. (Ib., 16)

Em meados do século XV, o domínio árabe terá o efeito de uma reviravolta. Mas desde o saque de Constantinopla pela Quarta Cruzada (1204), a capital do Império Bizantino se convertera em mero foco cultural. Os artistas refugiavam-se em pequenas cortes gregas, uma das quais, a de Niceia, opera eventual reconquista em 1261. A centralização de Constantinopla estava para sempre perdida, e os princípios da arte bizantina, com a forte relevância religiosa, mantêm-se nas regiões pelas quais seu módulo se dispersa (Sérvia, Bulgária, Geórgia, Armênia), fixando-se especialmente na Rússia e em Creta. Na impossibilidade de aqui reproduzir parte do acervo iconográfico bizantino, lembre-se de que sua configuração é tão diversa da tradição artística que se estabelecerá, no Ocidente, com o Renascimento e que, em 1911, Matisse, em Moscou, declarará que o contato com o legado da arte bizantina oferece "ao artista melhores modelos do que os encontrados na Itália" (apud Belting, H.: 1990, 20-1).

Para que não se entenda que a declaração, prenunciando a ruptura em progresso, desde Cézanne, na pintura ocidental, se restringia à sobrevivência do legado bizantino na Rússia, há de se considerar que as mudanças no padrão do ícone são mais antigas. Belting refere que já no século XI uma estética da pintura principiava a emergir; que sua motivação era "tanto formal (relacionando-se a questões como simetria e harmonia na composição da obra) quanto filosófica e teológica. Era de ordem filosófica em que os pintores tinham de capturar a vida no espelho de sua arte, e de ordem teológica em que partilhavam da revelação de uma verdade mais alta por meio da 'graça' (*charis*)" (Belting, H.: 1990, 264). Mantendo seu caráter de pintura religiosa, a arte bizantina recebia o maior impacto do pensamento grego tardio porquanto, desde o século VII, o grego substituíra o latim como língua oficial. Daí acrescentar Belting que "o argumento se enraizava na distinção neoplatônica entre o interno e o externo, a alma e o corpo, o espírito e a natureza" (id.). Séculos de tradição haviam se passado antes que o ícone se aproximasse, nos séculos XI e XII, da vida como "pintura viva", então assumindo também uma valência estética, que se acrescentava à sua função de culto.

Ainda que passageira, a referência positiva de Matisse à significação do ícone há de ser entendida menos superficialmente. Com o mérito que temos reconhecido ao *Bild und Kult*, de Hans Belting, há de se entender que o caráter não estritamente anatômico da pintura bizantina, ainda que indiretamente, se articulava à já referida posição hebraica contrária à representação do divino. Como a hostilidade à imagem permanecia na cultura islâmica, os surtos iconoclastas eram favorecidos pela proximidade geográfica de Bizâncio com os países islâmicos. Sem que neles se detenha, Belting a eles se refere, os quais assumem um caráter virulento, com a quebra de ícones, no século VIII, provocando a eventual migração do modelo bizantino para Roma e Veneza.

Embora a exacerbação iconoclasta não tenha impedido o extenso patrimônio das imagens de culto, não parece suficiente tematizar apenas a luta entre o antagonismo contra a representação e a vitória da direção figurativa. Sem o endosso da historiografia da arte, tem-nos parecido que vale ressaltar uma terceira via: a prática da produção imagética é adotada, submetendo-se, porém, a princípios que reduzem o alcance da *mímesis*. A essa terceira via temos chamado de *controle do imaginário*. Não parece ocasional que não se encontre a mínima referência ao controle em uma obra extensa e competente como a de

Hans Belting. O *modus vivendi* do controle decorre do próprio entendimento da *mímesis* como *imitatio*. Entende-se melhor a observação de Matisse se se correlaciona o figurativismo das artes visuais renascentistas com a presença unânime do destaque da *imitatio*, na poetologia renascentista. Não se quer dizer que o figurativismo renascentista fosse imitativo, senão que sua prática concreta tinha de contornar o obstáculo que seus teóricos lhe apresentavam. Não eram, portanto, os iconoclastas os *controladores* do *mímema*, pois se confundiam com os praticantes de sua explícita *censura*. O controle, como temos procurado mostrar, supõe uma atitude bastante sutil: aceita-se a imagem desde que ela não transgrida frontalmente os valores que deverá trazer internalizados. Caso assim suceda, ou terá ela sua circulação interditada, quando o controle se radicaliza em censura, ou será de interesse adotar uma posição de complacência, de que a interpretação alegórica é a mais divulgada (cf. Costa Lima, L.: 2007).

Só aos especialistas na arte bizantina caberá dizer em que grau a veneração exigida da imagem de culto continha, de fato, um elemento de controle. Como a veneração era estabelecida por parâmetros teológicos, são, no entanto, evidentes os limites que eram postos para a aceitação da obra de arte. Eles se tornavam ostensivos porque a eles se acrescentavam as restrições impostas pela tradição platônica e neoplatônica. Conquanto eu não alcance a competência indispensável, duas observações são relevantes a propósito: (a) como mostra a extensa iconografia reproduzida por Belting, é raro que a arte bizantina prime pelo realce das emoções de paixão e agonia. Em seu lugar, nas iluminuras manuscritas do século XI, "as tradições do realismo clássico se misturam, em uma perfeita síntese, com a espiritualidade cristã" (Chatzidakis, M. e Grabar, A.: 1965, 18); (b) embora Belting insista na pluralidade dos modelos de feitura vigente antes da culminância iconoclasta (725-843), é indiscutível a permanência dos traços de semelhança, com a procura de uma extrema verossimilhança, conforme o requisito de correspondência com a figura referida, a ausência de profundidade espacial, a saliência dos olhos, o tamanho da cabeça. No caso das igrejas romanas, era ademais considerável a identificação da imagem a ser cultuada com o arquétipo de seu patrono. Assim, na igreja de Santa

Maria Antigua, em Roma, Teódoto, o administrador pontifício da igreja, fizera pintar, por volta de 750, "uma série de ícones votivos em que usualmente ele aparece em pessoa" (Belting, H.: 1990, 116).

Assim considerando, é de se perguntar até que ponto o papel do *ornamento* da arte bizantina não era provocado pela necessidade de escapar das garras do controle. A propósito, vale registrar o comentário de um renomado especialista em arte islâmica:

> Além de razões ideológicas, políticas, econômicas, religiosas ou intelectuais, havia o reconhecimento de que a arbitrariedade do signo escrito pode ser aproveitada para outros fins do que o de copiar algo dito ou já dito em algum lugar. Ele pode exprimir valores visuais ou piedosos que não são os de seu significado literal. Pode ser significativo de outro modo daquele em que é legível. É bastante diverso do que quer dizer [...] porquanto sua qualidade sensível ou agradável (*terpnopoietic*)[12] sobrepujou sua significação. (Grabar, O.: 1992, 117)

A passagem merece a abertura de um parêntese específico. Até que ponto, nos perguntamos, o realce do ornamento não se relaciona diretamente à questão do controle? Por certo, o entendimento de Oleg Grabar segue na direção oposta. Note-se o que observa um pouco antes:

> A partir do século XVI, vários artistas chineses e japoneses transformam uma sucessão de caracteres em pinceladas livres que visualmente ultrapassam qualquer leitura de um texto. [...] É como se tanto a feitura quanto, suponho, a visão da "boa" escrita servissem para liberar as forças vivas e ativas da natureza que são boas e nobres e recompensam o produtor e o receptor. (Grabar, O.: 1992, 116)

Conforme sua interpretação, os referidos artistas anteciparam por séculos o abstracionismo de Mondrian e encontrariam um seu continuador em Frank Stella, dos quais Grabar apresenta reproduções, que são de fato comparáveis a exemplos de arte oriental. O abstracionismo teria seu louvor antecipado em Kazimir Malevich, que, "em uma

---

[12] Agradeço ao amigo João Adolfo Hansen por haver identificado o termo *terpnón*, no *Crátilo*, onde é referido como derivado de *térpsis* (deleite), (*Crát*. 419, d). Hansen compreende que Oleg Grabar o emprega no estrito sentido saussuriano de significante, articulação fônica sobre a qual se estabelece a camada semântica do significado.

nova forma de ícone, tentava capturar o ideal absoluto sem recorrer ao realismo objetivo e via o ícone nativo como uma alternativa à tradição artística do Ocidente" (Belting, H.: 1990, 20). Ambos os intérpretes concordam que o ornamento ou a *terpnopoietic* era uma maneira de se liberar da pressão exercida pela correspondência entre o *mímema* e o referente. Mas não o entendem como liberação de um controle – conceito que ignoram. Não é, entretanto, evidente a sua existência ante as restrições impostas, fosse pela imitação, fosse pelo caráter de culto a que o ícone estava submetido?

Certamente foi válido o esforço de Stephen Halliwell de separar Platão da pecha de inimigo-mor da arte, assim como de acentuar que nele não se encontra uma posição fixa sobre a *mímesis*. Mas aceitar que a passagem do Livro 10, 607a significa que, na cidade ideal, a poesia só é aceitável se não professar uma concepção trágica da vida, não supõe uma modalidade radical de controle? Creio que negá-lo não só dificulta entender-se o papel decisivo de exceção que, no pensamento grego, terá Aristóteles, como dificulta compreender o papel que o platonismo terá na formação do pensamento da Igreja.

Menos como comprovação da importância de Platão no pensamento cristão do que, especificamente, sobre sua formulação do controle, veja-se a passagem da vigésima quinta sessão do Concílio de Trento (1545-1563):

> O Santo Concílio assim exorta todos os bispos e outros com o ofício e responsabilidade de ensinar, de acordo com a prática da Igreja Católica e apostólica, recebida dos primeiros tempos da religião cristã, o consenso aos santos padres e aos decretos dos santos concílios: antes de tudo, hão de instruir cuidadosamente o fiel acerca da intercessão dos santos, da invocação deles, da reverência às suas relíquias e ao uso legítimo de suas imagens. [...] E devem também ensinar que as imagens de Cristo da virgem mãe de Deus e dos outros santos devem estar estabelecidas e mantidas, particularmente nas igrejas, e que lhes é devida a justa honra e reverência, não porque se creia que alguma divindade ou poder neles esteja como razão para o culto ou porque algo seja delas esperado ou porque confiança era concedida às imagens, como o faziam os pagãos de outrora, mas porque a honra que se lhes apresenta e refere-se ao original

que representam: assim, pelas imagens que beijamos e ante as quais descobrimos nossas cabeças e curvamos nossos joelhos, adoramos a Cristo e veneramos os santos, cuja semelhança elas testemunham. (Apud Belting, H.: 1990, 554-5)

A passagem não diz nada que já não soubéssemos. A escrita conciliar procura, contra a animosidade da Reforma protestante ao culto das imagens, dissociá-la de qualquer prática mágica e fundá-la em motivo racional. É a razão, portanto, que justifica a adoração às figuras veneráveis de Cristo, de Maria e dos santos, cujas imagens deverão estar dispostas sobretudo nos templos cristãos e cuja composição há de respeitar a semelhança com as figuras invocadas. Obviamente, não caberia ao Concílio alegar algum motivo de ordem artística. A legitimação da imagem era estritamente religiosa. Mas, sabida a relevância sociopolítica então exercida pelo poder religioso, por mais que, na vida prática, houvesse transigências que o texto conciliar não podia explicitar, é evidente que a força cultural concedida à imagem trazia consigo uma nota controladora. Apenas suponho que idêntica força vigorava, antes do Concílio, na parte oriental do Império ou talvez com maior intensidade no islamismo. Não parece, por isso, verossímil que a força do significante fosse dissociável do poder controlador. Com o advento dos tempos modernos e a progressiva secularização dos Estados, o controle igualmente se laicizará. Mas sua presença se acusa onde haja, na sociedade humana, um poder absolutamente centralizador.

Justificada a alternativa que apresentamos à hipótese liberadora de Oleg Grabar, perguntemo-nos o que a *termnopoietic* significa em termos de *mímesis*. Se o engano não for meu, a resposta é facilmente formulável. A cena ocupada pelo puro significante é a resposta de êxito ao domínio do controle. Por ele, *eikon*, a imagem, escapa dos parâmetros da *mímesis*. Supremamente bela, como mosaico, pintura sobre pergaminho, miniatura, mesmo quadro de parede, a arte se torna decorativa. Por um viés não previsto por Platão, eis uma arte aceitável em sua cidade ideal. Continuar a chamá-la de arte ou negar o título será uma questão nominalista se não entendermos que a configuração artística, variável temporalmente, é específica e diferenciada. Se compreendermos que a experiência estética apenas se define pela *expressão* que provoca, não haverá nenhuma dificuldade em manter o nome de arte. Mas isso não equivalerá a reduzir o estético à experiência de superfície de agrado?

Por sua presença em séculos tão distantes, essa é a primeira modalidade de "arte" que escapa dos parâmetros da *mímesis*. Como tal, o absolutismo do significante e a aleatoriedade do significado convertem o objeto em adorno que aformoseia os salões ou o escritório de quem sequer o aprecia. A segunda modalidade, o *ready-made*, as espécies da *pop art*, não tem relação direta com o controle, mas, no melhor dos casos, com a pseudossofisticação de críticos e colecionadores. Mais comumente derivam da perda de identidade da experiência estética, ou seja, da igualdade estabelecida entre a imagem de arte e a imagem banalizada; ou seja, da mercantilização generalizada. Sobre ela, ainda voltaremos a tratar.

A reflexão acima supõe que, com independência das variações como a *mímesis* é entendida, ela implica uma relação triangular entre o que a produz, o que a recebe e a realidade que se interpõe entre eles. A configuração efetiva que se constitui entre os três termos se constitui, como formulara Valéry, pela oscilação entre som e sentido. Ora, a plenitude absoluta do substrato do signo, o significante, explorado pela estesia que provoca, fosse na versão bizantino-islâmica, fosse na abstrata contemporânea, implica abandonar a relação com o mundo, portanto a simplificação da relação triangular.

É possível que isso suceda apenas na aparência? A partir de uma observação de Doesburg, então colaborador de Mondrian, já procuramos mostrar que a absoluta abstração de *Compositie 10 in zwart wit* (*Composição 10 em preto e branco*) perde sua autonomia ao se notar o núcleo sêmico escondido sob a aparente reiteração infinita de uma mesma figura geométrica (Costa Lima, L.: 2013, 139 ss). Conquanto à aproximação com o pintor holandês se acrescentasse o exemplo do "Meu tio o Iauaretê", conforme o brilhante insight interpretativo de Haroldo de Campos, seria precipitado entender-se que a pista é suficiente para que se generalize o entendimento transformado do abstracionismo mondrianesco. Mais vale, portanto, tentar um outro pequeno passo contra a compreensão por Grabar do ornamentalismo e sua extensão ao abstracionismo.

Parece indiscutível que, quaisquer que sejam as variações interpretativas, a *mímesis* supõe a inter-relação triangular entre produtor, mundo e receptor. As modalidades trágica, cômica, lírica, épica – a última substituída, nos tempos modernos, pelo romance – são angulações diferenciadas daquela triangulação. Pode-se mesmo justificar a ausência da lírica na *Poética* aristotélica porque o gênero lírico, não apresentando homens em ação, abstrairia o chão do mundo que provoca o enredo. (O ponto de vista parece-me menos plausível do que a hipótese que supõe a perda da parte respectiva da *Poética*.) A terpnopoiética, em troca, supõe a quebra da interseção estabelecida pelo mundo. Com ela, praticamente desaparece a tensão entre verossimilhança e necessidade; nos termos que tenho usado, entre semelhança e diferença. Em seu lugar, estabelece-se a fluência da *combinação*, que, implica a concordância de planos. Por essa razão, o agrado (*terpnón*) se torna o eixo do objeto *poiético*. Ou seja, a estesia ensejada passa a condizer com a ênfase expressiva da combinação alcançada. Como a entendemos, a estesia da expressão se diferencia do efeito estético da *mímesis* porque aquela, em lugar de uma área semântica que se apresenta para a decodificação sensível do receptor, lhe oferta uma ilimitada flutuação harmoniosa, que se traduz pelo sentimento de agrado. Para que me faça melhor entender: não se declara que a representação-efeito contenha uma interpretação correta, ante a qual as demais seriam falsas. Muito ao contrário, *a representação-efeito nega que o mímema contenha uma interpretação justa*. Mas se, ao mesmo tempo, não se contesta que a variação interpretativa contém a possibilidade de entendimentos total ou parcialmente falsos, a representação-efeito supõe um limite para as interpretações plausíveis. É essa restrição que a expressão não admite. Por isso, em suma, a música, como arte expressiva por excelência, cedo se afastou das elocubrações sobre a *mímesis*. Em consequência, a ser válida a plenitude do significante no ornamento, a pintura do significante pleno afasta-se da área da *mímesis*, que, em termos absolutamente plenos, então permanece restrita à ficção verbal.

4

O século XVIII abre um cenário bastante distinto. Não será completamente descontínuo porque a perda do caráter de objeto de veneração que o *mímema* assumira durante os séculos de triunfo do teológico cristão não foi acompanhada pelo esquecimento da maneira a que se reduzira o legado grego. Ao contrário, uma das lutas mais acirradas para a reflexão aqui proposta efetua-se contra a *imitatio*.

Sem nos propormos a análise detalhada de A. G. Baumgarten, nele nos deteremos mais do que é usual fazê-lo.

Antes de ser autor de *Aesthetica* (1750), sua obra maior, cujo título era um neologismo criado a partir de *aísthesis* (percepção), Baumgarten (1714-1762) editara as *Meditationes philosophicae de nonnulis ad poema pertinentibus* (1735). Muito embora as *Meditações sobre o poema* antes pareçam uma obra preparatória, já contêm a afirmação básica de que hão de ser destacadas as "*sensitivae repraesentationes*", representação que, "embora confusa e obscura" ("*confusa autem cum obscura*"), há de ser ressaltada porque "recebida pela parte inferior da faculdade cognitiva" ("*per facultatis cognoscitivae inferiorem partem*") (Baumgarten, A. G.: 1735, § 3). Ainda que investidas de valor menor, seu reconhecimento começa a tornar problemático o entendimento imitativo, tomado como inconteste por figuras de séculos próximos anteriores, como Scaliger e Voss.

Como prova de quanto a suposição da *imitatio* estava enraizada, tampouco Baumgarten discorda que o poeta imita. É evidente que seu respaldo é romano: "Quando Cícero atribui a Homero a arte, não da poesia, mas da pintura, maravilha-se com a habilidade de um cego em imitar o que visse" ("*imitandi in coeco miratur*"), (id., § IX). Inédito na reflexão era que, embora subordinadas às trabalhadas pela lógica, tais "representações sensíveis" fossem valorizadas. A admiração ciceroniana por um cego capaz de um pintar tão excelente deixava de ser um enfeite retórico para indicar o começo da difícil travessia pelo estético. Mas a hierarquia entre as representações claras e obscuras mostra que o pensador ainda titubeava: "Um poema cujas representações sejam claras é mais perfeito do que aquele cujas representações sejam obscuras, e representações claras são mais poéticas que as obscuras" (ib., XIII).

(Para que não se lhe acusasse de contraditório, haveria de se acrescentar que não era absoluta a oposição entre representações claras e obscuras, pois há um obscuro menos obscuro e outro mais; que aquele, ainda estando próximo do objeto da lógica, torna melhor a poesia...) Tampouco é flagrante sua novidade ao considerar que o princípio da *imitatio* era acompanhado pelo indispensável princípio da verdade – "representamos mais naquelas coisas que representamos como boas ou más do que se assim não as representamos" (XXVI) ("*quae repraesentantur, ut bona & mala, in iis plura nobis repraesentantur, quam si non ita repraesentarentur*"). Mas a manutenção de parte do legado clássico não o impede de, pelo realce das representações sensíveis, ressaltar mesmo aquelas que, confusas, não dispõem da clareza promovida pela lógica. É o que declara a continuação do § XXVI: "Representações de coisas que são confusamente exibidas como boas ou más para nós são extensivamente mais claras do que se não fossem assim exibidas".

Pela manutenção dos pressupostos clássicos – clareza, superioridade do enunciado lógico, proximidade da verdade, portanto do que se tomava como a própria ordem do mundo –, a intuição do papel da ficção parece um salto no escuro. Vale, por isso, que se atente particularmente aos itens LII e LIII:

> *Figmentorum obiecta vel in exigente tantum, vel in omnibus mundis possibilis impossibilita, haec quae UTOPICA dicemus absolute impossibilis, illa salutabimus HETEROCOSMICA. Ergo utopicorum nulla, hinc nec confusa, nec poetica datur repraesentatio* ("Objetos ficcionais são por dois modos impossíveis: no mundo real ou em todos os mundos possíveis. Aos que são absolutamente impossíveis chamamos utópicos. Aos outros chamamos heterocósmicos. Por isso nenhuma representação do grupo utópico pode ser formada; daí que nenhuma seja confusa ou poética"): *Sola figmenta vera & hetorocosmica sunt poetica* ("Só as ficções verdadeiras e heterocósmicas são poéticas").

As duas afirmações serão contraditórias? Na tentativa de resolver a dificuldade, recordemos que o item L declarava que "*repraesentatio-*

nes confusae [...] *sunt phantasmata, ergo poeticae*" ("as representações confusas [...] são fantasmais, por isso poéticas").

A suposta incongruência é ultrapassada pelo enunciado de L. A distinção entre utópico e heterocósmico é homóloga aos graus da representação obscura há pouco notada. O utópico, enquanto absolutamente impossível, não tem acordo possível com a verdade. O verdadeiro heterocósmico não se concilia com o mundo real, mas não se confunde com o impossível. Em lugar de uma redação confusa, conforme a crítica usual a Baumgarten, temos conexões inauditas. Ser o ficcional de cunho poético fantasmal, numa afirmação de cunho nitidamente antiplatônico, ainda mantém sua ligação com a verdade, conquanto não seja a verdade concebida em termos do mundo da realidade que conhecemos. O pensador não formula como esse elo se estabelece. Podemos, no entanto, entender que ele depende da construção do objeto, que, devendo ter uma coerência interna, nos lembra a *ananké* (necessidade) aristotélica, que se impunha além da verossimilhança. Caberia então dizer que a verdade concerne à *composição* do objeto e não à sua *correspondência* com o que lhe é externo. Baumgarten ainda não o afirma, mas só o aproximar da "necessidade" aristotélica já mostra que intuía o caminho indicado.

Não é precisamente o que já declarava o item LVII? "*Figmenta. In quibus plura sibi invicem repugnant, sunt utopica, non heterocosmica*" ("Ficções em que há muito mutuamente inconsistente são utópicas, não heterocósmicas").

Mas a insegurança ainda o acompanha. Por isso, a advertência do item LIX – "Porquanto podemos rapidamente compreender que o provável sucede com mais frequência do que o improvável, um poema que trata de acontecimentos prováveis representa coisas mais poeticamente do que um poema que trata de acontecimentos improváveis" – se converte, no item LXIV, em lamentável redundância: "É arriscado vaticinar sobre coisas cujo estado futuro é incerto. [...] O mais astuto dos poetas vaticina sob o nome de outros acerca de coisas já sucedidas, como se o vaticínio antecipasse o evento".

A incongruência resultava de a concepção do heterocósmico ainda ser bastante nova para seu próprio descobridor. Mais precisamente, de que a relação do heterocósmico com a verdade ainda não se desligasse plenamente dos parâmetros da *imitatio*. Em termos da metaforologia de Blumenberg, o heterocósmico era um conceito que se mantinha próximo do halo metafórico associado à imitação – a *physis* como um cosmos cuja materialidade estava ligada à sua fonte suprassensível; por isso tão bem acabada como é perfeito seu Criador.

Com menor brevidade, venhamos a seu tratado maior. Como assinala o editor da versão latina original, de sua tradução para o alemão e interpretação, Hans Rudolf Schweizer, a estética é concebida por Alexander Gottlieb Baumgarten como periferia (*Rand-gebiet*) da filosofia. Não sendo aqui procedente o tratamento da obra em si mesma, apenas se assinale que sua importância era reconhecida por alguém temporalmente próximo como Kant, muito embora, como assinala Schweizer, dele antes se distinguia por separar-se de sua "*ungeheimlische Form*" e seu "*dunkeltes Neulatein*" (sua "forma horrenda" e seu "obscuro neolatim") (Schweizer, H. R.: 1973, 14).

O primeiro destaque concerne a um aspecto que já se manifestava nas *Meditações*, feito agora de maneira mais enfática: "A verdade metafísica do objeto nos é conhecida como sua concordância com os princípios gerais do conhecimento" (seção XXVII, § 423). A formulação opta pelo entendimento então convencional, fechando a via que era aberta pelo heterocósmico. Da especificidade de um pensamento inovador mantinha-se apenas que "a verdade é estética na medida em que é compreendida como sensível" (Baumgarten, A. G.: 1750, seção XXVII, § 423, 157).[13]

A relação entre a verdade metafísica – ou seja, a conversão da verdade em princípio – e a estética é necessariamente de subordinação, estando o autor distante da autonomia que Kant viria a conceder a ela, à semelhança da ordem do subjetivo quanto à do objetivo. Por isso, ainda acrescentava Baumgarten, à verdade estética "também chamamos de lógica, no sentido estrito" (ib., § 424, 159).

---

[13] À diferença da edição das *Meditationes*, em que o texto original era mantido em separado da tradução, a *Aesthetica* dispõe os textos latino e alemão lado a lado, na seção que reúne as partes selecionadas da obra. Por isso, em vez de indicar apenas a seção e o item, também indicamos a página.

A necessidade que aqui se percebe de verificar que o pensamento em exposição se inclina ora para a linha tradicional, ora para uma trilha ousada, mostra que a ruptura a caracterizar o século XVIII não se estabeleceu de uma hora para outra. Por isso a subordinação do estético ao lógico, sempre reiterada pelo pensador, não o impede de reconhecer o território próprio ao estético:

> *Quoque generalior est veritas aesthetichologica, hoc minus veritatis metaphysicae in iusdem objeto, et omnino et praesesertim análogo rationis, repraesentatur* [Quanto mais geral é a verdade esteticológica, tanto menos o seu objeto inclui a verdade metáfisica e, na verdade, em cada caso, também no campo do pensamento intuitivo. (Ib., § 440, 172)

A relação de subordinação, por conseguinte, não impede, do ponto de vista analítico, a simultânea independência da verdade da representação sensível. Tal independência é decisiva porque passava a conceder dignidade filosófica à identificação horaciana da *mímesis* com a *imitatio*, da qual, como vemos, Baumgarten não se afasta de todo. Isso, por certo, restringe o impacto do conceito de heterocósmico. Noutras palavras, aflora a dimensão da ficcionalidade, mas sua conjunção com a *veritas metaphysica* restringe sua força. A distância temporal já não nos permite saber por que a limitação se lhe impunha. Lembre-se apenas que a noção precisa do ficcional tampouco estará na terceira Crítica kantiana.

A caraterização da verdade estética como subordinação e independência era fundamental para que o pensador repudiasse a concepção então usual da falsidade do estético:

> A quem pareça estranho que nem todo falso mantenha esse traço no campo estético talvez não se surpreenda quando reconheça na reflexão jurídica, cuja perfeição é reconhecida, uma significação mais restrita do falso: *Pergunta-se: que é o falso? Ele parece consistir em que alguém imita uma caligrafia estranha ou rasgue ou plagie um documento ou uma conta em que alguém, por algum modo, minta em uma soma ou, em geral, em um cálculo.* Verdadeiramente, na apreciação do falso, o estético manifesta-se mais rigoroso que o próprio jurista Paulo. (Seção XXVIII, § 450, 183)

Sob a tutela do *Digesto* romano (48, 10, 23), Baumgarten considera que "o estético, como tal, se exime do que é plenamente transparente ao entendimento puro apenas quando ultrapassa o horizonte estético" (seção XXVIII, § 451, 185). Compensando sua má redação, Baumgarten recusa a pecha costumeira de que, no estético, o falso se confunda com o ato da mentira (tal equivalência cumpre-se no fictício). Para a liberação absoluta do estético faltava aceder que o objeto de que tratava não se confundia com uma imitação. Mas isso já seria lhe pedir em demasia. Por isso se restringe a dizer que a equivalência do *mímema* com a mentira se dá apenas quando os artistas "*eriguntur supra horizontem aestheticum*" ("se erguem acima do horizonte estético").

Como dirá seu tradutor e intérprete, a maneira como Baumgarten trabalha supõe a transferência da escala lógica para a esfera estética e, dessa maneira, contradiz a muitas vezes acentuada autonomia do conhecimento sensível. Em consequência, já aqui Baumgarten devia estabelecer, "em lugar da contraditória oposição entre 'verdadeiro' e 'falso', uma hierarquia crescente de clareza e transparência, que se estende do 'obscuro' e 'oculto' até à claridade da *lux aesthetica*" (Schweizer, H. R.: 1973, 49).

(Apenas parece justo acrescentar que a *lux aesthetica*, supondo um ponto escuro de origem, guarda sua inferioridade quanto à claridade da lógica. O conhecimento humano disporia, portanto, de duas espécies de luz: a que conduz ao conceito, e a luz estética, cujo reconhecimento tormentoso aqui dava um passo decisivo.)

É justo ainda observar que a divergência entre os modos de luz para o entendimento é um passo extremamente fecundo para a formulação kantiana das espécies de juízo, o determinante e o de reflexão. O século XVIII cunhará a sua marca decisiva entre o muito referido mas pouco lido Baumgarten e a reconhecida genialidade kantiana.

Seria por certo uma indesculpável estreiteza restringir a importância do século XVIII à intensificação do debate e, afinal, à revelação da estética. Mas, não tendo a pretensão de um levantamento enciclopédico do século, seria impossível não acentuar o que lhe devemos. E, para que não nos limitemos aos ganhos que o século trouxe no estrito campo das artes, ressaltemos os entraves em romper com o pressuposto da *imitatio*. Como se vê pelo exame de Baumgarten, o embaraço era condicionado pela impossibilidade de desgarrar-se da onipresença da verdade.

Vejamos, pelos casos seguintes, como o pensamento sobre a estética se comportará diante sobretudo da questão operacional da *imitatio*.

4.1

Permanecemos no âmbito da cultura alemã, ao tratarmos da *Geschichte der Kunst des Alterthums* (*História da arte na Antiguidade*, 1764), de Johannes Joachim Winckelmann (1717-1768). Sua condição de historiador de arte e arqueólogo talvez explique que tenha permanecido distante da indagação de Baumgarten. Nem por isso menos se acusa nele o caráter transformador do século. É assim que, a partir de sua obra capital, a arte deixa de ser motivo para a pesquisa biográfica ou objeto de uma indagação histórica para se tornar um objeto em si mesma.

É como historiador da arte que Winckelmann observa a proximidade do princípio da arte grega com as figuras egípcias. Considerando a primeira estátua grega em bronze, no museu Nani, em Veneza, anota ser "este desenho plano que explica a semelhança dos olhos nas cabeças das medalhas gregas mais antigas e figuras egípcias" (Winckelmann, J. J.: 1764, 76). Logo acrescenta que os gregos tinham mais a aprender com os fenícios e os etruscos porque, até o reinado de Psamétrico, no fim do século VII, a presença de estrangeiros no Egito era interditada. Isso, entretanto, não interfere em que a forma das figuras gregas mais antigas fosse retilínea e imóvel, como as egípcias (cf. ib., 78).

Menos nos interessam suas estritas anotações de historiador. Ao contrário, nos importa verificar como reage ao primado da imitação. Sem a questionar ou submetê-la a uma reflexão particularizada, considera-a a razão da precedência, na arte, da ciência (entenda-se, o domínio da técnica, LCL) sobre a beleza, assim como que esta, "fundando-se em regras exatas, deva começar seu ensino com prescrições precisas e firmes" (ib., 79). Se, na passagem do capítulo I, a referência à *imitatio* era bastante breve, em troca, na explicação da beleza do povo grego, é tamanha a exaltação do papel do clima que se pode pensar em uma antecipação remota do que serão os determinismos. Apenas traduzamos parte da passagem:

> Os gregos [...] que viviam sob um céu e um governo mais temperados e habitavam um país que Palas, como se diz, lhes atribuíra de preferência a

> todo outro porque as estações eram aí moderadas, tinham ideias e representações tão coloridas como a sua língua. [...] Sua imaginação não era exagerada como a de outros povos, e seus sentidos, agindo por nervos rápidos e sensíveis sobre um cérebro sensivelmente tecido, descobria de imediato as diversas qualidades de um objeto e se fixavam sobretudo em observar o belo. (Ib., 95)

Mas a hipótese de um determinismo *avant la lettre* é logo dissipada pela função concedida aos costumes, à educação e ao modo de governo. As duas ordens de argumento são, no capítulo IV, conciliadas:

> A causa e a razão da superioridade adquirida pela arte dos gregos devem ser atribuídas em parte à influência do céu, em parte à constituição e ao governo que modelam uma certa maneira de pensar, sem esquecer a consideração de que os artistas gozavam, bem como ao uso e aplicação da arte, entre os gregos. (Ib., 225)

Se as passagens citadas tocam de raspão no papel da *imitatio*, as observações a seguir ressaltam a razão de ser ela o traço dominante. Assim se daria mesmo antes dos gregos. Desse modo ressalta a semelhança, nas múmias egípcias, entre a figura que nelas é fixada e a imagem que teria tido o morto que embalsamavam. A tal prática, que provavelmente passara para os etíopes, acrescenta que resultava da veneração reservada ao morto. Ela, por sua vez, explica a exceção presente na Grécia, em que "as obras dos pintores não parecem ter sido objeto de uma veneração e de uma adoração sagrada certa" (IV, p. 236). Em lugar de algum julgamento de valor, deparamo-nos com a presença do arqueólogo. Ela continua a se fazer presente quando nota que aquela veneração passa para outros povos, como o romano. Era assim explicada a forma que o imperador Adriano estabelecera que fosse dada à estátua de Antínoo: ela era idêntica à das estátuas do mesmo personagem feitas no Egito (II, 108).

Mesmo que não seja explicitamente dito que a estatuária egípcia praticasse a veneração do que era por ela representado, a exigência da equivalência com a criatura representada é ressaltada por um padre da Igreja, Teodoreto, para quem "os artistas egípcios imitaram a natureza tal como a encontravam" (II, 103). Vale ainda considerar, no mesmo capítulo reservado aos egípcios, fenícios e persas, que a escultura egípcia sofria pela carência de conhecimento anatômico no país. A mediocridade de seu conhecimento anatômico "não se mostra apenas pela inexatidão de algumas partes (do corpo), mas ainda pela expressão medíocre dos músculos e dos ossos" (II, 110). Portanto, não primar sua representação visual pela imitação não se explicava por alguma razão propriamente artística.

Tais considerações procuravam dar acesso ao entendimento que Winckelmann oferecia do que, entre os antigos, fosse a beleza. No mesmo sentido, apresenta-se o realce da coesão unitária do objeto. Ela provocava uma propriedade que, embora pouco explicitada, não era comum entre os tratadistas:

> A harmonia própria a arrebatar nosso espírito não é a que resulta de uma infinidade de sons interrompidos, retomados e ligados, mas de notas simples e constantes [...] Da unidade resulta uma outra propriedade da beleza suprema, que é sua indeterminação, o que quer dizer que suas formas não podem ser descritas nem por pontos, nem por linhas outras senão aqueles que fazem a beleza; portanto uma criatura cuja forma não é a desta ou daquela pessoa particular e tampouco exprime algum estado de alma ou qualquer paixão que seja, pois isso poderia misturar a beleza com traços que lhe são estranhos e romper a sua unidade. (IV, 247)

Conquanto o destaque da "indeterminação" negue que o primado da imaginação seja entendido como a mera concordância com um referente, ele não se desenvolve de tal modo que a distinção fosse firmada. Ainda que a orientação de historiador e arqueólogo de muito exceda o esforço reflexivo, é assinalável a superação dos elementos externos, que favoreciam o culto da *imitatio*. Essa superação é perceptível no destaque do *Laocoon*, em que "o movimento desses músculos é levado ao extremo do possível, muito além da verdade, e se assemelha a colinas que se apertam umas contra as outras para exprimir a extrema contenção das forças na dor e na resistência (IV, 267) – mais fortemente, a independência da forma ressalta na descrição mais pormenorizada da segunda parte (cf. 504). Esse movimento contrário à corrente imitativa não é suficiente contudo para que, ao tratar da expressão, dela declare ser "a imitação do estado ativo e passivo de nossa alma e de nosso corpo, da paixão, assim como das ações" (IV, 273). Daí a superioridade da expressão na poesia implicar que, nela, a *imitatio* domina sobre a tranquilidade que considerava substancial na beleza, presente na estatuária, sobretudo dos deuses:

> Para representar os heróis, o artista tem menos liberdade que o poeta: este pode pintá-los em seu tempo, quando as paixões não eram atenuadas pelo governo ou pelo bem-estar artificial imposto à vida, pois as qualidades que lhe são atribuídas pela imaginação poética têm uma relação necessária com a idade e a condição do homem, mas não com sua figura. (IV, 275)

O ideal da imitação encontra sua razão principal em ser por ela que o artista visual segue os preceitos da natureza. Daí notar que, embora o estilo antigo houvesse se fundado em um sistema de regras formado pela exatidão do empréstimo à natureza, dele, em seguida, se afastara porque as regras se tornaram ideais. "Os reformadores da arte ultrapassaram esse sistema convencionado e se reaproximaram da verdade da natureza" (IV, 345). Mantido o padrão clássico, o seu confronto apenas se insinua quando nota a propósito do estilo alto não ser "impensável que (Praxíteles, Lisipo e Apeles, LCL) tenham sacrificado um certo grau de beleza à exatidão na forma" (id.). Mas as divergências são mínimas quanto à afirmação com que abre o capítulo IV, "Da arte nos gregos": "A arte dos gregos é a primeira meta desta história e o objeto mais digno de ser estudado e imitado por causa do número infinito de belos monumentos que nos legou" (IV, 224).

4.2

A publicação do *Laocoon* (1766), de Gotthold Ephraim Lessing (1729-1781) quase coincide com a *Geschichte*, de Winckelmann. Nem por isso Lessing discorda menos na subordinação da expressão ao ideal de beleza. Ao contrário da "antiga coragem nórdica", o grego "sentia e temia; externava as suas dores e as suas aflições; não se envergonhava de qualquer das fraquezas humanas; mas nenhuma poderia detê-lo no seu caminho para a honra e para o cumprimento da sua obrigação" (Lessing, G. E.: 1766, I, 85). Mas a discordância não afeta o primado da imitação; ao contrário, sua afirmação é sofisticada: "Quanto mais olhamos, tanto mais devemos poder pensar além. Quanto mais pensamos no que vemos, tanto mais devemos crer estar vendo" (III, 99).

A mínima transcrição mostra que a manutenção do velho clichê já não se acompanha da secundariedade emprestada à imaginação. Os dois traços referidos – manutenção da *Nachahmung*, realce da imaginação – são correlatos ao primado da beleza e ao abandono da subordinação da expressão à *imitatio*:

> Nos antigos, a beleza havia sido a suprema lei das artes plásticas. [...] Se [algo] não é compatível com a beleza, deve ser totalmente descartado e, se lhe é compatível, deve ao menos estar subordinado com ela. – Quero me demorar na expressão. Existem paixões e graus de paixões que se manifestam na face através das contorções as mais feias e colocam o corpo em posições tão violentas que se perdem todas as belas linhas que o contornam numa situação calma. Quanto a essas, os artistas antigos ou se abstinham inteiramente ou as reduziam a um grau inferior no qual elas estão aptas a uma medida de beleza. (II, 91)

Assim, no sacrifício de Efigênia, Timantes encobre a face de Agamêmnon:

> Esse encobrimento é um sacrifício que o artista ofereceu à beleza. – E isso, aplicado ao *Laocoonte*, evidencia o motivo que procuro. O mestre visava à suprema beleza sob as condições aceitas da dor corporal. Esta, em toda sua violência desfiguradora, era incompatível com aquela. Ele foi obrigado a reduzi-la; [...] a suavizar o grito em suspiro; não porque o grito denuncia uma alma indigna, mas antes porque dispõe a face de um modo asqueroso. (II, 92)

Por isso, contrapondo-se a um hoje desconhecido Spence, declara a diferença no tratamento da deusa por um escultor e por um poeta:

> Para o escultor, Vênus não é nada senão o Amor; tem que dar a ela toda a beleza decente e pudica, todo o encanto gracioso que nos extasia em objetos amados e que [...] nos levam ao conceito isolado de amor. [...] Logo uma Vênus irada, uma Vênus movida pela vingança e pela fúria é uma contradição para o escultor [...]. Para o poeta, ao contrário, Vênus decerto também é o Amor, mas a deusa do Amor que além desse caráter possui a sua própria individualidade e, em consequência, pode ser capaz tanto do impulso de repugnância quanto do de afeição. (VIII, 149)

A maior expressividade reservada ao poeta deveria ser de que a palavra não configura a "linguagem muda" do artista plástico. Daí a diferença de suas figuras:

> Quando o poeta personifica abstrações, elas são suficientemente caracterizadas pelo nome e pelas ações que ele lhes atribui. – Ao artista falta esse meio. Deve portanto conectar às suas abstrações personificadas símbolos pelos quais elas se tornam reconhecíveis. Porque são outra coisa, esses símbolos fazem delas figuras alegóricas. (VIII, 162)

Assim como vimos abrir-se em Winckelmann a contracena ao primado da imitação, ainda que, como tal, ele permanecesse em Lessing, a força concedida à imaginação é responsável pela equivalência entre beleza e expressão. A afirmação de Lessing – "nada é mais enganoso que leis universais para nossos sentimentos" (IV, 109) – valeria igualmente para as ressalvas feitas por Winckelmann à *Nachahmung*. Não parece ocasional que frase semelhante nele não se encontre: o império da *imitatio* era ainda mais firme que a dependência do cânone da beleza à natureza.

4.3

Sai-se por um momento do privilégio reservado ao pensamento alemão. Afinal, se o século XVIII encontrou aí seu grande impulso, apesar da insignificância política do país provocada pela ausência de um Estado-nação, a França permanecia o grande polo intelectual europeu. O destaque de Diderot e o debate de suas ideias por Goethe permitirão a melhor caracterização da metamorfose que então se professa na reflexão sobre a arte.

Em Denis Diderot (1713-1784), a inquietude filosófica de Baumgarten era duplicada por sua atenção aos modos de operar das ciências nascentes. Em consequência, menos importará o resultado final de sua reflexão do que o processo que instaura. Por ele, conquanto a *imitatio* permaneça como viga central, ela estará mais vulnerável à contestação de Goethe. Mas não é costumeiro observar-se que, mesmo no grande polígrafo alemão, a *imitatio* não será negada. Sua proximidade com o princípio da *verdade*, cujo estatuto ontológico, estabelecido pelo século V a.C. grego, fora reforçada pelo domínio do cristianismo explicava sua perduração. De todo modo, ela não será aqui referida senão no interior de um debate fundamental para a transição do século XVIII. O afastamento do molde clássico da imitação não se iniciara no século XVIII. Conquanto Diderot não devesse conhecer a *Aesthetica* de Baumgarten, a maior proximidade que mantinha com o pensamento inglês o tornava consciente dos ataques à imitação desferidos por Hutcheson e Burke, além dos lembrados do moralista francês Trublet (1697-1770) e dos presentes em *Les beaux arts réduits à un même principe* (1746), de seu contemporâneo Charles Batteux (1713-1780). Mas o decisivo será ressaltar a contradição que acompanhará toda a produção do autor. Assim, ao passo que, na famosa *Lettre sur les sourds et les muets*, louvava a descrição de Racine, por constituir "um quadro poético que um pintor imitaria com êxito" (Diderot, D.: 1751, 383), poucos anos depois louvaria Watelet porque sua "pintura, por assim dizer, tem seu sol, que não é o do universo" (Diderot, D.: 1760, 135).[14]

Para que não se pense que a mudança de opinião agora se firmava, recorde-se que, pouco depois, voltaria ao realce da imitação: "Por mais bem-feito que possa ser, o melhor quadro, o mais harmonioso, não passa de um tecido de falsidades que se cobrem entre si" (Diderot, D.: 1763, 217). Mesmo sem o propósito de insistir na ambivalência que é mantida, não se deve esquecer que, em sua crítica a Batteux, desenvolverá o que já era acentuado na *Lettre sur les sourds et les muets*: à diferença do que se passa na linguagem prosaica, o signo poético se aproxima do hieróglifo, por sua captação do simultâneo. Pondo em segundo plano a primazia da visualidade, nosso autor afastava o poema do princípio da imitação. O papel desempenhado pela simultaneidade de planos no poema provocava o caráter condensado de sua linguagem. Isso, no entanto, não significava que a imaginação desempenhasse, no pensamento de Diderot, algo além da posição secundária que tradicionalmente se lhe assegurava. Mesmo sem pretender nos deter no detalhe, lembre-se a passagem do final do *Tratado sobre o belo*:

---

[14] Empreendemos uma análise abrangente da obra de Diderot nos capítulos II e III de *O fingidor e o censor* (1988, reed. 2007, 585-682).

> Os seres puramente imaginários, tais como a esfinge, a sereia, o fauno, o minotauro, o homem ideal etc., são aqueles a respeito de cuja *beleza* a gente está menos dividida, e isso não é surpreendente: estes seres imaginários são, com efeito, formados segundo as relações que vemos observadas nos seres reais; mas o modelo ao qual devem assemelhar-se, esparso entre todas as produções da natureza, está propriamente em toda parte e em nenhuma. (1752, 262)

Assim sucede por que, mantendo a prioridade da natureza, Diderot, apesar da qualidade excepcional de sua própria obra ficcional, não abandona a sinonímia do ficcional com o fictício, confundindo o primeiro com "um tecido de falsidades".

Ainda que não cheguemos a um resultado conclusivo, não podemos deixar de nos perguntar o porquê de tamanho apego à ordem da natureza. Não nos afastamos de hipótese já levantada na abordagem mais ampla de 1988 (cf. Costa Lima, L.: 1988). Ela era condizente com sua posição política contrária ao *ancien régime*. A aliança da Igreja com os regimes monárquicos tornara a teologia uma aliada dos governos arbitrários. Ao contrário, o desenvolvimento da ciência, tendo por raiz a força da razão, fazia com que – já dizíamos em 1968 – a natureza assumisse uma função político-afetiva, que se contrapunha e tinha condições de substituir a centralidade de Deus (cf. Costa Lima, L.: 2007, 646). A crença na natureza, confundida com a imanência da razão, supunha a manutenção de uma ordem objetiva no juízo sobre a arte. Mas o louvor da razão em si ainda não era bastante para explicar a postura de Diderot. Seu realce da imitação não se confundia com a concepção tradicional. No artista, a razão se deixava antecipar pela capacidade intuitiva. Daí a conhecida "explicação" para o êxito de Michelangelo na Igreja de S. Pedro, no Vaticano:

> Michelangelo dá ao domo de São Pedro de Roma a mais bela forma possível. O geômetra La Hire, impressionado por sua forma, traça a sua épura e verifica que ela é a curva da maior resistência. Quem inspirou essa curva a Michelangelo, entre uma infinidade de outras que podia escolher? A experiência cotidiana da vida. (Diderot, D.: 1765, 212)

Com o destaque da intuição própria ao artista de gênio, a frase final tanto acentuava o papel da constituição subjetiva do artista quanto a funcionalidade da imitação. A intuição do gênio tornaria o belo próximo do verdadeiro. Com uma só tacada, Diderot reverenciava a noção de gênio, que participava da ênfase do século na concepção autocentrada do sujeito humano – a individualidade como "eu" – e assinalava a especificidade da *imitatio*, que mantinha enquanto a modificava. Como logo escreverá sobre Watelet, *le soleil du peintre n'est pas celui de l'univers et ne saurait être*. Funcional, aprendida pelo hábito e pela força de uma genialidade inata, a *imitatio* não se deixava confundir com a mera fidelidade. Por isso, embora não passe de *un tissu de faussetés*, a pintura não é menos verdadeira. Por isso, a arte efetiva é aquela que, através da beleza, e não apesar dela, mantém sua subordinação à verdade da natureza. Para tanto, Diderot critica a pintura feita de acordo com modelos que posavam, segundo ele, responsável pelo artificialismo da *maneira*.

Assim o autor de *Jacques le fataliste* e de *Le neveu de Rameau* tinha a intenção de explicar o que se nos mostrava como sua ambiguidade a respeito da imitação. Trinta anos passados, ela não parecia suficiente a Goethe, que, havendo dele traduzido *Le neveu de Rameau*, quando o público ainda sequer tivera acesso ao texto, não podia ser tido como seu adversário intelectual. Diderot já estava morto quando, em 1799, Goethe publica a tradução e comentários aos dois primeiros capítulos do "*Essai sur la peinture*", escrito para a *Correspondance littéraire* que F. Melchior von Grimm organizava para a leitura seleta de alguns príncipes europeus. O "*Diderots Versuch über die Malerei*" principiava sua guerra de palavras por se contrapor à frase de abertura do capítulo inicial: "A natureza não faz nada incorreto". Muito ao contrário, declara:

> Antes deveria dizer, a natureza nunca é correta. A correção pressupõe regras e, na verdade, regras que o próprio homem fixa conforme seu sentimento, sua experiência, suas convicções, seu prazer e, segundo as quais trazem um juízo mais da aparência externa do que do ser interno de uma criatura. Em seu lugar, as leis conforme as quais age a natureza promovem a mais potente coesão orgânica. (Goethe, J. W.: 1799, 733-4)

A justificação do confronto é dada no fim dos comentários ao primeiro capítulo: "O efeito mais alto do espírito é provocá-lo" ("*den*

Geist hervorzurufen") (ib., 755). No caso, assim sucedera porque Diderot teria concedido muito pouco ao gênio. Em palavras mais amplas, porque mais próximo às ciências do que Goethe, cuja *Teoria das cores* (1810) era um ataque veemente à mecânica celeste de Newton, Diderot mantivera o primado da natureza. Pelas duas razões, os reinos da natureza e da arte correm por direções divergentes: "A natureza e a arte, o conhecimento e o prazer ("*Kenntnis und Genuss*") se põem frente a frente, sem que reciprocamente se anulem mas sem relação particular" (ib., 736). A distinção de Diderot entre imitação no sentido clássico e no funcional, mesmo que Goethe a tenha captado, não lhe bastaria porque não atentaria para o papel da subjetividade humana, i.e., de sua específica organização mental. Por isso, Goethe dirá com veemência: "*Eine vollkommene Nachahmung der Natur ist in keinem Sinne möglich* [...]" ("Em sentido algum é possível a plena imitação da natureza") (ib., 736).

Com Diderot e Goethe, pareceríamos estar em âmbitos opostos. Mas não é bem assim. Conquanto o ponto de partida e simultâneo centro de gravidade da arte sejam a genialidade, seu agente atua de acordo com "leis e regras que a própria natureza lhe prescreveu, *que não a contradizem* (*die ihr nicht widersprechen*)", (740, grifo meu). Não haver contradição entre a ação do gênio e os preceitos da natureza não significa que haja imitação da natureza, pois entre aquela e esta existe *eine höhere allgemeine Harmonie* ("uma mais alta harmonia universal"), que ultrapassa o mundo da *physis* e inclui a ordem do próprio pensamento (ib., 771). A passagem já pertence às ressalvas que apresenta ao segundo capítulo do *Essais sur la peinture*. Porque tratava das cores, Goethe pode exibir sua divergência aguda com Newton. A orientação prociência de Diderot o levara a considerar o arco-íris como a base da harmonia do colorido na pintura. Goethe, ao contrário, postulava: "À medida que o físico fundava toda a teoria das cores nos fenômenos prismáticos e assim, de certa maneira, no arco-íris, admitia-se [...] que esses fenômenos fossem o fundamento das leis da harmonia em pintura [...]" (id.). Ora, "o arco-íris, assim como os fenômenos prismáticos, são apenas casos particulares da muito mais ampla, abrangente e profunda harmonia que a das cores" (id.).

Em suma, a divergência entre Diderot e Goethe se estendia além de seu âmbito inicial. Pode-se mesmo dizer que, prendendo-se à questão da imitação, não chegava a um desacordo completo, porquanto, afinal, Goethe admitia haver uma consonância de que a obra de arte e a natureza ainda eram casos menores; ou seja, embora já não se tratasse em falar de imitação, o cosmos, em sua absoluta extensão, incluindo a própria constituição mental humana, era consoante consigo mesmo. Contra a inclinação científica de seu parceiro francês, Goethe defendia a não separação do discurso estético e científico. Também Baumgarten não se contrapusera por completo à imitação. No entanto, sua intuição do *heterocósmico* se revelará muito mais eficiente que a unificação especulativa goethiana. Vê-se, assim, como a imitação supera domínios da religião e ismos atrás de ismos. Ela agora se adapta ao próprio culto da razão científica.

4.4

Não seria admissível que uma visão, por mais parcial que seja, sobre o choque de descontinuidade que o século XVIII oferece termine sem uma pequena palavra sobre Kant. Considerando, porém, que a ele ainda deveremos voltar a falar, podemos resumir sua referência a uma pequena alusão. Ela é ampliada a partir de um dos itens da *Theorie der Unbegrifflichkeit* (*Teoria da não conceitualidade*, 2013), de Hans Blumenberg.

Antes de expô-la, formulo o que me parece conter extrema relevância. Na apresentação das três críticas kantianas, é costumeiro enfatizar-se a diferença que as duas seguintes têm quanto à primeira. Se a *Crítica da razão pura* (1781) é justamente tomada como a epistemologia justificadora da ciência rigorosa, estabelecida a partir da mecânica celeste de Newton, a segunda, a *Crítica da razão prática* (1788), e a terceira, a *Crítica da faculdade de julgar* (1790), são consideradas como tematizações do que não cabe no âmbito da "razão determinante", cuja força se funda no princípio da causalidade. Ora, se bem que Blumenberg não o declare explicitamente, o desenvolvimento a que nos referiremos mostra que, embora seja inequívoca a distinção entre os dois campos, há um traço sombreado que os aproxima.[15] Tento justificar meu entendimento.

No começo de § 59 da *Crítica da faculdade de julgar*, Kant considerava que, quando se trata de conceitos empíricos, a maneira mais imediata de apresentá-los é através de exemplos. Mas, explicita Blumenberg, tal amostragem é evidentemente inexata. "Mostrar-me uma única moeda faz com que recorde que sei mais sobre o dinheiro do que me é transmitido por uma única experiência empírica" (Blumenberg, H.: 2013, 98). Assim sucede porque a exemplificação tão só lembra o que é o conceito, não leva a reconhecê-lo. Daí a afirmação, cuja simplicidade não cabe no texto kantiano: "Alguém que não tivesse a mínima suspeita sobre a função do dinheiro não seria de modo algum ajudado se, como resposta à sua indagação sobre o que significa o termo 'dinheiro', se deparasse com uma moeda" (ib., 99).

Daí a afirmação com que retorna capitalmente ao texto da terceira Crítica: "Nenhum objeto empírico apresenta-se à intuição sobre a qual se funda seu conceito" (id.). É claro que à insuficiência do exemplo corresponde, por antítese, o papel decisivo da intuição (*Anschauung*). Por isso, o mesmo item 59 contrapunha à secundariedade do exemplo o papel do esquematismo (a que Kant chamava de "monograma da razão").

Até aí não temos mais do que confirmada a separação das áreas ocupadas, respectivamente, pela primeira Crítica e pelas duas seguintes. A nitidez diferenciadora principia a se embaraçar ao tratar dos conceitos produzidos pela razão (*Vernunft*). Com a ajuda deles, "a razão endereça suas demandas ao entendimento (*Verstand*), como órgão dos conceitos *para* a experiência e *a partir* da experiência (as categorias e os conceitos empíricos)" (ib., 101). Ao resultado dessas demandas, Kant chama de ideias. Como a ideia não conta com o pleno respaldo da intuição, pois o tem apenas parcialmente, i.e., exemplificativamente, ela se afasta do campo da razão demonstrativa e se aproxima dos *símbolos*,

---

[15] De forma mais nítida, J. F. Lyotard, já em 1987 (cf. Lyotard, J.-F.: 1987, 23-67), compreendia a "falha" sobre a qual se edificava o *a priori* kantiano do tempo. A partir daí, no entanto, encaminhava para um desenvolvimento oposto ao nosso (cf. cap. 2).

"que por si nada significam e exatamente por isso são capazes de assumir significação" (ib., 102). Em concordância com a separação dos campos, se o conceito é dotado de univocidade, o símbolo se caracteriza por sua ambiguidade potencial. Como tal, se o conceito é próprio das ciências, mais estritamente das ciências da natureza, o símbolo assenta nos campos da ética (segunda Crítica) e da estética (segunda parte da terceira Crítica).

Sem ainda questionar a separação absoluta das três Críticas, acrescente-se: para garantir a autoconservação da espécie e como órgão dela, a razão necessita promover *a unidade*. Mas como a razão consegue fazê-lo se não dispõe senão de um instrumento que promove ambiguidade? Note-se que a ambiguidade do símbolo se concentra verbalmente no que chamamos de metafórica. É ela "que penetra no espaço de indeterminação da ideia de 'mundo'" (ib., 103). Ao assinalá-lo na parte da frase que citamos, Blumenberg acentua como Kant compreende o dilema que se apresenta à razão. Ela precisa afirmar a identidade, *a qual está além da força reservada às ideias*. Por outro lado, tal limite da razão é fundamental para que da compreensão humana não escape o que não se deixa captar pela univocidade do conceito: a indeterminação do mundo. Acrescenta o intérprete: a metafórica só deixa de remeter à indeterminação do mundo "quando não compromete a identidade do que descreve" (id.). Assim sucede "na problemática da identidade, como no caso do conceito de tempo", pois nada mais danoso "do que tornar questionável o conceito de identidade".

Isso não significa dizer que vemos abrir-se um dilema? Ele decorre de os instrumentos constitutivos da univocidade e da ambiguidade se depararem com um terreno em que seu uso estrito é problemático. Blumenberg não encaminha a questão para esse ponto de embaraço. Ao contrário, procura resolvê-lo pela frase: "Os conceitos puros do entendimento só podem ser esquematizados por meio de uma sensibilização, cuja forma própria é a de uma absoluta identidade e unidade passível de ser pensada apenas logicamente: ou seja, o tempo" (id.). Mas, nos perguntamos: o tempo (assim como o espaço) enquanto forma *a priori* do entendimento é conceituável? Serem apriorísticos ao conceito não os isenta da condição do que engendram? Se eles não são tomados pela mente humana como ideias é porque, se assim fosse feito, a indeterminação da identidade se tornaria extremamente danosa a todo conhecimento.

A observação não pretende descobrir uma "falha" na descrição kantiana senão assinalar que, entre os dois campos, há uma zona sombreada em que sua distinção se impõe para que a indeterminação do mundo não impeça seu conhecimento regulado (a ser explorado pelo científico), sem que tampouco o conhecimento científico possa se pretender absoluto. O *nem, nem* implica a necessidade de a linguagem humana contar com os eixos do conceitual e do metafórico. Subsidiariamente, em verificar-se que os dois cumprem sua diferenciação a partir de uma zona em que a razão "concede" que ideias relativas à identidade passem para "o outro lado", o da univocidade, enquanto condições aprioristicas do conceito.

A apreensão kantiana do que chamamos de sombreado se põe no limite mesmo do entendimento. Sob a guia de Blumenberg, mas sem o seu endosso, chamo a atenção para a passagem do próprio Kant. Começando com as palavras do intérprete: "A representação de um conceito puro da razão como sensibilização (*Versinnlichung*) é:

> *Simbólica* se, sob um conceito que só a razão pode pensar e ao qual nenhuma intuição sensível pode ser adequada, é posta uma intuição com a qual o modo de proceder da capacidade de juízo do conceito é tão só análogo àquele que a intuição segue no esquematizar, isto é, está de acordo com ele somente segundo a regra desse modo de proceder e não segundo a própria intuição; em consequência, apenas de acordo com a *forma da reflexão* e não conforme o *conteúdo*. (Kant, I.: 1790, § 59, 712)

Somente com a admissão da área em que a razão opera um conceito e não mais ideias, *atuando pois como se possuidora da capacidade de esquematizar*, parece explicável a superposição de dois juízos que Kant bem entendia como radicalmente distintos: o juízo do belo e do bom, i.e., a separação da estética com a ética. Daí, na síntese de Blumenberg: "O belo é o símbolo do bem" (ib., 106). O belo deixa de se confundir com o que agrada à subjetividade porque, não conhecendo "*interesse delimitado algum*", se apresenta como passível da aprovação dos outros (id.).

Embora esteja certo de que a superposição da estética com a ética, quando todo encaminhamento das Críticas segunda e terceira demonstrava sua diferenciação, é um dos pontos em que a terceira Crítica precisa de refinamento. (Brevíssimo acréscimo: o campo da ética, hoje, se concentra no âmbito das opções políticas. Será a partir daí que vejo se legitimar seu relacionamento com a ficção literária.)

Em mínimas palavras: o resumo aqui concluído parece mostrar a descontinuidade que agora atinge o pensamento sobre a arte. Se ele passa a ter um campo próprio, dentro da filosofia, a estética, pode-se dizer, nasce tanto hostilizando a velha *imitatio* como, embora sensivelmente abrandada, ainda a admite.

5

A quebra, no século XVIII, da homogeneidade estabelecida da identificação entre *mímesis* e *imitatio* foi duplamente fundamental para a função da literatura e das artes visuais no Ocidente. Em primeiro lugar, pela mudança de critérios com que se estabelecia o juízo sobre a arte. O critério objetivo, não importa que grosseiramente fundado, entrava em colapso com o advento de uma concepção autocentrada do sujeito humano. É certo que, sem falar nesses termos, a extrema erudição de Hans Blumenberg mostrou que a história do autocentramento do sujeito não principiara com Descartes, como se costuma pensar, portanto que tampouco entrara em crise com Nietzsche, senão que se elaborava desde o pensamento medieval tardio (cf. Blumenberg, H.: 1976, p. 203-254). Mas sua inflexão positiva sobre a arte começa com Baumgarten e toma impulso com Goethe e Friedrich Schlegel. Em segundo lugar, como se infere do item anterior, a reviravolta do critério provoca a variedade de posições que passou a ser assumida. Sem que seja legítimo falar em mera descendência, a dispersão de critérios se torna desde então constante. Mesmo porque a estética, enquanto filosofia da arte, não dispondo do critério de verificação, próprio das ciências da natureza, tornou-se impossível que, em seu domínio, uma certa teoria se impusesse sobre as demais e então pudesse contar com um Newton, que comandaria o arcabouço teórico da física.

É o que, dentro das dimensões parciais do capítulo, será demonstrado por este item. Por ele, não se procurará caracterizar a propriedade dos estudos sobre a arte no século XIX e nas primeiras décadas do século XX. Nem sequer merecerá referência o fato de que a reflexão sobre as artes visuais tem uma qualidade que não se estende aos estudos literários. Assim não o fazemos porque tal desnível não afeta o princípio que mais nos importa: a extrema qualidade dos já clássicos Alois Riegl (1858-1905), Aby Warburg (1866-1929), Wilhelm Worringer (1885-1965), Erwin Panofsky (1892-1968) não se explica porque pertençam a uma geração posterior aos historiadores e críticos literários franceses, ingleses e alemães do século XIX, senão porque uns e outros, partindo do mesmo ostracismo da *mímesis*, consideram indiscutível sua agora indesejável equivalência com a imitação.

Em mais um breve parêntese, veja-se como a questão se apresenta no fim da extensa obra analítica de Wilhelm Worringer. No pequeno ensaio *Problemática da arte contemporânea* (1948), ele já mostrava, por certo sem esse propósito, a consequência da eliminação da *mímesis*. À negação de o artista submeter-se aos modelos da natureza correspondia, por decorrência dos ditames do *progresso*, o dilema ou a ditadura do público ou a ditadura do produtor. Portanto, ainda em 1948, Worringer considerava que a arte propriamente moderna era dominada pela ditadura do artista, por ele endossada. Ainda fiel aos clichês a serem em breve destronados, Worringer não só se respaldava em uma lei do "progresso", como na afirmação de um "espírito" que abominava a arte reprodutora da natureza. Em função do "progresso" e em obediência ao "espírito", ao artista não cabia senão seguir "o caráter peremptório e infalível de seu dever" (Worringer, W.: 1948, 9). Hoje parece estranho que, em data relativamente próxima, assim ainda se pronunciasse um emérito analista. Não se pode, portanto, simplesmente falar em rejeição da equivalência *mímesis – imitatio* a propósito apenas da estética hegeliana e seu prolongamento pela estética marxista mais saliente, a originada por G. Lukács (cf. Costa Lima, L.: 2017). No caso, em vez de rejeição, há de se considerar que o centro da gravidade da equivalência deixa de ser a natureza para se tornar a história (a terceira via, constatada com Worringer, fecha-se a partir da década de 1960). Aqui conclui o parêntese.

Três encaminhamentos, que igualmente partem do critério subjetivo, portanto do ostracismo da *mímesis*, serão considerados. O primeiro deles é relativo a um autor cujo primeiro texto a ser analisado ainda foi publicado no final do século XIX, mas cuja produção como poeta e pensador se integra ao legado do século XX. Os dois seguintes estarão temporalmente mais próximos da contemporaneidade. Além de serem aproximáveis pela razão já exposta – a exclusão da *mímesis* como ferramenta analítica de qualidade –, foram escolhidos pela proximidade histórica.

Já no princípio da "*Introduction à la méthode de Léonard da Vinci*", Valéry afirmava que procurará por sua aproximação: "Como pela operação de um mecanismo, uma hipótese se declara, e se mostra o indivíduo que faz tudo, a visão central em que tudo se passou" (Valéry, P.: 1895, I, 1154). Daí, na continuação quase imediata, declarar que, em vez de dar a sequência a "anedotas (biográficas) duvidosas, aos comentários dos catálogos de coleções, às datas", tentará "uma sugestão dos métodos que toda descoberta implica" (ib., 1156).

O requinte do torneio da frase não oculta que seu ponto de partida é a exploração da criatura criadora. Contudo, comentário do próprio autor[16] empreende outro caminho: "É possível fazer alguma coisa sem crer que se fez uma outra!... O objeto do artista não é a obra, tanto quanto o que ela fará dizer" (id.). Em vez de exprimir o *quid* de quem a fez, a obra de arte antes se caracteriza por seu efeito. Porquanto "a consciência das operações do pensamento, [...] mesmo nas cabeças mais fortes, só existe raramente" (ib., 1161).

A indeterminação da obra significa que sua raiz não se confunde com a razão suposta pelo sujeito. Sem que o diga, Valéry rompia os limites da abordagem subjetiva e questionava, no que se referia à arte, a base cartesiana. A frase seguinte pode ser lida de duas maneiras.

---

[16] A edição que citamos oferece uma coluna à direita do texto com comentários do próprio autor. Alguns deles, a exemplo do que se destaca, são mais eficazes que a formulação original.

O entendimento equivocado parece-me ser: os sentidos distinguem as qualidades das coisas de acordo com a disposição que recebem no indivíduo. A leitura contrária antes ressalta a margem de indeterminação há pouco mencionada:

> A personalidade dos sentidos, sua docilidade diferente distingue e seleciona entre as qualidades propostas em massa aquelas que serão retidas e desenvolvidas pelo indivíduo. [...] Dá-se às coisas, que eram fechadas, irredutíveis, outros valores. [...] Produz-se como a restituição de uma energia que os sentidos teriam recebido; logo ela, por sua vez, deformará a situação (*site*), aí empregando o pensamento refletido de uma pessoa. (Ib., 1164)

Entendo que, admitindo-se a tonalidade distinta que cada indivíduo é passível de dar às coisas, seus sentidos não estão simplesmente atrelados àquela idiossincrasia. Embora *la pensée réflechie* do sujeito interfira na reação de seus sentidos, estes têm uma diversa *docilité*. Portanto, mantendo o primado do espírito, Valéry propõe uma complexidade maior. A obra não é expressão da peculiaridade do sujeito, pois sobre ela atua a capacidade energética própria dos sentidos, presente na produção de um criador. O que vale dizer: Valéry já não se limita a afirmar a existência da genialidade senão que, especificamente quanto à arte, postula uma indeterminação que privilegia o papel conjunto de seu receptor. Seria porém exagerado afirmar que a presença desse vetor se desenvolva coerentemente por todo o ensaio, que, muitas vezes, parece antes traçar voltas em círculo, como se o autor se deixasse enfeitiçar pela "abundância de seus recursos metafóricos" (ib., 1178). Mas noutras passagens a capacidade intuitiva do autor nos faz pensar que, relegando a *mímesis*, chega a um resultado que se distancia tanto de uma lógica da imitação quanto da que aspirava a ser sua oposta: a lógica da expressão da individualidade criadora. É o que vejo na passagem:

> [Da Vinci] faz um Cristo, um anjo, um monstro ao surpreender o que é conhecido, o que está em toda parte, em uma ordem nova, aproveitando a ilusão e a abstração da pintura, que só produz uma única qualidade das coisas e evoca a todas. (Ib., 1176)

Por mais resumido que este comentário procure ser, não há de prescindir do que declara na parte final sobre o ornamento. O que aí é dito contradiz o que se entende como supérfluo. Ornamento, para Valéry, não é o que escapa à camada semântica senão aquilo "de que são negligenciados a significação e o uso ordinários, para que deles só subsistam a ordem e as reações mútuas. Dessa ordem depende o efeito. O efeito é o fim ornamental" (ib., 1185). A conclusão parece demasiado redutora. De qualquer modo, o ornamento é relacionado com o efeito indeterminado que antes havia sido realçado; com o que nega-se a imitação e se mantém o ostracismo da *mímesis*, pois já vimos que ela não se confunde com a indeterminação absoluta, entretanto assegurada pelo ornamento.

Sendo poucos os ensaios do grande poeta sobre teoria poética e estética, destaque-se ainda apenas o "*Discours sur l'esthétique*" (1937).

O ensaio principia com um *wit*, tão apreciado por seu autor: ao ingressar no campo dos metafísicos, a Estética firmava um paradoxo: se ela buscava captar a propriedade do Belo, presente em objetos singulares, para que dispusesse do halo metafísico precisava que "*se separasse o Belo das coisas belas*! (Valéry, P.: 1937, I, 13). Mas a agudeza assumia uma função própria por ser a condição para que dela derivasse um traço já encontrado na "*Introdução ao método*": o "*atributo de indeterminação*" que concilia o Belo particular ao supostamente universal. De que resultava o paradoxo maior: "Dizer que um objeto é *belo* é lhe conceder valor de enigma" (id.).

O segundo paradoxo tampouco é decorativo. Como se, no entretempo do primeiro ensaio escolhido e esse houvesse aprendido a argumentar melhor, pouco depois acrescenta: das contradições apontadas decorria que a pretensão da estética não se conciliava com seu sonho. Na verdade, valia menos do que ele (cf. ib., 15). Ela se queria universal, "mas, ao contrário, era maravilhosamente ela mesma, quer dizer, original" (ib., 16). Do que derivava uma inversão pouco grata aos apenas lógicos: "É muito fácil, em arte, conceber a inversão dos antigos e dos modernos, considerando Racine como vindo um século depois de Victor Hugo..." (id.). (Do mesmo pressuposto, mais recentemente, a poesia concreta extraía a proposta da sincronia dos poetas radicais, constituintes da vanguarda de seu tempo, com independência da faixa histórica em que viveram.)

A agudeza de abertura tinha uma função irônico-crítica transparente: dizer que a arte clássica é aquela em que transpira "a forma de Arte mais geral e mais pura" é simplesmente invertida por caracterizá-la como "uma singularidade" (ib., 17). Inversão que provoca outra. Esta agora atinge a razão: pensada como uma deusa que supomos velar, ela, "na verdade, dorme, em alguma gruta de nosso espírito" (id.). Do primado do subjetivo decorre, pois, uma consequência relevante: *a obra de arte concretiza uma espécie de experiência que escapa do postulado da universalidade*. Com décadas de antecedência a Wolfgang Iser, às vésperas do conflito mundial que marcará o século, Valéry firmava a indeterminação como o efeito próprio da arte. Indeterminação não é só o oposto de atuação da causalidade, senão o que, acatando a pluralidade de respostas, nega a univocidade da verdade. Daí o desafio que a disciplina erigida por Baumgarten apresenta para o lógico. Se sua necessidade resultava de dobrar a contradição, seu praticante era inconscientemente forçado a inventar "um *Verdadeiro do Belo*", separado do lugar, sempre particular e individualizado, onde ele surge (ib., 19). Pelo questionamento do pressuposto da estética, por considerar unívoco o Belo sempre particularizado, há de se concluir que "a própria ação do Belo sobre alguém consiste em torná-lo *mudo*" (ib., 19). Mudo quem fala porque o que diga não esgota o objeto de que fala. Daí a conclusão extremamente provocativa do "*Discurso*":

> Existe uma forma de prazer que não se explica. [...] Como acontece que tudo, neste domínio, é impossível de circunscrever, [os esforços feitos para defini-lo] só de modo imperfeito foram vãos e seu fracasso não deixou de ser, às vezes, curiosamente criador e fecundo. (Ib., 22)

As contradições exploradas por Valéry compensam que em nenhum momento trate da *mímesis*. Desse modo ainda antecipava Iser (que tampouco questionará o veto à *mímesis*): ao superar o pressuposto do Belo universal, tratava a obra de arte como uma estrutura com vazios (*Leerstellen*). Como noutros poucos casos, a interdição do conceito grego não impedia que se avançasse na compreensão da propriedade da arte. Mas por isso a permanência da sombra horaciana deixaria de ser lamentada? Ela dera lugar ao primado do espírito. Sua ampliação por Goethe não parece ir além de um especulativismo ocioso. Em Valéry, ao contrário, o hetorocósmico de Baumgarten desvela sua trilha fecunda. Ele agora abre caminho ao se verificar que a linguagem não dispunha de um só eixo: a univocidade procurada pelo conceito, senão que o metafórico lhe era, noutras áreas que não a das ciências naturais, o guia apropriado.

5.1

Venhamos ao segundo texto selecionado. Ele é de autor pertencente a outra tradição e que escreve quase 50 anos depois. Refiro-me a Gerald Bruns, autor do *Modern poetry and the idea of language* (1974). Em virtude da razão pela qual é aqui trazido, só discutiremos alguns de seus tópicos.

Por contraste antecipado com George Steiner, recorde-se a oposição estabelecida por Bacon, em *De augmentis scientiarum* (1623), "entre duas espécies de gramática, 'de que uma é literária, a outra filosófica'" (apud Bruns, G. L.: 1974, 73). "Literário" não significava referente à literatura, pois esta então não tinha qualificação específica, senão que pertencente às linguagens (*languages*). Só dois séculos depois, quando a igualdade com a corroída *imitatio* provocará o rápido colapso da *mímesis*, a identificação de Bacon perderá seu sentido. Se se pergunta em favor de quê, a resposta de Bruns estará pronta:

> A poesia é uma espécie diferente de fala quanto à elocução de um pensamento: ele requer um ato da mente que transforma a linguagem em som – som que expressa seu significado, não como ideia, mas simplesmente como som. (Ib., 85)

Significa isso que a autonomização da camada sonora estaria reservada ao poema? O desenvolvimento do argumento segue em direção contrária: ela abrangeria todo o campo do ficcional. Se aquela passagem seria abonada pela alusão aos poemas de Valéry e Wallace Stevens, páginas depois se detém na correspondência de Flaubert e glosa frase sua:

> "Repugna-me a existência ordinária": como ao anatomista repugna sua espécie e ao formalista repugna o que quer que viole a pureza de sua arte. O que aqui se acentua é que o impulso de expor o mundo bovaryano pelo que é, e o impulso em aniquilar aquele mundo por submergir seu análogo

no virtuosismo estilístico de um livro absoluto são, por fim, expressões diversas não de "duas pessoas diversas" senão que de uma sensibilidade unificada. (Ib., 143)

Tanto para o poema como para a prosa vale o que ainda escreve sobre o mesmo Flaubert: "Exigências da arte requerem [...] que a fala ordinária dê lugar a um idioma literário" (ib., 144). Por isso, o complemento que o romancista lhe autorizava lhe permite que complete o raciocínio com o acréscimo de Joyce: "Para Joyce, assim como para Flaubert, a língua (*language*) entra em uma relação de competição com a arte da ficção" (ib., 150).

Abrevia-se a exposição por não nos referirmos à análise que empreende do soneto "*Ses purs ongles três haut dédiant leur onyx*", de Mallarmé. Limitamo-nos a traduzir sua conclusão pontual:

> O poema, quaisquer as possibilidades de significação que se apresentem ao leitor, ao mesmo tempo sugere e, na verdade, com maior força, a presença de um sistema de puras relações. (Ib., 108)

Pode-se entender o *system of pure relations* como uma formulação que retifica ou refina a afirmação anterior sobre a autonomização do sonoro. Mesmo que assim se considere, o acréscimo não muda que a concepção do ficcional se caracteriza por ser antagônico à disposição das coisas no mundo ordinário, por seu cunho antimundo. Se esses são os componentes da linguagem comunicacional, i.e., de que se alimentam as *ordinary languages*, a ficção portanto se coloca em posição inversa. Daí a proximidade que estabelecia com a *ostrannenie* (*estranhamento*) de Shklovski:

> A redescoberta dos objetos em sua forma sensível fez-se possível pelo processo de *desfamiliarização*, mas para Shklovski esse processo transforma a percepção em uma espécie de atividade transcendental. A própria arte, porém, por mais que nos possa ajudar "a recuperar a sensação de vida", permanece por fim não mundana (*unwordly*). [...] Para Shklovski, a significação é uma função da expressão em prosa: é um processo de abstrair o conhecido do percebido – de conhecimento das "essências" das palavras como distintas de sua forma sensível. *A função da expressão poética, em contraste, é romper este processo de abstração.* (Ib., 76-7, grifo meu)

Parece bastante evidente que a posição do crítico norte-americano deriva de sua repulsa de tudo que implicara a velha *imitatio*, reservando para o poético o realce da camada sonora. De minha parte, o que tenho proposto não se funda na oposição entre forma e significado, mas na transgressão, comum a toda espécie de ficção, do significado congelado, lexicalizado, hipoteticamente condutor à verdade ontológica ou univocamente conceitual.

Poderíamos considerar que a argumentação já exposta seria bastante para indicar a distância que nos separa. Fazê-lo, contudo, seria injusto com Bruns, porquanto saber de nossa diferença não equivale a desconhecer sua importância. Para assinalá-lo, recorro ainda ao destaque que dá a um ensaio menos conhecido de Ernst Cassirer. De fato, Bruns se apoia em Cassirer a partir da distinção que este fazia entre substância e função, vista como base para a diferença entre abordagem lógica e poética. Em vez desse trajeto longo, é preferível nos concentrarmos na argumentação que o filósofo apresentava em "'Geist' und 'Leben' in der Philosophie der Gegenwart" (1930-1), por Bruns acompanhado em sua versão americana, "'Spirit' and 'life' in contemporary philosophy" (1949). Nele, Cassirer partia do ensaio incompleto, próximo do fim da vida de Max Scheler, *Die Stellung des Menschen im Kosmos* (*O lugar do homem no cosmos*, 1928). Era seu ponto de partida que espírito e vida não têm unidade orgânica. As funções cognitivas fundamentais, de que depende a construção de um mundo objetivo, "exibem um prefixo *negativo*" (Cassirer, E.: 1949, 861). Assim, seus pontos de partida, o puro espaço e o puro tempo são esquemas (*schemata*), i.e., "formas vazias de cognição" (id.). Daí Scheler acentuava o caráter antagônico do espírito quanto à vida.

> O Espírito ou a Ideia, em que um supremo valor parece reunido e concentrado, é, precisamente por isso, de modo algum comensurável em termos de poder, de realidade e eficácia imediatas, com a Vida e as forças meramente vitais. (Ib., 862-3)

Por isso, o homem era definido como a criatura que, viva, é capaz de assumir "uma atitude primariamente ascética quanto à própria vida" (ib., 863). A dedução enseja a objeção fundamental de seu expositor:

se o espírito age pela negação da vida, i.e., por ascetismo, de onde derivará a sua força? Na tentativa de solucionar o impasse, Cassirer nega a oposição de que Scheler partia para, em seu lugar, propor que Vida e Espírito estão investidos de tipos de energia diferenciados, a energia eficiente e a formativa. São elas assim caracterizadas:

> A energia eficiente visa de imediato ao ambiente do homem, seja para apreendê-lo como é de fato e apoderar-se dele, seja para alterar seu curso em uma direção definida. A energia formativa, por outro lado, não visa diretamente ao meio externo mas antes se mantém contida em si mesma: move-se dentro da dimensão da pura "imagem" e não na "realidade". (Ib., 868-9)

A energia formativa afasta-se do mundo. Ela, assim, constitui "uma arte do desvio", sobre a qual se edificarão as "formas simbólicas", objeto da obra principal de Cassirer:

> A linguagem e as artes, o mito e o conhecimento teórico, todos operam em conjunto, cada um de acordo com sua própria lei, neste processo de "cenário (espiritual) a distância": são eles os grandes estágios na trilha que conduz do Espaço de agarrar e fazer, em que o animal vive e permanece, por assim dizer, aprisionado, para o Espaço da intuição e do pensamento, do "horizonte" espiritual. (Ib., 874)

A retificação da hipótese de Max Scheler leva à questão da linguagem, que é julgada incorretamente se é vista como um meio substancial, uma coisa que se interpõe entre o homem e a realidade que o envolve. Em lugar dessa concepção reificada, Cassirer propõe que seja ela encarada de maneira "formativa":

> Por mais que possamos ver na linguagem um claro e mais puro meio, permanece verdadeiro que esse meio, dotado da clareza do cristal, tem também a dureza do cristal. Por isso, por mais transparente que possa ser para a expressão das ideias, ela não é nunca totalmente penetrável. (Ib., 878)

O resumo é suficiente para a relevância que Bruns lhe concede. Diremos então que a inteligência sensível do filósofo torna mais adequado o que o crítico apresentava? Não afirmaria que sim. É certo que Cassirer dá condições ao analista do ficcional de diferençá-lo do prosaísmo automatizado. Mas em nenhum instante de propor uma concepção do poético. Entende-se por que o argumento de Cassirer lhe parece tão apropriado. Ele por certo torna a reflexão sobre a linguagem mais afastada da correspondência com a natureza, assim como oferece subsídios sólidos para a abertura iniciada por Baumgarten. Mas o núcleo da ficcionalidade não deixa de se mostrar em desacordo no seio da energia formativa. Por que desde logo ele teria de ser contra o mundo e não apenas contra sua manipulação por uma linguagem congelada?[17]

Em suma, sem negar que seja um momento importante na reflexão da modernidade sobre o ficcional, a obra de Gerald Bruns não nos faz perder a sensação do vazio criado por não realimentar a antiga reflexão aristotélica sobre a *mímesis*. Cabe então acrescentar: a *mímesis* supõe o olhar em perspectiva sobre um mundo em que há crenças e questionamento das crenças, sejam concernentes à presença de deuses ou de algo a que se aspira. Ou seja, a *mímesis* supõe a tematização do que não é apenas causal ou materialmente explicável. Mais precisamente, a existência de um sagrado *sui generis*, pois nada tem de necessariamente religioso. Ou de uma crença que, não sendo tomada como sagrada, inconscientemente se impõe como guia e motivação para condutas que, então, legitima permissões ou interdições que não se afirmam por efeito da mera constituição biológica do homem ou material do mundo. Nesse sentido, é de se pensar na relação com o mito. Mas não é o momento de pensar nela. Antes vale uma breve reflexão sobre o momento contemporâneo.

Dizer que vivemos em uma "terra arrasada" é mais do que uma referência ao poema seminal de T. S. Eliot. É considerar que a voracidade com "tirar vantagem" do que se faça, de ter lucro a qualquer preço supõe o desmoronamento dos valores que tenham restado. Odo Marquard, no capítulo fundamental do *Aesthetica und anaesthetica* (1989), "*Kunst als Antifiktion*" ("A arte como antificção"), propõe que o colapso dos valores chegou a tal ponto que a verdadeira ficção passou a estar na realidade. Sem desenvolver seu argumento, pode-se dizer em apoio

---

[17] A triangulação com o mundo ou sua exclusão parece ser o dado definitivo para aceitar ou recusar o questionamento aqui proposto da *mímesis*. Paradoxalmente, como logo será visto e enfatizado no último capítulo, corrente contemporânea nas artes plásticas alija o dilema acerca do mundo ao identificar a presença do mundo com a aceitação da imagem rotineira.

que o termo "realidade" de tal modo foi contaminado pelo fictício que a arte da ficção, seu famoso "como se" de abertura, torna-se passível de ser buscado dentro do que é encoberto pelo fictício. No cotidiano brasileiro dos últimos anos, considere-se que nossa Constituição estabelecia que o governante supremo poderia ser afastado do cargo no caso de infrações criminosas. Mas, em 2016, tivemos o *impeachment* da presidente da República por – não dispondo de maioria parlamentar – ser derrubada pelo Poder Legislativo. A razão política se sobrepôs à razão jurídica. Em consequência, por disposição do juiz do Supremo Tribunal Federal, que dirige os trabalhos de efetivação do *impeachment*, a presidente afastada, ao contrário do que estabelecia a Constituição, não perdeu seus direitos políticos. A decisão pareceria esdrúxula a quem não considerasse que a razão política fora determinante no processo, e a justiça diminuía a perda do mandato, cometendo outra infração constitucional; seja ela chamada de compensatória. No ano seguinte, o resultado surpreendente da eleição presidencial norte-americana comprovaria, em termos mais retumbantes, a dominância do fictício, no plano da realidade.[18]

5.2

Passemos ao terceiro nome selecionado. Se de Gerald Bruns levamos em conta sua obra de estreia, de Georges Steiner consideramos o recente *The poetry of thought* (2011).

Frase do começo do prefácio condensa a posição a ser desenvolvida: "*Logos* equipara palavra e razão em seus próprios fundamentos" (Steiner, G.: 2011, 10). A leitura tríplice de Sófocles por Hegel, Hölderlin e Heidegger concretiza a postura que caracterizará todo o livro:

---

[18] Remeto o leitor para o artigo de Mark Danner, "The Magic of Donald Trump" (2016), publicado portanto antes que Trump se tornasse presidente. Dele, destaco uma das primeiras frases: "Com Trump, já estamos no conhecido mundo dos meios sorrisos da telerrealidade (*in the knowing half-grin world of reality-television*)" (2016, 71). Basta-me concentrar na expressão "*reality television*". Sua ausência nos dicionários decorre de sua extrema novidade. À semelhança da expressão mais conhecida, "*reality show*", o artigo enfatiza o papel que a TV vem desempenhando em corroer a oposição entre realidade e ficção. Daí que Danner glose um dos motes do presidente quando ainda era apenas um mega *star* televisivo: "*I'm not a doctor but I play on TV...*" (id.).

A filosofia lê a poesia suprema e é lida por ela. Ambas intuem a base comum, aquela originando a arte e a música do pensamento que informam nosso sentido do sentido do mundo (*der Weltsinn*). (Ib., 101)

Como um acorde perfeito, as frases se harmonizam; à semelhança do que sucede com um casal de amantes, as querelas não afetam o íntimo enlace da filosofia com a literatura. Embora rara, valiosa, nem por isso menos questionável, a afirmação de um mesmo espaço gerador provoca uma curiosidade, do contrário amortecida pela manutenção por Steiner da indiferença ante a questão da *mímesis*. Assim não sucederá porque, ao contrário do que Aristóteles afirmara, considerar a *mímesis* universal é cometer um *category mistake*? A universalidade antes cabe à música, perante a qual a dimensão semântica é adjetiva. A propósito, é de se pensar se a questão não se relaciona com o fato de, iniciando-se com a *mousiké* e a dança, a reflexão sobre a *mímesis*, ao chegar a seu ápice com a *Poética*, delas já se afastara. Para Steiner, se a música repudia a linguagem, é mesmo porque seu "eco ontológico" consiste em "eu sou o que sou" (ib., 16). O universal é sentido, mas não cabe no sentido (*Sinn*). Alheio à particularização ensejada pelo nome, o universal se confunde com as trevas. Por essa razão, o primado da música supera a ilusão de força do instrumental comunicativo. E o livro de George Steiner compreende que o que consideramos uma falha do pensamento ocidental – a exclusão da *mímesis*, desde que aceita sua identificação com a *imitatio*, ela passa à condição de rejeitada – antes indicaria o intervalo indispensável para admissão da irremediável solidão do que vive: "O que é inesgotavelmente significativo pode também não ter sentido. A significação da música está em sua execução e escuta" (ib., 17).

Conquanto a afirmada base comum da filosofia e da literatura se oponha ao isolamento do poético, tanto Steiner quanto Bruns consideram que a mediação do mundo, suposta pelo tripé da *mímesis*, é uma falácia. Por isso não consigo desligar de certo sarcasmo o enunciado: "É a linguagem natural que fornece à humanidade seu centro de gravidade" (ib., 21). Em consequência, explica-se que o autor não considere as formações discursivas, as diferenças estabelecidas entre as várias modalidades de discurso e, ao contrário, enfatize querer "encarar os contatos sinápticos entre o argumento filosófico e a expressão literária" (ib., 22). Isso lhe assegura ser ocioso repensar a *mímesis* e legitima a repetição de frases semelhantes a: "O símile do pensamento filosófico como uma odisseia persistirá até Schelling" (ib., 29). Ou, de maneira mais refinada, tomando-se a música como o mediador entre filosofia e literatura: "Não é verbalmente, mas na música, que as suspensões da lógica linear de Heráclito [...] têm seu análogo" (ib., 33). Daí, ainda, lamentar que a falta de informação efetiva sobre o contexto de Heráclito e sobre a incidência de outros pensamentos torna improvável que a seu respeito se levantem mais do que hipóteses. Por tal motivo, o louvor de seus fragmentos, sua inclinação para o misticismo são traços que tão só se entremostram. Ambos são estimulados pela advertência: "A poesia trai o seu *daimon* quando é demasiado preguiçosa ou autocomplacente em pensar profundamente" (ib., 36). Por segui-la, Steiner, em vez de falar em teoria e crítica, concentra-se em comentários metapoéticos e metafilosóficos, a exemplo do que dedica a *A morte de Empédocles*, de Hölderlin:

> Nenhum documento na mitografia do pensamento, nenhuma reconstrução da estranheza sacrificial e distância da criatividade intelectual ultrapassam as três versões sucessivas de *Der Tod des Empedokles*, de Hölderlin. (Ib., 41)

É forçoso dizê-lo porque o menoscabo da força comunicativa da linguagem é correlato ao louvor da solidão: "Nem sequer o ser humano que mais amamos pode *pensar* conosco" (ib., 42). O que não deixa de ser verdade. Mas a que conduz tal desprezo ao que não é criador, tal rejeição do mundo enquanto sociedade, senão a uma certa forma de governo? Qual forma? Seguramente, o autor não pensaria em um governo de sábios ou de poetas pensadores. Tal autocracia não sendo concebível, por que não o poder de um autocrata tolerante com uma elite inteligente? Não digo que todo simpatizante das ideias de Heidegger admitisse sua (diversa) opção política. Mas a inclinação de Steiner admite o pendor por um autocratismo que, sendo conservador, ao menos não fosse tão rude como o admitido pelo Heidegger nazi.

Não insistamos no que se mantém nas entrelinhas de *The poetry of thought*. Sua tese central antes o inclina a lamentar que, na imensidade da bibliografia sobre Platão, falta uma obra que trate do aspecto teatral – o cenário das linhas de abertura dos principais diálogos, o papel da entrada e saída dos personagens, a função das *mises en scène* – presente em suas obras. Daí a comparação dos diálogos socrático-platônicos com a parábola teológico-metafísica do Grande Inquisidor e com as alegorias de Kafka.

Ao fazê-lo, o autor desconsidera que elas se propõem como ficções, ao passo que o que chama de "teatro da mente" platônico emprega recursos teatrais, e não só o do diálogo, com o propósito de postular uma verdade. Os exemplos ficcionais por certo visam fazer pensar, mas, se seus autores pretendem que sejam instrumentos para alguma verdade, são desautorizados pela própria estrutura do ficcional, a exigir que o leitor, em vez de concordar ou discordar do que se lhe mostra, *suplemente* o texto. Como postular tal concepção? Steiner sente-se no direito de fazê-lo porque também para ele *mímesis* era o equivalente da bárbara *imitatio*. Daí não ter nenhuma inibição em ironicamente se perguntar: "Qual *imitatio* de criação divina ou orgânica, qual técnica vitalizante torna possível a geração e a durabilidade de um Ulisses, de uma Emma Bovary, de um Sherlock Holmes ou de uma Molly Bloom?" (ib., 53).

É certo que o autor reconhece que a objeção do Sócrates platônico quanto à presença do poeta na *polis* ideal apresenta certo embaraço. Provavelmente não tomara conhecimento da defesa passível de ser extraída de *The aesthetics of mimesis* de seu conterrâneo Stephen Halliwell ou a considerara insuficiente. Tendo por base o final das *Leis* (817 b), "busca abolir a distância entre o pensador e o poeta, com a vantagem do primeiro" (ib., 59). Ele o faria, concedendo à instauração da *polis* "a mais real das tragédias". Procuraria, pois, superar a desavença entre o poeta e o pensador propondo que a realização do político constitui o bem maior. Assim tentaria superar a contradição que sentia dentro de si mesmo. A exclusão do poeta da república ideal se contraporia ao fracasso que o filósofo conhecera como conselheiro de monarcas. O propósito, portanto, de vencer o dilema entre o poeta e o filósofo fracassara. Steiner não o diz explicitamente, mas como repudiar a conclusão prosaica?

Formulemos a pergunta de outro modo: por que a *polis* ideal não se confundiria com uma ficção? Não são ambas insubmissas à factualidade do sucedido? Sim, por certo, mas o heterocósmico, a "outra natureza", significa que a alternativa 'verdadeiro/falso' é posta de lado, ao passo que a *polis* ideal se apresenta como modelo, como padrão a ser humanamente alcançado. Não é porque sua pretensão fracasse que ela se iguala com o que nunca contara com sua premissa.

Em conclusão, os critérios de constelação discursiva – cada discurso sendo possuidor de uma meta própria – e de fusão da filosofia com a literatura, tendo a música como seu terceiro termo, são por si inconciliáveis. Pode-se, entretanto, contrapor que a concepção de formação discursiva tem sido concebida quando a *mímesis* já está em pleno ostracismo. É verdade. Mas não é menos verdadeiro que a triangulação da *mímesis*, envolvendo o mundo da realidade entre o que concebe o produtor e o que suplementa seu receptor, é passível de se impor como um ponto singular, incontornável dentro da dispersão discursiva, ao passo que a unidade do filósofo com o poeta elimina sua inegabilidade.

6

Uma informação prévia embaraça o objeto deste item. Em 1948, um historiador austríaco da arte, que ensinara em Viena, e no pós-guerra continuara como professor de sua especialidade na Universidade de Munique, Hans Sedlmayr (1896-1948), publicou o uma vez famoso *Verlust der Mitte – Die bildende Kunst des 19. und 20. Jahrhunderts als Symbol der Zeit (A perda do centro – a arte visual dos séculos XIX e XX como símbolo do tempo)*. Havendo se tornado conhecido por defender o rigorismo científico na abordagem da matéria e por apoiar o nazismo, a última obra de Sedlmayr era um manifesto contra a arte dos séculos XIX e XX. O título que recebeu sua tradução para o inglês deve ter ajudado sua extrema propagação: *Art in crisis. The lost center* (1958). Umas mínimas referências são hoje suficientes para mostrar o equívoco que desenvolvia:

Em um sentido bem definido, a arte tornou-se excêntrica. O homem procura retirar da arte o que deveria ser o elemento mediador entre os sentidos e o espírito, e a própria arte luta para que retire de si a pouca satisfação que o homem agora encontra em ser homem. A arte se afasta do homem e de tudo que pertence ao homem e ao que se mede. (Sedlmayr, H.: 1948, 153)

O que se pretendera rigorismo científico se considera atacado pela falta de humanismo que a arte dos séculos referidos apresentaria. O termo "humanismo" era entendido como um índice do que, por faltar, retirava da arte o que lhe seria próprio. Para o historiador austríaco, a desumanização da arte se manifestaria no seu nome mais famoso:

A arte de Picasso rompe tanto com os padrões da natureza quanto com os da Antiguidade. Não mais busca o ser humano completo, perdeu a faculdade de ver as coisas como totalidades. Rasga camada por camada de maneira a expor a estrutura da natureza e, assim fazendo, penetra cada vez mais fundo, exibindo, enquanto o faz, as imagens das coisas verdadeiramente monstruosas, que admitidamente cria com inegável expressividade e poder. (Ib., 156)

Adepto tardio da concentração da expressão da arte na aparência da natureza e do orgânico, o autor via os sinais da declarada desumanização já na pintura de Goya, estendendo-se a seus grandes nomes contemporâneos: "A Espanha, de fato, desde o começo da Idade Média, tinha tido algo de talento para o apocalíptico" (ib., 206).

A "crise da arte" era indicadora do hiato entre a produção e os critérios de apreciação de certos especialistas seus. Embora o hiato pareça descomunal, assim provavelmente sucede por nossa incapacidade de perceber a descontinuidade que a reflexão do século XVIII estabelecera, e não só no campo da arte. Sem falar em *imitatio*, substitui-se sua acolhida pela lamentação ante a falta de humanismo manifestada pelo artista.

Se prezasse a estratégia expositiva, deveria fazer de conta que a obra derradeira de Sedlmayr não existiu, pois sua presença poderá servir a quem argumente que o que se dirá a seguir é uma retomada de seu argumento: falar em perda de centro ou de morte da arte seria apenas a reação de quem está atrasado quanto a seu próprio tempo. Apenas porque creio ser essa uma analogia descabida, retiro da estante e folheio o livro do fervoroso defensor do humanismo. Passemos a algo menos frívolo.

Embora não deixe de ser injusto estabelecer algum paralelo de Hans Belting com Sedlmayr, é fato que ambos se apresentam como cultores de uma dita "ciência da arte". É certo que um abismo em definitivo os separa: o eixo de gravidade do austríaco, a lamentação pela ausência de "humanismo" da arte da alta modernidade não encontra no historiador da arte alemão o mínimo eco. Neste item, nos interessará o seu *Das Ende der Kunstgeschichte. Eine Revision nach zehn Jahre* (*O fim da história da arte. Uma revisão depois de dez anos*, 2002).

Procuraremos mostrar que seu título é mais sensacional do que relevante o seu desenvolvimento. O problema do texto não parece se resumir a questões de tradução. Assim se mostra logo a partir do destaque de passagem inicial, que, ressaltando o papel da técnica na comunicação da obra da alta modernidade, explica por que a ênfase de Sedlmayr na humanização ou desumanização era ridiculamente descabida:

> Desde o início, reside na técnica uma indiferença diante de qualquer *imagem humana* ou *imagem do mundo* [...]. A técnica [...] não interpreta o mundo que encontra à sua frente, mas produz um *mundo técnico* que hoje, sobretudo nas *mídias*, é muito consequentemente um *mundo da aparência*, em que qualquer realidade corporal e espacial é suprimida. Ela dramatiza desse modo a crise da individualidade que irrompeu na modernidade desde o esgotamento da cultura burguesa. [...] Os novos produtos artísticos, numa relação complexa e obscura com o mundo do consumo e da publicidade, são apregoados com o bordão "pós-humano", no qual se esconde o mais terrível e, espero, equivocado *slogan* do epílogo da nossa época. (Belting, H.: 2002, 19-20)

O realce da técnica, particularmente nas obras a partir da década de 1960, é bastante justo. Lamenta-se que não seja desenvolvido. É certo que o autor está mais interessado em acentuar a morte da história da arte que propriamente da arte. Contudo, a relação "com o mundo do consumo e da publicidade" tem um impacto muito maior sobre a própria sobrevivência da arte. Porque não destaca a diferença, Belting não dá o peso necessário ao fator que aponta. Talvez isso lhe parecesse antes apropriado a um sociólogo. O fato é que rapidamente passa do argumento mediático à condição interna de constituição da obra. Daí o que logo escreve sobre o enquadramento:

> Só o enquadramento fundia em imagem tudo o que ela continha. Só a história da arte emoldurava a arte legada na imagem em que aprendemos a vê-la. Só o enquadramento instituía o nexo interno da imagem. Tudo o que nele encontrava lugar era privilegiado como arte, em oposição a tudo o que estava ausente dele, de modo muito semelhante ao museu, onde era reunida e exposta apenas essa arte que já se inserira na história da arte. A era da história coincide com a era do museu. (Ib., 25)

Ora, à predominância do papel mediático, nas exposições, que agora ganham extrema importância, corresponde a perda do enquadramento. Antes, as exposições se sustentavam na ideia prévia da arte, que se concretizaria nas obras ali expostas. Agora, a multiplicação das exposições implica menos uma concepção orientadora de arte do que a atividade englobante de manifestação da cultura, tal como exercida "sobre determinado tema para o visitante curioso e não para o leitor de um livro" (ib., 27).

O argumento é correto, mas o relacionamento entre a presença da arte e a força da sociedade de consumo não parece bem precisado. Basta, entretanto, atentá-lo para que o argumento seguinte ganhe outro relevo:

> Onde a arte entra em cena o especialista é requisitado apenas por uma questão de ritual e não mais para um esclarecimento sério. Onde a arte não gera mais conflitos, mas garante um espaço livre no interior da sociedade, ali desaparece o desejo de orientação que sempre estava voltado para o especialista. (Ib., 28)

Na verdade, a quase absoluta ociosidade do especialista não se reduz ao caso da pintura. Embora ela seja aí mais flagrante, algo semelhante sucede nos concursos literários. Ao escrevê-lo, me dizia que não conheço o que aí se passa senão no caso brasileiro. Será que nos ambientes de cultura mais bem consolidados o papel do organizador, na escolha dos jurados, é também arbitrariamente dirigido por interesses externos (políticos, psicológicos, comerciais, em suma, de ordem pessoal)? A escolha de um *chansonnier*, de efetivo prestígio em espetáculos de massa, para o Prêmio Nobel de Literatura de 2016, me leva a despachar as dúvidas.

Sem que ofereçam desenvolvimento satisfatório, as passagens assinaladas apontam para o fato de que a publicidade mediática, a frequência das exposições que se justifica como resposta a uma polimorfa manifestação de cultura não só decorrem da marginalização de alguma concepção de arte como resultam de sua subordinação e dependência à função mercadológica. Sem que tenha explorado o "coração das trevas", Belting não deixa entretanto de dizê-lo: "Os intérpretes de arte são substituídos no prestígio social pelo consultor de investimentos. O êxito da arte depende de quem a coleciona e não de quem a faz" (ib., 29). Se a arte verbal não se ajusta tão perfeitamente ao mercadológico não é porque tenha mecanismos de defesa mais bem firmados senão porque sua potencialidade lucrativa é bastante menor. Feiras do livro, leituras públicas de poemas não têm interesse equivalente a uma exposição ou a um show musical, desde que tenham boa cobertura televisiva.

Seja porque não considerava o tema da mercantilização da pintura adequado a um historiador da arte, seja pelo risco que a exploração do tema por certo apresenta, Hans Belting opta pela historicização do processo que esboçara.

O tumulto, fecundo e simultaneamente anárquico das vanguardas das primeiras décadas do século, fora soterrado pela repressão nazista da "arte degenerada" e a oficialização do realismo socialista do stalinismo. Terminada a Segunda Grande Guerra, a primeira *Documenta*, em 1953, procura recuperar o tempo perdido: "Uma modernidade já amadurecida historicamente era então declarada como o ideal atemporal com que os 'modernistas' gostariam de se identificar" (ib., 55). Não será preciso ir além desse trecho para saber que se procurava superar o congelamento do que surgira por um processo de extrema descontinuidade. A tentativa ainda não ficava por completo nítida quando, em 1981, a exposição intitulada *Arte ocidental* expunha a arte do pós-guerra como "uma segunda modernidade":

Exposição e história da arte vinham a ser aqui um único e mesmo projeto que trazia propósitos contraditórios mas compreensíveis de elevar a segunda modernidade à categoria de história, por um lado, e, por outro, festejá-la como presente vivo. (Ib., 56)

Embora o autor nos poupe de ver a luta interna que se trava entre as tentativas de salvar esteticamente o que se entendia como propriedade da arte e a lenta corrosão processada pela ampliação do mercadológico, a contradição referida não teria sentido se o "presente vivo" não fosse progressivamente dominado pelos curadores das exposições, cuja presença mediática os faz levar vantagem sobre a influência cada vez mais restrita dos cursos universitários que tratam das artes, e o insulamento da própria universidade.

É precisamente nessas décadas de 1950-1960 que a arte norte-americana assumiria o bastião que até agora estivera confiado à tradição europeia. "A 'arte total' dos europeus converteu-se no oposto logo que o mundo renasceu com os seus meios de comunicação, na arte norte-americana" (ib., 62). Conquanto no prosseguimento da *Documenta* e na Bienal de Veneza se propusesse "a cultura unitária do hemisfério ocidental", "a arte adotava em simultaneidade vários pontos de vista, de maneira geral excludentes e que, com frequência, não se prestavam mais a um princípio obrigatório ao qual todos pudessem aderir" (ib., 63). O que mais flagrantemente Belting não expressa: as contradições aparentes no ar não permitem que se vejam as forças contrárias que se digladiam: a concepção estética e a feição mercadológica. Assim, se ainda em 1956 Meyer Schapiro, no próprio solo norte-americano, considerava intransponível "a barreira entre cotidiano e cultura", será a *pop art*, a versão tipicamente norte-americana do *ready-made*, que triunfará.

Pode-se por certo contestar que o *ready-made* foi de início um produto neodadaísta, a princípio tornado conhecido pelo urinol que Marcel Duchamp (1887-1968) apresentara como escultura, com o nome irônico de *Fonte*. Mas a passagem de Duchamp para os Estados Unidos, onde afinal se naturaliza, foi o fator decisivo para o êxito de Andy Warhol (1928-1987), o *"pope of pop"*, que rompeu o tabu da unicidade, ainda presente no *Fountain* de Duchamp, convertendo o *ready-made* em uma pluralidade, em princípio ilimitada, de imagens, que escolhe desde figuras públicas como Marilyn Monroe até a publicidade de novos modelos de automóveis.

6.1

Se em Hans Belting a morte da arte é tratada com um pessimismo moderado, diverso será o tom que a ruptura do que havia sido entendido por arte receberá no ítalo-brasileiro Lorenzo Mammì. Em *O que resta. Arte e crítica de arte* (2012), o autor já não limita seu tema à questão da história da arte. Em consequência, a questão será mais frontalmente tratada. Sua formulação preliminar é impecável. Transcrevo suas partes essenciais:

> Em face de um sistema de informação que exige efeitos imediatos, mensagens sintéticas e facilidade de circulação, [as obras de arte] tornam-se obscuras, tortuosas, irritantes. Em compensação, uma vez postas em movimento, continuam produzindo novos significados [...] – uma qualidade com que o mundo da mídia não sabe muito bem como lidar. – Hoje, a arte já não ocupa campo próprio. Tampouco veicula conteúdos universais, nem sequer abrangentes: da universalidade se encarrega um sistema de mídia que já alcançou dimensões mundiais. [...] [A arte] continua existindo enquanto estorvo necessário. (Mammì, L.: 2012, 14-5)

Algumas das reservas que Belting mantinha em relação ao domínio do mediático foram neutralizadas. Em troca, Mammì é bastante mais condescendente quanto ao pop e correntes assemelhadas, como já se mostra na maneira como interpreta o lema hegeliano da morte da arte. Ele é tomado como "um elemento constituinte da arte moderna, como sacrifício ritual pelo qual a arte renuncia continuamente a sua tradição e a sua autonomia, para restabelecê-las num plano sempre diferente" (ib., 23).

Internalizar a morte como ritualidade própria da arte na modernidade significará acolher como arte o que pareceria não ser mais. Sem nos apressarmos em exprimir a posição do autor, a admissão já se faz presente no que declara logo a seguir:

A arte pop e *minimal* se colocam num ponto de ruptura mais avançado [que as dos modernistas já legitimados], no qual até a pretensão do objeto de arte de ser considerado algo específico é vista como ilusória. (Id.)

Mas por que considerar a especificidade do discurso artístico ilusória é apenas uma ruptura mais avançada? Parece entrarmos nas sutilezas de uma discussão teológica. Sem que cite Duchamp – "não se pode definir a eletricidade. O mesmo pode ser dito da arte. Ela é uma espécie de corrente interna na criatura humana ou algo que não precisa de definição" –, Mammì assume uma posição equivalente: por maior que seja a ruptura exibida por uma obra que se pretende de arte, sua pretensão é suficiente para defini-la como arte. É claro que as consequências desse nominalismo podem ser extremas. Mas sigamos a argumentação do autor.

Logo se refere ao exemplo do artista britânico Damien Hirst, que, nos anos 1970, "produziu algumas obras consistentes em animais cortados ao meio ou em fatias, suspensos em formaldeído e expostos em grandes vitrines" (ib., 26). Das consequências que daí o autor extrai recorto apenas a primeira:

> Essa produção retira seu valor do fato de se colocar na interseção entre diferentes campos de produção de imagens, mais do que ser ela própria uma produtora independente de novas imagens. (Id.)

Não questionando sequer a crueldade convertida em matéria-prima, destaco que, para o crítico, obras desse teor "mantêm a função crítica que é característica do modernismo" (id.). Como assim? Por que realizando uma vivissecção e apresentando-a como objeto estésico estaria sendo criticada a prática usual da imolação cruel dos animais? Por que, ao contrário do que declara sobre a arte pop, a apresentação dos animais dilacerados seria uma prática crítica? Por esse modo de raciocínio, o sadismo mais atroz, a partir das obras do próprio Sade, poderia ser justificado como ataque às práticas sádicas. Onde está a falha do raciocínio? Em admitir que, firmada a intenção de como um objeto haveria de ser visto, ela seria suficiente para convertê-lo em artístico.

Para não nos estendermos em uma argumentação que pareceria negar o mérito da obra de Mammì, digamos simplesmente que a manutenção da função crítica de objeto semelhante depende de não se ressaltar a função mercadológica, cujo papel o autor um pouco antes destacara. Fizera-o e não o desmente. Assim declara com toda nitidez: "A pop não critica o sistema do mercado a partir da arte, e sim o sistema da arte a partir do mercado" (Ib., 94). Criticar o sistema de arte é suficiente para constituir um objeto de arte?

Como, então, Mammì concilia seu reconhecimento do papel decisivo do mercado nas correntes usuais da arte contemporânea e sua admissão de que a obra, por ter o olho voltado para o mercado, não deixa por isso de ser uma obra de arte? Como comparamos acima a alternativa de interpretações com as antigas sutilezas teológicas, podemos dizer que o "teólogo" contraposto é Arthur Danto. O seu embate se mostra na passagem:

> A afirmação de Arthur Danto, segundo a qual hoje em dia qualquer objeto pode vir a ser obra de arte, só pode ser aceita se acrescentarmos que o que faz a obra de arte não é tanto a eleição do objeto quanto justamente esse *vir a ser*, o processo que leva do objeto à obra. Esse processo se dá hoje não tanto, ou não apenas, na feitura do objeto quanto nas modalidades de sua exposição [...] porque não há mais distinção entre o espaço da obra e o espaço comum. (Ib., 27)

Destaco duas formulações: "o processo que leva do objeto à obra" e a falta de distinção "entre o espaço da obra e o espaço comum". Daí, na mesma passagem, o autor destacar o papel capital do curador das exposições e a montagem (*display*) com que as obras são exibidas. Por certo, como diz no mesmo espaço, "não fomos eximidos de emitir juízos". Mas os parâmetros que os condicionam deixarão de ser de um nominalismo permissivo? Veja-se, por exemplo, o que declara Joseph Kosuth, o autor do *One and three chairs* (1965), cuja foto é reproduzida:

> A poética de Kosuth pode ser lida de duas maneiras: enquanto redução da obra de arte a conceito, aponta para a desmaterialização e o esvaziamento progressivos da operação artística. Mas o contrário é verdadeiro, talvez até mais verdadeiro: implicando a redução do conceito à evidência sensível, abre o caminho a uma série extremamente rica de variáveis. *One and three chairs* é uma obra de arte bem-sucedida justamente porque sua realização expositiva influi sobre o pensamento que a gerou. (Ib., 50)

A aludida "riqueza" interpretativa depende de o receptor ser *a priori* favorável à valorização de uma obra que da arte excluiu seu tratamento próprio da imagem, que a separava de sua reprodução banal. Para assim fazê-lo, o receptor deverá ter sido influenciado pelo fato de a obra fazer parte do acervo de mais de um museu renomado. Deverá então contrariar o que o próprio Mammì dissera sobre o propósito do pop, de que a arte conceitual é uma das variantes: suas produções não são críticas do sistema de mercado etc. Uma cadeira provoca a sua foto, disposta à esquerda, e à direita, a "explicação" verbal de que se trata efetivamente de uma cadeira. Não se há de pensar em uma ênfase (satírica) da *imitatio*, porque esta, como vimos, supunha a veneração do referente, a que, nos termos de Walter Benjamin, emprestava uma aura de coisa sagrada. No melhor dos casos, seria uma paródia, à semelhança da "roda de bicicleta" ou o "urinol" de Duchamp. Como se dissesse: "Veja-se a adoração a que se presta uma vulgar cadeira, desde que seja tratada como arte". Mas como o objeto "conceitual" reagiria à formulação de o *mímema* conjugar semelhança e diferença? O elemento central seria apenas o dado mundano que a incitaria. Os dois elementos que compõem o *display* são distintos apenas como o ícone do objeto real e a sua descrição noutro código, o verbal. Nada portanto a ver com "semelhança e diferença". Kosuth e nomes agregados parecem contar com o fato de que não apareça a criança que, na fábula, declarava que, no desfile, pela artimanha de um alfaiate matreiro, o rei se mostrasse nu, sem que os participantes adultos se atrevessem a declará-lo.

Apenas um esclarecimento: do livro de Lorenzo Mammì, trabalhamos uma parte bastante pequena. Na busca de legitimar uma grande parcela da arte contemporânea, não terá se deixado enganar pelo sofisma justificador do mercadológico?

6.2

Reconhece-se postura distinta em *L'arte moderna* (1970) de Giulio Carlo Argan. O crítico e historiador italiano não se acanha em recorrer a uma explicação sociológica para a propagação do pop e suas sucursais. A *action painting* e a *pop art* eram aceitas como alívio à "inflexível 'regularidade' da vida social, inteiramente empenhada no esforço produtivo e na acumulação capitalista" (Argan, G. C.: 1988, 508). A ruptura da tradição da alta modernidade, inclusive do próprio abstracionismo, foi provocada pela força do domínio mercadológico que o *American way of life* com êxito propaga.

Ao contrário de Belting, Argan não se restringe a apontar o motivo central em jogo: Se "o que historicamente conhecemos como arte é um conjunto de coisas produzidas por técnicas diferenciadas", se essas técnicas historicamente se exaurem e são substituídas por outras, "pela primeira vez, [...] tem-se uma crise simultânea de todas as técnicas artísticas, de seu sistema. Com elas findará também o que se chama de experiência estética? Entendendo-se por fenômeno estético a imagem, a resposta não pode deixar de ser negativa" (ib., 509).

Interrompo a citação para observar que o final da formulação do autor parece inconsequente.[19] Literalmente: o colapso conjunto das técnicas artísticas não abalaria a experiência estética. No entanto, a continuação da passagem mostra que a exaltação da imagem entra noutro circuito:

> Nunca o mundo foi tão ávido e pródigo de imagens como hoje. O aparato tecnológico-organizativo da economia industrial não limita e sim potencia a função da imagem. Existem grandes indústrias que produzem e vendem apenas imagens: o cinema, a televisão, a publicidade etc. Sem a informação por meio da imagem, não existiria uma cultura de massa, e a cultura de uma sociedade industrial não pode ser senão uma cultura de massa. (Id.)

É tão evidente que Argan não considera que a experiência estética consiga se manter pela divulgação em escala industrial da imagem que o reparo acima pode ser considerado redundante. Mas não é assim. Sua justificação é dada pela continuação imediata:

> Há algo que o técnico da imagem ou da língua [...] não pode aceitar: a renúncia à autonomia de sua disciplina, colocá-la a serviço de um sistema de poder. Não podem admitir que a experiência estética seja desviada de

---

[19] A consulta ao original mostra que não se trata de uma falha de tradução: "*Intendendo per fenomeno estetico l'immagine, la risposta non può esse che negativa*" (Argan, G. C.: XIV reimpr., 1987, 606).

seu fim institucional, cognitivo e instrumentalizado. [...] A pesquisa estética não pode servir à destruição lenta (o consumo). (Id.)

Tenha sido procedente ou não o corte do que transcrevemos, o que se ressalta tem a qualidade de verificar as consequências do pop e congêneres da pretensão de arte que não se distingue da imagem banal. Argan funciona como a criança da fábula citada. E, estando próximo o fim do capítulo, vale assinalar a falta que provoca a eliminação da categoria da *mímesis* e de seu requestionamento. A falta de distinção entre espaço comum e espaço da obra, admitida por Mammì, equivale a confundir a imagem banal de uma *pop star* com o enigma do sorriso da Gioconda ou com a face risonha da *Garota com turbante* de Vermeer. Em lugar de pensar-se em uma democratização da imagem (!), o que equivaleria a confundir o fictício com a realidade, verifica-se que a imagem é reduzida à sua dimensão plana e unidirecional, i.e., referencial. Seria o mesmo que confundir a conta que faço no supermercado com o conhecimento da aritmética. Já não há fronteiras que a banalidade não possa invadir. A concepção de arte perde sua validez como valor socialmente afirmado, muito embora obras de arte continuem a ser produzidas. Por essa razão, mesmo durante a morte da arte, Argan reconhece com veemência no jazz e na *action painting* as duas grandes contribuições norte-americanas à arte contemporânea, que refletem "no rompimento da forma a imagem do real elaborada pela consciência dilacerada, contraditória do homem de nosso tempo" (ib., 539).[20]

Morta enquanto modalidade discursiva socialmente reconhecida, a arte permanece por incidências particularizadas. A partir de então, ela se dicotomiza: por um lado, permanece formalmente reconhecida, i.e., é um nome que admite a distinção de seus praticantes, de seus afi-

---

[20] Uma explicação mais acurada aparece em um longo parágrafo, de que só transcrevo seu fundamento: "O jazz [...] rompe todos os esquemas melódicos e sinfônicos tradicionais, tal como a *action painting* rompe todos os esquemas espaciais da pintura tradicional. No emaranhado de sons do jazz, cada instrumento desenvolve um plano rítmico próprio: o que os entrelaça é a excitação coletiva dos instrumentos, a onda que se ergue do fundo do inconsciente e chega ao auge do paroxismo. [...] Da mesma forma, na composição de um quadro de Pollock, cada cor desenvolve seu ritmo, leva à máxima intensidade a singularidade de seu timbre" (Argan, G. C.: 1970, 532).

cionados ou de seus colecionadores, mas que se contenta em não saber exatamente o que seja. Por outro, é um exercício vital para praticantes ou experts, efetivos ou simulados, que, em princípio, precisam ter uma atividade profissional outra, que lhes garanta a sobrevivência.

A chamada morte da arte é o momento radical de sua crise. Como tal, ela é temporalmente bastante mais extensa. Pois a crise *da* arte – não *na* arte, como sucedera com êxito, a partir de Cézanne – se estende muito além dos Estados Unidos. Assim se mostra na "semântica da negação do mundo" de Hans Hartung (ib., 539). Ela supera o que Argan designa mito racionalista de Mondrian e propõe a "poética do gesto". "A espacialidade indefinida do fundo converte-se, pelo signo traçado pelo gesto, num espaço que tem a medida e a estrutura da ação" (id.). Não se definem figuras no espaço. Embora a expressão "expressionismo abstrato" designe uma corrente da pintura norte-americana, que tem em Pollock seu maior representante, é justo estendê-la a Hartung. O gesto é o elemento da expressão; a ausência de figuras é solidária com a negação. A *mímesis* é menos negada do que recolhida a um obscuro estado de potência: não há propriamente semelhança, senão o caos, a confusão de uma gestualidade que se abre para todas as diferenças. *A forma reduzida à sua condição de algo passível de ser gerado* – uma espécie de *mímema* antecipado. Daí a extrema proximidade notada por Argan com a *Composição* (1950) de Pierre Soulages, em que "uma barragem de faixas negras, grossas e pesadas, [...] que deixam apenas pequenas frestas no espaço do fundo, o tempo e o local do dia que se furta ao não ser e em que se vive" (*che si strappa al non-essere e si vive*) (id.). O ostracismo da *mímesis*, provocado pela recusa do especialista em repensá-la, torna-se correlato a seu estrangulamento ou redução a um estado embrionário provocado por um tempo que põe a escala de valores entre parênteses.

A morte da arte, em suma, é contemporânea não de obras que, com qualidade efetiva, apontam para sua crise, mas para um tempo em que não há lugar senão para o mercadológico. Tudo mais é supérfluo ou conduzido à conversão da realidade em fictício. As duas direções se concretizam no enunciado de Argan: "Quem 'faz' o valor estético, em suma, não é o artista, mas o consumidor normal de produtos industriais" (ib., 647). Ou seja, a cadeia de experiências internas que se enlaça à experiência do estético é substituída por um faz de conta em que importa a consideração do que se ganha (em prestígio e monetariamente) em "reconhecer" tal objeto. Daí, a presença do original de um grande modernista no escritório de um banqueiro ou alto empresário não significa que seu possuidor de fato o aprecie, senão que sabe o aumento de seu renome. Provavelmente não escolherá um *ready-made*, embora possa estar na mais nova *instalação* em que se recolha o lixo de seu escritório, mas preferirá um Miró, um Pollock ou um Soulages, embora pouco se lhe dá entender o que ali está.

6.3

Terminamos o capítulo pela consideração não de historiador ou crítico de arte, mas de um pensador contemporâneo, Wolfgang Welsch. Embora *Grenzgänge der Ästhetik* (*Traspasses de fronteira da estética*, 1996) se desenvolva por 320 páginas, sua tese central é bastante nítida desde seus primeiros parágrafos. Não será preciso ir além das páginas iniciais para verificar seu entrosamento com o que se tem chamado de morte da arte.

À diferença de autores que mesclam sua afirmação crítica com enunciados menos virulentos, quando não combinam a morte anunciada com alguma dose de otimismo, Welsch opta por uma formulação direta, próxima da abertura de seu livro:

> Hoje em dia, sem dúvida vivemos um *boom* estético. Ele se estende da estilização individual à configuração urbana e à economia até à teoria. Sempre mais elementos na realidade são esteticamente reformados e crescentemente toda a realidade vale para nós como um construto estético. (Welsch, W.: 1996, 9-10)

A "explosão estética" referida não se opõe à anestesia um pouco antes analisada. *Grosso modo*, ela corresponde à estetização que Walter Benjamin propunha como derivada da concepção nazifascista de mundo, a que opunha a politização da arte. Em Welsch, o *Ästhetik--Boom* nem se confunde com o domínio do fascismo nem tem como alternativa a politização, que fracassara tanto sob Stalin quanto com a proposta sartriana de uma *littérature engagée*. O *boom* considerado concerne por certo a um processo de estetização. Mas sua base tem sua centralidade no papel que a vivência, *das Erlebnis*, enquanto privada, assume na vida contemporânea:

> Cada loja, cada café torna-se hoje organizado para que seja ativamente vivencial (*erlebnis-aktiv*) [...]. Também o mercado da arte se inclui na maquinaria da vivência e prossegue conforme a dialética de tal pseudo-vivência. (Ib., 11)

O final da passagem surpreenderá a quem tenha suposto que *Erlebnis* esteja sendo empregado à maneira de Benjamin, i.e., como oposto a *Erfahrung*, experiência que se estende a um grupo ou coletividade (cf. Benjamin, W.: 1935). Não o é porque, como aponta a última frase traduzida, enquanto apenas privada *Erlebnis* supõe uma pseudo-vivência.

Por que tenho de me demorar no que já é bastante claro? É evidente que o aformoseamento do espaço público ou particular, de onde haja uma presença humana, é uma espécie de majestático *display*. O ouvinte que não sinta admiração por Wagner não notará que os contemporâneos do ouvinte, ainda que não conheçam o compositor, se empenham em estender à paisagem seu propósito de um *Grundkunstwerk* (*obra de arte total*).

Welsch ressalta que a vida de agora não se restringe a retrair a experiência coletiva em algo privado, senão que converte a vivência em uma espécie de mostruário. A frequência nas academias de ginástica não se explica apenas pelo propósito de retardar os efeitos da velhice, senão em estender uma aparência de mocidade. "O desengano com as vivências, que na verdade não se dão, empurra cada vez mais velozmente os homens de uma vivência para a seguinte" (id.).

Ao passo que a alta modernidade, prolongada em Francis Bacon (1909-1992) e Lucian Freud (1922-2011), enfatiza o choque-estímulo para um pensamento inédito, subversivo do artisticamente estabelecido, e transformador, a pseudovivência favorece a sucessão de impressões superficiais. Por isso passamos rapidamente pela experiência que se oferece agora, pois outras muitas nos esperam. "Quanto mais rápido, mais exitoso – esta lei da indústria do entretenimento também é válida para o sub-ramo da arte" (id.).

À morte da arte enquanto valor de reconhecimento público corresponde, como declara o título de um dos itens do *Grenzgänge*, a "estetização como estratégia econômica". Como a economia do lucro a todo custo necessariamente não beneficiará senão uma proporção pequena de hábeis e espertos na arte da manipulação, a estetização referida tem papel saliente na propagação de um capitalismo de consumo. Reconhecê-lo não apaga, entretanto, minhas dúvidas sobre a suposta universalidade alcançada pelo *Homo aestheticus*, título de um livro (1990) de Luc Ferry. Welsch definia tal espécie de homem como "sensível, hedonista, culto e, antes de tudo, de gosto refinado. Sabedor ademais que sobre gosto não se discute. Há uma nova certeza dentro da incerteza que vigora em torno" (ib., 18). É certo que a frase parece trazer um sombreado irônico. Mas não seria oportuno entrar por mais esses meandros.

CAPÍTULO 2
Mímesis e representação

1

Ao caracterizar a beleza e, em termos mais amplos, a experiência estética como o que extravasa a contensão do conceito, Kant cumpria ao mesmo tempo uma revolução copernicana (apenas menor que a do conjunto das três Críticas) e criava um problema cujas proporções talvez ainda não tenham sido devidamente calculadas. É certo que Wittgenstein corrigiria a facilidade que Kant encontrava na operacionalização da razão determinante, mas, em troca, o que diz sobre o âmbito do estético é declaradamente insuficiente. Sem insistir no que temos chamado de falha geológica do pensamento ocidental, os embaraços provocados pela falha se evidenciam sobretudo agora que percebo não ter muito tempo disponível para continuar a pensar. Como um diabinho que fizesse sua primeira travessura, lembro a reflexão desenvolvida por Louis Marin a propósito de um fragmento de Pascal. Como se lembrasse da passagem da *Poética* (48b 9-15), Pascal se dizia: "*Quelle vanité que la peinture qui atire l'admiration par la ressemblance des choses, dont on n'admire point les originaux!*" Com alguma semelhança a Agostinho, que declarava não entender como as pessoas, sabendo que assistem a algo inventado, se deixam comover pelo espetáculo teatral, Pascal escrevia:

> Como se diz beleza poética, dever-se-ia também dizer beleza geométrica e beleza medicinal; mas não se diz; e a razão é que bem se sabe qual é o objeto da geometria e que consiste em provas, e qual é o objeto da medicina e que consiste na cura; mas não se sabe em que consiste o encanto, que é o objeto da poesia. (Pascal, B.: 1711, 38, 1097)

Em vez, contudo, de se contentar em dizer de sua incredulidade, o geômetra jansenista desvelava um engodo (*un leurre*) que contamina todo o território da verdade e da moral. Nas palavras de seu competente comentador:

> No sistema fechado da representação, no pensamento humanista de uma natureza universal do homem, o olhar contemplador do quadro descobre cegamente as aporias do original (o original, a natureza, a verdade, o ser) e do infinito (o ponto, o zero, o instante, o repouso ou os fundamentos últimos ou o justo meio). (Marin, L.: 1994, 25)

O engodo consistia em se deixar seduzir pelo mero aparente; em aceitar a legitimidade do ilusório. O rigorismo pascaliano decorria de sua negação religiosa do mundo. Marin tem o mérito suplementar de trazê-lo para uma razão cognoscitiva. O sentir prazer ante o que, no plano do cotidiano, provoca asco e repulsa, alarga e reitera nosso poço de ignorância. O que Pascal entendia como um engodo fundamental era corrigível desde que o ali sediado não fosse tomado como paradigma para os campos da verdade e da moral. Mas não é legítimo perguntar-se de sua parte de onde a verdade e a moral extraem seu lastro de certeza? Ninguém mais deverá pensar que a verdade científica, ademais sempre provisória, pois dependente de manter-se firme contra a verdade até então crida, e agora abandonada, se confunde com a constância da substância material; nem falar da pluralidade dos códigos morais ou da pluralidade de tempos, com sua carga diferenciada de valores. A fragilidade do que Pascal ainda tomava como irremovível esteio nos conduz a outro caminho. Por certo, não o de afirmar a universalidade da ilusão ou a provisoriedade de todas as certezas. É o cunho mesmo das generalidades, qualquer que seja seu teor, que se põe sob suspeita. Daí a que está sendo aqui ousada: o pôr fora de foco a questão da *mímesis*, depois de ultrapassados os séculos em que ela fora tomada como reduplicadora de propriedades da natureza, nos persegue como uma falha geológica. Ela parece se mostrar mais plausível ante os fracassos da mais recente modernidade: o mesmo passo que significa o avanço da ciência implica o seu uso desastroso – o conhecimento da energia atômica, por um lado, implica a destruição de Nagasaki e Hiroshima; do lado oposto, o desenvolvimento da medicina atômica. E quem ainda pensaria nesse princípio de um novo século em expansão da democracia ou em diminuição da absoluta desigualdade social? A verdade, a moral, as manifestações de arte não se tornaram ramais do marketing?

2

Para a cena antiga grega, podemos nos contentar com o que já se disse sobre o contraste entre Platão e Aristóteles. Conquanto seja aceitável argumentar com Halliwell que não há em Platão uma concepção unívoca de *mímesis*, até porque seu pensamento, conforme diálogo tardio, se enraíza em uma suposta *mímesis* originária, que não se confundindo com a arte do simulacro, produz "cópias conformes".[21] (Há dois tipos de imitação: há "de um lado, uma técnica que consiste em fazer cópias. Esta é sobretudo evidente quando alguém, tendo em conta proporções do modelo em comprimento, largura e profundidade, produz uma imitação que respeita, ademais, as cores apropriadas a cada coisa"; de outro, "aqueles que produzem ou desenham obras monumentais" [*O Sof.*: 235-2]). Não obstante, seu juízo antes se condensa e não é contraditado pela conclusão de *A República* (X, 607 a), em que na cidade ideal não cabem mais do que poetas que, alheios ao *pathos* trágico, se submetem à boa ordem em vigência. Não será preciso insistir na contrariedade contida na formulação aristotélica. Basta relembrar a passagem que Pascal nos fez recordar há pouco:

> Quando observamos situações dolorosas, em suas imagens mais depuradas, sentimos prazer ao contemplá-las. Por exemplo, diante das formas dos animais mais ignóbeis e dos cadáveres. (*Poét.* 11-3)

Por que parece legítimo ser tão sintético? Não pertenço à família dos filólogos e não me dirijo a eles para que pudesse supor que não nos cansaria a reiteração dos mesmos argumentos. Na verdade, a razão é mais delicada. Emprestando à palavra "ciência" uma acepção mais ampla, pela qual nela não só caibam as ciências naturais mas toda

---

[21] "A *techné eikastiké* produz 'cópias conformes', ou seja, reproduções que têm a pretensão de ser 'como' os modelos (que, de sua parte, são cópias das Formas" (anotação de Nestor-Luis Cordero, à sua tradução de *O sofista*, Platão, Paris: Flammarion, 1993, nota 109, 227).

indagação que se pretenda rigorosa, é seguro que se possa reiterar que não há ciência do particular. Se isso é indiscutível, como seria legítimo acusar o pensamento de não haver cumprido um exame da *mímesis* que reunisse profundidade com fecundidade? Pois seu trabalho de pesquisa sempre "se situará do lado do traço, do sintoma, do índice" (Marin, L.: 1990, 66). Ou seja, de objetivações de campos operatórios do particular, especialmente a psicanálise (o sintoma, o traço mnésico) e a linguística de Peirce (que entendia o índice como o signo cuja decifração depende da manutenção do interpretante). Ao passo que os elementos destacados por Marin dependem de uma configuração particularizada, puderam eles fazer parte do intento de constituição de ciências porque Freud e Peirce, respectivamente, não tratavam apenas de categorias de incidência privativa. A *mímesis*, enquanto fenômeno estético, ao contrário, não admite generalização absoluta. É o que mostrará o próprio ensaio de Marin. Antes de irmos a ele, observemos então: a primeira razão da grande dificuldade de penetrar mais a fundo na questão da arte decorre de sua dimensão estética. O que então acrescentar? A exemplo de Marin, procurar um viés? O obstáculo, talvez a impossibilidade, possivelmente está em que esse viés entorpece a experiência estética. Sem mais delongas, venhamos à tentativa de Marin, antecedida por outra de mais fôlego, cumprida pelo mesmo autor (Marin, L.: 1988, 71-92).

Em um caso, o pensador se propunha indagar os mecanismos da ação política, tal como apresentados em ensaio de 1639 por Gabriel Naudé, *Considérations politiques sur le coups de État*; no outro sobre o papel da descrição entre Montaigne e Descartes. Pela análise do pequeno livro de Naudé, Marin procura compreender por "mimética e por simulação" a ação política, que ele próprio não testemunhara. No segredo de sua biblioteca, o secretário "poderá fazer da *mímesis* dos poderosos um princípio metódico de conhecimento" (Marin, L.: 1988). Do mesmo modo, a partir do *Discours de la méthode* (1637), apoiando-se no método das citações de Montaigne, Descartes efetuara a "representação fiel de uma história em forma de fábula, recolha de exemplos cuja imitação é deixada à vontade dos leitores" (ib., 75). Em ambos os casos, tanto Naudé quanto Descartes associavam a vontade mimetizante com a disposição de fingimento, porquanto ambas as ações simulavam o que não devia ser divulgado. Por isso, de Naudé saem poucos exemplares, e Descartes não parece fazer questão que seu livro seja muito propagado.

Fora uma pequena observação sobre o caráter da citação, "em que a representação é reduzida à simples apresentação de uma parte" (id.), muito pouca fecundidade apresentam os dois estudos. O que não seria sequer novidade para o autor, pois ele mesmo se encarregara de recordar o cunho particularizante da *mímesis*. Poderia até ter dito que explorar seu fingimento, na *mímesis* externa da ação política, seria o modo de fazê-lo contribuir a uma forma de conhecimento. Mas seria arbitrário dizer que isso é frustrante, pois ao recordá-los já sabíamos dessa conclusão murcha; a reiteramos, então, como advertência e, ao mesmo tempo, como mais do que isso. Desde que, entre Naudé e Montaigne, já começava a empalidecer a identificação da *mímesis* com sua reduplicação (*imitatio*), o fingimento provoca a função daquele para quem a ação se exerce e a citação mimética *aparece*?

No correr da argumentação mostrará seu engano. Mas já aqui algo deverá ser acrescentado: se remetemos à passagem há pouco lembrada de *O sofista*, vemos que a primeira dificuldade em entender a semântica do termo *mímesis* decorre de ele ser de uso válido tanto fora quanto dentro da arte; no caso de Platão, a dificuldade não existia, pois o termo implicava o caráter de reapresentar algo antes existente. A segunda dificuldade, a ser explorada adiante, é mais séria. Entre as duas acepções referidas, só a primeira parece jogar limpo, enquanto a segunda evidentemente ressalta o fingimento. Naudé e Descartes mostravam nosso engano. A *mímesis* nem só não se resume a agir no campo da estesia como sempre traz a possibilidade de conotar fingimento, dissimulação, emprego do fictício. Os gregos não conheciam o estético como um campo teoricamente diferenciado, mas pelo teatro tinham contato com o fingimento do espetáculo teatral. Em troca, conviviam com o disfarce que se caracterizava por agir onde não parecia estar. O embaralhamento referido acompanhará o crespúsculo moderno da *mímesis*.

2.1

Antes de darmos sequência temporal ao capítulo, façamos uma rápida incursão por uma trilha que não será bastante fecunda. Ao passo que nosso ponto de partida derivará da abertura do pensamento moderno com o *cogito* cartesiano, pela via a seguir lembrada a indagação contemporânea tentou a alternativa de não partir das relações entre sujeito e objeto. Refiro-me à abertura do número 154 que a *Revue des Sciences Humaines* dedicou à representação. No "*Réflexions métaphysiques sur le concept de représentation*", Pierre Trotignon parece desacreditar da fecundidade do próprio tema. É o que declara sua frase de abertura: "A ambiguidade do termo 'representação' permite sem dúvida brilhantes exercícios, mas não é certo que o pensamento aí ganhe em firmeza" (Trotignon, P.: 1974, 196). Sua caracterização inicial do fenômeno faz jus à sua descrença: "Convenhamos chamar de *representação* a atividade que une um ser A a alguma outra realidade X que nele tem lugar e lhe serve de *representante*" (id.). Apenas, como se trata de dar partida à questão, o autor ainda lança mão de um ser que poderá ser tomado como um sujeito. Mas se trata de um recurso facilitador da argumentação. A admissão não chega a negar as relações entre sujeito e objeto; apenas logo a descarta porque a massa dos representantes é substituída pelo universo dos signos: "Signo é um representante não ambíguo porque é suscetível de ser afetado pela operação de negação" (ib., 196). Conquanto o agente da operação, o ser A, não tenha sido modificado, o regime de seu relacionamento com o representante muda por completo ao ser ele definido como um signo. Pois o signo é um negativo que não comporta nenhuma operação negativa: "Um representante não tem contrário ou tem tantos quantos se queira e é por operações de junção que os representantes se superpõem ou se substituem uns aos outros" (id.).

O que significa a identificação do signo com a negatividade? Como o autor não o explica, recorremos a Louis Marin, em sua reflexão sobre a concepção de linguagem em Saussure:

> Definindo a linguagem como um valor, Saussure a define como a percepção de uma identidade, mas esta percepção da identidade (que é a do sentido) é idêntica à percepção da diferença. Quando *identifico* um

fragmento de linguagem em seu sentido, isso significa exatamente que o *diferencio* de todo o resto da linguagem. Que a identidade seja a diferença não é a definição do processo dialético? Mas é igualmente, na ocorrência, a do sistema. (Marin, L.: 1973, 17)

A intervenção de Marin, praticamente contemporâneo ao artigo de seu compatriota, dá outro peso à presença do signo. Ele é um negativo apenas do ponto orgânico ou, como talvez fosse mais próprio para Trotignon, metafísico. Porém, é mais propriamente um negativo *sui generis*, pois é por ele que o humano passa a conviver com o sistema que possibilita sua comunicação além do imediatamente perceptível. Quando Trotignon acrescenta que "a função representativa é, naquele que vive, a vida mesma" e "a vida por oposição à morte, a manutenção de uma forma que seu próprio fim", banaliza flagrantemente o que poderia ser seu poço de riqueza. Daí que sua conclusão não deixe de ser frustrante: se "o signo do representante é a possibilidade da *negação*", então "se a coisa inerte se nos mostrou sem interior, simetricamente a linguagem abole a distinção entre interior e exterior e se instaura o acordo das palavras e das coisas" (ib., 199-200). Não seria possível que não tenha atualizado um outro veio, passível de ser assim atualizado: a vida é um processo que não se restringe a um único circuito natural? Ou seja, que não se explica pela recorrência apenas à natureza, sendo o indivíduo definido como uma substância, algo constante em si mesmo? Seria abusivo dizer que essa fosse a interpretação do autor, pois se o fosse seria inexplicável que optasse pela que foi a sua.

Em suma, a recordação do artigo de abertura de um número especial sobre parte da questão que debatemos pareceria sem sentido se não servisse para mostrar que o que viríamos a chamar de representação-efeito ali não teria sentido algum. Pois o efeito da representação se esgotaria no domínio do sistema de signos. Por ele, o agente se constitui como o detentor potencial do que se lhe representa; ou melhor, como o potencial possuidor da verdade já por si possuído pela linguagem com que opera. As duas possibilidades então se lhe abrem. Na vertente cartesiana, dominará o primeiro sentido. Daí o impacto de seu pensamento para o desenvolvimento das ciências nascentes. A segunda se nos mostrará na indagação da questão da *mímesis*. De fato, então, fomos injustos em levantar a suspeita de que perdemos tempo em tratar do pequeno ensaio. Sem que ele seja notável, não deixou de nos prestar um bom serviço.

3

Venhamos definitivamente à abertura dos tempos modernos. Assim temos feito desde que começamos a nos preocupar especificamente com a *mímesis*. No momento de preparar o presente livro, verifiquei que a distinção radical e geométrica que estabelecia a partir de Descartes entre representação e representação-efeito era demasiado esquemática. Precisarei retomá-la para questionar uma arquitetura ainda frágil. Isso equivale a declarar: reconhecemos que a intenção de constituir um texto com um traçado limpo, sem vielas e reentrâncias, como uma cidade previamente planejada, está perdida. O que será traçado a partir de Descartes e da resposta a ele já começa a ser corroído pela citação interrogativa "*la représentation est réduite à la simple présentation d'un morceau* [...] *au regard lecteur?*" (Marin, L.: 1988, 75). Mas não será ainda o momento de mostrar a discordância entre representação e apresentação. Insistir no propósito do texto bem contornado seria impróprio – além de dificultado em português porque somos pouco sensíveis à diferença entre "representação" e "presentação" – pois teremos de combinar temas e historicidade. Se aqueles poderiam entrar noutra ordem que a que estarão aqui sujeitos, a historicidade tem uma ordenação a ser seguida sem que lhe possa ser imposta. Só mais adiante a explicação mostrará seu sentido. Neste primeiro momento, porém, ainda suporemos que a *representação* estava envolvida em um halo de objetividade que a confundia com um objeto que se projetava adiante do sujeito.

Posso supor a surpresa ou mesmo a indignação que Descartes terá provocado, em 1647, ao publicar a tradução francesa das suas *Meditationes*. É verdade que os "tribunais da filosofia" a que se dirigia eram formados por doutos eruditos, que não seriam irresponsáveis em espalhar suas novidades. Também é certo que as dificuldades de Galileu com a Inquisição, apenas iniciadas em 1612 e que o seguiriam até à morte, aconselhavam a Descartes que se mantivesse cauteloso. Não é algo inconsequente que escutamos na frase:

> Não sou este agregado de membros que se chama corpo humano; de modo algum, não sou um ar leve e penetrante, expandido por todos esses membros; i.e., não sou um vento, um sopro, um vapor, nem nada do que possa fingir e imaginar, pois que supus que tudo isso não era nada e que, sem mudar essa suposição, acho que não deixo de ser, com certeza, que eu sou alguma coisa. (Descartes, R.: 1641, IX, 21)

A analogia desprezada com a leveza do vento, o sopro de uma leveza carregada de ironia encaminhava com cuidado e vagar para a identificação do sujeito individual como entidade una e autônoma, sólida e, como tal, ocupando um lugar preciso. Tal identidade deixava de se confundir com uma comunidade de gentes guiada por um pastor, encaminhava para o conhecimento certeiro, não confundido com algo fingido e fantasiado pela imagem. Desse modo, duas arremetidas eram cometidas. Por um lado, apontava-se para o senhorio do *eu*, por outro desprezava-se a imagem como algo embaçado e perpetrado por uma contemplação ociosa:

> E assim reconheço certamente que nada de tudo que posso compreender por meio da imaginação pertence a este conhecimento que tenho de mim mesmo, e que é preciso recordar e afastar seu espírito desta maneira de conceber, a fim de que ele mesmo possa reconhecer bem distintamente sua natureza. (Ib., 22)

Assim definia que o *eu* não só tem a integralidade de uma coisa – é concreto, autônomo e, sem embargo, distinto, por ser "uma coisa que pensa" (ib., 39) – como era traçado o que é a *representação*, em sua modalidade legítima, i.e., na relação com um sujeito. Se o sujeito é "uma coisa que pensa", a representação é a coisa recebida por um agente. Recebida por e submetida a ele.

Os dados anteriores são ampliados pelo exame de um pedaço de cera. A cera é um objeto certo porque seu contato com o fogo mostra que não se confunde com as sensações provocadas por seu cheiro, sua cor, seu contato tátil. Daí, no prosseguimento da meditação, à força concedida ao sujeito e ao objeto, cuja diferença basicamente depende da posição que uma coisa ocupa, estender-se a hierarquia entre entendimento e imaginação. Dela deriva o privilégio da percepção:

> Que é esta cera, que não pode ser concebida senão pelo entendimento ou pelo espírito? Por certo é a mesma que vejo, que toco, que imagino, e a mesma que desde o começo conhecia. Mas o que é de acentuar, sua percepção, ou antes a ação pela qual é notada, não é uma visão, nem contato, nem uma imaginação, e jamais o foi, se bem que assim antes o parecesse, mas tão só uma inspeção do espírito, que pode ser imperfeita e confusa, como era antes, ou bem clara e distinta, como é agora, conforme minha atenção concirna mais ou menos às coisas que estão nela e de que é composta. (Ib., 24-5)

O exame, delicado como seria um acorde de Mozart, conclui no princípio da "Meditação terceira": "Por conseguinte, parece-me que desde já posso estabelecer por regra geral que todas as coisas que concebemos muito clara e distintamente são verdadeiras" (ib., 27). Do que se segue a secundariedade cognoscitiva da imaginação, provocadora de sua consequência:

> Assim não resta mais que os únicos julgamentos, dos quais devo cuidar zelosamente para não me enganar. Ora o erro principal e mais ordinário que aí se possa encontrar consiste em que julgue as ideias que estão em mim, muito semelhantes ou conformes a coisas que estão fora de mim; pois certamente, se considerasse somente as ideias como certos modos ou maneira de meu pensamento, sem os querer relacionar a alguma coisa outra exterior, elas apenas poderiam me dar ocasião de falhar. (Ib., 29)

Portanto, para ser confiável, o *cogito* há de ser exercitado sobre o plano da representação. Já o dissera um pouco antes: "Entre meus pensamentos, alguns são como as imagens das coisas, e só a elas convém o nome, propriamente o nome de ideia: como quando me represento um homem ou uma Quimera ou o Céu ou um Anjo ou mesmo Deus" (id.). Em contraposição, as ideias que estando em mim não dispõem de uma contraprova, não são confiáveis, e estão, ademais, sujeitas a degradar a perfeita correspondência com a coisa que a provocara, sem a possibilidade de tornar-se algo maior ou mais perfeito. Para apossar-se do poder que é seu, o homem há de internalizar que a ideia de uma sensação, como a de calor, não pode estar em si se aí não tiver sido posta por alguma causa, efetiva fonte de sua realidade. A magnífica máquina do mundo que o pensador desvelava precisava relevar que ela não se opunha à ordem religiosamente afirmada. Sem isso, complicações sérias poderiam advir por ser acusado de herético ou panteísta. Quem sabe não terá sido a razão para que acrescentasse:

> De modo que a luz natural me faz conhecer evidentemente que as ideias estão em mim como quadros ou imagens que podem, na verdade, facilmente decair da perfeição das coisas de que são extraídas, mas que não podem jamais conter nada de maior ou de mais perfeito. (Ib., 33)

Nessa cadeia luminosa, em que o homem sobrepassa ao mundo que o circunda, não há, por assim dizer, sombra do pecado. A luz natural reina integral e sobranceira sobre o mundo de que o pensador elabora sua concepção do homem novo. Usando uma linguagem que não aparece nas *Méditations*: a plena luz natural desvenda seu plano ontológico. O pecado é uma mancha individual, produto da insensatez adâmica.

Se esse excurso se afastou das páginas cartesianas, não se poderia contestar a credibilidade de toda aquela certeza crível porquanto o sujeito humano é sabidamente falível? De onde adviria a suposta certeza de que Descartes o cerca? O que a respaldaria além da intuição prazenteira de que as conquistas se abrem pela força do *cogito*?

Na tentativa de responder a essas interrogações, deveria percorrer seus vários volumes de correspondência. Mas isso fugiria ao propósito do que se indaga. Sabendo ser outra a nossa meta, fechamos a porta para as dúvidas e aceitamos a lógica impecável construída sobre a figura pré-adâmica de nosso *eu*. Afinal, se a figura é construída, ela não deixa de estar em conformidade com os princípios de um pensador cristão. É o que haverá de ser dito se se constata que sucedia daquela maneira pela condição de criatura de um Ser que o fez capaz de conhecer as falhas de sua natureza de alguém finito:

> Pois como seria possível que eu pudesse conhecer que duvido e que desejo, ou seja, que me falta alguma coisa e que não sou perfeito se não tivesse em mim alguma ideia de um ser mais perfeito que o meu, pela comparação do qual eu conhecia os defeitos de minha natureza? (Ib., 36)

Claro que, procedentes ou improcedentes, as dúvidas nos perseguem. Seria o pensador um cristão tão fervoroso que considera aporético que uma criatura falível tenha de provir de uma infalível, como se o onipotente não pudesse agir senão daquele modo? Mas é improcedente lançar mão da dúvida se há pouco dissemos que haveria de debatê-la e não o faríamos apenas porque extrapolaria nosso tema. Nem por isso a dúvida deixa de prestar um serviço: é legítimo pensar que a legitimação cartesiana de Deus abria uma brecha considerável no primado da observação e da percepção. Como um lutador que denunciasse a recepção de um golpe, mesmo que este tenha sido desferido por ele próprio, diz logo a seguir:

> A ideia, digo eu, deste ser soberanamente perfeito e infinito e inteiramente verdadeiro, pois, ainda que talvez se possa fingir que um tal ser não existe de modo algum, contudo não se pode fingir que sua ideia não me represente nada de real, como tantas vezes disse da ideia do frio. (Id.)

Do ponto de vista da lógica rigorosa que todo Descartes privilegia, em detrimento da imaginação, o Ser perfeitíssimo é uma perfeita aporia, como toda ela, impossível de ser percebida e observada. Muito ao contrário, a aporia do divino se concilia e respalda o princípio do "claro e distinto". É ele que mais decididamente então se afirma:

> Esta mesma ideia é também fortemente clara e fortemente distinta, porquanto tudo que meu espírito concebe clara e distintamente de real e de verdadeiro, e que contém em si alguma perfeição, é contido e por inteiro encerrado nesta ideia. [...] Enfim, compreendo muito bem que o ser objetivo de uma ideia não pode ser produzido por um ser que exista somente em potência, o qual, a falar propriamente não é nada, mas somente por um ser formal ou atual. (Ib., 37-8)

Se temos a impressão de que a recorrência à sensação de fingimento parece-nos mostrar que o pensador sentia o próprio golpe, a continuação da "Meditação terceira" responderá que não só se recompôs, senão que adquiriu novas forças. Mesmo sem destacarmos várias passagens que assim o declaram, a aporia referida estabelece uma continuidade entre Criador e criatura, cuja consequência é o reforço da causalidade:

> Todo o tempo de minha vida pode ser dividido em uma infinidade de partes, cada uma das quais não depende de algum modo das outras; e assim, do que foi dito há pouco não se segue que eu deva agora ser, se não é que neste momento alguma causa me produza e me crie, por assim dizer, de novo, ou seja, que me conserve. (Ib., 39)

As forças que Descartes procura confiar ao homem deixam de fazer com que o mundo seja algo pequeno e provisório. Seu fundamento, entretanto, está formulado pelas propriedades do que é o contrário do mundo e sua contagem por séculos. Para finalizar suas citações, nada melhor que recorrer à "luz natural":

> A luz natural nos faz ver claramente que a conservação e a criação só diferem quanto a nosso modo de pensar e, de fato, de modo algum. É então somente preciso que aqui me interrogue a mim mesmo para saber se possuo algum poder e alguma virtude, que seja capaz de fazer de maneira que eu sou agora, ainda seja no futuro: pois, desde que não sou nada senão uma coisa que pensa [...], se uma tal potência reside em mim, por certo deveria pelo menos pensá-lo, e dele ter conhecimento; mas nada sinto disso em mim e por aí conheço evidentemente que dependo de algum ser diferente de mim. (Id.)

Embora, ao encerrar aqui o jogo de passagens tenhamos dado a entender que Descartes chegara ao fim de sua demonstração, o que é falso, seu argumento atingira tal esplendor que não me recuso a fazê-lo. A aporia, que não consigo pensar senão como uma mancha em um raciocínio tão... cartesiano, teve o mérito de obrigá-lo a reforçar a causalidade, de acentuar sua continuidade, assim como que conservação e criação são ações derivadas do mesmo cadinho.

Embora muito pouco, quase nada tenhamos falado da representação nas *Méditations*, parece evidente que ela se insinua por cada brecha do raciocínio. O eu é a boca escancarada da "coisa que pensa"; a representação implica tudo que se conecte ao *eu* que a absorve.

Ainda que não tivéssemos escrito o que agora está, era nestes termos que pensássemos a envergadura do homem moderno como Descartes a formulava. Dizia-se muito pouco sobre a representação, mas o que se dizia era forte e claro. A representação era o Calibã, pronto a prestar serviço a qualquer Próspero. Não nos apressávamos em relacionar sua posição com o entendimento anterior e o que a partir de agora iria progressivamente se solidificar. Parecia-nos que o mais importante seria daí tirar um indício, ainda que fosse mínimo, de como a teoria do conhecimento haveria de se constituir, em conjunção a tal representação agrilhoada ao sujeito que, de sua parte, se constituía como unidade e soberania. Se tal esboço mostrasse procedência, confiávamos que dali sairiam benefícios para a nossa questão.

Era assim que surgia o que chamávamos de representação-efeito. Não me animava a fazer uma relação imediata com a questão da *mímesis* porque compreendia que a deriva cartesiana não favorecia a aproximação com a questão da arte, não só porque hostilizava a imaginação, apenas privilegiando a cognição instrumental, como, no *Discours de la méthode*, polidamente afastava a razão dos cuidados com a história e com a aprendizagem das línguas; em suma, com o que não dissesse respeito ao domínio técnico das representações (curiosamente, tudo isso era feito com uma inexcedível maestria de língua). Só mais adiante veremos que o uso do próprio vocábulo "representação" permite uma fecunda abordagem histórica.

Como o empregava, o conceito de representação-efeito é da ordem da sobredeterminação; implica portanto a ruptura da pancausalidade pregada ao longo das *Meditações* – fora das experiências nas ciências da natureza, a relação entre o sujeito e o objeto, o agente que atua e a representação deixa de ser uma rua de mão única para se tornar de dupla ação. Se a lição cartesiana esqueceria sua própria paternidade do legado positivista, vale acentuar com Dominick LaCapra o caráter antitransferencial deste:

> O positivismo pode ser visto como um abuso do método científico pela autonomização da dimensão constativa ou empírico-analítica do discurso, de uma maneira que nega o problema da transferência. (LaCapra, D.: 1992, 111)

As primeiras palavras enunciáveis a partir da expressão representação-efeito são que hoje se reconhece não passar de uma balela declarar uno o sujeito. É certo que o unitarismo fez escola e tem-se mantido durante décadas recentes. Seu prestígio chegou ao ponto de que, na passagem do século XIX para o XX, um louco com laivos de genialidade propusesse algo além do previsível, o projeto do "super-homem" e, na década de 1960, um pensador de peso expusesse seu avesso, com a declarada "morte do homem". Exageros à parte, vemo-nos mais modestamente como um polo que engloba perfis diferenciados, passíveis de se atualizar em momentos próximos entre si. É nesse mesmo sentido que são vistas as três Críticas kantianas como demonstração de que um mesmo sujeito contém a possibilidade de atualizar três. Assim é de se pensar por que cada uma das Críticas tem um suporte empírico tão diverso e inconfundível, que exige uma plasticidade inacreditável, que um mesmo sujeito individual seja capaz de exercitar igualmente as três. E, no entanto, na vida cotidiana, o mesmo João é cotidianamente obrigado a exercer um juízo determinante, ainda que em proporções modestas, a exemplo do cálculo de seu orçamento doméstico, um juízo ético, em castigar ou louvar um filho seu por certo procedimento ético, e um juízo teleológico, se entende que a ventania não será suficiente para derrubar a pequena árvore sobre seu portão ou, quem sabe, até um modesto juízo estético sobre a música vinda da vizinhança.

Não vamos nos deter no que exigiria um trabalho meticuloso. Basta acrescentar: não é por acaso que o problema inexistisse para Descartes. Para ele, o *cogito* é uno porque é entendido como uma máquina causante de cognição operacional.

Em suma, a ruptura da unidade do sujeito corresponde à drástica conversão de seu relacionamento com o mundo dos objetos. Este mundo não se confunde com uma coleção de coisas que se põe à frente do sujeito porque, entre elas, se algumas mal são vistas, outras são imagens rotineiras e outras mais imagens cujo efeito se fixa. O caráter de presença de algo independe de sua materialidade. A imagem constitui um território extremamente diversificado, e a força das mais poderosas tem menos a ver com o fato de que tenha estado presente do que da maneira como esteve ausente. O dilema entre presença e ausência tem a ver com o papel do conceito e da metáfora. Se o conceito torna presente o que por definição é ausência, a metáfora, ao contrário, provoca um halo de ausência mesmo no que está em uma presença próxima. Os dois versos de Ungaretti – *M'illumino / d'immenso* – tinham por título "*Mattina*". Não se pode saber se alguma "manhã" esteve de fato no horizonte do poeta. Mas, para o leitor, a "*mattina*" é a presença que desencadeia a ausência sem limites. Provavelmente, para um legítimo positivista, frases desse teor parecerão cabalísticas.

A primeira consequência do desequilíbrio na balança cartesiana está em que a percepção perde sua primordialidade; com ela, o mecanismo da causalidade. Uma e outra se acomodam às condições do agir humano, onde se confrontam com a família diversificada das imagens. Daí decorre que a representação se torna o produto da combinação do que vejo – mais precisamente do que chega aos meus sentidos – e o eco em mim provocado. A representação é um aí passível de ser trazido para aqui e agora. Efeito subsidiário: a necessidade de interpretação é acompanhada do reconhecimento de sua parcialidade (aquela pessoa que há pouco me cumprimentou e não reconheci não é a mesma que etc. etc.). Diante de um *mímema*, se raramente há interpretações simplesmente erradas, em troca não há interpretação definitiva. Por isso, é um erro grosseiro supor que o conceito metafísico de essência se confunde com a afirmação científica. A verdade científica está sempre sujeita a ser confrontada, fragilizada ou superada por outra hipótese que precisará dispor de um aparato de verificação que, se estabelecido, a superará e assim permanecerá enquanto outra não a superar.

4

Consideramos que o item anterior contém o sumário necessário para compreender-se o aparato com que procurava responder ao realce da razão perceptiva e causalista. O desenvolvimento imediato a seguir será semelhante aos acordes do jazz: dissonantes quanto ao que veio antes, visando criar uma composição em momento que o próprio executante ainda poderá desconhecer. O tema é de fato bastante dissemelhante. Veja-se a questão da racionalidade do nazismo, mais especificamente do que chamaram de "solução final". Ela não será tratada de um ponto de vista histórico, mas reflexivo.

Das 19 contribuições reunidas por Saul Friedlander, consideraremos muito poucas – não por uma questão de mérito, senão que de oportunidade. A primeira é de autoria de Hayden White. Sua pergunta de início já explica sua escolha: aquilo que narra, já não implicando a adequação do modo de narrar (*emplotment*) ou o tema ali abordado, o Holocausto, não requer o tratamento especial de ser irrepresentável? Teremos noutro capítulo condições de analisar que a posição de irrepresentabilidade do Holocausto foi assumida pelo cineasta Claude Lanzmann, com seu filme *Shoah* (1985). Nele, como alguém já disse, a única cena ficcional é a da abertura, em que um barqueiro transporta, no Estige polonês, um oficial alemão. Para Lanzmann, a terrível especificidade dos campos de extermínio seria incompatível com qualquer linguagem figurativa. Por isso, sem que o diga, ele cria um testemunho – sobreviventes são recrutados para recordar o que viveram. Com mais refinamento intelectual, Berel Lang defende não a irrepresentatividade do evento, senão que ele é paradigmático da diferença irremovível entre fato e evento, entre a história declarada e o relato imaginável (cf. Lang, B.: 1990).

Embora não nos detenhamos no ensaio de Hayden White, parece inexcusável não notar que de Lanzmann, passando por Lang, a posição de Hayden White é a mais sutil e refinada. Em vez de defender a irrepresentatividade do Holocausto ou a sua irredutibilidade como fato histórico, o autor do *Metahistory* (1973) e do *Tropics of discourse* (1978) prefere propor que a representação do Holocausto requer a ultrapassagem do modo como o realismo do século XIX se realizava. Sua posição é extremamente delicada porque seu juízo, além de exigir o refinamento do receptor, tem contra si a passionalidade agressiva das diversas postulações políticas. Para tanto, ele se apoia no último capítulo do *Mimesis* de Erich Auerbach, secundando-o com a intervenção de Roland Barthes. Em sua importante contribuição ao volume organizado por Friedlander, recordava alguns dos traços que Auerbach acentuava: o relato de *To the lighthouse*, de Virginia Woolf, se caracterizava pelo desaparecimento do "escritor como narrador de fatos objetivos", pela "dissolução de qualquer ponto de vista externo ao romance", pelo qual seus personagens e acidentes fossem observados, pelo predomínio de "um tom de dúvida e questionamento", pelo uso de novas técnicas para a representação do tempo e da temporalidade, entre as quais o *stream of consciousness* radicaliza a superposição do tempo em que o ato se cumpre e seu enunciado (cf. White, H.: 1992, 50). A obra modernista é submetida a esses novos traços porque "a ordem social que é o tema deste relato sofreu uma transformação radical – uma mudança que permitiu a cristalização da forma totalitária que a sociedade ocidental assumiu no século XX" (ib., 51). Na defesa da qualidade ímpar do *Mimesis*, o analista já assinalara que, ao abordar a ficcionista inglesa, Auerbach não tivera tempo de vida senão para assinalar que o padrão de realismo então se transformara. A delicada sutileza do analista e seu intérprete nos permite entender que o realismo não se exaure no entendimento que dele fazem os "realistas".

No mesmo tom de aproximação que ainda não chegava ao seu formato definitivo, White antes se referia ao que Roland Barthes havia invocado como a "média voz" do grego antigo: "Enquanto nas vozes ativa e passiva o sujeito do verbo se presumia ser externo à ação, como agente ou paciente, na voz média presume-se que o sujeito é interior à ação" (ib., 48). A citação que efetua do próprio Barthes tem um peso considerável: na linguagem romântica, "o agente não é interior mas anterior ao processo da escrita", ao passo que no escrever em média voz, de Proust, por exemplo, "o sujeito é constituído como imediatamente contemporâneo à escrita" (apud White, H.: 1992, 48-9), ou seja, entre eles não há intervalo algum.

A contribuição do crítico francês esclarece melhor o campo que se abrira com Auerbach. Ora, entender que a distância entre o ato de escrever e a escrita efetuada não só se encurta mas desaparece não significa que a *representação* deixa absolutamente de ser pensada como uma repetição, algo que reproduz o que já se dera. Ou seja, que a perda de seu lastro de repetição afeta a sua centenária acepção de algo que segue os passos do já sucedido, i.e., de imitação. Ainda que o próprio Hayden White que nos propiciou esse achado não chegue a tal resultado, somos a ele gratos e a seus dois apoios por uma observação que será progressivamente aprofundada.

Antes de empreendê-la, aproveito a boa sorte que me facultou o acesso à tradução de Modesto Carone de uma carta de Walter Benjamin a Gershom Scholem, enviada de Paris e datada de 12 de junho de 1938. Nela, há uma passagem de *A imagem do mundo da física*, do inglês Arthur S. Eddington, traduzida para o alemão em 1931, do original: *The domain of physical science* (1925). O trecho que transcreveremos era copiado por Benjamin como prova de que o ali dito poderia estar entre os manuscritos de Kafka. É extraordinário que a sensibilidade de Benjamin houvesse precedido por décadas a intuição de Barthes quanto à caracterização da média voz. Pois dela ainda se aproximava ao anotar que a experiência descrita por Eddington implicava uma realidade tão recente que quase não mais era passível oferecer-se ao "*indivíduo* isolado", enquanto "o mundo de Kafka, tantas vezes sereno e entretecido de anjos, é o complemento exato de sua época, que se prepara para suprimir os habitantes deste planeta em massas consideráveis" (Benjamin, W.: 1938, 105). Embora outros comentários sejam relevantes, destaque-se que, para Benjamin, Kafka se habilitara a ser correspondente à observação de Eddington por seu contato com a mística:

> Estou em pé na soleira da porta a ponto de entrar no meu quarto. É uma empresa complicada. Primeiro tenho de lutar contra a atmosfera que pressiona cada centímetro quadrado de meu corpo com uma força de 1 quilograma. Além disso preciso tentar desembarcar uma tábua que voa em torno do sol a uma velocidade de 30 quilômetros por segundo; um atraso só de uma fração de segundo e a tábua já está a milhas de distância. E essa proeza tem de ser realizada enquanto penso de um planeta esférico com a cabeça voltada para fora, mergulhada no espaço, e um vento de éter sopra por todos os poros do meu corpo sabe Deus com que velocidade. Também a tábua tão tem substância firme. Pisar em cima dela significa pisar em cima de um enxame de moscas. Será que não vou cair pelo meio? Não, pois quando ouso e piso nela uma das moscas me acerta e me golpeia para o alto; caio de novo e sou atirado para cima por outra mosca e assim vai em frente. Posso portanto esperar que o resultado geral será que eu permaneço continuamente mais ou menos na mesma altura. Mas se, apesar disso, por infelicidade, eu caísse pelo meio do assoalho ou fosse lançado para o alto com tal violência que voasse até o teto, esse acidente não seria uma violação das leis da natureza, mas só uma coincidência extraordinariamente improvável de acasos... Em verdade, é mais fácil um

camelo passar pelo fundo de uma agulha do que um físico ultrapassar a soleira de uma porta. Trate-se do portão de entrada de um celeiro ou da torre de uma igreja, talvez fosse mais sábio que ele se resignasse em ser apenas um homem comum e simplesmente entrasse, ao invés de esperar que tenham se resolvido todas as dificuldades ligadas a uma entrada cientificamente irrepreensível. (Eddington, A. S., 1925, 104)

Contra a interferência de postulação recente, há de se entender que o físico não estava se "autoficcionando", como se pretendesse usar sua bagagem de cientista como modo de se ver a si próprio de uma maneira requintada ou divertida. O correspondente à "média voz" consiste que o universo contemporâneo da física rompia com a estabilidade do corpo que observa para torná-lo unânime com a flutuação do entorno.

O segundo texto, da autoria de Dan Diner, professor da Universidade de Tel-Aviv, difere tematicamente do precedente. Enquanto Hayden White mantinha sua marca própria – a comparação distintiva das narrativas historiográfica e ficcional –, Dan Diner opera no âmbito exclusivo da historiografia. Sua formulação é relevante porque parece encaminhar o entendimento da representação em sentido diverso para o qual nos inclinava White:

> Um evento histórico é compreensível no sentido de uma reexperiência empática e de uma compreensão concreta consequente somente se o observador ou o historiador que reconstrói pode confiar no que lhe é familiar de sua experiência prévia tomada como suporte de sua tentativa de captar a situação respectiva. (Diner, D.: 1992, 129)

É evidente que a exclusividade da adequação apenas historiográfica fará o termo "representação" retornar ao velho sentido de algo que se repete, orientado por um cálculo racional, embora "a reexperiência empática" impeça a identificação. Mas seu argumento assume outra deriva quando se orienta para seu tema específico: na tentativa de introduzir alguma racionalidade no extermínio programado e de assim ganhar algum tempo, os mais aptos fisicamente sendo sacrificados enquanto as crianças, os velhos e enfermos esperavam pela chegada das tropas aliadas, os *Judenräte* procuravam colaborar com a administração nazi, "escolhendo" os infelizes que, por sua força de trabalho, poderiam contribuir para o esforço de guerra dos exterminadores. Mas a tentativa fracassa porque o móvel nazista não era compatível com parâmetros racionais:

> Os concelhos eram vítimas de uma incompreensão fundamental e, no entanto, necessária, porque não era de supor que para os nazistas a forma de trabalho tivesse qualquer significado sistêmico. Em conclusão, ela permanecia externa à real intenção deles: a aniquilação. (Ib., 138)

A razão do fracasso da iniciativa dos concelhos era decisiva para compreender-se a especificidade da "solução final": se a civilização é construída a partir de uma disposição racional, os campos de extermínio tinham "um significado decididamente *contrarracional*" (ib., 140).

Duas consequências derivam da argumentação de Dan Diner: (a) se um tipo de evento se fecha em uma disposição apenas historiográfica, ainda que seu encaminhamento não tenha o puro traçado causal próprio das ciências da natureza, necessariamente tende a ressaltar a identificação da representação com a reiteração de algo sucedido; portanto, tende a manter o princípio da *imitatio*. Por aí, ademais, melhor se compreende por que *imitatio* não se confunde com cópia: nenhum historiador de respeito acreditará que seu relato do passado repita (imite) o que de fato houve, mas é provável que pretenda haver captado a "estrutura" do que houve (a observação é importante para compreender-se que a crítica literária favorecedora da dimensão histórica do texto continue a ressaltar a *imitatio*); (b) a segunda é mais controversa: a contrarracionalidade absoluta observada por Dan Diner não significa exatamente o contrário, ou seja, que não há modelo para a conduta prevista; que tal evento não tem um traçado próprio? Embora o autor não entre por esse tipo de consideração, parece óbvio que *representação* não teria um *pattern*, passível de ser reproduzido, além do uso sistemático da brutalidade. Por conseguinte, que a contrarracionalidade supõe a cessação de um modo de conduta passível de ser imitado.

Como conciliar as duas consequências? Mas a conclusão vislumbrada precisa ser mais bem esquadrinhada. Sem ainda alcançá-la, note-se que a exclusividade historiográfica afirmada pelo historiador de

Tel-Aviv é particularizada por ser o único evento recordado em que nenhum outro *a priori* entrava em consideração além do puro e maciço extermínio. No já citado ensaio de Domenick LaCapra encontramos uma passagem de Eberhard Jäckel aqui decisiva:

> O extermínio nazi dos judeus era único porque nunca antes um Estado, sob a autoridade responsável de seu líder, decidiu e anunciou que um grupo específico de seres humanos, incluindo os velhos, as mulheres, as crianças e os bebês, fossem mortos até o último, e que esta decisão fosse implementada por todos os meios a seu dispor. (Apud LaCapra, D.: 1992, 112)

Isso nos permite retificar que a atitude contrarracional simplesmente não permitia uma previsão de conduta. Ela apenas não seguia passos calculados, causalmente encadeados. Como mostra a conduta dos guardas e vigilantes dos campos, suas atitudes eram estabelecidas cega e automaticamente. Tudo era regulado mecanicamente. Mesmo a escolha dos músicos, que não deveriam ser levados de imediato às câmaras de gás, tinha o móvel mecânico de que os oficiais deviam dispor de pequenos conjuntos musicais que os divertissem nas horas de lazer. (Não sei por qual tipo de música optavam, mas não estranharia que fosse de compositores de qualidade.) Em suma, a *representação*, enquanto sujeita a eventos passíveis de tratamento apenas historiográfico, *retoma o canal da reiteração imitativa*; sua "originalidade" apenas consistia em que, subordinada a uma meta contrarracional, submetia o mesmo parâmetro ao bruto tratamento do automatizado.

Uma última observação: portanto, o choque há pouco assinalado entre as duas consequências resultava de uma falha de argumentação. Não foi o próprio Dan Diner que havia notado que a exclusiva competência do historiográfico decorria do cunho contrarracional do experimento nazista? Portanto, se é correto que um tratamento ficcional seja bastante impróprio, como Lanzmann já assinalara, a tarefa do historiador só conseguirá ser efetivamente reprodutiva se procurar explicar a brutalidade do extermínio pela recorrência a fatores externos condicionantes – o que motiva a formação das hostes nazis, a situação alemã após a derrota na Primeira Grande Guerra, o tratamento imposto ao povo vencido, o antagonismo multissecular quanto aos judeus etc. Note-se de passagem: se as tentativas de ficcionalização dos *Läger* não têm passado de comercializações, ora mais, ora menos criminosas, um tratamento paralelo, centrado na expansão nazista e na escravização das populações vizinhas, já provocou uma obra ficcional de qualidade como *O pianista* (2002), de Roman Polanski.

Antes de encerrarmos esta primeira aproximação de novos elementos que nos levem a aprofundar o problema da representação, importa, sob a forma de nota, ainda retornar à discussão aberta por Hayden White. Ela reitera como sua reflexão combinada sobre as formas de narrativa provocou um furioso voo de marimbondos. Se a posição de White contou com o endosso de um historiador sem pretensões teorizantes como Cristopher Browning (cf. Browning, C.: 1992, 22–36), com destaque para sua questão sobre a impossibilidade de estabelecer um critério que distinga nitidamente fato e interpretação (cf. ib., 33), em troca deu lugar à hostilidade declarada de Carlo Ginzburg. Embora o antagonismo não nos importe por si, é de se considerar em que argumentos se apoiava o historiador italiano. Na procura de marcar sua posição contrária, Guinzburg tenta explicitar seu antagonismo, sem o confundir com a fortaleza positivista. Para isso, precisa criar para si uma terceira trilha. Ela consistirá em erodir a posição adversária tomando-a como decorrência da admiração prévia de White pelo jovem Croce, que considerava o discurso historiográfico redutível ao conceito geral de arte. Em 1959, introduzindo a versão norte-americana de *Dallo storicismo ala sociologia*, de Emilio Gentile, um fervoroso discípulo de Croce, White "chamara o ensaio juvenil de Croce, *La Storia ridotta sotto il concetto generale de ll'arte*, de 'revolucionária'" (Ginzburg, C.: 1992, 87). Mas a prova não lhe pareceria ainda suficiente. Conquanto Ginzburg reconheça que aquele que escreve o *Metahistory* já não partilhava da mesma posição, ainda assim postula que a velha influência continuaria a ressoar. Não seguimos o passo a passo de seu ataque. Bastará crer que ele se torna mais evidente pelo fato de o oponente ainda incorporar o antipositivismo de um Gentile. Aqui, a indicação do nome tem o propósito mais de acentuar certa influência. Como é sabido, depois de historiador de fama, Emilio Gentile se converteu em fascista. Ginzburg procura destruir metonimicamente seu adversário sob a alegação de que sua posição flertava nada menos que com um fascista.

Não será preciso acrescentar que é uma manobra suja. Para quem conheceu *O queijo e os vermes* (1976), não era de esperar que seu autor usasse uma jogada tão baixa. Mas não há garantia contra a vileza. A aproximação relativa que Hayden White fizera da narrativa historiográfica com a ficcional, além de dar lugar à afirmação de uma superposição que ele nunca estabelecera, provoca sofismas de ordem estritamente ideológica. A partir desse precedente, não se poderia mais dizer que só a poesia atualiza todo o potencial da linguagem porque essa seria a glosa de uma frase de Heidegger.

5

É razoável supor que o indivíduo adulto, de posse de suas faculdades normais, possua armas psicológicas contra acessos de mau humor ou de afronta, mesmo que não ostensivas, pelas quais seja capaz de não estragar as boas relações de amizade, de família ou grupais. Mas só pela cabeça de um extremo vaidoso passaria ser incapaz de uma decisão ingênua. Uma coisa, no entanto, é a constatação em abstrato, outra bem diversa compreender que uma decisão concreta pode equivaler a uma flagrante ingenuidade.

A longa primeira fase da minha pesquisa sobre a questão da *mímesis* foi marcada por crer que dera um avanço razoável quando me contrapunha à concepção objetivista de representação em Descartes. Não que hoje considere que a representação-efeito seja inócua. Percebo, por certo, que a posição cartesiana era a semente a partir da qual germinaria o cientificismo, condição prévia para o domínio do tecnicismo, para o positivismo e, nas décadas mais recentes, para o puro *merchandising*. Tampouco era difícil entender que a representação-efeito era a condição para reconhecer-se a maneira como circulam os enunciados na vida cotidiana e nas diferentes esferas de valores, não estritamente científicos; como ele foi copresente à quebra da narrativa realista do século XIX e à incorporação da oralidade no relato avançado das primeiras décadas do século XX. Tudo isso ainda poderia ser mais ampliado, pois o agente não é tão só o sujeito de uma ação, mas também seu receptor. Contudo, essas afirmações, além de razoavelmente banais, pouco por si acrescentavam à problemática específica a que visavam, a compreensão da experiência da *mímesis*, desligada da *imitatio* que a massacrara por séculos.

Vemos agora essa etapa como algo de que se foi adiante em virtude da leitura sistemática de autores que não estavam preocupados particularmente com nossa questão. Algo nesse sentido já vimos no item anterior. Tratando do Holocausto, Hayden White e Dan Diner se propunham a questão de sua representabilidade e, a partir dela, da diferença histórica considerável de modos de representação. Compreendo por que, em um primeiro momento, tais respostas não me pareceram relevantes. Mas, a partir do momento em que uma faísca inesperada delas partiu, passei a estar em condições de recolher outros indícios.

Antes de passar a eles, devo completar o que escrevia há pouco sobre Carlo Ginzburg. Não pretenderei diminuir a censura que faço ao seu tratamento do colega. Embora tivesse conhecido relativamente pouco Hayden White, o argumento sofístico usado por seu antagonista não estava à altura de suas obras anteriores. Para que então não dê ao leitor que não conheça Ginzburg uma impressão apenas desfavorável, procuro "traduzir" seu argumento em termos intelectualmente justificáveis.

É evidente que Ginzburg não tolera a aproximação da narrativa historiográfica com a ficcional – que por certo preferiria melhor chamar de literária. Para tanto, recorre à fonte seminal do desacordo: Aristóteles. Se da *Poética* partira a conhecida superioridade concedida à poesia sobre a história, Ginzburg encontra na *Retórica* a justificação da escrita da história. Ela se funda no fato de a retórica aristotélica não se confundir com a arte da persuasão ou de convencer pela exploração dos afetos, senão que nela reconhecia "um núcleo racional", o agir mediante provas (cf. Ginzburg, C.: 1992, 49), conferidas não conforme o parâmetro da lógica, mas de "uma comunidade concreta e, portanto, circunscrita" (ib., 51-2). Desse limite decorre que seus elementos constituintes são, por um lado, o silogismo abreviado, os entimemas, de outro "os entimemas baseados em signos necessários (*tekmeria*) (que permitem chegar a conclusões irrefutáveis (1003a; 1357 a-b)" (ib., 50). É com base nesse "núcleo essencial" que Ginzburg julga constituída uma disciplina capaz de tratar seriamente a história humana "com base em rastos, indícios, *semeia*" (ib., 57); uma narrativa, em suma, indicial e não linearmente causal.

Ainda que o enfrentamento da *Metahistory* continue a ser irrazoável e despropositado, por certo o embasamento na *Retórica* é digno por si. A escrita da história ganha um fundamento por sua própria prática, o que a torna independente das malhas da cadeia positivista. Paralelamente, sem que já seja do interesse de Ginzburg, nem muito menos de Hayden White, acrescente-se que, do ponto de vista que nos interessa, sua fundamentação na razão retórica afasta qualquer questão referente ao estatuto da *representação* – a razão retórica se mantém próxima do que sempre se entendeu como reapresentação, duplicação do sucedido, repetição do que houve, ainda que cada um desses termos, enquanto tinha por limite a *imitatio*, trouxesse o risco de entender a obra historiográfica como um intento de reprodução do sucedido. Ao avanço proposto correspondia um recuo ao usual.

Na expectativa de termos diminuído a carga negativa que Ginzburg impusera a si próprio, retomemos a linha de análise de textos particulares que conduzam à problematização do representacional dentro do texto da *mímesis*.

Nosso ponto imediato de partida é o "*Judiciousness in dispute, or Kant after Marx*", de Jean-François Lyotard. Como já foi feito anteriormente, sua abordagem só será referida no que tocar à nossa questão. No caso, a reflexão sobre Marx não estará em consideração.

O ponto central a ser abordado concerne à presença de um *différend* forte de Lyotard quanto à anatomia das três Críticas kantianas. Já a nossa discordância não dirá respeito à estrita divergência entre o filósofo contemporâneo e Kant, mas às consequências derivadas de sua observação para o entendimento das relações entre natureza, representação e seus efeitos no sujeito humano.

Dada a delicadeza da colocação de Lyotard, ela deve ser empreendida com extrema cautela. Desde logo advirta-se que o termo "*différend*" é usado por Lyotard para nomear a diversidade de respostas dadas a um caso. Em relação às três Críticas, trata-se de indagar da posição assumida pelo pensador em questão quanto à heterogeneidade que as Críticas dois e três assumem quanto à primeira. (Ao fazê-lo, estaremos remetendo ao que já se discutiu atrás a partir de observação de Blumenberg quanto ao "acordo" com que Kant tenta superar a diferença interna entre elas.)

Antes de cogitar-se do texto kantiano, perguntemo-nos quando o "*différend*" se instaura:

> Um diferente idioma e um diferente tribunal são exigidos quando o outro partido contesta e rejeita. A linguagem está em guerra consigo mesma e o guardião crítico se põe de sentinela diante da guerra. [...] No *différend*, algo brada a propósito do nome. Algo pede para ser formulado e sofre da impossibilidade de fazê-lo. (Lyotard, J.-F.: 1987, 64-5)

Não sendo indispensável, entretanto é conveniente destacar que o organizador da coleção de ensaios, Murray Krieger, em sua introdução manifestava sua posição favorável à postura de Lyotard – que não por acaso abre o volume –, assim como à de Bakhtin:

> O ponto de vista que tenho delineado privilegia a literatura como um discurso modelar que condensa, assim como, em suas voltas infinitas, protege os *différends* carnavalizantes que outro discurso pode propiciar, mas então deve ser abandonado se eles se institucionalizam (Krieger, M.: 1987, 15).

Pressupostos dados, passemos ao cerne da discussão. Ela tem como premissa que, malgrado a conhecida divergência na abordagem da primeira Crítica quanto às duas outras, em Kant o "*différend*" é suficientemente disciplinado, a fim de que o conjunto tenha, apesar de sua dissonância, um caráter harmônico. O *a priori* – mas não sob a forma de aporia – aparece na *Anthropologie in pragmatischer Hinsicht* (1798), em cuja seção 41 está escrito que "*Urteilskraft*" (o julgamento) é "a faculdade de descobrir o particular para o universal (a regra)".²² A passagem decisiva deve ser transcrita como o próprio Lyotard a formula:

> O conflito da razão consigo mesma em seu uso dialético não pode ser resolvido ante o tribunal da razão. Estaríamos discutindo sobre nada se, com efeito, entendêssemos por "algo" o objeto possível de uma designação. Este, no fundo, não é um verdadeiro *différend* de acordo com as regras estabelecidas na Analítica, regras que são invocadas por ambos os lados. Não é um verdadeiro *différend* porque pode ser dissipado – ou seja, jogado fora do reino do conhecimento. É dissipado pela análise. Tanto o defensor da tese quanto o defensor da antítese referente à infinidade do mundo podem produzir um suposto, um "isso". Em consequência, graças ao que Kant chama de síntese regressiva dos condicionados, podem produzir outro "isso", que precederá o anterior, e assim por diante. Cada um assim refaz a série dos próprios condicionados, cada um dos debatedores vendo essa série como infinita e o outro disso discordando. A regra a que obedecem ao assim fazerem é aquela que dita que a síntese de um fato dado sempre deve tomar como seu ponto de partida as condições deste fato. O termo "regra" é aqui empregado no estrito sentido kantiano de um princípio regulador e não constitutivo. (Lyotard, J.-F.: 1987, 37)

Como o argumento é muito delicado, não se pode prescindir dos pontos de apoio decisivos. Para isso, terei de recorrer a mais passagens da *Crítica da razão prática* do que o fez o próprio Lyotard.

O ponto controverso concerne ao estatuto da liberdade. Veja-se com mais detalhes o que já se destacara no capítulo 1, nº 5.4. A afirmação axial aparece no princípio do próprio prefácio:

> A liberdade é também a única de todas as ideias da razão especulativa de que *a priori conhecemos* a possibilidade sem contudo a compreender (*einsehen*), porque ela é a condição da lei moral que conhecemos. (Kant, I.: 1788, VII, A 5,6)

Para Lyotard, a construção paradoxal comprova que Kant disciplinava os "*différends*", i.e., harmonizava-os, superando o abismo que separa a razão determinante das modalidades reflexivas. Para nós,

---

²² Lyotard dá como referência o § 44, ao passo que a edição, organizada por W. Weischedel, apresenta a passagem no § 41 (cf. Kant, I.: 1798, XII, 511).

será decisivo saber por que assim o faz e quais suas consequências, do ponto de vista de nossa questão. Conquanto o exame minucioso da harmonia buscada tivesse de nos levar a todo o texto da segunda Crítica, daí encaminhando para a terceira, deveremos nos contentar com uma leitura bastante mais econômica. A primeira justificativa da espontaneidade e falta de fundamento racional da liberdade se encontra na abertura do nº 4:

> Quando um ser racional deve pensar suas máximas como leis gerais práticas apenas pode pensá-las como princípios que encerram o fundamento determinante da vontade não segundo a matéria, mas somente quanto à forma. (Ib., A 48)

A relação aporética se estabelece, no plano das leis gerais práticas, entre fundamento da vontade, máxima e forma (não matéria). A expressão "*Bestimmungsgrad des Willens*" ("grau de determinação da vontade") pode provocar algum embaraço por conta do termo "*Bestimmung*", porque ele já estava presente no "juízo determinante". Mas a permanência do qualificativo é fundamental, *die bestimmende Urteilskraft* é exclusivo da matéria, que é passível de ter revelada a sua causalidade. Se o mundo fosse formado de um só ingrediente, ele seria totalmente cientificizável. Mas Kant sabe que não o é. Por isso, ao lado do juízo determinante, há o juízo de reflexão (*die refletierende Urteilskraft*), que, abrangendo a ética, o teleológico e o estético, configura ideias e não permite demonstrações causais. Daí a postulação que se segue:

> Assim a diferença entre as leis de uma natureza à qual *a vontade é submetida* e a de uma *natureza submetida* à vontade [...] consiste em que naquela os objetos são causas das representações (*Vorstellungen*) que determinam a vontade, mas nesta a vontade deve ser a causa dos objetos, de modo que sua causalidade tem seu fundamento determinante somente na faculdade da razão pura, a qual pode por isso igualmente ser chamada de razão pura prática. (Ib., A 77)

Assumo de bom grado serem curtas as transcrições e entendo que as passagens anteriores admitem o salto conclusivo a ser dado. Sob o título "Do conceito de um objeto da razão pura prática", Kant escreve: "Por um conceito de razão prática compreendo a representação de um objeto como um efeito possível através da liberdade" (ib., A 101). Já está claro que o que chama de conceito da razão prática é mais propriamente designado como ideia. Aqui entram o salto da liberdade, o estabelecimento do *"différend"* com Lyotard e o ponto capital de nossa indagação:

> Como propriamente o conceito de liberdade é, entre todas as ideias da razão especulativa pura, o único que dá ao conhecimento, mesmo se com respeito ao conhecimento prático, uma grande extensão no campo do suprassensível, me pergunto *de onde decorreu (geworden sei) tão grande e exclusiva fecundidade*, enquanto os restantes designam, na verdade, um lugar vazio para seres de entendimento puramente possível. Logo compreendo que, como não posso pensar sem categoria, que a procure primeiramente também para a ideia racional de liberdade, de que me ocupo, e que essa aqui é a categoria de *causalidade*. (Ib., A 186)

Embora o próprio Lyotard não se detenha nesse particular, podem-se ver os obstáculos que a formulação acima enfrentava ao se considerar o emaranhado de sua formulação. O comentador não precisa destacá-lo para compreender a importância do que está em jogo. A questão da causalidade por meio da condição e da liberdade produz um *"différend"* específico. Kant assim o tematiza:

> A divergência pode ser superada a propósito do mundo porque seu objeto, que é a série cosmológica dos fenômenos, deriva de uma síntese que é *homogênea* consigo mesma [...]. Mas, com a causalidade pela liberdade, uma posição *heterogênea* se introduz na série de condições. Esta posição é duplamente heterogênea se a análise acima prossegue: em primeiro lugar, qualquer causa (ou condição) classificada como causalidade livre não pode ser demonstrada. Em segundo lugar, a síntese empírica de Kant ou o conselho de aplicar a operação a seu próprio resultado é excluído. O ato livre não é demonstrável; seu raciocínio não é repetível. Não só a totalidade das séries de condicionados não é apresentável aqui e agora, como existe nesta série um condicionado para o qual se postula uma condição que não é apresentável aqui e agora. (Lyotard, J.-F.: 1987, 38)

É indiscutível que a exclusão da liberdade do plano dos argumentos demonstráveis, sua justificação no plano dos juízos éticos e, por fim, a tentativa de coordená-la com a categoria de causalidade eliminam de dentro das Críticas a divergência que as distingue internamente. E aqui dois caminhos se tornam passíveis de ser seguidos. O primeiro concerne ao "*différend*" que se constitui entre o pensamento de Kant e seu comentador. O segundo dirá respeito ao interesse que a homogeneidade kantiana nos oferece. A delicadeza comanda a ordem da argumentação. Dirá então Lyotard:

> A responsabilidade de um único referente diante de diferentes tribunais críticos provoca uma das coisas seguintes: ou o extremo equívoco que a crítica descobre no referente não precisa destruir a identidade do referente como um fato [...]; ou a dissociação do campo inteiro de todos os objetos em domínios ou territórios separados por abismos pode ser restaurada por uma unidade que é ao menos teleológica, por meio de um movimento subordinado a um fim último. (Ib., 41)

Dispensamos a primeira alternativa porque, confrontando o pensamento kantiano com a tentativa de Lyotard de considerar o peso a ser concedido aos enunciados conforme sua formulação (interrogativa, dubitativa, afirmativa, descritiva, normativa etc.), nos afastaria de nosso propósito. Já a segunda hipótese procura mostrar que Kant intentava reconstituir a homogeneidade que se perdera pelo abismo entre as formas de juízo, pela introdução do suprassensível. Noutras palavras, Kant procuraria não só ultrapassar os limites do cientificizável, basicamente estabelecido pela primeira Crítica, pela inclusão das outras dimensões sobre que a segunda e terceira Críticas refletem, como dar lugar a pensar-se não só o sensível que está aquém da causalidade, como o que está além da causalidade racionalmente demonstrável. Assim, em vez de modalidades de proposição, é uma "quase frase" que tem lugar "sob os auspícios de um dado signo" com o que "o significado não pode ser validado por procedimentos aplicáveis ao conhecimento" (ib., 44). O questionamento de Lyotard prende-se pois que a busca de ultrapassagem da heterogeneidade das áreas – cognitiva, ética, teleológica, estética – implicando a superação das divergências internas provoca a pergunta: como podemos saber que se está a falar de um mesmo referente?

A interrogação do pensador francês pode ser mantida (e então deveria ser mais esmiuçada) se sua argumentação a propósito do estatuto da liberdade no campo da crítica kantiana não nos conduzisse a outra meta. Chamo de imediato a atenção para a divergência que se estabelece com o *cogito* cartesiano. Este rompia com a derivação que subordinaria o ato de conhecer de uma suposta natureza para enraizá--la na capacidade subjetiva da apreensão mental das propriedades dos objetos do mundo. Se algo subjetivo – a capacidade de pensar – era o ponto de partida do conhecimento, a maneira eficiente de realizá-lo, a descoberta de uma cadeia causal o objetivaria e o tornaria homogêneo. Não é ocasional que Kant considerasse o sujeito cartesiano demasiado empírico para que fosse aceitável. Daí que as dimensões transcendentais que assume seu pensamento invertam o trajeto. O mundo é formado por planos bastante heterogêneos. Por isso, se a razão determinante oferece a justificação epistemológica para as ciências que historicamente se desenvolviam, ela não torna menor o campo da ética, em que se incluem nada menos que o próprio princípio da liberdade, e os dois tipos de juízo de finalidade: o propriamente teleológico – passível de servir de auxiliar do juízo determinante – e o da finalidade sem fim. Sua tentativa posterior de voltar a homogeneizá-los, a partir de uma razão teleológica, é por certo discutível, conquanto, como já assinalamos, trazia a vantagem (relativa) de não destacar apenas a descontinuidade entre os mesmos.

    Não é meu propósito entrar diretamente nessa discussão, mas mostrar como tanto a posição de Descartes como sobretudo a de Kant eliminam o pressuposto de uma natureza que seria o ponto de origem da ação humana. Se falar em ação humana é excessivo para aquilo de que tratamos, é conveniente retificar a afirmação anterior: já em Descartes, mas sobretudo em Kant, dá-se condição para abolir a *imitatio* como procedimento adequado do que os gregos haviam chamado de *mímesis*. Em palavras mais diretas: se o cientificismo implicado no cartesianismo não permitiu o desenvolvimento de um pensamento estético, não deixava de ser um rebento de seu tempo por negar o objetivismo natural em que a *imitatio* havia se fundado. Porém, as consequências do kantismo serão incomparavelmente maiores. Mesmo admitindo a restrição de Lyotard à sua abolição das discrepâncias, a defesa kantiana de um teleologismo, desde que intuitivo, era uma ocasião de acentuar o heterocósmico que vimos descoberto por Baumgarten.

Mas ainda aqui não cessa a atualidade do que se abre com os dois pensadores. Até agora chamava-se a atenção para o que, em dimensões por certo desiguais, se mostrava como dique a uma tendência carcomida – tomar a natureza como *origo* a ser refeito e refinado pelo *mímema*. Mas não notávamos um aspecto de maior importância. Não há novidade em chamar a atenção para que em nenhum instante Descartes destacou o papel da *mímesis*; se isso reafirma não haver por que deixar de acentuar que seu pensamento se punha contra a maneira como ela era entendida, seu movimento, no entanto, aí parava. Ainda que sua escrita seja primorosa, ainda que ele tenha sabido internalizar estilemas que haviam sido desenvolvidos por Montaigne, tal frente era, do ponto de vista do modo de proceder do pensamento, algo para ele desprezível. Mas, e Kant?

De certo modo, os pesos aí se invertem. Ele próprio sabia que sua linguagem não era seu ponto forte. Em troca, ele mesmo não saberia o que significava sua formulação da experiência estética, a diferença entre o belo e o sublime, sua especulação, sua beleza pura. Mas, em comum, desconheço uma só passagem sua que se referisse, mesmo que apenas nominalmente, à *mímesis*. Eis pois a pista a pesquisar: o colapso da *imitatio* não trouxe consigo o desprezo do fenômeno da *mímesis*?

O segundo texto selecionado na coletânea de Krieger foi escrito por Wolfgang Iser, cujo contato pessoal levou-me a notar o descaso do teórico europeu de qualidade pela questão da *mímesis*. Seu ensaio tem a peculiaridade de relacionar o caráter de sua teorização com aquele desprezo. Uma primeira passagem já encaminha nesse rumo:

> A literatura reflete a vida sob condições que não são nem disponíveis no mundo empírico, nem negadas por ele. Em consequência, a literatura converte a vida em um depósito de que retira seu material de maneira a encenar aquilo a que a vida pareceu impedir acesso. [...] Beckett segue linhas semelhantes quando diz [em *Malone dies*, (LCL)] que "viver e inventar" parecem alternativas; sabemos que vivemos mas desconhecemos que é viver e, se quisermos sabê-lo, temos de inventar o que nos é negado. (Iser, W.: 1987, 227-8)

A formulação já contém o traçado alternativo, que, em inglês, o termo "representation" ajuda a complicar:

> O termo inglês *representation* implica ou ao menos sugere um dado que o ato de representação duplica de um ou outro modo. *Representation* e *mímesis* tornaram-se por isso noções intercambiáveis na crítica literária, assim encobrindo as qualidades performativas pelas quais o ato de representação efetua algo que até agora não existiu em certo objeto. (Ib., 217)

É evidente que, na condição de especialista em uma literatura moderna, o autor não sentia a obrigação de escavar a história do termo. Ou, mesmo que a conhecesse pela bibliografia das literaturas antigas, não se via obrigado a lançar mão da transformação a que temos aqui recorrido. Sentia-se livre de fazê-lo tamanha a unanimidade subjacente a seu juízo. Optando, pois, por aproximar a literatura do ato ficcional, afirmada em toda a sua obra e teorizada em seu capital *Das Fiktive und das Imaginäre. Perspektiven literarischer Anthropologie* (1991), e tendo de escrever sua contribuição em inglês, será obrigado a cometer certa violência à língua que o acolhe:

> Por esse motivo, sou tentado a substituir o termo inglês *representation* pelo alemão *Darstellung*, por mais neutro e não necessariamente arrastar as conotações miméticas em sua cauda. (Id.)

Mas como, perguntar-se-á o leitor, foi tentado a fazer a substituição se o termo condenado continua a aparecer? O entendimento é claro: adverte-se o leitor de que, embora encontre *representation*, saiba que a palavra está sendo usada no sentido que, em alemão, tem um termo próximo *Darstellung*. Ora, se o leitor tem alguma informação sobre a língua, saberá que, embora seus dicionários distingam *Vorstellung* de *Darstellung*, entendendo o primeiro como representação ou encenação e o segundo como apresentação, não só na linguagem oral como em textos sobriamente escritos, os termos tendem a se superpor. Apesar disso, no entanto, o falante do alemão sabe da diferença, e é a ela que Iser recorre.[23] Acrescente-se de passagem: o apoio que o organizador,

---

[23] Embora a distinção seja sutil em alemão, ela é obviamente suficiente para servir ao propósito diferenciador de Iser. Desconheço que algo semelhante suceda nas línguas

M. Krieger, dá à filosofia do *"différend"* de Lyotard, assim como o respaldo de seu argumento por David Carroll (cf. Carroll, D.: 1987, 85), parecem indicar que há uma motivação recente no sentido de romper com aquelas homogeneidades. Na mesma direção, é significativa a nota que o tradutor do texto de Lyotard introduz: "O termo *différend* conota tanto a sutileza de uma diferença quanto o antagonismo de uma disputa" (1987, nota 3, 65).

Não pretendo com isso insinuar que Lyotard, seu tradutor e Carroll focassem a questão da representação, o que de fato não fazem, mas que todos eles tinham como denominador comum a rejeição das posições homogêneas. No entanto, não parece acidental que uma posição semelhante ainda se encontre em outro colaborador de *The aims of representation*. Sem que pareça fazê-lo em combinação com aqueles seus colegas, Dominick LaCapra louva Bakhtin por motivos diversos, mas convergentes:

> Para Bakhtin, [...] o Carnaval é melhor quando sua função é em si mesma profundamente ambivalente – quando demonstra que alguém pode legitimamente levar a sério e gracejar acerca de compromissos básicos. (LaCapra, D.: 1987, 253)

No caso do nosso interesse, essa recusa, como é nítido em Iser, supõe a absoluta ruptura entre discurso ficcional e processo da *imitatio*. Mas o mesmo cuidado que teve o reconhecido teórico alemão em dar condições a que o termo *Darstellung* emendasse o entendimento habitual de *representation* se repete na ausência, em todo o seu ensaio, de que *mímesis* pudesse ser entendida senão como a condenada reduplicação. Uma decisão é acompanhada da outra. Por isso mesmo, o endosso que Murray Krieger dava ao termo *"différend"* e a simpatia com que o aproximava da carnavalização de Bakhtin não se coadunavam com a posição de Iser. A distinção que Iser recorda do *Malone*

---

neolatinas, mas noto que no dicionário de Furetière (1690) era assinalada *"une remarquable tension"*: "Representar significa, de um lado, substituir um presente por um ausente. [...] Mas há uma outra significação, segundo a qual representar significa exibir, mostrar, insistir, em uma palavra, apresentar uma presença" (apud Marin, L.: 1987, 254-5). Ou seja, a mesma tensão assinalada no alemão.

morre – viver e inventar –, pela qual a expressão ficcional implica uma ênfase inventiva, que se obriga a pensar o que significa viver, tem consequências na própria maneira como a invenção ficcional se mostra quanto ao mundo. Não bastará dizer que a invenção ficcional provoca uma experiência estética. A expressão será vazia se não entendermos suas consequências operacionais. Elas são sumarizadas na passagem:

> Se encaramos o mundo do texto como tendo posto entre parênteses o mundo que representa, segue-se que o que está dentro do parêntese é separado da realidade em que normalmente está encaixado. Assim o mundo entre parênteses do romance não é só de ser visto como se fosse um mundo mas também há de ser visto como um mundo que não existe empiricamente. Em consequência, há uma oscilação contínua entre o mundo entre parênteses e aquele de que está sendo separado. (Iser, W.: 1987, 220-1)

Daí derivam um ponto de convergência e outro de divergência para quem não aceite o desterro da *mímesis*. Ponto de convergência: porque o mundo ficcional não espelha algo antes e empiricamente dado, não há uma interpretação final, correta e inatacável do mesmo. Mas isso não significa que o mundo ficcional endosse a defesa inabalável do *"différend"*. Este supõe o interesse de acentuar-se a sutileza da diferença. Tal interesse se justifica ética e politicamente – não é conveniente para a sociedade a manutenção unânime de pontos incontroversos. A distinção que Iser assinala não tem um fundo ético, pois que é própria do próprio estatuto do discurso ficcional: sua interpretação pode ser falsa, mas nunca é a verdadeira, i.e., a definitiva. O mundo do "como se" mantém indeterminados seus parâmetros. Já a divergência pode ser formulada de maneira econômica. Por certo, o mundo inventado não é idêntico ao mundo vivido. Mas isso não quer dizer que este não possa ser vislumbrado naquele. Seria como se confrontássemos duas línguas derivadas de uma mesma família. Não poderíamos tomar uma como a outra, apenas que talvez mal falada ou com uma entonação diversa. Mas a presença do vetor "verossimilhança", ainda que subordinado ao vetor "necessidade", como já se formulava na *Poética*, permite que se reconheça o que sem ser um referente é ali referido.

Ainda deveremos voltar ao ponto de desacordo. Mas, do ponto de vista da exposição, por enquanto apenas interessa acentuar que o texto de Iser é a melhor comprovação da especificidade do texto ficcional (ou literário, conforme se diz com mais frequência). Apenas reiteramos: é relevante para o ponto central em que este ensaio tem insistido verificar como mesmo o avanço no conhecimento da literatura tem-se feito pela equivalência entre o abandono da noção de *imitatio* e mandar a *mímesis* para o lixo. Essa superposição ainda poderia ser afetada caso a filologia do grego antigo não fosse tão controversa. Ora, as diversas e flagrantemente opostas interpretações de Platão acentuam que uma diminuição das divergências não parece sequer admissível. Ou caso Aristóteles pudesse ser tomado como o auge alcançado pela reflexão da Antiguidade. Mas, como já bem disse Foucault, ele não é essa culminância senão que a exceção mesma de toda aquela linhagem. Assim, prendendo-se a que não há em Aristóteles uma definição da *mímesis*, implicitamente a nossa tradição prefere não se convencer do salto extraordinário que efetuava. Ora, sem a consideração dessa base, toda tentativa de rever a problemática da *mímesis* continuará a ser vista como bagatela.

6

Logo veremos a importância que a proposta por Iser terá para o nosso ponto de vista. No momento, porém, é preferível recorrer a outra pequena achega. Em *"Poetry and truth-conditions"*, Samuel Fleischacker se pergunta sobre a presença da verdade na ciência e na poesia. A partir da definição kantiana da beleza como jogo livre, porque não comensurada por algum conceito,[24] observa que a questão proposta pareceria não ter sentido, pois o entendimento nele não desempenha nenhum papel decisivo. Mas, acrescenta, "o jogo livre das faculdades não é um jogo apenas da imaginação, mas *entre* a imaginação e o entendimento" (Fleischacker, S.: 1996, 114). A observação seria banal se o autor não acrescentasse:

---

[24] *"Schön ist das, was ohne Begriff gefällt"* (KRV, § 9, 20).

Os conceitos devem satisfazer duas necessidades conflitantes: devem nos proteger contra a "variedade" caótica das intuições sensíveis cruas, mas também devem ser responsáveis *por* o próprio caos contra o qual nos protege. (Ib., 116)

A anotação, não só inteligente mas fecunda e ousada, logo se desenvolve: "Nossos julgamentos de beleza são uma precondição para nossos julgamentos de conhecimento, e são agradáveis *porque* mostram ser o conhecimento possível" (id.). Acatar o registro não significa que acompanhemos o autor em defender a anterioridade do juízo reflexivo quanto ao determinante. A proposta, em sua formulação inicial proveniente de Vico, suporia dizer que a beleza prepara o conceito e a poesia fecunda a ciência. O que dela aceitamos equivale a afirmar que não há uma descontinuidade absoluta entre uma e outra. Não parece necessário insistir em o hiato não ser completo se apenas lembrarmos que, já na *Poética*, Aristóteles assinalava a combinação na obra de *mímesis*, entre *eikos* e *ananké* (verossimilhança e necessidade).[25] É por haver a aproximação entre as faculdades do entendimento e da imaginação que, se a interpretação do *mímema* é possível, ela é sempre indeterminada, ou seja, nunca atinge um ponto de completa estabilidade.

Admitido o não hiato absoluto entre os campos do conceito e do estético, é legítimo postular o posicionamento da poesia quanto à questão da verdade:

> Não é que nossas interpretações da poesia *desviem* questões de verdade, senão que nunca satisfatoriamente as captam; nossa insatisfação com a verdade de cada interpretação é precisamente o que nos permite seguir com o processo. (Ib., 122)

Em decorrência, se rejeitamos a afirmação anterior da anterioridade do juízo reflexivo sobre o determinante, estamos plenamente de acordo com a consequente:

> Assim a poesia e a ciência tornam a outra possível. As teorias científicas não podem sobreviver sem a possibilidade de reinterpretação que a

---

[25] Tenha-se contudo o cuidado de entender que *ananké*, sendo o contrário de conceito, contém o que se impõe na obra, fora das margens da admissível pela verossimilhança.

poesia mantém aberta para elas, enquanto a poesia prospera precisamente por contraste com a aparente determinação da linguagem científica. (Ib., 124)

Mesmo porque o autor, não sendo crítico literário ou teórico, teve condições de oferecer uma contribuição importante para um aspecto que costuma não aparecer em nossas indagações. Seu aporte não pretende ajudar frontalmente, senão quanto às formas estetizantes. Por isso mesmo há de ser visto sob o ângulo do que já temos dito sobre as relações das formas do juízo em Kant, assim como sobre o papel da indeterminação na interpretação da arte. Em termos mais gerais, mesmo porque não toca em alguma questão central à arte do poético, sua abordagem importa se pensarmos no papel dos discursos diferenciados.

6.1

Ao considerar este item integrado ao anterior, mas não confundido com ele, levo em conta que seu objeto apenas parece ser de ordem menor. Só pelo modo como é com frequência debatida a questão sobre a qual Philippe Lacoue-Labarthe e Jean-Luc Nancy se debruçam pareceria marginal – o que constitui a cena teatral: a presença do texto ou sua encenação? Contra a gravidade da encenação pareceria se levantar a própria letra da *Poética*:

> Com efeito, é preciso compor o enredo de tal modo que, mesmo sem o assistir, aquele que escuta o desenrolar dos acontecimentos efetuados possa ser tomado pelo pavor e pelo compadecimento, como ocorrerá com todo aquele que for afetado pela escuta do mito de Édipo. Concretizar esse efeito pela via do espetáculo tem pouco a ver com a arte poética, e diz respeito aos recursos da encenação. Aqueles que, por meio do espetáculo, concretizam não o pavor, mas unicamente o monstruoso, não têm nada em comum com a tragédia; pois na tragédia não se deve procurar por toda espécie de prazer, mas apenas pelo que lhe é próprio. Ora, como o prazer que deve ser concretizado pelo poeta provém da compaixão e do pavor, suscitados pela *mímesis*, é evidente que deve ser construído em função dos próprios acontecimentos. (*Poét.* 1453 b, 4-15)

Talvez não estejamos acostumados a lembrar que a prática grega era a leitura oral e não silenciosa. Portanto, que a enunciação era intrínseca à cena teatral. O próprio tradutor que temos utilizado observa em nota à passagem: "Em toda a *Poética*, o aspecto auditivo predomina sobre o visual/espetacular" (Pinheiro, P.: 2015, nota 126, 119).

De fato, o trecho citado, a nota do tradutor brasileiro e o fato de a passagem referir-se à tragédia não tornam secundário o debate em que se empenhavam os dois pensadores. Muito ao contrário, à medida que penetramos nas reentrâncias de sua discussão, só podemos lamentar que ela não houvesse se desenvolvido em algo ainda maior. Acompanhemos o que apreendemos. Na abertura da discussão, Jean-Luc Nancy diz a seu interlocutor:

> Para dizê-lo rapidamente, sempre tendes a uma dissipação da "figura" [...], enquanto que eu sempre me sinto reconduzido à exigência de uma certa figuração, porquanto a "interrupção" do mito me pareceu não ser uma simples cessação, mas um movimento de corte que, ao cortar traça um outro lugar de enunciação. (Nancy, J.-L.: 1992, 74)

Mais explicitamente:

> Talvez, de resto, o esboço da questão esteja aí: entre uma "figura" desde logo pensada como (re)presentação e uma "figura" desde logo pensada como espaço de emissão e como presença enunciadora (então inseparável de uma voz). (Id.)

Já por essa primeira intervenção nota-se um entrave que constitui o problema central. O entrave indisfarçável é que se trata de uma troca de cartas sem que nenhum dos interlocutores tenha oportunidade de desenvolver seu ponto de vista, embora, como é dito, a discussão entre os dois sucedesse há algum tempo. O que não deixa de ser lamentável porque seu desenvolvimento mais amplo contribuiria para o que se reclama. O problema nos dirá respeito diretamente: o fato de que, em francês, a *mímesis*, para evitar a tradução centenária desastrosa, costuma-se entender como "representação". (Ao escrever o prefixo "re" entre parênteses, Nancy mostra como o uso lhe cria um problema. Pelo curso de suas intervenções, veremos explicitar-se o problema.) A questão é imediatamente retomada pela primeira intervenção de Lacoue-Labarthe, referindo-se a 62 a 14-16:

A encenação (*la mise en scène*) tal como a compreendemos, ou seja, a "representação" (*mímesis*) de uma ação e a atualização de uma forma dramática. À atualização do espetáculo, evidentemente, mas em que o essencial é o jogo. Ora, se o jogo consiste em fazer agir um texto – e se o texto trágico, para Aristóteles, tem desde logo um sentido, o que é decisivo na representação ou na encenação (*ta theatra*, lê-se no capítulo 49 a 8-9) é a enunciação ou a proferição, a que tudo mais é subordinado. (Lacoue-Labarthe, P.: 1992, 77)

É claro que a discordância entre os amigos decorria do significado a ser dado à extensão da *mímesis*. Ao passo que Nancy tinha o cuidado de escrever *re-présentation*, Lacoue-Labarthe partia do suposto de que a *mímesis*, como *représentation*, se confundia com a encenação. Por isso mesmo, a encenação é menor que a enunciação. Em suma, o pensador concordava que, confundindo-se com *ta theatra*, a consideração pela *mímesis* haveria de ser abandonada desde que se aceitara entendê-la como correspondente à *imitatio*. Por isso, o seu descarte seria consequente ao "princípio de sobriedade na arte", que o pensador via recomendado pelo filósofo grego. Pouco depois, retoma sua colocação, tornando-a mais precisa: "O teatro implica uma 'cena', mas esta cena – esta *mise en acte*, a enunciação – é sempre anterior *à la mise en spectacle*" (ib., 78).

Dada, portanto, a diferença entre o "pôr em ato" e o "pôr em espetáculo", justifica sua hostilidade à "figuração", pois, "necessária a toda produção, [...] presta-se inevitavelmente à sacralização ou à mitologização" (ib., 80). Noutras palavras, pelo fato de a "figuração" ser inevitável, não a torna um mal menor: ela sacraliza a aparência, afasta da voz interna que a habita. Temos uma prova do acerto da observação pela recitação do poema. Muitas vezes, a voz do próprio poeta – por exemplo, Bandeira, Drummond ou João Cabral – não está à altura do que compuseram; ao contrário, outras tantas nos enganamos ante a excelência da voz enunciadora.

Já por esse começo de discussão verifica-se que a divergência era mais profunda do que se esperava. A constatação se aprofunda com a segunda intervenção de Nancy.

Ele compreende e endossa a desconfiança de seu interlocutor quanto ao próprio uso aristotélico do termo grego:

A estranheza, para nós, da afirmação de Aristóteles[26] se acompanha de sérias dificuldades: toda *mímesis* nos é suspeita, quer por motivos de indigência (trata-se de *mimeisthai*), digamos, de alguma transcendência, quer por motivo de superfluidade (fica-se no acessório), como dizes no "espetáculo" [...]. Em se livrar do "tema da representação", só se teria ganho a pura e simples recusa da apresentação. (Nancy, J.L.: 1992, 82)

Nancy, portanto, não só começa por concordar com seu debatedor como leva sua acusação ao próprio Aristóteles. É certo que sua contestação de 48 b 5ss não é convincente: em vez de o homem ser por sua natureza um "sujeito de representação", antes seria "um existente definido por um certo ser-fora-de-si, por uma participação em ou por uma partilha de [...], ou seja, aquele que põe alguma coisa, em geral, fora de si – idêntico e diferente ou, nem simplesmente idêntico, nem simplesmente diferente" (Nancy, J.L.: 1992, 83).

Compreendo a objeção. Considerar a *mímesis* um estado natural seria literalmente favorecer sua atuação como repetitiva. Nesse sentido, a passagem grega manteria a acepção que permanecera dominante em Platão. A formulação de Nancy, embora apenas aproximada, teria a vantagem de assinalar que no ato da *mímesis* se combina algo idêntico e diferente. Mas não é preciso muito esforço para desvencilhar Aristóteles da marca da reduplicação. A *mímesis* tem uma atuação idêntica à da genética: se um caramujo não engendra um leão, a descendência do caramujo ou do leão não provocará um outro absolutamente idêntico. Melhor ainda, se o animal considerado, o homem, dispuser do meio a partir do qual estabelecerá sua identidade com uma comunidade e não com a espécie, a linguagem, a comunhão pela linguagem supõem a interferência da diferença, que principia pela particularidade da língua, continua com seu desenvolvimento interno e prossegue porque a língua não é falada como algo uno senão enquanto estilo. Contudo, apesar de a emenda não ser das melhores, a questão que Nancy desenvolvia era relevante. Creio, ademais, que a intervenção de Nancy ajuda

---

[26] Refere-se a 48 b 5-10: "A ação de mimetizar se constitui nos homens desde a infância, e eles se distinguem das outras criaturas porque são mais miméticos e porque recorrem à *mímesis* para efetuar suas primeiras formas de aprendizagem, e todos se comprazem com as *mímesis* realizadas".

a enfraquecer a secundarização estabelecida por Lacoue-Labarthe ao que chama de "pôr em espetáculo". Seu menosprezo parece explicado por um duplo movimento. Em primeiro lugar, seria decorrente da tendência no pensamento atual em suspeitar do que se apresenta como fixo, estável, participante de alguma substancialidade, seja o "ser", a "coisa mesma", o "sentido", "a verdade". Deles, a apresentação só é possível ou sustentável mediante riscos consideráveis: "captação identificatória", engodo espetacular, ilusão representativa, engano imaginário" (ib., 81). Por isso, a sobriedade defendida por Lacoue-Labarthe seria uma maneira de resistir ao "sujeito da representação". Melhor dito, ao performativismo (termo que os debatedores não empregam).

O argumento é bem formulado e bastante louvável. Em segundo lugar, entretanto, é preciso considerar que a própria "presença-em-si que sustenta as representações e que as refere como suas [é], precisamente irrepresentável. [...] O irrepresentável não é talvez assim ele próprio senão um efeito programado pelo sistema da subjetividade" (ib., 82). Embora lamente que o autor não desenvolva sua intuição, entendo que o realce de si pelo sujeito autocentrado chega ao ponto de não se satisfazer senão com sua própria ausência, pois só ela o torna afim à figuração invisível de um deus.

O segundo argumento vem em complemento. O espaço "não pode ser uma palavra vã, nem uma cláusula de estilo. [...] A própria cena exige a abertura da exterioridade como tal, do que está fora como tal [...], do que faz 'sentido' [...], sua articulação, sua proferição" (ib., 84). O que é proferido implica como ele o é. Na formulação sintética de frases seguintes: "*la bouche qu'il' est, lui, le texte*" (ib., 85) – por ela, Jean-Luc Nancy punha em suspeita a suspeita do espetáculo, consequente à reação contra o performativismo contemporâneo, e recuperava o caráter oral do teatro grego. Desse modo, sem que os interlocutores se dessem conta, sua divergência caminhava para um ponto de acordo. A proferição do textualizado não é um acréscimo ocioso ao que está enunciado, é a ativação efetiva de sua dinamicidade.

Mas ainda uma palavra ao memorável encontro. Restrinjo-me à intervenção final de Lacoue-Labarthe. Ela concerne ao problema elementar do entendimento do termo *mímesis*. Sua identificação com o termo "representação" é responsável por seu apagamento da reflexão contemporânea. Ele assim recorda ter sido em Kohler que percebeu que já Schlegel usava *Darstellung* como ocasião de repudiar a equivalência entre *mímesis* e *imitatio*. "É de resto a razão de não estar errado traduzir *Darstellung* por 'présentation'" (Lacoue-Labarthe, P.: 1992, 91). (Se é correto recorrer à noção de erro, está em que o falante do francês não internalizou a distinção recolhida por Furetière.) Mas o próprio autor, no começo de sua intervenção, não insistia em manter a identificação corrente – *représentation* (*mímesis*) (cf. ib., 77)? O fato é que agora acrescentará:

> Direi de repente: *mimer* – um vocábulo diretamente vindo da pretensa onomatopeia grega – não é *copier* (*refaire*). É fazer – que esteja presente. [...] Eis o problema e a origem de minha reticência. [...] A arte não apresenta alguma espécie de apresentado ou apresentável, efetivo ou potencial: ela realiza *a apresentação*, escavando tudo que é da ordem do presente o que assim se supõe; eis o motivo de minha segunda objeção. (Ib., 91-2)

À semelhança do que sucedia com Iser, mais forte que a amizade com Jean-Luc Nancy era o hábito da língua falada. Em ambos os casos, a admissão que se entendesse o termo *Darstellung* ou *présentation* como adequado não permitia que ela conduzisse ao original grego da *mímesis*. Com isso, a distinção entre *mise en scène* e *mise en spectacle* continua a ser considerada como opositiva e não só como funcional, em termos estritamente aristotélicos, ou como resultante de artefatos introduzidos quando do espetáculo da cena ou como decorrente da desconfiança contemporânea com o performativismo, conforme intuía Nancy. Em qualquer dos casos, *mímesis* torna-se o termo abolido. Seu ostracismo, por conseguinte, paradoxalmente, se inicia no momento em que o Ocidente teve condições de abandonar a rigidez que se sistematizara com os romanos e se fixara com a expansão do Império. Ou seja, até o primeiro romantismo alemão. Podemos então nos aproximar do encerramento da presente indagação com a referência breve aos *Frühromantiker*.

7

Duas têm sido as teses principais que temos aqui defendido: a aproximação do termo *Darstellung* quanto ao fenômeno da *mímesis*, em detrimento da equivalência que fora usual da *mímesis* com a *Vorstellung*, coube de início ao primeiro romantismo (*Frühromantik*), sobretudo a Friedrich Schlegel, e ao consequente ostracismo do próprio nome, *mímesis*, por toda a crítica ocidental, com exceção do núcleo influenciado pelo marxismo reflexológico de Lukács. Se a segunda tese mostra ironicamente seu acerto em que o termo grego mal é escutado ou o é apenas pela corrente que insiste em identificá-lo com um termo da família da *imitatio*, a primeira remete à abundância dos estudos que, desde a década de 1970, tem sido dedicada aos românticos alemães. É justo recordar que sua fonte primeira esteve na tese doutoral defendida pelo então jovem Walter Benjamin, *Der Begriff der Kunstkritik in der deutschen Romantik* (*O conceito da crítica de arte no romantismo alemão*, 1919). Esquecida durante décadas e não valorizada na primeira onda que destacou o infortunado ensaísta, seu realce tornou-se possível a partir de 1955, com sua primeira edição pública, realizada por seu amigo Theodor Wiesengrund Adorno. Seria preciso um exame particularizado para saber se foi primeiro seu conhecimento ou a coincidência de obra transtornadora como *Les mots et les choses* (1966) de Michel Foucault que lhe concedeu agora um papel saliente. O fato é que a obra que, fora do estrito âmbito alemão, modifica a própria visão que se tinha assente do romantismo europeu, *L'absolu littéraire. Théorie de la littérature du romantisme allemand* (1978), de Philippe Lacoue-Labarthe e Jean-Luc Nancy, parte da referência de *Der Begriff*. Daí não ser acidental a equivalência feita em seu início entre o título da obra e o caráter de "romantismo teórico", dada ao que se fizera na pequena cidade de Jena:

> Com o romantismo teórico – com o que vamos dever caracterizar como a *instituição teórica do gênero literário* (ou se se quiser da literatura *mesma*, da literatura enquanto absoluto) – de que então se trata? Pôr essa questão equivale a se perguntar: de que então se trata neste famoso fragmento 116 do *Athenaeum* que contém todo o conceito da "poesia romântica", ou

nesta *Conversa sobre a poesia* que contém a definição do romance como "livro romântico"? É preciso ir aos textos. (Lacoue-Labarthe, P. e Nancy, J.-L.: 1978, 11)

Mas, se a ênfase sobre o termo *Darstellung* é ressaltada em F. Schlegel, cabe considerar que seu emprego é anterior:

> Primeiramente introduzido no discurso filosófico por Kant e tendo um papel primordial na poética de Klopstock, a noção de *Darstellung* constituiu um tipo de representação radicalmente novo que programaticamente se opunha às várias concepções de representação mimética ou "objetivante" (*Nachahmung, Repräsentation, Vorstellung*), prevalecente no discurso crítico do fim do século XVII. (Helfer, M. B.: 1996, 3)

Assim se explica melhor por que, mesmo não estabelecendo uma divisória precisa com seu diverso *Vorstellung*, a língua alemã teve a possibilidade de estabelecer uma distinção que, mesmo quando insinuada por um dicionarista (Furetière), não penetrou no léxico corrente de outra língua. A vantagem de que o romantismo alemão dispôs não foi contudo suficiente – como vimos, tanto pelo ensaio de Wolfgang Iser como pela intervenção posterior de Lacoue-Labarthe – para abalar os limites negativos estabelecidos para a *mímesis*. Para que não se pense que escolhemos soluções a dedo, veja-se como ela se repete quase *ipsis litteris* noutro pesquisador:

> No uso romântico, só a *Darstellung* alcança a materialidade da representação figural. O conceito de *Darstellung*, que rejeita as alegações imitativas da *mímesis* e da representação mimética, aparece com frequência crescente no começo da crítica literária moderna do século XVIII. [...] Schlegel claramente investe o conceito com uma forma material pela afirmação de que o conhecimento se torna conhecimento somente pela *Darstellung* e que "a poesia como *Darstellung* é conhecimento e mais do que isso". (Seyham, A.: 1992, 7)

Toda a recapitulação acima foi necessária para acrescentarmos o que há de ser de imediato formulado. Desde logo, que a quebra do círculo vicioso – *mímesis* – *Vorstellung* – se fizera apenas no âmbito do alemão, através de um termo aproximado, mas não bastante afastado para que tivesse fronteiras próprias. Daí tanto a definição que Azade

Seyham recolhia de Schlegel como, contemporaneamente, a designação do espaço aberto pelo romantismo alemão como "*absolu littéraire*".

A abundância dos estudos de valor sobre o romantismo alemão não nos permitirá dele tratar senão marginalmente. Na tentativa de aí não estacarmos, recorreremos de maneira um pouco menos ligeira a *Les mots et les choses*.

Parta-se de uma afirmação só aparentemente aleatória: ao passo que a ordem clássica fundava "um quadro de simultaneidades sem ruptura", a partir de fins do século XVIII o princípio de sistematização torna-se "identidade da relação entre os elementos (em que a visibilidade não tem mais papel central) e a função que eles asseguram" (Foucault, M.: 1966, 230). Sem a preocupação de tentar cumprir o programa analítico da obra capital de Foucault, nosso propósito será chamar a atenção para o fato de que o "campo epistemológico" desenvolvido pelo pensador oferecia a profundidade histórico-indagativa necessária para verificar a ruptura da linha homogênea, contínua da *imitatio*. É por essa razão que "*la visibilité n'a plus de rôle*". Nesse sentido, vale acentuar que o próprio Foucault demonstrava que, no fim do XVIII, sucedia o colapso da representação, que se entendia como uma força de repetição ilimitada. Recorde-se:

> Na *gramática geral*, na *história natural*, na *análise das riquezas*, produziu-se então, nos últimos anos do século XVIII, um acontecimento que em todas as partes é do mesmo tipo. Os signos cujas representações eram afetadas, a análise das identidades e das diferenças que podia então se estabelecer, o quadro ao mesmo tempo contínuo e articulado que se instaurava na expansão das similitudes, a ordem definida entre as multiplicidades empíricas não podem mais, a partir de então, se fundar na única reduplicação da representação por relação a si mesma. (Ib., 249-50)

Ao abordar mais adiante o aparecimento da literatura, Foucault não submeterá sua abordagem ao minucioso exame feito a propósito da gramática geral, da história natural e da riqueza das nações. Mas o que já se sabe sobre o primeiro romantismo nos permite entender que também aí a representação será marginalizada, em prol da expressão da interioridade do homem, que, por definição, não podia se fundar na reduplicação de um padrão modelar. Por isso, "a literatura, ao aparecer, é a contestação da filologia (de que era a figura gêmea): ela submete a linguagem da gramática ao poder descarnado de fala, onde encontra o ser selvagem e imperioso das palavras" (ib., 313). Daí sua relação evidente com a perda do papel determinante da representação e sua contemporaneidade com o aparecimento da antropologia, "como analítica do homem" (ib., 351).

Não é por esse conjunto de razões que a literatura era aproximada do sujeito individualizado; mais de um século depois, podia ser entendida como um absoluto e desde então continua a ser, sem que se sinta a necessidade imperiosa de ter configurado seu espaço próprio? Procura-se aleatoriamente justificar essa ausência sob a alegação de que não estabelecer um espaço próprio para a literatura seria democratizá-la. Entre os abusos a que a palavra "democracia" tem-se prestado, o não menor está em confundi-la com um vale-tudo.

Perguntemo-nos por fim: por que não havemos de nos contentar em entender literatura como expressão da individualidade? Ou melhor, por que, mesmo que saibamos que o Foucault de depois ultrapassou a sua afirmação acerca da "morte do homem", ou seja, do sujeito autocentrado, por que não nos contentamos com o refinamento que a análise literária já alcançou e não mantemos o ostracismo desde então estabelecido da *mímesis*? Porque aquele refinamento é analítico e não há análise que não remeta a um quadro teórico. Este inevitavelmente é muitíssimo mais reduzido, mas sem seu delineamento a análise perde seu parâmetro.

A pergunta dará lugar ao exame não demorado da única peça de Giacomo Leopardi, *Storia del genere umano*. A razão de fazê-lo consiste em estabelecer o confronto entre a proposta romântica e o que chamaríamos de antropologia filosófica do agente humano.

8

Em uma passagem memorável da *Anatomy of criticism*, Northrop Frye considerava que, tomando-se a ficção como uma forma discursiva própria, ela assume quatro direções principais e interligadas: o romance (*novel*), a confissão, a anatomia e a forma romanesca (romance) (cf. Frye, N.: 1957, 312). Já havendo discutido mais amplamente a passagem (em *Mímesis e arredores*), nos prenderemos aqui apenas à direção da confissão.

Considerar a confissão uma modalidade ficcional permite que se lhe entenda como voltada a concretizar um impulso criador, diverso de um *logos* (razão) apreendedor das propriedadades de um objeto ou fenômeno. Como tal, a confissão está próxima da autobiografia, embora esteja longe de confundir-se com ela. O impulso criador da confissão tem como lastro o realce da reflexão, i.e., de um *ato do pensamento*, ao passo que a autobiografia, bem como o romance (*novel*) supõem o realce de *ações do sujeito*, seja o autor empírico, sejam os personagens. A confissão, em troca, como anotava Frye, está próxima da lírica e do ensaio, diferenciando-se da primeira por voltar-se para o mundo. Ainda coube a Frye observar que a confissão, por seu conteúdo, é *introvertida e intelectualizada* (cf. Frye, N.: 1957, 308), ao passo que o ensaio é *extrovertido*, embora igualmente intelectualizado. Portanto, a confissão implica o destaque de atos do pensamento e não alguma ação pessoalizada.

O esclarecimento acima deve-nos servir para não nos contentarmos em entender o "absoluto literário" como uma expansão da expressão individual, com o que, ao incremento do qualificativo da *Darstellung*, tem correspondido o ostracismo da *mímesis*. Procuramos fazê-lo a partir da glosa da ficção de abertura das *Operette morali*.

> Quando a Terra era muito menor que agora, os países, planos, e o céu sem estrelas, os homens, alimentados pelas abelhas, pelas cabras e pelas pombas, maravilhavam-se com o que os cercava e viviam felizes. Ao chegarem à maturidade, sentiam uma certa mudança. Já não eram capazes de se contentar com o que tinham. Já não consideravam a terra infinita e sentiam que alguma coisa lhes faltava. Por isso "o seu descontentamento crescia, de modo que não tinham ainda saído da juventude e já se apoderava de todos eles um visível enfado de si próprios". E, ao crescer o enfado, alguns caíam em tamanho desespero que prefeririam matar-se. Daí o dilúvio decretado pelos deuses. Os que dele escaparam, Deucalião e Pirra, embora julgassem que o melhor para a espécie seria seu extermínio, são

advertidos por Júpiter e, pela magia de apanharem pedras da montanha, "como os deuses lhes indicaram, atiraram-nas para trás das costas, e assim fizeram renascer a espécie humana". Mas, escolado pela experiência anterior, Júpiter sabe que a solução para a miserável espécie estava em contaminá-la de males verdadeiros e canseiras. Procura então fazê-la contentar-se com seu destino pela mistura de tormentos e a agudeza do desejo, bem como pela introdução do raio, do trovão, dos cometas e dos eclipses, pelo estímulo à necessidade e o apetite por novos alimentos e beberagens. Em suma, substitui a superfície plana da Terra, a facilidade do sustento próprio, a suficiência do corpo desnudo pela divisão dos lugares da Terra, pela diversidade dos climas, pela necessidade de se vestir, pela fundação das cidades, pela divisão em povos, línguas e nações e, sobretudo, pelo aparecimento de fantasmas: Justiça, Virtude, Glória, amor pátrio e, entre outros mais, um chamado Amor. São os "maravilhosos fantasmas" que, estimulando o conflito e o canto, favoreceram a manutenção da espécie. Mas, com o passar do tempo, as ilusões dos fantasmas foram menos eficazes que o enfado. Essa foi a razão principal de um daqueles fantasmas, a Sabedoria, prometer trazer para a terra a Verdade. Com isso, os homens voltaram a dirigir queixas rancorosas a Júpiter. O deus contudo mostra-se cansado de suas criaturas. Por isso parece aceder ao que lhe pedem, ordenando que a Verdade fizesse eterna sua morada entre os homens, enquanto deles retirava os outros fantasmas (ilusões). Desagradando sua solução os outros deuses, que julgam que os mortais estão próximos de si, Júpiter revela que eles se enganam, pois a Verdade estamparia diante dos olhos humanos a sua infelicidade, mostrando-a inevitável. A Verdade destrói a expectativa de uma finalidade compensadora, além de privar as criaturas do "dom natural da imaginação". "Pelo que, não se lhes apresentando nem pátria que devam amar em particular, nem estrangeiros a quem odiar, cada um odiará todos os outros, amando apenas, de todos os da sua espécie, a si mesmo". A Júpiter sua decisão não parecia demasiado cruel porque admitia que, além da permanência do fantasma da Verdade, eventualmente descesse à Terra o fantasma do Amor. As coisas ainda assim se complicam. Por ter a Verdade constantemente consigo, os homens sentem por ela tamanha aversão que se recusam a adorá-la. Como solução de compromisso, as descidas eventuais do Amor, aqui e ali, apaziguam o mal-estar. Mas, ao fazê-lo, satisfaz apenas a uns poucos, o que é imposto por Júpiter "porque a felicidade que nasce desse privilégio é superada pela divina por uma diferença apenas mínima". Aos poucos a que agracia, Amor permite que usufruam dos antigos fantasmas que foram desterrados. Assim, embora a Verdade seja sua feroz inimiga, Amor alimenta a uns poucos a ilusão de "as belas e saudosas fantasias da tenra idade". (Leopardi, G.: 1827, 17)

Extremamente esquemática, a condensação acima não pretende senão mostrar que a confissão, enquanto modalidade ficcional, não se confunde com a autobiografia. Submetida à universalidade do princípio de Verdade, apenas eventualmente consolada pela ocasional descida à Terra do fantasma do Amor, a espécie humana transgride a boa vontade de Júpiter e está entregue ao torpor e ao desespero. Sua transgressão não indica sua capacidade de rebeldia, mas os limites da pretensa onipotência divina. Nem rebelde nem simplesmente submissa, ela não deixa de estar submetida ao poder do que a transcende. Por isso passa a ser comandada pelo fantasma da Verdade.

A dedução de Leopardi tem um caráter tão inventivo que não permitiria que seu texto se apresentasse como filosófico. Por outro lado, como seu ponto de partida, a reflexão intensa que não recua ante a angústia, nada tem a ver com a pretensa aliança com a pretensa verdade da autobiografia, não poderia ser "explicada" por seu confronto com a vida do autor.

Em termos mais gerais, se tomamos a ficção como a modalidade pela qual se especifica o discurso da literatura, distinguindo-se do historiográfico, do filosófico, do científico, do religioso, do pragmático, é válido entender que esse discurso tem uma moldura própria, de imediato caracterizada pela proximidade com o que o receptor entende como realidade – o vetor verossimilhança –, dele divergindo para que, pela exploração da diferença, alcance uma amplidão que transgride os limites do verossímil. Assim considerando, há de se concordar que, se o romantismo deu um passo importante para retomar a trilha que se abrira com a *Poética* aristotélica, reduziu ao mínimo sua relevância por não dar condições de desenvolver-se a melhor compreensão do *frame* da *mímesis*.

Cabe verificar se a continuação da reflexão diminuirá a falha que a comunidade de intérpretes e críticos não parece sentir. Talvez seu reconhecimento torne-se agora inevitável antes que o terremoto alcance a terra dos discursos. Ele já parece se sentir ante o que sucede nas artes plásticas, tendo por lema a frase "arte é o que queremos que seja arte". Frase que, aparentemente prestando homenagem ao Próspero autocentrado e imperial, conduz de fato ao império dos curadores.

Se a ficção verbal, a literatura, ainda tem estado isenta é por sua dimensão semântica não permitir que ela se confunda com outras modalidades expressivas.

CAPÍTULO 3
Ostracismo e imagem[27]

A Augusto de Campos
(longa admiração)

PRIMEIRA PARTE
Ostracismo da *mímesis* e filosofia

O capítulo anterior apresentou dois temas centrais, sob tratamento desigual. De forma desenvolvida, tema que já se iniciara no capítulo: ao aparecimento do termo literatura, no final do século XVIII, a partir do pré-romantismo de Iena, correspondeu o ostracismo progressivo e, afinal, definitivo, do par *imitatio* e *mímesis*, como termos igualmente peremptos, ante a força assumida pela expressão do sujeito autocentrado. Já no último item, introduzia-se pela glosa sumária de uma das *Operette morali* de Leopardi, uma sugestão de como se poderia operacionalizar a análise de um texto literário. Sua entrada tinha o propósito de romper com uma abordagem demasiado linear. Mas não deixava de ser brusca ou até criadora de embaraço: não se reiterara que a identificação dos termos a partir de então abolidos havia sido um desastre, chegando-se a dizer que constituíra uma falha geológica no pensamento ocidental, como então se passava a frequentar a análise da designação contraposta, literatura, como se houvéssemos esquecido as acusações contra a *mímesis* por ela desterrada? Sim, por certo. Mas, se o choque de fato se produziu, ele foi produtivo, porquanto pôs de frente duas trilhas contrapostas, que pensávamos desenvolver a seguir. Dito de maneira mais abrupta: como não cogitávamos de interromper

---
[27] No decurso do capítulo, seremos obrigados ao diálogo com a interpretação das artes visuais. Conquanto isso escape de minha estrita competência, para levar a cabo a radicalização do exame proposto sobre a *mímesis,* assim havia de ser feito.

o foco que havia sido principal no encaminhamento do capítulo, esperava-se que a linha contraposta criasse certo suspense para seu prosseguimento. Pareceu-nos que este não deveria seguir em continuação imediata porque se tratava de mostrar como o ostracismo da *mímesis* não se limitava aos que falavam de literatura – salvo, como já se disse, pelos hegelianos marxistas de linhagem lukácsiana –, senão que atingia um plano mais amplo, o da própria filosofia. Além do mais, o desterro da *mímesis* tinha suas exceções, que não devem ser desconsideradas. Eis, portanto, dois temas a serem desenvolvidos. Quando isso estiver feito, estaremos em condições de, retomando o último item do Capítulo 2, acentuar que a primeira obra moral de Leopardi faz parte de um território que, permitindo a ficcionalização, não lhe é exclusivo: o ensaio.[28] Por isso, o gênero ensaístico admite um tratamento literário sem nele se resumir. (Há também o ensaio filosófico, político, histórico etc.) Por isso, ainda, a ficção não se confunde com a designação "literatura".

1

Sem pretender uma minuta exaustiva das crises a que a filosofia tem estado submetida desde o começo do século XX, realçada com a catástrofe da Primeira Guerra Mundial, seria arbitrário não considerar seu primeiro grande ponto de partida: Edmund Husserl (1859-1938). Como sobre ele já dedicamos parte da abordagem empreendida em *Os eixos da linguagem* (2015), condensamos ao máximo sua referência.

Não será indevido declarar que de Husserl partem as diversas tentativas de repensar a filosofia, por mais que as mais conhecidas, a partir de seu ex-assistente Heidegger, se tornem senão dissidência. Em vez de nos embrenharmos nessa complicada floresta, é razoável assinalar a passagem em que Husserl inicia a sua travessia. Destaque-se então no prefácio ao tomo II das *Logische Untersuchungen* (*Investigações lógicas*, 1901), intitulado "*Notwendigkeit phänomonologischer Untersuchungen zur erkenntniskritischen Vorbereitung und Klärung der reinen Logik*"

---

[28] Para não nos afastarmos do tema a que o livro se dedica pareceu preferível não incluir um capítulo sobre o ensaio como gênero.

("Necessidade de investigações fenomenológicas para a preparação crítico-cognitiva e para a elucidação da lógica pura"), a passagem:

> Decididamente, não queremos nos contentar com "simples palavras", ou seja, com uma compreensão apenas simbólica das palavras, como temos desde logo em nossas reflexões sobre o sentido das leis estabelecidas na lógica pura sobre "conceitos", "julgamentos", "verdades" etc., com suas muitas particularidades. Significações que não podem se fazer vivenciadas senão por intuições distantes, indefinidas, impróprias, se é que por quaisquer intuições. *Wir wollen auf die 'Sachen selbst' zurückgehen* ("Queremos voltar às 'próprias coisas'"). (Husserl, E.: 1901, 10)

A expressão "queremos voltar às próprias coisas" não se tornou mais assimilável pela passagem do tempo. É evidente que ela mostra a insatisfação com o neokantismo então dominante e a discordância com a chamada "filosofia da vida", que reagia contra aquele. Ou seja, contra o plano teórico em que se sustentava, quer o pensamento filosófico, quer as ciências humanas. A volta pretendida não correspondia a algum tipo de naturalismo, muito estranho a alguém de formação matemática como o autor das *Investigações lógicas*. Tratava-se de desviar-se dos símbolos convencionados das coisas e apreender o que seria a própria essência das coisas. Embora relutemos em usar o termo "essência", a tal ponto o vocábulo se confunde com a abordagem metafísica tradicional, só ele é cabível para a palavra escolhida por Husserl: *Wesen*. Não há outra solução além de entender o que o filósofo queria que se fizesse entender. Para tanto, devemos recorrer às *Ideen zu einer reinen Phänomenmologie* (*Ideias para uma pura fenomenologia*, 1913). Para efeito de síntese, remeteremos a passagens dos §§ 86-89. O argumento fundamental neles desenvolvido consiste em acentuar a diversidade entre a unicidade com que certo objeto nos é conhecido e sua multiplicidade de aspectos, subjetivamente variável, de acordo com a situação com que se mostram. Ora, se essa multiplicidade se afirmasse ante nossa consciência, não haveria a suposta inquestionabilidade dos objetos e, em consequência, inexistiria uma linguagem comum. O que, vale dizer, a existência dos objetos se afirma aquém do modo como os percebemos. Se aquela unicidade se impõe é porque, sendo a consciência humana caracterizada pela intencionalidade, a intencionalidade se fixa na originariedade da existência dos objetos, anterior à sua tematização. Passemos à própria formulação de Husserl. A distinção a ser fortemente esclarecida é antecedida por enunciado do § 85: "O fluxo do ser fenomenológico tem uma camada material e uma camada noética" (Husserl, E.: 1903, 196). Entre as duas camadas, o § se encerra chamando a atenção para a maior relevância da segunda. E o § 86, que trata dos "*funktionellen Probleme*", principia com a afirmação de que os maiores são referentes à "constituição das objetividades da consciência" (id.). O próprio esclarecimento que dá ao termo *Funktion* já ajuda a compreender sua primazia: "O ponto de vista da função é central à fenomenologia, pois as investigações que dele irradiam abarcam quase toda a esfera fenomenológica" (ib., 197). Assim sucede mesmo porque "a consciência é precisamente consciência 'de' alguma coisa; é sua essência conter em si o 'sentido' (*Sinn*), por assim dizer a quintessência de 'alma', 'espírito', razão'" (ib., 196), não se confundindo com "complexos psíquicos, conteúdos conjuntos, feixes ou fluxos de sensações", conforme se costuma pensar. Se assim fosse, tais traços "em si não teriam sentido algum, também poderiam se prestar a qualquer mistura sem engendrar qualquer sentido" (id.). Por conseguinte, o momento noético, enquanto referente ao conhecimento, é preponderante na abordagem fenomenológica, e sua investigação "em lugar de se limitar à análise e à comparação, à descrição e à comparação de vivências separadas considera a observação dos estados isolados, sob o ponto de vista 'teleológico', tornar possível a 'unidade sintética'" (ib., 197). Noutras palavras, o estudo funcional mostra como à identidade do objeto pertencem configurações de consciência de estrutura particulares e muito distintas, no entanto, por exigência da essência, como essas configurações deveriam ser descritas com rigor e método (cf. 1903, 197).

A abordagem feita deve ser suficiente para entender-se o ponto de vista de Husserl. Digamos de forma mais livre (portanto menos rigorosa): as coisas têm para o homem uma existência imanente unitária, antes de se objetivarem pelas palavras, que as submetem a diversos pontos de vista. Essa sua realidade antepredicativa é condicionada por sua essência. Sua afirmação se cumpre através de uma *redução* que, supondo o afastamento das acidentalidades que a acompanham, é uma redução à essência, i.e., uma *redução eidética*. Com isso, não se visa estabelecer uma existência plural, sujeita a vários ângulos, psicologicamente observados, ao lado de uma existência "real", eidética, senão de subordinar aquela a esta. Nos termos do próprio Husserl, "como unidades objetivas, em cada região e categoria, 'se constituem para a consciência'. Vale mostrar sistematicamente como, por sua essência –, justamente como possibilidades de essência – são prescritas todas as conexões de consciência real e possível dessas unidades" (1903, 198).

Tivemos de enfrentar a formulação extremamente sintética e densa de Husserl, tanto para perceber-se a mudança[29] que ele estabelece no pensamento do século que ainda se iniciava como para entenderem-se as divergências que serão propostas. Deixamos de lado a de Heidegger porque à sua ênfase no plano da existência (*Dasein*) repugnava cogitar de uma redução ademais que eidética. (Apesar do quê, não admira que a crítica que Hans Blumenberg nele concentra concirna a que seu destaque da existência enquanto tal, sem determinações espaçotemporais, permaneça equivalente à afirmação de uma essencialidade.)

Quanto a Blumenberg, também podemos passar com rapidez porque à sua relação com Husserl já dedicamos o *Eixos da linguagem*. Apenas recordamos seu argumento básico. A afirmação da redução eidética implica que a intencionalidade é uma categoria a serviço de toda criatura humana. Mas dispor de uma mesma ferramenta não seria suficiente para explicar a intersubjetividade, i.e., que cada homem tivesse acesso à intimidade do outro. Ou seja, que um outro eu pudesse ter acesso à chamada "experiência estrangeira". Uma dupla formulação de Blumenberg demonstra sua discordância e para onde ele o conduz. "De onde vem a certeza de que o fenômeno aceito como um outro eu é um outro eu e não a simulação de uma estratégia de diálogo?" (Blumenberg, H.: 2006, 55). Para a redução eidética, não há possibilidade de embuste. Mas, para empregar os qualificativos de Husserl, a consciência "objetiva" suspeita da fidelidade da consciência "real". Por isso,

---

[29] Por certo relativa, porque a busca de reafirmar a "unidade sintética" o relacionava com a herança kantiana.

conquanto seus fundamentos teóricos se ancorassem na elaboração husserliana, Blumenberg opta pelo caminho da antropologia filosófica. É com base nela que então dirá: "A teoria da percepção estrangeira é na verdade *eidética* com respeito à evidência de seus enunciados sobre a percepção de outros semelhantes" (ib., 93, grifo meu). O que, de maneira menos sofisticada, equivale a dizer: a teoria sobre o que significa o que é enunciado por um semelhante é eidética precisamente porque não é verificável. Portanto, ainda que louve a tentativa husserliana de liberar os atos mentais humanos de um mero aparato psicológico, a adoção de um ponto de vista essencialista, com vistas à formulação de uma filosofia como "ciência rigorosa", é considerada um fracasso.

Como o nosso interesse aqui é muito menor do que fora no *Eixos da linguagem*, discutir divergências filosóficas, mas apenas acentuar como elas se cumprem *no mesmo tempo* em que a questão da *mímesis* era cancelada, damos por encerrada a exposição da primeira divergência com a primeira grande filosofia que, no início do século passado, escapava do racionalismo estabelecido por Descartes, retificado e aprofundado por Kant.

Quanto à segunda divergência à fenomenologia husserliana, afirmada nas décadas de 1950 e 1960, devemos ser mais demorados, seja porque é a primeira vez que dela tratamos, seja porque suas consequências quanto ao nosso interesse primordial serão bem maiores. De todo modo, vale considerar por que fazemos esse desvio pelos filósofos. Detemo-nos em Husserl, aludimos a Heidegger, remetemos menos celeremente a Hans Blumenberg, vamos nos fixar em Merleau-Ponty, quando poderíamos, ora mais, ora menos demoradamente, deter-nos em Sartre, em Adorno, em Habermas, em Foucault, em Deleuze. Eles seriam igualmente indicados porque todos satisfazem a dupla condição para que aqui estivessem: em todos, o trajeto filosófico está longe de ter um curso epigônico e em todos a *mímesis* é algo tão estranho quanto a astrologia. Adorno poderia sair dessa lista e partilhar das exceções, a serem tratadas a seguir, se suas *Noten zur Literatur* e sua *Ästhetische Theorie* não fossem ainda singularizadas porque, tratando de tais temas, não oferecessem algum tratamento de destaque à questão que nos prende.

Se a estranheza ainda tem sentido, ela se repete no caso de Jean-Paul Sartre. Autor do *Baudelaire* (1947) e da enorme biografia de Flaubert, *L'idiot de la famille*, inicialmente publicado em dois volumes (1971-2), a que se acrescentaria um terceiro, Sartre tratava da literatura sem necessidade de pensar em *mímesis*. Mesmo sob o risco de uma repetição cansativa, temos de dizer que isso não surpreendia. O termo evitado o era por todos os que não queriam pensar a arte e a literatura como reduplicação, ainda que refinada, de condições previamente dadas. Por isso não temos por que nos voltar para sua oposição entre o sujeito como Nada, face ao tudo das coisas como Ser. Nem por isso se explicaria já aqui se encerrar a alusão a ele. Embora tenha morrido na data próxima de 1980, e tenha nos últimos anos de vida se dedicado intensamente às lutas políticas, defendendo posições maoistas e a causa de Cuba, seu estado de saúde o afastava do plano estritamente intelectual. (Mostra o hiato entre sua última obra propriamente filosófica, *Critique de la raison dialectique* (1960) e a biografia de Flaubert.) Mas, com independência de motivos de saúde, sua distância quanto à cena intelectual francesa deflagrada no começo da década de 1960 é mais bem explicada por recordação de sua companheira Simone de Beauvoir:

> Ele não apreciava o estruturalismo. E assim se explicava: "Os linguistas querem tratar a linguagem como exterioridade, e os estruturalistas, provindos da linguística, também traduzem uma totalidade em exterioridade. [...] Não posso me servir disso, pois me coloco em um plano não científico mas filosófico". (Beauvoir, S. de: 1981, 53)

Desse ponto de vista, Merleau-Ponty não pareceria o companheiro e amigo de toda a vida. O ensaio "De Mauss a Claude Lévi-Strauss", em *Signes* (1960), rompe com os limites do que ironicamente se chamou de *"ancien régime"* e avançava na compreensão do *"nouveau régime"* que se abria com a leitura de Lévi-Strauss. Em troca, Merleau-Ponty continua pertencente à geração sartreana por ignorar a *mímesis*. Como a morte lhe chega precocemente, com 53 anos, não se pode saber se seu igual interesse pela arte e pela literatura não o levaria a outro desvio. É provável, contudo, que ele não o conduzisse para fora daquela interdição central.

Pelos motivos referidos, vamos analisá-lo brevemente por dois ângulos: por comparação ao que já fizemos com Blumenberg, por sua dissidência quanto à fenomenologia husserliana; a seguir, por sua aproximação com a pintura e a literatura.

A dissidência com sua fonte primordial já se manifesta no prefácio da única obra madura que teve ocasião de publicar, *Phénoménologie de la perception*:

> O maior ensinamento da redução é a impossibilidade de uma redução completa. Eis por que Husserl sempre se interroga de novo sobre a possibilidade da redução. Se fôssemos o espírito absoluto, a redução não seria problemática. Mas porque ao contrário estamos no mundo, porque mesmo nossas reflexões têm lugar no fluxo temporal que elas buscam captar, [...] não há pensamento que abarque todo nosso pensamento. (Merleau-Ponty, M.: 1945, VIII-IX)

Conquanto o argumento tenha uma força bem menor que aquele a ser formulado por Blumenberg, ele destaca o constante recomeço a que Husserl estivera entregue. Isso não é razão para que se deixasse de destacar o comentário preciso de uma analista recente:

> Lida-se aqui com uma espécie de "ilusão filosófica" necessária. A filosofia, que busca retornar às próprias coisas, deverá adotar a atitude transcendental, pois, sem tal atitude, ela permaneceria no nível da descrição do empírico e não poderia desvelar o sentido dos fenômenos. Mas, paradoxalmente, essa redução não "tem êxito" senão admitindo as insuficiências da filosofia transcendental pura. (Slatman, J.: 2003, 22)

A dúvida continuará a corroer a tematização merleau-pontyana da redução. É assim que, nas anotações conservadas de seus cursos de 1952-60, pode-se ler a propósito das *Meditações cartesianas* que

> as aporias da redução fenomenológica se acusam ao ponto de fazer pressentir uma nova mutação de doutrina [...] o retorno do mundo objetivo a uma *Lebenswelt* [...]. Não temos mais de compreender como um para si pode pensar um outro a partir de sua solidão absoluta ou pode pensar um mundo preconstituído no momento mesmo em que o constitui: a inerência do si ao mundo ou do mundo ao si [...] é silenciosamente inscrita em uma experiência integral [...] e a filosofia se torna a tentativa, além da

lógica e do vocabulário dados, de descrever esse universo de paradoxos vivos. (Merleau-Ponty, M.: 1968, 151-2)

Slatman, a propósito do início da passagem, observava que a voz que fala não exprime o ponto de vista de Husserl, que "jamais admitiu que seu pensamento se confrontava com aporias" (Slatman, J.: 2003, 28). Isso é correto, mas a questão não encaminhava para os "*paradoxes vivants*" sugerido por Merleau-Ponty. O "mundo da vida", que Husserl retoma no fim da vida, apenas acentua o dilema da "experiência estrangeira" que vimos analisada por Blumenberg. A aceitação por Merleau-Ponty via pouca matemática dos paradoxos vivos; torna, entretanto, coerente a interpretação que Jenny Slatman dá à elaboração final do pensador francês:

> Contrariamente à aspiração racionalista de Husserl, Merleau-Ponty busca abrir um caminho entre uma filosofia transcendental e a fé perceptiva primordial, um caminho que estaria em condições de fazer justiça à atitude ambígua de retorno às próprias coisas. (2003, 51)

Porque não adianta lamentar que, por sua antecipação, a morte tivesse forçado um legado insuficiente, mais vale pensar a que se refere a expressão "fé perceptiva". Ela é realçada no livro que Merleau-Ponty deixou incompleto, *Le visible et l'invisible*. Tratar dele terá a vantagem de iniciar o intercâmbio do autor com a arte.

A vida humana começa com a fé perceptiva. A hesitação dos primeiros passos cessa progressivamente à medida que a firmeza dos passos se estabelece ao mesmo tempo que a convicção de que a crosta terrestre não nos faltará. Essa fé tampouco se interrompe quando, na velhice, a firmeza dos passos começa a falhar. Ver as coisas é saber, mesmo que ingenuamente, do mundo. Para isso não adquirimos uma certeza. Partimos de um ponto cego, de uma fé no que vemos. Assim, quando *Le visible et l'invisible* afirma "um mundo percebido, certamente, não apareceria a um homem se não se dessem condições para isso em seu corpo: mas não são elas que o *explicam*" (Merleau-Ponty, M.: 1964a, 32), já saiu do pleno plano da fé, por mostrá-la condicionada pelos componentes do corpo. Mas reconhecê-lo ainda não nos despede da fé perceptiva, ou seja, da "adesão que se sabe além das provas". Pode-

-se mesmo acrescentar que a grande maioria das situações consiste na ultrapassagem parcial, apenas indispensável da adesão cega. Por isso, logo reiterará Merleau-Ponty, a filosofia se distingue da ciência:

> A filosofia não é ciência, porque a ciência acredita poder sobrevoar seu objeto, tendo por adquirida a correlação do saber e do ser, ao passo que a filosofia é o conjunto das questões onde aquele que questiona é, ele próprio, posto em causa pela questão. (Ib., 37)

A diferença que dera lugar à obra póstuma de Husserl, *A crise da ciência europeia* (1936), longe esteve de abalar a declarada crise, muito menos de afetar sua causa: a má conversão, no entendimento de Husserl, da indagação científica em prática tecnológica. Mas não é nesse sentido que Merleau-Ponty a ela alude, senão no mais imediato de verificar suas consequências para o próprio filósofo. Pois, se ele não se contenta em "sobrevoar" seu objeto, tampouco poderá manter sua adesão perceptiva. Por isso é inevitável que a filosofia saia da fase fideísta. É o que cumpre pela reflexão:

> Graças à conversão reflexionante, que só deixa subsistir diante do sujeito puro ideados, *cogitata* ou noemas, saímos, enfim, dos equívocos da fé perceptiva, que, paradoxalmente, nos assegurava levar às próprias coisas, dando-nos acesso a elas por meio do corpo. (1936, 39)

Mas o passo reflexionante não elimina a fé no mundo, mas apenas a transforma em uma espécie de identificação mais difícil. "O vício reflexionante", como designa o pensador, consiste em "transformar a abertura do mundo em consentimento de si para si, a instituição do mundo em idealidade do mundo, a fé perceptiva em atos ou atitudes de um sujeito que não participa do mundo" (ib., 58). A reflexão toma o mundo como uma certeza de que posso me retirar dele me alheando por meus pensamentos, sem que corra algum risco. Por isso, "refletir não é coincidir com o fluxo desde sua fonte até suas últimas ramificações; é desembaraçar-se das coisas, das percepções, do mundo e da percepção do mundo" (ib., 53). Supondo, pois, a permanência de um ponto cego, que agora recai sobre o próprio mundo, em favor da interioridade de quem reflete. O caminho do sujeito que pensa e o mundo que o envolve então exige um novo passo. É o pensamento do negativo. Se "a fé perceptiva estava convencida de lidar com uma totalidade confusa, onde todas as coisas estão juntas", a reflexão se lhe antepôs por substituir "a confusão do mundo por um conjunto de consciências paralelas, cada uma cumprindo sua lei, [...] vendo se foi regulada pelo mesmo relojoeiro que as outras ou cada uma observando as leis de um pensamento universal imanente a todas" (ib., 69). A formulação daria a entender que o pensador se refere ao pensamento idealista. Mas a continuação do texto, de que não devemos esquecer que não ultrapassara o estágio de anotações para o que deveria ser a redação definitiva, permite, por sua continuação, um outro entendimento. Assim pensamos porque a etapa negativa não anula as duas precedentes. Em lugar de uma caminhada feliz, i.e., que chegasse afinal a um ponto ótimo, já mais próximo do ponto em que se interrompeu, aparece: "A filosofia é a fé perceptiva interrogando-se sobre si mesma", de que logo se acrescenta "fé porque é possibilidade de dúvida e esse infatigável percurso das coisas, que é nossa vida, também é uma interrogação contínua" (ib., 103). A etapa negativa constitui, pois, uma dialética que resgata parte de seu ponto de partida. Esse resgate não concerne apenas em fazer que o mundo das coisas volte a ser tematizado, senão que, com sua permanência junto à movência da subjetividade alcançada pela fase reflexiva, se afirme a permanência das essências. Já vimos como a afirmação fazia parte do legado husserliano. Este era *parcialmente contestado* porque se negava que, na formulação husserliana, estivesse sujeito a uma interrogação constante. Conforme a leitura proposta, a filosofia para Merleau-Ponty é dialética porque admite o caráter eidético das coisas, ao mesmo tempo que afirma a permanente interrogação a que a tematização filosófica está submetida. Pela interrogação permanente a que se sujeita a filosofia, pela manutenção do princípio da essência não chegamos à origem. "A essência é, por certo, dependente". Ela se afirma com base em uma suposição:

> Se este mundo deve existir para nós, ou se deve haver alguma coisa, é preciso então que obedeçam a tal e tal lei de estrutura. Mas [...] de onde sabemos que há alguma coisa, que há um mundo? Este saber está *sotoposto* à essência, é a experiência de que a essência faz parte e que ela não envolve. (Ib., 109)

Em consequência, se Slatman observava o caráter de incompleta da redução eidética em Merleau-Ponty, tem toda a razão ao defini-la "como uma filosofia transcendental 'contaminada'" (Slatman, J.: 2003, 22).

Todo o desenvolvimento precedente seria despropositado se não permitisse melhor postular as relações que a filosofia mantinha com a arte e a literatura. Isso dá lugar à afirmação de um intérprete merecedor da máxima atenção:

> O pensamento de Merleau-Ponty tende de fato a discernir na investigação filosófica o mesmo destino interminável de interrogação e de expressão do mundo e do Ser que desde sempre acompanha a pesquisa da arte e da literatura. (Carbone, M.: 2001, 6)

A aproximação estabelecida pelo comentador italiano seria precipitada se não identificássemos passagens do pensador que encaminham para ela. Duas passagens – é certo que pequenas – insinuam que Carbone leu certo. No famoso ensaio sobre Cézanne, Merleau-Ponty escrevia:

> Vivemos em um meio de objetos construídos pelos homens [...]. Habituamo-nos a pensar que tudo isso existe necessariamente e é inabalável. A pintura de Cézanne põe esses hábitos em suspenso e revela a natureza inumana sobre a qual o homem se instala. [...] É um mundo sem familiaridade, em que não se está bem, que interdita toda efusão humana. [...] Só um homem é justamente capaz dessa visão que vai até as raízes, aquém da humanidade constituída. (Merleau-Ponty, M.: 1963, 28)

Em *Le visible et l'invisible*, pensando exclusivamente sobre a tarefa do filósofo, dirá:

> O mundo, as coisas, o que existe, diremos nós, é, por si, sem medida comum com nossos "pensamentos". Se procurarmos o que quer dizer para nós "a coisa", veremos que ela é o que repousa sobre si mesma, que ela é exatamente o que é, inteiramente em ato, sem qualquer virtualidade nem potência, que é, por definição, "transcendente", colocando-se fora de toda interioridade, à qual é absolutamente estranha. (Merleau-Ponty, M.: 1964a, 58-9)

Embora o vocabulário não seja equivalente, em ambos os casos se acentua que a produção do pintor e o objeto do filósofo são igualmente estranhos à "humanidade constituída". Porém, a proximidade torna-se mais acentuada quando, no mesmo inacabado *Le visible et l'invisible*, caracteriza o pensamento dialético que se insurge contra o momento reflexivo como excludente de "toda extrapolação, porquanto ensina que sempre pode haver um suplemento de ser no ser". Por isso, contra a má dialética – "a que não quer perder sua alma para salvá-la" –, a "hiperdialética é um pensamento que, ao contrário, é capaz de verdade, pois *encara sem restrição a pluralidade das relações e o que chamamos ambiguidade*" (ib., 96-7, grifo meu).

O caráter inacabado da obra do filósofo francês não basta para acatarmos como procedente sua aproximação. Se ela é fecunda até por efeito da desconsideração da *mímesis* – a proximidade de Cézanne ante a inumanidade das coisas é mais do que afastada do "naturalismo" e da arte, e em geral faz com que declare: "Não é nem uma imitação, nem ademais uma fabricação conforme os votos do instinto ou do bom gosto" (Merleau-Ponty, M.: 1963, 30) –, não contém argumento que confrontasse os traços básicos da filosofia, seu *logos* conceitual, sob a auréola de metáforas, em contraste com o imaginário metaforicamente trabalhado da pintura e da ficção verbal. A discordância, sobre a qual não nos estendemos, não impede, porém, que se destaque uma passagem fecunda do autor na configuração da imagem da arte. No seu último ensaio, insistia na caracterização da pintura:

> Teria dificuldade de dizer onde *está* o quadro que encaro. Pois não o olho como se olha uma coisa, não o fixo em seu lugar, meu olhar erra por ele como nos nimbos do Ser, vejo segundo ou com ele antes que não o vejo. (Merleau-Ponty, M.: 1964b, 23)

Se esse encarar difuso pode apresentar dificuldade de compreensão, a passagem anterior, em vez disso, referida a Cézanne, há de ser introduzida entre as propriedades do que tenho chamado de representação-efeito: "Qualidade, luz, cor, profundidade, aí diante de nós, aí estão por que despertam um eco em nosso corpo, porque ele as acolhe" (ib., 22).

SEGUNDA PARTE
Modos de pensar a *mímesis*
A singularidade de René Girard

É sabido que o livro de estreia de René Girard (1923-2015), *Mensonge romantique et vérité romanesque*, era dedicado a examinar, por diversas angulações, o Dom Quixote de Cervantes e a obra de Flaubert, Proust e Dostoievski. Também é sabido que viria a escrever especificamente sobre Shakespeare, *A theater of envy* (1991), além de diversos ensaios sobre outros escritores de literatura. Apesar disso, conquanto seja inequivocamente autor de uma teoria da *mímesis*, é estranho que um compêndio de importância, *A dictionary of cultural and critical theory* (2ª ed.: 2010), o chame de teórico da literatura. A designação é surpreendente porque, muito embora a base de sua teorização já se mostre armada em seu livro de crítica, é evidente a guinada de área que efetuará a partir de seu segundo e mais importante livro, *La violence et le sacré* (1972), quando seu enfoque passará a ser de ordem etnológica. Mas tampouco aí se fixará. O seu terceiro livro fundamental, *Des choses cachées depuis la fondation du monde* (1978), escrito sob a forma de diálogo com J. M. Oughourlian e Guy Lefort, acrescentará à base etnológica uma dimensão declaradamente teológica. O deslocamento das especialidades significa menos que Girard não se contentava com uma ou outra do que serem consideradas impróprias para a apreensão da verdade absoluta. Se isso por certo cria um embaraço para uma reflexão que visa à *mímesis* enquanto raiz da ficção verbal e visual, embaraço que cresce na parte propriamente religiosa, que antes exige uma discussão teológica, não é razão suficiente para que as especulações do autor fossem aqui ignoradas. Pois quaisquer que sejam as objeções, é inequívoco que Girard é responsável por uma concepção da *mímesis* que procura abranger as dimensões profana e sagrada.

Uma passagem inicial do *Des choses cachées* nos inicia na trilha que progressivamente se ampliou:

> A propósito de tudo que se pode nomear mimetismo, imitação, *mímesis*, reina hoje em dia, nas ciências do homem e da cultura, uma visão uni-

lateral. [...] Acredita-se que, insistindo sobre o papel da imitação, vão se ressaltar os aspectos gregários da humanidade, tudo o que nos transforma em rebanhos. Teme-se minimizar tudo que leva à divisão, à alienação, ao conflito. Concedendo-se o papel principal à imitação, nos tornaria, talvez, cúmplices de tudo que nos subordina e uniformiza. (Girard, R.: 1978, 15-6)

A passagem evidencia dois traços prévios à teorização referida: (a) em nenhum instante, o autor duvida da identificação da *mímesis* com a imitação. Sua recusa, que vimos largamente discutida nos capítulos anteriores, não deriva de razões literárias, porém de um temor mais amplo: de conceber-se a espécie humana sob o ferrão divisor de senhores e escravos. Como a motivação estritamente literária ou artística não é sequer considerada, bem se vê o papel secundário que a primeira especialidade do autor desempenhava na reflexão que desenvolveria; (b) embora sua ferramenta básica antes se encontre nas ciências humanas – a etnologia, de preferência, em segundo lugar a psicologia –, sua tomada de posição é flagrantemente contrária à exclusividade das mesmas. O denominador comum aos dois traços é a ênfase na força da imitação. Assim sucede por ser dela que se tornará possível passar do instrumento que julgou suficiente para a análise dos romances no *Mensonge*, o desejo mimético, para a instituição do sacrifício, em *La violence et le sacré*, com que enlaçará a questão da violência e a função do sagrado. O enlace dos três planos, do menor, o fenômeno literário, ao maior, a função do religioso, não poderia se dar sem grandes entraves. Assinale-se em primeiro lugar a vantagem que o objeto menor, o romance, pode apresentar quanto ao tratamento do sociólogo. Embora o entendimento da passagem só se tornará pleno quando esclarecermos o que o autor chamava de "*désir triangulaire*", o trecho assinala a estratégia de Girard de confrontar os resultados de vários campos de indagação:

O sociólogo e o romancista naturalista só querem uma única verdade. Impõem esta verdade a todos os sujeitos que percebem. O que chamam de objeto é um compromisso insosso entre as percepções inconciliáveis do desejo e do não desejo. A credibilidade desse objeto decorre de sua posição mediana que debilita todas as condições. Em vez de enfraquecer as pontas destas contradições, o romancista genial as aguça tanto quanto possa. Sublinha a metamorfose operada pelo desejo. O naturalista não percebe essa metamorforse porque é incapaz de criticar seu próprio desejo. (Girard, R.: 1961, 222)

O recurso expositivo é patente: a ironia contra o naturalista se estende ao sociólogo. Ao contrário do romancista genial, aqueles são incapazes de captar o que move as relações entre um agente e o objeto de seu desejo. Por isso, ainda que o romancista não trate extensamente de toda a sociedade, sua acuidade é valiosa contra a mediocridade de sociólogos e naturalistas.

Ora, o "desejo triangular" serviu para Girard de ponta de lança para que se desse conta do papel da violência na sociedade e, a partir dela, para que pensasse na função do religioso. Ainda que os três temas se desenvolvam progressivamente, o desejo mimético no *Mensonge*, a questão da violência em *La violence*, sua explicitação religiosa em *Des choses*, esse escalonamento não significa que o passo inicial já não contivesse a previsão dos seguintes. É o que mostra a passagem sobre o *Memórias do subsolo*, de Dostoievski, no *Mensonge romantique*:

> Kirilov é obsedado por Cristo. [...] a Cristo que ele imita orgulhosamente. Para acabar com o cristianismo é preciso uma morte análoga à de Cristo mas de sentido contrário. Kirilov é o macaco da redenção. Como todos os orgulhosos, é a divindade de um *Outro* que ele ambiciona e se faz rival diabólico de Cristo. [...] O sentido luciferino da mediação orgulhosa é plenamente revelado. (Ib., 277)

A genialidade do romancista russo esteve no caso em mostrar o personagem no inverso da mediação de Cristo. Ao assim fazer, Kirilov implicitamente demonstrava em que consistia a mediação benéfica desempenhada pela religião quanto à violência, sempre próxima aos membros da sociedade humana. Ainda que o argumento se desenvolva no livro só publicado 11 anos depois; sua semente já ali se apresentava: "A religião, com efeito, sempre só teve uma única meta: impedir o retorno da violência recíproca" (Girard, R.: 1972, 86). Antes, pois, de expor a questão da violência e a função do sacrifício nas sociedades iletradas, é preciso destacar duas formulações prévias: "O domínio do preventivo é antes de tudo o domínio do religioso. A prevenção religiosa pode ter um caráter violento. *A violência e o sagrado são inseparáveis*" (Girard, R.: 1972, 34, grifo meu).

> O religioso primitivo domestica a violência, a regula, a ordena e a canaliza, a fim de utilizá-la contra toda forma de violência propriamente intolerável e isso em uma atmosfera geral de não violência e de pacificação. Ele define uma combinação estranha de violência e não violência. (Ib., 36)

O que fizemos até agora foi mostrar como os aspectos privilegiados por Girard, ainda que desenvolvidos diacronicamente, se apresentam em bloco, desde seu primeiro livro. Antes de virmos ao desenvolvimento de seus instrumentos básicos, mostrando melhor sua articulação interna, uma observação geral ainda se impõe. Desde a abertura, temos chamado a atenção para a indiscutibilidade que tem para o autor a equivalência dos termos *mímesis* e imitação. Deve-se agora esclarecer que sua identificação não se confundia com o critério estabelecido desde Platão: a obra de arte é inconfiável porque reduplica ações que seus personagens "teatralizam", i.e., executam sem que sejam capazes de cumpri-las. Girard retorna à imitação, dada como sua raiz a psique humana. Ou seja, apropria-se de um critério moderno para se antepor mais declaradamente ao desdobramento do pensamento moderno. Isso será feito a partir do que chama de "desejo mimético". O desejo é mimético porque o *outro* desejado pelo sujeito é "escolhido" em função de um mediador. O que vale dizer: o desejo tem um aspecto triangular. Dito de forma grosseira: desejo o que desejo porque rivalizo com alguém que, não parecendo fazer parte da história, nela está como seu mediador. (Talvez se possa dizer mais simplesmente: a atração por um outro se dá em função de figuras socialmente prestigiadas, as quais de tal modo se internalizam que atuam e são inconscientemente escolhidas. Mas não vamos utilizar essa alternativa porque nos obrigaria a mexer na laboriosa construção de Girard.) De maneira mais conforme ao propósito do autor:

> Na experiência que está na origem da mediação, o sujeito descobre sua vida e seu espírito como fraqueza extrema. É dessa fraqueza que ele quer fugir na divindade ilusória do *Outro*. O sujeito tem vergonha de sua vida e de seu espírito. Desesperado de não ser deus, busca o sagrado em tudo

que ameaça essa vida, em tudo que contraria seu espírito. É portanto sempre orientado para o que pode aviltar e por fim destruir a parte mais alta e mais nobre de seu ser. (Girard, R.: 1961, 281)

Entregue pois a si mesmo, o desejo mimético parte da vontade de escapar do nada do eu sozinho para terminar na nadificação do Outro antes exaltado e na destruição de si mesmo. A formulação talvez tenha algo do operístico a que tende o autor. Mas, no caso, ela é motivada pela limitação das fronteiras do desejo. Noutras palavras, as dimensões ainda não desenvolvidas da violência e do sagrado, mas já fermentando naquela dimensão, parecem responsáveis pelo sombreado quase apocalíptico, resultante de uma operação realizada em plano apenas psicológico. Mas, em vez de prosseguirmos neste tom analítico, é preferível dar mais espaço à mera exposição sobre o papel da mediação no desejo mimético.

A primeira espécie de mediação, a que chama de externa, é encarnada pelo Quixote ao converter o Amadis em objeto a ser por ele imitado. Mas não só o Quixote é vítima do desejo triangular. Também Sancho, desde que começa a conviver com o Quixote, assume ambições imitadas de seu senhor – sonha em ser governador de uma ilha, em dar um título de duquesa à sua filha. "Estes desejos não vieram espontaneamente ao homem simples que é Sancho" (ib., 12).

Também externa é a mediação que assola Julien Sorel, em *Le rouge et le noir*: a figura de Napoleão. Porém, a passagem dos séculos torna a mediação mais complexa: procura despertar o desejo da marechala de Fervaques para fazê-lo nascer em Mathilde etc. Ou seja, a mediação deixa de se dar quanto a uma figura distante para ser provocada a partir de criaturas em torno. É a mediação interna. Seu estrito modelo é Emma Bovary, cujo Outro desejado é o amante que terminará por destruí-la, configurado a partir da mediação exercida pelas figuras medíocres dos romances cor-de-rosa que lia quando aluna no colégio das freiras.

Como a diferenciação não oferece dificuldade, podemos caminhar mais depressa. Mesmo sob a perda de não acompanhar a análise algumas vezes magistral da *Recherche* proustiana, passamos para a situação extrema da mediação em Dostoievski. É certo que a afirmação "o objeto não passa de um meio para alcançar o mediador" (ib., 59) era feita a propósito de Proust, mas é nos *Demônios* e nas *Memórias do subsolo* que a mediação interna assume sua dimensão mais atroz. O mediador atinge uma divinização que, em decorrência da morte de Deus, o converte em uma "grandeza satânica", como é dito a propósito de Stravroguine, em *Os demônios*. Pelo que se infere da análise da situação sócio-histórica francesa, a intensificação da mediação interna tem a ver com o que temos chamado de sujeito autocentrado. Por ela, *os homens serão deuses uns para os outros*" (ib., 125). Como Girard não faz questão de explicações coerentes, é em relação ao romancista russo, cujo contexto não é levado em conta, que a exacerbação se mostra mais acentuada. Provavelmente, o autor explicaria o que nos parece um defeito de método como decorrência de que o gênero romance tem um crescimento próprio, que pode se mostrar em consonância ou não com condições sociais. Seria portanto uma questão de talento do romancista o aprofundamento de uma direção dada pelos sinais do tempo. Por isso, ainda que a formulação seguinte se faça a propósito de Stendhal – "a luta das facções é o único elemento estável na instabilidade contemporânea" (ib., 136) –, mesmo que o autor nada adiante sobre os conflitos contemporâneos a Dostoievski, basta saber que também na Rússia o sujeito alcançava grau semelhante de centralização para confiar no talento do romancista, que a mediação interna alcance seu paroxismo. Basta-lhe portanto argumentar que "o romantismo crê salvaguardar a autenticidade de seu desejo reclamando por si próprio o desejo mais violento" (ib., 270). Daí a confluência dos opostos com que trabalha o autor: o "desejo mimético" supõe, por um lado, a exaltação do princípio da imitação, o qual opera sobretudo por uma concepção do sujeito individual que, historicamente, fora responsável pelo ostracismo do par *mímesis*–imitação.

Em lugar de enumerar as formas que a mediação é ainda capaz de assumir – a mediação dupla, a multiplicação das mediações, "a doença ontológica (que se agrava sem cessar à medida que o mediador se aproxima do sujeito desejante)" (ib., 278) –, é preferível pensar sobre a própria abordagem proposta. Por seu objeto, a concepção da *mímesis* que então se iniciava se concentrava no romance. Talvez o autor se defendesse da acusação que se encaminha declarando que não pensa a literatura como um território uno, senão de acordo com sua própria adoção histórica, como uma forma de expressão que se afirma, a partir de finais do século XVIII, através fundamentalmente do romance. O *Mensonge romantique* não se propunha, portanto estabelecer uma concepção da *mímesis*, repensada como imitação, *para* a literatura, senão para só um gênero seu. Mas isso não impediria que se indagasse: e que diria de outros gêneros? É correto que as referências ao teatro clássico francês dão a entender que a teoria proposta, estendendo-se para trás, alcançaria o teatro. Mas que dizer do poema? Como nele encontrar o mediador em suas diversas dimensões? Um adepto de Girard repetirá que ele não pensa a literatura como um *corpus* uno e separado, sequer dentro de uma mesma dimensão temporal. Mesmo que a ressalva seja aceita, a questão continuaria de pé: um gênero, no caso o romance, se definiria pela aclimatação de um mínimo recurso formal? Para que o propósito de uma *mímesis* imitativa tivesse uma justificação mínima seria preciso demonstrar que o romance se torna romance por seu sagaz uso do desejo triangular. Girard poderia responder que a objeção deriva de se pensar, em consonância com o privilégio do singular em vez do coletivo, na exaltação da experiência estética. Mas, embora saibamos que o próprio termo, estética, é uma invenção moderna, não era ela que Aristóteles intuía quando afirmava que a visão de coisas dolorosas ou ignóbeis pode se tornar prazenteira quando vistas através de certas imagens (*Poét.* 48b 10-1)? Ou seja, a singularização das obras não é uma simples decorrência do sujeito autocentrado. Em consequência, a escolha laboriosa de escritores de talento como os que serviram de matéria para o *Mensonge romantique et vérité romanesque*, desde que postos a serviço da justificação do desejo mimético e suas modalidades de mediação, não ultrapassou o estágio de um reducionismo formal. Se queremos ter de fato uma teoria mesmo que seja apenas de um gênero, romance, e não da ficção verbal, precisamos de parâmetros mais amplos, sem os quais a maioria das obras não teria modo de ser analisada.

Isso dito, podemos passar de maneira mais sumária ao segundo nível da teorização do autor.

Mesmo reconhecendo minha incompetência quanto ao objeto da terceira parte da teoria da *mímesis* de René Girard, considero a segunda parte, relativa à natureza da violência, ao papel da instituição do sacrifício ritual e sua crise, seu ponto culminante. Por ela, desde logo, a concepção da *mímesis* escapa do âmbito que se presumiria inicialmente ser o seu, o âmbito da chamada literatura, para ingressar no plano etnológico e, a partir daí, do sagrado.

Na generalidade das diversas sociedades, o sacrifício ritual corresponde à substituição da vítima pelo que o autor chama de vítima de recarga (*victime de recharge*), que não tem nenhuma relação com aquela. É certo que seus críticos e intérpretes acentuam que essa falta de relação é, muitas vezes, problemática. Embora o autor em princípio concorde com a heterogeneidade do fenômeno, não nega por isso que a chave decifradora está na própria substituição. O reconhecimento da dificuldade e sua pretendida ultrapassagem são exemplificados pela cena bíblica em que Isac dá sua bênção paterna não ao primogênito, Esaú, como pretendia, mas a Jacó. A cegueira do velho pai e a conivência da mãe são responsáveis pela troca. Daí, como escreve o próprio Girard, "a substituição sacrificial implica um certo desconhecimento" (Girard, R.: 1972, 15). Sem que a própria razão da astúcia entre na cogitação do intérprete, ela se integra em um circuito mais alto: a troca da violência pela vítima sacrificial estabelece a relação entre a espécie humana e a divindade. Ao afirmá-lo, Girard nega a tese de que o sacrifício não tivesse função, conforme declara afirmado pela dupla Hubert-Mauss e reiterado por Lévi-Strauss. Para o autor, a tese que nega resulta do não entendimento do pensamento contemporâneo em geral sobre a função do divino. Na busca de se opor a essa marca, Girard reitera o papel estabilizador do divino, que remete a um denominador comum na eficácia sacrificial:

> Este denominador é a violência intestina; são as dissensões, as rivalidades, os ciúmes, as querelas entre próximos que o sacrifício pretende desde logo eliminar, é a harmonia da comunidade que restaura, é a unidade social que reforça. (Girard, R.: 1972, 19)

O autor busca sistematizar sua reflexão indo à Grécia antiga. Em seu pensamento, a vítima sacrificial recebia a designação específica de *pharmakós* (o bode expiatório). O termo selava a unanimidade do sacrifício animal e humano. Para que as duas espécies fossem mutuamente assimiláveis era preciso que uma semelhança fosse socialmente estabelecida entre elas, malgrado a heterogeneidade de fato existente entre elas. No caso do animal, a adequação para o papel de vítima sacrificial podia estar em certa propriedade sua, como a doçura da ovelha. No caso do humano, o critério pode consistir em serem classes não totalmente integradas na sociedade, como os prisioneiros de guerra, os escravos, as crianças ou mesmo o rei, não integrado "pelo alto" (cf. ib., 24). Em qualquer dos casos, a escolha do humano é condicionada a que não provoque a violência de seus próximos. Embora concorde que a diferença entre sacrificável e não sacrificável seja muitas vezes difícil de ser reconhecida, o autor acrescenta que a recusa da instituição pelo pensamento moderno – "nos é difícil pensar como indispensáveis as instituições de que, ao que parece, não temos necessidade alguma" (ib., 27) – ajuda a que a violência se mantenha desconhecida.

Fora das sociedades iletradas, a instituição do sacrifício é substituída pelo sistema judiciário: "É nas sociedades desprovidas de sistema judiciário e, por essa razão, ameaçadas pela vingança, que o sacrifício e o rito em geral devem exercer um papel essencial" (ib., 33). A relação e diferença entre o sacrifício e o sistema judiciário, embora evidentes, têm consequências consideráveis. Girard destaca: o desaparecimento efetivo, nas sociedades modernas, do sacrifício – embora já se desse na Grécia e em Roma – favorece o desconhecimento da instituição religiosa, pois ressalta ser evidente que, nas sociedades iletradas, "a violência e o sagrado são inseparáveis" (ib., 34). Vale ainda acentuar o que não é notado em sua plenitude por Girard: porque o sistema judiciário não extingue a violência, mas lhe dá foros de legalidade, nele, a violência assume um aspecto mais sutil. Como iremos reiterar noutro capítulo, ela se confunde com a dimensão do fictício. (Apenas adiantemos: o fictício é a parcela que intercorre entre o verossímil e o emprego do imaginário. Por ele, a dimensão do imaginário se mascara sob a aparência do verossímil, sendo dependente da defesa da ordem do que se tem por realidade.) É por essa simbiose que a violência se introduz no aparato judiciário, que aparenta negá-la. Dos dois aspectos referidos – a substituição do sacrifício pela instituição judicial, a permanência da violência nesta –, Girard destaca o que mais lhe importa: o esquecimento da função do religioso, ao passo que não trata da questão do fictício. Mas que fundamento oferece para o papel do religioso na instituição recorrente nas sociedades iletradas?

> Só uma transcendência qualquer, fazendo crer em uma diferença entre o sacrifício e a vingança, ou entre o sistema judiciário e a vingança, pode *enganar* duravelmente a violência. (Ib., 41)

A transcendência, encarnada no religioso, é afirmada e reafirmada como bastião da estabilidade, i.e., como instituição responsável por impedir "o retorno da violência recíproca" (ib., 86). Embora o autor seja bastante hábil em não mostrar as consequências dessa ênfase na estabilidade, não impede, contudo, que se suspeite de seu cunho bastante conservador. A suspeita cresce pelo retorno à questão do desejo mimético. Porque desejamos aquilo de que nos sentimos privados e de que sentimos ser possuídos por um outro, o desejo é mimético e, ao mesmo tempo, conflitivo. "Toda *mímesis* levando ao desejo dá lugar automaticamente ao conflito" (ib., 217). É claro que a afirmação supõe o caráter imitativo da *mímesis*, que deixaria de ser válido se o fenômeno fosse governado pela individuação da experiência estética. Mas, conquanto de maneira extremamente rápida, Girard identifica a estética com o pressuposto do sujeito autocentrado dos tempos modernos, que, de sua parte, implica a dissipação da divindade. Ora, o desejo mimético perde seu caráter de modelo pela crise sacrificial. Preste-se atenção especial à passagem:

> Este desejo mimético faz-se uno com o contágio impuro; motor da crise sacrificial, ele (o contágio, LCL) destruiria a comunidade inteira se não houvesse a vítima emissária para interrompê-la e a *mímesis* ritual para impedi-la de suceder de novo. (Ib., 221)

Em palavras mais diretas: a *mímesis* ritual assegura a conservação da espécie pela reiteração das posições hierarquizadas, i.e., pela preservação das posições desiguais tradicionalmente estabelecidas. A defesa da *mímesis*-imitação não é apenas um recurso contra a individualização estetizante ou tão só contra o descaso pelo teológico, como a favor de uma sociedade em que a violência conserva seus freios institucionalizados. O aparato judicial, como já vimos, não é suficiente. Não há possibilidade de uma sociedade livre da violência. Mas, pelo exame da etnologia, podemos encontrar recursos contra a crise sacrificial. Ou seja, que mantenha a sociedade o mais possível próxima da *mímesis* padrão, o que vale dizer, da sociedade em que as posições sociais permaneçam hierarquizadas. Como dissemos, essas afirmações não são explicitamente enunciadas pelo autor; ao contrário do que sucede com sua análise da crise da instituição do sacrifício.

Assim como tomara o romance como o gênero mais adequado para explicar o desejo triangular, considera a tragédia grega o meio mais apropriado para explicar a crise do sacrifício. A tragédia grega é tomada como a encenação de uma imitação violenta, na qual não há diferença entre os antagonistas, "pois a violência os dissipa" (ib., 75). Mais do que *mímesis* do sacrifício, a tragédia encena a crise sacrificial, entendida como "a perda da diferença entre a violência impura e a violência purificadora" (ib., 77). Por isso, "a *crise sacrificial* deve se definir como uma *crise das diferenças*, ou seja, da ordem cultural em seu conjunto", que afeta "os afastamentos (*écarts*) diferenciais que dão aos indivíduos sua 'identidade'" (ib., 77-8). Por isso dizia um pouco antes que "são as represálias, ou seja, as retomadas de uma imitação violenta que caracterizam a ação trágica" (ib., 75). Por isso ainda, a afirmação do trágico é o sinal visível da decomposição do religioso:

> Quando o religioso se decompõe, não é apenas, ou de imediato, a segurança física que é ameaçada; é a própria ordem cultural. As instituições perdem sua vitalidade; a armadura da sociedade se debilita e se dissolve; de início lenta, a erosão de todos os valores vai se precipitar; toda a cultura arrisca desabar e, hoje ou amanhã, desaba como um castelo de cartas. (Ib., 78)

Assim como o *Mensonge* se concentrara no romance, a crise sacrificial encontra seu grande momento na análise da tragédia. Mas o problema que surge é absolutamente idêntico àquele. A redução da tragédia à crise sacrificial concede igualdade aos protagonistas porque ser a identidade igualmente dissipada pela violência é uma maneira, por certo inteligente, porém não menos redutora, de tornar o gênero definível por um único recurso. Basta comparar a análise de Girard com os tratados sobre a tragédia, seja de Albert Lesky (1937), seja o posterior de Jacqueline de Romilly (1970), para verificar o encolhimento do gênero à reiteração de um aspecto ou recurso.

Como já foi dito, por desconhecermos a problemática propriamente teológica, será referido apenas de passagem o terceiro plano da teorização de Girard. Para não deixá-lo no vazio, recorro a um divulgador inteligente, Michael Kirwan. Como escreve no começo de seu livro, a terceira parte desenvolvida pelo autor francês consiste em acentuar "a importância da revelação do Evangelho como o modo pelo qual esse mecanismo do bode expiatório é exposto e considerado ineficaz" (Kirwan, M.: 2015, 33). O que significa dizer: para Girard, o cristianismo se diferenciaria das demais religiões por afastar-se da solução da vítima sacrificial e supor não o Deus vingador, do Antigo Testamento, mas um Deus bondoso e salvador. Esse ponto, assinala Kirwan, é objeto de debate entre os próprios seguidores de Girard, com destaque para os argumentos contrários de Raymund Schwager.[30]

2.1
Walter Benjamin: uma apreciação adiada

Embora há algum tempo seja um assíduo leitor de Walter Benjamin, as reservas quanto a seu constante esoterismo têm me interditado de manifestar minha apreciação por sua obra, salvo por alguns ensaios em particular (sobre Baudelaire, sobre Kafka, sobre a obra de arte na época de sua reprodutibilidade técnica). Aqui, apenas se esboça a suspensão dessa interdição. Tal postura contraria o louvor frequente entre seus muitos comentadores. Tenha-se como exemplo:

---

[30] Ver *Must there be scapeghosts?* (2000), de Raymund Schwager, e especialmente *René Girard and Raymund Schwager: Correspondence 1974-1991* (2016).

Seus escritos sobre a linguagem como um todo expunham uma unidade invulgar; todos eles desempenhavam – realizavam – uma crítica decisiva das concepções racionalistas, instrumentalistas ou estetizantes da linguagem e da retórica por meio da linguagem. (Hanssen, B.: 2004, 54)

O elogio era válido. Mas que dizer de sua extensão ao papel que a *mímesis* desempenha em sua ensaística? "Sobre a linguagem como tal e sobre a linguagem do homem" junto com uma análise de "Doutrina do similar" (1933a) e "Sobre a faculdade da *mímesis*" (1933b) demonstrará o quanto a categoria da *mímesis* emergia, no desenvolvimento intelectual de Benjamin, como um dos modos fundamentais da produção cultural humana (ib., 56).

Em nenhum momento de sua análise, Beatrice Hanssen percebe que a concepção que Benjamin adotava era precisamente aquela que a anulava: a *mímesis* como imitação (reiteração ou repetição de uma estrutura básica). A barreira que assim se estabelecia em nome do antagonismo ao racionalismo logocêntrico era a condição para que se mantivesse o peso concedido no início de sua carreira de escritor ao místico e religioso. No já citado "Über Sprache überhaupt", reiteradas vezes se repete: "Para compreender uma entidade (*Wesen*) verbal é sempre preciso perguntar de que entidade espiritual (*geistig*) é ela a expressão imediata" (Benjamin, W.: 1916, II, 1,141). Da relação entre o verbal e o espiritual deriva a inequívoca manifestação religiosa: "*Pela palavra, o ser mental do homem se comunica com Deus*" (*Im Namen teilt das geistige Wesen des Menschen sich Gott mit*) (ib., 144). Ora, conquanto seja bem sabida a guinada do último Benjamin para uma concepção materialista da história, "Benjamin nunca renunciou por completo ao misticismo verbal de seu início" (Hanssen, B.: 2004, 64). Acredito que essa permanência terá ajudado a que não pusesse em questão a sua concepção tradicional da *mímesis*, afirmada nos dois ensaios tardios de 1933. É verdade que tal relacionamento não é explicitamente postulado, embora seja fácil sua inferência: quer a concepção místico-religiosa, quer a *mímesis* como reiteração do que sucede no âmbito das coisas supõem fatores permanentes e mais do que tão só imanentes na órbita do humano. Mas, em vez de insistir na dedução, o decisivo é constatar o que o autor entendia sobre a "faculdade da *mímesis*". Antes de fazê-lo, será preciso seguir a própria ordem das publicações.

Comecemos pelo que foi sua tese, *Der Begriff der Kunstkritik in der deutschen Romantik* (*O conceito de crítica de arte no romantismo alemão*), escrita em 1919. (Na edição das obras completas, no volume I-1, p. 11-122. Citaremos a sua tradução de 1973.)

Logo no início de sua exposição, a concepção de *mímesis* é referida, conquanto de modo indireto: "Imitação, maneira e estilo, três formas que se deixam de bom grado aplicar aos românticos, encontram-se cunhadas no conceito de reflexão" (Benjamin, W.: 1919, 29). Na passagem, chama a atenção o fato de o autor não perceber que, subordinada ao conceito de reflexão (*Reflexionsbegriff*), automaticamente era torpedeada a identificação da *mímesis* com a imitação (*Nachahmung*). Sem sabermos explicar a discrepância, ao desenvolver o papel da reflexão entre os românticos, Benjamin apreendia o que seria o núcleo da atividade da *mímesis*:

> A infinitude da reflexão é, para Schlegel e Novalis, antes de tudo, não uma infinitude da continuidade, mas uma infinitude da conexão. [...] "Conectar infinitamente (exatamente)". Schlegel e Novalis tinham em mente o mesmo quando compreenderam a infinitude da reflexão como infinitude realizada do conectar. (Benjamin, W.: 1919, 36)

À ênfase na conexão, ruptura da linearidade e da correspondência um a um entre os elementos de duas séries, acrescenta-se que a centralidade da reflexão significa que ela, "no sentido dos românticos, é pensamento que engendra sua forma" (ib., 39). Se nos concentrássemos no exame de sua tese, o que aqui não cabe, veríamos como pela aludida concentração os românticos se separam de Fichte, que optava pelo Eu absoluto, a que haviam estado inicialmente ligados, i.e., autonomizavam um pensar que, alimentando sempre uma nova volta, nunca se completa. Mesmo sem fazermos esse exame detalhado, não deve escapar a dupla observação:

> No sentido do primeiro romântico, o ponto central da reflexão é a arte e não o Eu. [...] Fichte já determinara (a crítica) de maneira decisiva como forma. Ele mesmo interpretou esta forma como o Eu, como a célula origi-

nária do conceito intelectual do mundo. Friedrich Schlegel, o romântico, interpretou-a por volta de 1800 como a forma estética, como a célula originária da ideia de arte. (Ib., 48)

Sem recorrer à especulação acima avançada – o manter firme a concepção tradicional de *mímesis* se relacionava ao caráter ontoteológico de sua concepção de mundo –, pode-se de modo mais palpável explicá-la pela equivalência feita a propósito de Schlegel entre o conceitual e a verbalidade (*sprachlich*). Ou seja, concebendo, com toda a tradição, o conceito como o núcleo duro da linguagem, reservava para ele a parte superior e estável da construção verbal, mantendo o metafórico em um plano secundário. (O que vale dizer: a teorização se indispunha com sua rica prática, pois entre suas qualidades está sua criação metafórica.) Ora, o princípio da imitação, ao menos aparentemente, dava ao que se julgava seu equivalente, a *mímesis*, um caráter de conceitualidade, portanto de estabilidade. Ainda assim parece difícil admitir que Benjamin concedesse ao conceito essa função maior. A equivalência valeria, pois, apenas em relação a Schlegel? Contudo, por mais incompreensível que pareça a extensão da equivalência, ela se ajusta ao realce da *Nachahmung*.

Se toda a parte destacada não se desvinculava de um arcabouço tradicional, a capacidade intuitiva do autor não se mostrava de maneira extraordinária pelo que desenvolverá a propósito da concepção mesma da crítica. O contraste entre os dois planos parece mostrar que o forte de Benjamin não estava em emular o raciocínio abstrato do filósofo senão em se manter nas proximidades do solo da arte:

> Todo conhecimento crítico de uma conformação (*Gebilde*), enquanto reflexão nela, não é outra coisa senão um grau de consciência mais elevado da mesma, gerado espontaneamente. Esta intensificação da consciência na crítica é, a princípio, infinita; a crítica é, então, o médium no qual a limitação da obra singular liga-se metodicamente à infinitude da arte e, finalmente, é transportada para ela, pois a arte é [...] infinita enquanto médium de reflexão. (Ib., 76)

Ou seja, a crítica era vista por Benjamin como uma mediação, mas não, como costuma ser dito, entre a obra e seu receptor, mas entre essa forma (ou imagem, *Gebilde*) e a própria ideia de arte. Noutras palavras, a crítica desdobra, por certo noutro plano discursivo – não mais o plano da arte *stricto sensu* –, o potencial expressivo da obra. É nesse sentido, ademais, que a crítica não se confunde com a indagação filológica.

Ora, acentuar as implicações da passagem transcrita supõe ressaltar a contradição de identificar a verbalidade com a conceitualidade porque, para o próprio autor, era evidente que o território da arte tem antes a ver com o emprego do metafórico do que com o conceito; em termos mais precisos, a concretude da arte – pense-se especificamente na arte verbal – está não em certo uso da linguagem, o uso abstrato, que apenas subsidiariamente recorre a seu potencial figurativo, mas em sua plena potencialidade, i.e., em uma proporção pequena de conceitualidade, sob uma auréola metafórica.

Para um autor que desconheceu o êxito na vida, ao menos sua tese de fim de curso não encontrou embaraços. Todo o contrário do que sucederia com sua *Habilitation*, que, sendo recusada, impedindo-o de ter uma profissão definida, favoreceu a precipitação da desgraça. Refiro-me a seu mais famoso ensaio, a *Ursprung des deutschen Trauerspiel* (*Origem do drama trágico alemão*, 1928) – a ser citado na tradução de João Barrento.

Neste curto comentário, partamos da referência à *Teologia política*, de Carl Schmitt:

> O conceito moderno da soberania tende para um poder supremo assumido pelo príncipe, o Barroco desenvolve-se a partir da discussão do estado de exceção, considerando que a mais importante função do príncipe é impedi-lo. (Benjamin, W.: 1928, 58)

Um pouco adiante, reiterará: "A função do tirano é a restauração da ordem na situação de exceção: uma ditadura cuja utopia será sempre a de colocar as leis férreas da natureza no lugar do instável acontecer histórico" (ib., 68). Daí seu interesse pelo império teocrático de Bizâncio, "onde o poder absoluto imperial se apresentava com uma amplitude desconhecida no Ocidente" (ib., 61). Da motivação pela história bizantina resultava a abertura de um filão que já se desvinculava da reflexão de Schmitt, a distinção entre as espécies de tirano, da qual derivará a ideia de catástrofe:

> Os "muito maus" têm o seu lugar no drama de tiranos, e o sentimento que lhes corresponde é o do temor; os "muito bons", no drama dos mártires, com a correspondente piedade; [...] O tirano e o mártir são no Barroco as faces de Jano do monarca. São manifestações necessariamente extremas da essência da condição régia. (Ib., 62)

Daí que a figura do príncipe tirano conduza à teoria da soberania:

> Trata-se da incapacidade de decisão do tirano. O príncipe, cuja pessoa é depositária do estado de exceção, demonstra logo na primeira oportunidade que é incapaz de tomar uma decisão. Tal como a pintura maneirista não conhece a composição sob uma luz tranquila, assim também as figuras teatrais da época se perfilam no brilho cru das suas torturantes indecisões. (Ib., 64)

Se esses traços caracterizam o drama Barroco, o exame concreto dos dramas particulares, com destaque para Gryphius, levava a observações preciosas para uma apreciação da *mímesis* teatral. Encontra-se no caso tanto a comparação com o que sucedia com a pintura maneirista como a que estabelece de imediato entre "as bandeiras rasgadas e esvoaçantes", nos dramas de Lohenstein e a "pequenez das cabeças" nas figuras de El Greco.

As comparações ricas e inesperadas derivavam dos dados apontados – a função do tirano, a incapacidade de cumpri-la, a extrema variedade de suas posições (os extremamente maus e os extremamente bons). Delas, Benjamin extraía que aquela amplidão de possibilidades, em vez de retratar alguma quadra histórica, permitia a grandeza confiada à cena. Ou seja, a ênfase nos extremos da vida do tirano ganhava um diferencial histórico, que provocava que a arte teatral assumisse um perfil próprio, não apreensível por mera projeção histórica:

> Confrontado com o Barroco, o Renascimento não surge como uma época de irreligião e paganismo, mas como uma era de liberdade profana da fé, enquanto o espírito hierárquico da Idade Média, com a Contrarreforma, se impunha num mundo ao qual estava vedado o acesso imediato à transcendência. (Ib., 74)

A passagem é particularmente importante do ponto de vista aqui destacado: não só essa riqueza temática contrariava o suposto princípio de imitação que caracterizaria a *mímesis* como a condução das peças analisadas se opunha à reprodução imposta por aquele princípio. E ninguém melhor para compreendê-lo senão o próprio Walter Benjamin: "A criatura é o espelho em cuja moldura, e só nela, o mundo moral se apresentava no Barroco. *Um espelho côncavo, porque isso só era possível com distorções* (ib., 88, grifo meu).

A apreciação que fazemos da primeira parte da *Habilitation* malograda ficaria demasiado solta sem aproximá-la com o que apresenta sobre a tragédia ática. Para fazê-lo, Benjamin partia da definição do arquirrival de Nietzsche, Wilamowitz-Moellendorff:

> A tragédia ática é uma peça autônoma da lenda (*Sage*) heroica, poeticamente elaborada num estilo sublime para ser representada por um coro de cidadãos da Ática e dois a três atores, e destinada a ser exibida, como parte do culto público, no santuário de Dioniso. (Apud Benjamin, W.: 1928, 107)

Sua reelaboração poética se baseia na afirmação do sacrifício; seu principal alvo, o herói, se distingue dos outros personagens de modo terminal e inaugural. Terminal porque cumpre um sacrifício expiatório para com os deuses; inaugural porque se realiza no sentido de anunciar novos conteúdos para a vida de seu povo. Dito de maneira mais explícita: a ação do herói leva à sua destruição pessoal, compensada por trazer um sentido para a vida comunitária. Como dirá o autor: "A morte trágica tem um duplo significado: anular o velho direito dos deuses olímpicos e sacrificar o herói, fundador de uma nova geração humana, ao deus desconhecido" (ib., 108).

Os dois aspectos estão intimamente correlacionados. Cumprem uma metamorfose: em vez de realçar a entrega inexorável do herói à morte, saciando a vontade dos deuses, o sacrifício promove o resgate para sua comunidade. A morte é literalmente vista como crise. E Benjamin acrescentava: "Um dos primeiros exemplos é o da passagem do sacrifício humano no altar para a figura da vítima diante da faca ritual" e a transformação do altar de local eleito para o sacrifício aos deuses em condição de refúgio, pela qual a vítima condenada se convertia em criatura a serviço de um deus, que, de vingativo, se tornava acolhedor. (O autor tomava como concreção exemplar a *Oréstia*.) Na interpretação proposta, era decisiva "a vinculação absoluta à comunidade" a que a morte oferecia a redenção (cf. ib., 109).

Tal caráter agônico encontrava seu correlato no fato de os espetáculos teatrais áticos decorrerem sob a forma de competição (cf. id.). Ao lado desses aspectos dinâmicos – a fuga em torno do altar, a concorrência dos concursos trágicos –, importa um outro, do ponto de vista da cena, contrastante: a mudez do herói. Esta é uma das passagens capitais da interpretação do autor:

> Ao ficar em silêncio, o herói quebra as pontes que o ligam ao deus e ao mundo, ergue-se e sai do domínio da personalidade que se define e se individualiza no discurso intersubjetivo, para entrar na gélida solidão de Si mesmo (*Selbst*). (Id.)

O silêncio do herói trágico é o lugar de experiência do sublime – do que, diga-se em acréscimo ao argumento de Benjamin, mas sem deturpá-lo, na acepção kantiana, ultrapassa a harmonia própria do belo. Daí o confronto que estabelece com a ordem demoníaca do mundo: "O trágico relaciona-se com o demoníaco como o paradoxo com a ambiguidade" (ib., 111). Não se confunde com a ambiguidade e dela vai além porque a morte se cumpre em favor da comunidade. "A ambiguidade, estigma do demoníaco, está em extinção" (id.). A inversão referida se manifesta pela cena: nela, não se confunde com o julgamento do herói, mas com o tribunal dos deuses:

> O profundo impulso para a justiça no teatro de Ésquilo anima a profecia antiolímpica de toda a poesia trágica. [...] Na tragédia, o homem pagão se dá conta de que é melhor do que os seus deuses, ainda que este reconhecimento lhe tolha a língua e o deixe ficar mudo. (Id.)

Sem que o diga, a complementação do argumento explicita melhor por que a tragédia ática se distanciava da lenda heroica de que proviera. Esta, a exemplo de toda modalidade mítica, procurava justificar um estado de coisas – no caso, a crença no poder maior dos deuses, capazes então de se contrapor à ordem humana –, ao passo que a tragédia invertia o *status quo*. Sob o preço do sacrifício de uma criatura exemplar, o Olimpo era destituído em favor do bem da comunidade.

As poucas páginas referidas acima justificam a fama póstuma de Walter Benjamin. Não identificado com alguma crença em particular, sequer com o judaísmo que norteara sua primeira orientação, não era por isso menos forte sua dimensão religiosa. Mas ela não se impõe como uma marca que não respeitava as condições históricas. Ao contrário, se compararmos o que dizia acerca do drama trágico (*das Trauer-Spiel*) e o que afirma sobre a tragédia ática, vemos seu absoluto contraste. Para não nos estendermos, assinala-se apenas: enquanto no caso grego a perda individual do herói se cumpria em benefício da sociedade, assumindo o gênero uma visão propiciadora da vida humana, no teatro da Contrarreforma, "o espírito – é esta a tese relativa ao século – mostra-se no poder; o espírito é a capacidade de exercer a ditadura. E esta capacidade exige ao mesmo tempo uma rigorosa disciplina interior e uma ação exterior sem escrúpulos" (Benjamin, W.: 1928, 97).

É verdade que a interpretação teórica proposta deveria ser submetida à prova que se realizaria pela releitura de toda a tragédia ática. Fazê-lo aqui seria sem propósito. Em troca, é bastante satisfatória a demonstração do choque entre a crítica de cunho mimético do autor, com sua força dialética entre os vetores de semelhança – com os valores vividos pela sociedade – e a diferença portada pela invenção poética – e o que apresentarão os pequenos ensaios tardios sobre o similar e a faculdade da *mímesis*. Esse choque nos levanta um problema: adiantamos atrás que seu empenho místico-religioso poderia ter prejudicado sua capacidade de dimensionar a presença da *mímesis*. Mas não afirmamos há pouco que aquele empenho não transparecia como uma marca férrea imposta sobre o analisado senão que, temporalmente flexível, mostrava sua face historicamente diferenciada? Creio que a contradição se desfaz ao considerar-se um terceiro elemento: o talento de Benjamin não se estendia ao tratamento teórico-filosófico das questões que enfrentava. Daí o contraste entre o momento áureo de um exercício crítico incomum e seu obscurecimento pelos dois ensaios a seguir examinados.

Comecemos pelo publicado meses antes, "A doutrina do similar" (*"Lehre von Ähnlichen"*, 1933a), que só receberia sua primeira edição em 1942, pelo Instituto para Pesquisa Social, em Los Angeles, por iniciativa dos exilados Adorno e Horkheimer.

O interesse pelo tema se associava em Benjamin à questão do ocultismo. A afinidade dos temas é ressaltada na primeira frase: "A compreensão nos domínios do 'similar' é de significação fundamental para a iluminação da maioria dos setores do conhecimento oculto" (Benjamin, W.: II, 1, 1933a, 204). Como se não tivesse tempo a perder, logo acrescenta: "A natureza produz similaridades; basta pensar na mímica. Porém, a capacidade mais alta na produção de similaridades cabe ao homem" (id.). Por isso mesmo, ela terá um papel destacado na astrologia, com a ênfase dada à posição dos astros na hora do nascimento. Daí deriva uma observação relevante: "A percepção da similaridade é em cada momento instantânea" (ib., 206). Não só sua percepção é instantânea como é "crescentemente frágil esta faculdade mimética" (ib., 205-6). Por isso, o mundo perceptual (*Merkwelt*) do homem moderno contém muito menos "correspondências mágicas" que o próprio do primitivo. Daí, ainda, a presente secundariedade da astrologia, da leitura dos horóscopos, em suma, das artes ocultas. A diferença entre a ordem mágica e a peculiar ao homem moderno é formulada pela frase: "Para compreendê-lo, deve-se antes de tudo considerar (*begreifen*) o horóscopo como uma totalidade originária, que, na interpretação astrológica, é apenas analisada" (ib., 206).

É perceptível que a inclinação do autor em prol do místico e religioso o levava a privilegiar a potência frágil do mimético. Desse rumo deriva o que chama de "similaridade não sensível". Se sua compreensão é dificultada pela perda progressiva de sensibilidade para o mágico, o humano está de posse de um cânone que o esclarece: a linguagem. Nota por isso a proximidade entre a teoria onomatopaica sobre a origem da palavra e as teorias místicas ou teológicas sobre a mesma:

> Disponham-se palavras de línguas diferentes com o mesmo significado em torno do objeto que significam, entendido como seu centro (*um jenes Bedeutete als ihren Mittelpunkt*), de modo que tenhamos de pesquisar

como todas elas – que, com frequência, não têm entre si a menor similaridade – são similares ao centro a que apontam. (Ib., 207)

A formulação, bastante complicada, procurava mostrar por que a linguagem e sua forma escrita podem de algum modo compensar a perda progressiva da "similaridade não sensível". "A escrita tornou-se assim, ao lado da linguagem, um arquivo de similaridades sensíveis, de correspondências não sensíveis" (ib., 208). Ou seja, o cânone da linguagem e, subsidiariamente, a escrita permitem que, embora o agente humano esteja progressivamente menos aparelhado, o exercício da *mímesis* possa ser cumprido. Ao raciocínio exposto acrescenta-se o adendo que começava por: "A posse da capacidade de ver similaridades nada mais é do que um rudimento fraco da compulsão outrora poderosa de tornar-se similar e assim se comportar" (ib., 210).

Só um conhecimento biográfico que não possuo permitiria entender a razão que levava Benjamin a "teorizar" nessa etapa de sua vida sobre um instrumento que utilizara ao longo de uma vida dedicada ao estudo do literário. Muito menos, sem estar de posse do conhecimento que nos falta, será possível o pleno entendimento de por que meses depois voltaria ao tema, com "*Über das mimetischen Vermögen*".

Seu argumento é extremamente semelhante ao do artigo anterior, usando inclusive os mesmos argumentos. Assim, sua abertura reitera *ipsis litteris* que "a natureza produz similaridades" etc. etc.[31] Talvez a única diferença esteja em que as referências ao mágico fossem substituídas pela ênfase na faculdade mimética. Como esta estava contida naquela, a distinção só importará para quem desconheça o ensaio de

---

[31] É significativa a observação de Gerschom Scholem feita a propósito de seu encontro com Benjamin, em Paris, em fevereiro de 1938, no que se referia à permanência do místico no ensaio sobre a faculdade da *mímesis*: "Nele, ainda estava viva a distinção entre a palavra e o nome, que, vinte anos atrás (em 1916), fora a base de seu ensaio sobre a linguagem e ademais se desenvolvera no prefácio de seu livro sobre o drama trágico; seu ensaio sobre a faculdade da *mímesis* não contém a mínima sugestão de uma concepção materialista da linguagem. Ao contrário, ela parecia objeto de uma conexão puramente mágica. Benjamin estava evidentemente dividido entre sua predileção por uma teoria mística da linguagem e a necessidade, igual e fortemente percebida, de combatê-la, no contexto de uma visão marxista de mundo. Mencionei esta divisão e ele candidatamente a admitiu" (Scholem, G.: 1975, 209).

meses antes. (O *"Lehre"* foi escrito em janeiro ou fevereiro, *"Über das mimetischen Vermögen"*, entre junho e setembro, cf. "Registro cronológico", *Gesammelte Schriften*, IV-2, 1152.)

Destaque-se que o que Benjamin ressalta na *mímesis* estreitamente se associa com a similaridade.[32] Lembre-se que, de acordo com a primeira acepção da *mímesis* em Aristóteles, em que ela é vista como uma propriedade do reino animal, apenas se intensificando no homem, pode-se dizer que a similaridade aí assume um caráter natural. É desenvolvendo o caráter natural das similaridades que Benjamin acrescentava: "Talvez não haja função mais alta que seja decisivamente associada com a faculdade mimética" (Benjamin, W.: 1933b, 210). Esse relacionamento estreito da *mímesis* com uma propriedade originada da própria natureza acentua o caráter de imitação e, portanto, reitera a ação humana como reduplicação de algo já antes existente. Por certo que o magismo destacado por Benjamin dava a seu exercício mimético um caráter radicalmente distinto. E como repete que o elemento mimético na linguagem opera como uma chispa, tendo por suporte a conexão das palavras e das frases, aquela contradita a afirmada arbitrariedade do signo. Pode-se então supor que, para Benjamin, a muitas vezes declarada magia do poético seria um torneio metafórico da grafologia. (Note-se que o autor nem fala em arbitrariedade do signo, tampouco em torneio metafórico da grafologia.)

Na impossibilidade de saber o que motivara o autor a escrever os dois pequenos e tão aproximados ensaios, apenas reiteremos sua imensa divergência quanto à sua enorme produção analítica. Mas, para não ficarmos nesse lote pouco benfazejo, terminemos a parte reservada a Walter Benjamin com o ensaio que dedicara a *As afinidades eletivas*, de Goethe.

Entre os inúmeros textos analíticos de Walter Benjamin, esse se inclui entre os notáveis. O que, concretizando o que dedicava à crítica, significa: está entre aqueles que desdobram o que a obra ficcional já por si fazia: manter, por certo não pelo registro ficcional, o impulso

---

[32] Similaridade = semelhança. Empregamos o primeiro termo no contexto específico dos dois ensaios de Benjamin sobre a *mímesis*.

criativo. O que ainda significa: volta *atrás* no que dizia sobre a palavra ficcional para, escavando sob suas figuras, levar *adiante* o que elas propunham. Assim, de imediato sucede por afastar o que pareceria constituir a plataforma de base do romance: a consideração da relevância da instituição matrimonial. Ao contrário da postura moralista do personagem Mittler, essa base não é confundida com a instância ética ou jurídica, que constituiria o fundamento da sociedade humana. "É tão somente no naufrágio (que) ele se mostra uma instituição jurídica [...]. O objeto de *As afinidades eletivas* não é o matrimônio. Em parte alguma do romance, as instâncias éticas do casamento poderiam ser encontradas" (Benjamin. W.: 1922, 20).[33] A obra rompe esse enlace desde que, ainda no começo do relato, narra o deslocamento das lápides do cemitério local, com que, ante a reviravolta emocional provocada pela vinda de Ottilie, Eduard inicia as mudanças nas feições da propriedade. Ainda no começo da análise, Benjamin caracteriza seu modo de proceder quando estabelece a distinção entre o mundo da filosofia moral e o mundo da ficção: "Diferenciam-se as figuras do romance por estarem (as figuras humanas) totalmente presas à natureza" (ib., 25).

Curiosamente, Benjamin não se dá conta de que Goethe separava a realidade da ficção do reino da natureza. Antes parece ressaltar o título, *As afinidades eletivas*, ser justificado por um fenômeno que se dá na própria natureza. Não percebe a discrepância entre a opinião então proferida por Charlotte e o que acentuava a passagem há pouco citada, que se apoiava no posicionamento do próprio narrador do romance. Seria interessante verificar como Goethe joga com as contradições, e a correspondência das afinidades com o que se passa na natureza dá lugar, no curso da narrativa, ao choque produzido no mundo das relações humanas. Como não pretendemos a análise detalhada do romance, destaque-se apenas o encaminhamento dos eventos do relato para o relacionamento, explorado por toda sua segunda parte, entre a figura de Ottilie e a morte. Tenha-se contudo o cuidado de notar que a atração pela morte não substitui simplesmente a associação que se revela falsa com as afinidades naturais. Por certo, a questão da morte

---

[33] Só em casos excepcionais nos afastamos da estrita transcrição da tradução citada.

já é insinuada desde o princípio, pois o casamento que serve de ponto de partida do enredo já se apresenta em estado de ocaso e falência. Apenas Eduard e Charlotte não mostram ter consciência do crepúsculo em que seu enlace se encontra. Por isso a proposta de Eduard de trazer o capitão, seu ex- e futuro companheiro de armas, para que viva no castelo, acompanhada de proposta semelhante de Charlotte quanto à sua sobrinha, Ottilie, apenas suscita a advertência da mesma Charlotte: "Podia-se arriscar [...] se o risco nos fosse exclusivo" (Goethe, J. W. von: 1809, I, 2, 252). Mas o narrador, em vez de agir como os narradores habituais, que explicam o caminho dos personagens, antes se incorpora ao juízo proferido por Eduard: "Os negócios exigem seriedade e rigor, a vida, inconsequência" (I, 4, 266). Por isso, a advertência de Charlotte antes prepara o leitor para o que de fato sucederá (cf. parte I, cap. 12). Ao passo que ela viverá sem obstáculos sua paixão pelo recém-vindo, cabendo ao capitão afastar-se do adultério pela aceitação de uma oferta de emprego, Eduard, coerente com seu caráter impulsivo, termina por criar para si um obstáculo ao divórcio para, aceitado o retorno a seu antigo ofício de armas, repentinamente afastar-se do castelo. Com isso, levantava para si próprio a alternativa: ou a morte na guerra ou, se dela escapasse, a realização, quando de seu retorno, de seu desejo.

Com o duplo afastamento do capitão e de Eduard, o desfecho não só se adia, como assume um rumo imprevisto. Melhor dito, se a primeira parte é comandada pela impetuosidade de Eduard, a passividade e a mudez de Ottilie preludiam o caráter da segunda e decisiva parte. Este já é anunciado pela relação intensa de Ottilie com a capela, que ela e o arquiteto descobrem escondida no interior da igrejinha do povoado. Ottilie não só auxilia o arquiteto como é responsável pela feitura das figuras angelicais que vinham orná-la (cf. Benjamin, W.: 1928, 29-30). Os pressentimentos então se acumulam: a preservação da taça que trazia inscritas as iniciais de Eduard e Ottilie, quando do assentamento da pedra fundamental da casa separada do castelo, que, em princípio, em consequência de haver sido lançada ao ar, deveria ter-se quebrado, o desmentido da aproximação com as afinidades naturais, o fato de a criança que surge da gravidez inesperada de Charlotte parecer-se com o capitão e ter os olhos de Ottilie, indicativo, como Benjamin bem o diz, de que "a criança nasce da mentira" (ib., 32), dirigem para a conclusão do relato: "As forças que surgem com o desmoronamento do casamento têm necessariamente de triunfar" (ib., 33). Mas isso ainda é impreciso para dizer da carga contida no romance: o suicídio de Ottilie, embora não explicitamente declarado, ultrapassa o plano do mero encadeamento de eventos:

> Ottilie sucumbe não apenas como "vítima do destino" (menos ainda por "sacrificar-se" verdadeiramente a si mesma), mas sim de forma mais implacável, mais precisamente como a vítima que redime os culpados. [...] Ottilie, a despeito de seu suicídio, morre como mártir. (Ib., 35)

Por não caber o detalhamento da própria análise, chame-se a atenção para um aspecto que é constitutivo da obra de Walter Benjamin: o propósito de visar a uma filosofia da linguagem é com frequência acompanhado pelo esoterismo da exposição. Dele por certo, muitas vezes, parte um halo de extrema inteligência. É exemplar o louvor da castidade de Ottilie:

> Ela evoca a aparência de uma inocência da vida natural. A ideia pagã, ainda que não mítica, dessa inocência deve ao cristianismo, no que tange ao ideal da virgindade, pelo menos a sua formulação mais extrema e mais rica em consequências. Se as causas de uma culpa original mítica devem ser buscadas no simples impulso vital da sexualidade, o pensamento cristão vê a sua contrapartida na esfera em que tal impulso encontra o mais distante da expressão drástica: na vida da virgem. (Ib., 82)

Quando o esoterismo não consome a profundidade da observação – como no caso referido pela anotação "Ottilie comete um erro que lhe causa culpa" (ib., 86) –, aquele não se indispõe com a qualidade invulgar do analista. Mas havemos de convir que isso não é frequente. (Tenha-se, por exemplo, o "Prólogo epistemológico-crítico" à *Origem do drama trágico*.) A concepção rasteira de *mímesis* que o autor formularia em sua mais plena maturidade provoca um incômodo vazio. Por ele, lhe faz falta um conceito – ou melhor, o esboço de um conceito – que lhe servisse de controle positivo à fluência de sua intuição. Assim, entregue a si mesma, ela dirige ao enigmático. (Associa-se ao que dizemos: a frequência com que Benjamin lança mão de "essência" e "aparência".)

2.2
A imitação reafirmada e a questionada

> *Dans (la) Mimesis, en effet,*
> *il y a quelque chose de gênant*
> (Lacoue-Labarthe: 1975, 190)

Do longo ensaio de Philippe Lacoue-Labarthe, não trataremos das duas primeiras partes porque distanciadas do tema aqui discutido. Observe-se apenas, a partir da epígrafe tirada de *La nouvelle Héloïse* – "Querendo ser o que não se é, chega-se a crer outra coisa do que se é; eis como se forma o louco" –, destacava-se a formulação de Heidegger a propósito da identificação de Nietzsche com seu personagem Zaratustra. Embora Heidegger a considerasse dentro da relação de inversão de Nietzsche quanto a Platão (cf. Lacoue-Labarthe, P.: 1975, 176), ele próprio dela se desviará pela assunção de outro curso (ib., 179). Esse trajeto não será seguido pela sobrecarga de citações e etimologias então indispensável, seja porque nem Heidegger nem Lacoue-Labarthe chegam a alguma conclusão entre os dois citados trajetos, seja ainda porque é a via mais afastada do que nos é decisivo. Note-se apenas que a não referência às duas primeiras partes não significa que divisão semelhante esteja no texto-objeto. Ao contrário, o ponto central a ser destacado – o choque entre verdade e *mímesis* – que se efetiva pela análise heideggeriana de *A República*, deriva do processo etimologizante que alimenta toda a abordagem do filósofo alemão.

Considerando a abertura do processo analítico heideggeriano, a identificação de Nietzsche com o personagem do *Ecce homo*, Lacoue-Labarthe destaca o risco de identificar-se o eu com qualquer coisa diversa de si mesmo (*Selbst*). O risco estava contido na passagem de Rousseau que escolhemos como epígrafe. Como já se chamou a atenção, o próprio Heidegger, contudo, contra-argumentava: a indagação metafísica – melhor seria dizer, especulativa –, a exemplo do que se dá entre Jünger e a figura do *Arbeiter* (trabalhador) supõe a concentração em uma *figura*, pela qual se cumpre "a transcendência enquanto forma, figura, cunhagem, tipo etc. de uma *humanidade*" (ib., 179).

Lacoue-Labarthe reforça o desvio assumido pelo autor que glosa: o desdobramento efetuado pela figura supõe que o *mesmo*, não confundido com o *idêntico*, supõe "a radical heterogeneidade do ser em seu *próprio* (desvelamento) (ib., 180). Por isso, a questão inicialmente posta por Heidegger era por ele próprio interrompida por depender do desmembramento entre o mesmo e o idêntico. Ou seja, a possibilidade de saber se o mesmo, Nietzsche, se punha na figura por ele criada de Zaratustra, se dá ao nível do nome; mais precisamente se tal equivalência se mantém no que de fato sucede. O comentador francês justifica o procedimento quanto a Jünger porque, pelo subtítulo de seu próprio texto – *Der Arbeiter. Herrschaft und Gestalt* (*O trabalhador. Domínio e figura*) –, ele empregava *Gestalt* em relação a *Gestaltung*, a mesma relação que há entre "carimbo" (*Stempel*) e ato de imprimir (ou cunhar, *Prägung*), de modo semelhante ao que Platão usava "ideia" como a produção transcendente quanto à percepção sensível. Em ambos os casos, declara o comentarista justificando o que seria a explicitação do título completo de seu ensaio, os termos são ordenados segundo uma *onto – typo – ologie* (cf. ib., 181). Jünger, contudo, acrescenta Lacoue-Labarthe, negava a equivalência platônica. A figura, no seu caso "o trabalhador", não é transcendência do correspondente empírico, mas doação de sentido; o que pressupõe no fundamento do ente a totalidade do *subjectum* (cf. ib., 182). Em vez de transcender, um descer (*Rückstieg*) às profundezas do eu. Daí a justificação que dava ao desvio assumido por Heidegger: ainda que esse *Rückstieg* da *Gestalt* não seja por certo pensável pelo caminho da ideia platônica, os dois traçados não são idênticos. Por isso, assinalar sua comunidade de origem não equivale a identificá-las (ib., 182). A passagem nevrálgica concerne à relação entre *Ge-stell* (com frequência traduzida por "armação", no sentido do que se põe de pé) e *Gestalt*:

> O problema é, em suma: [...] ou *Ge-stell* é *uma palavra para a essência esquecida/retirada, escondida do ser* – ou *Ge-stell* ele próprio depende de uma certa *Gestalt* determinada da humanidade (a essência do ser depende, a cada vez, da potência da representação humana [...]. É este pois o problema: quem comanda, *Ge-stell* ou *Gestalt*? Que vem em primeiro lugar e quem é que domina? Em que sentido se faz a derivação? (Ib., 185)

A alternativa, que explicita os dois trajetos efetuados pela dedução heideggeriana e sua irresolução final, conduz a que Zaratustra se confunda com o impensado (ib., 188) em relação ao "trabalhador" de Jünger (cf. ib., 209). O que equivale a dizer: Zaratustra não é idêntico a Nietzsche, senão que é certo desdobramento seu, aquele em que ecoa sua voz. Ou ainda: o impensado remete "ao sujeito da enunciação", sem que se identifique com a "metafísica da subjetividade" (ib., 189).

A questão encaminha para o enigma. Dentro da linha seguida pontualmente pelo comentador: *Gestalt* e *Darstellung* aparecem como derivados de *Ge-stell* (ib., 190), assim como a rede emaranhada de derivados, semelhantes a *Darstellung*.[34] Para fazê-lo, aquele que serve de guia para a fonte comentada recorre à etimologia da técnica moderna. Ela não se adequaria à etimologia com frequência admitida porque não é um produzir, mas um pôr em condições de liberar uma energia, para que dela algo possa ser extraído (cf. Heidegger, M.: 1954, 9-10). Conforme sua ilação, o desocultamento, como entende o significado etimológico de *alétheia* (verdade) deixa de ser uma produção para tornar-se uma provocação. Daí a aproximação com a raiz *Stell* (cf. 1975, 194). Com o que se permite retornar à relação entre ideia e *Gestalt* e, daí, em novo salto, à afirmação de que "o pensamento (metafísico), a *teoria* é, em sua essência, ficcionalizante, *instaladora*" (ib., 199). Por isso, vindo à origem da questão, Zaratustra não é poético mas poiético (cf. id.). Entendo: não é um ornamento literário, mas algo propriamente criador, i.e., arrancado de e remetente ao fundo do impensado. Na mesma escalada, ainda acrescentará: a ficcionalização "não tem nada a ver com a *Darstellung*, a exposição ou a encenação" (id.). E o que valeria como conclusão para a investida do comentador: "A onto-tipo-logia 'gestáltica' do Zaratustra não implica (*n'engage*) a *Darstellung*" (id.). Daí a diferença entre *poiesis* e *Darstellung*; diferença que atinge

---

[34] O esboço que fazemos de acompanhamento do texto de Lacoue-Labarthe remete, por sua vez, à tradução francesa da conferência de Heidegger, "*Die Frage nach der Technik*" ("A pergunta pela técnica"), em Heidegger: *Vorträge und Aufsätze*, 1954 (cito a 11ª ed., 2009). Seriam ociosas as transcrições porque pouco adiantariam além do que apresenta o esboço.

a própria *mímesis*. Como, ao contrário da *poiesis*, a *Darstellung* não se aprofunda dentro de si mesma, Platão teria razão ao condenar a arte. Esta seria sempre a *Darstellung* do existente, um poetizar que traz o risco da ilusão e da mentira (cf. ib., 202-3).[35] Enquanto associada ao *poético*, a *Darstellung* remete ao que se põe de pé (*estela*), "para não dizer, *Nachahmung*, imitação". Pois, como repete Heidegger, *mímesis* significa *Nachahmachen* (*fazer conforme a*).

Toda a glosa de Heidegger visava mostrar que o propósito central de *A República* não era a arte, senão que a educação do jovem ateniense e a função do Estado e de suas instituições. Por isso, o filósofo alemão podia se contentar com a desqualificação da *mímesis* quanto à *poeisis*. Mas, não sendo esse o propósito de seu comentador, ele tem necessidade de ir adiante. É o que faz, de maneira mais crítica, voltando-se para a concepção de *mímesis* em Girard. Nosso esboço será agora mais superficial.

Em Girard, a *mímesis* gira em torno do desejo. Nos termos postos na interpretação heideggeriana de Platão, isso significaria reiterar a junção da *mímesis* com o plano do existente, ou seja, restringir a sua relevância, assim como de seu objeto, a arte.

Como adepto, que era então, da linha heideggeriana, Lacoue-Labarthe eventualmente deixa de segui-lo. Como pensava a passagem da *mímesis* do desejo para a *mímesis* do ficcional, de que careciam os textos que havia até aqui acompanhado? É provável que uma via fecunda se abra a partir da suposição de uma representação interior, no sentido de uma reduplicação não imitativa da representação subordinada ao desejo. Se a última supõe, como é o ponto de partida de René Girard, uma rivalidade constitutiva, aquela ao contrário supõe a reflexão, a volta sobre si mesmo, pela qual a agressividade assume um caráter diverso. É preciso a respeito certo fragmento de Nietzsche:

> Todos os caracteres são uma representação interior ["*aller Charakter eine innere Vorstellung ist*"]. Esta representação interior evidentemente não é

---

[35] A afirmação se respalda no longo texto que Heidegger consagraria ao exame de Nietzsche (1961).

idêntica a nosso pensamento consciente sobre nós mesmos. (Nietzsche, F.: 1871, KSA, 7, 312, grifo meu)[36]

(Assinale-se que tal "representação interior" não se confunde com a teorização que dela se faça.) A *mímesis* que a precede é a genérica à sociedade humana. A representação interior se efetiva a partir das modalidades ficcionais, i.e., a partir dos gêneros específicos da arte. Nesse sentido, suspendemos, por um momento, as reservas que temos quanto à linhagem de Lacoue-Labarthe para reiterarmos com ele: "Longe de recobrir ou de mascarar a *mímesis*, a teatralidade a 'revela', o que vale dizer, a fixa, a determina e a 'apresenta'" (1975, 247).

É de lamentar que a sequência do argumento não desenvolva a linha então aberta. Pela sequência, o comentador procura ultrapassar a oposição entre *alétheia* e *mímesis* com que Heidegger justificava a condenação da arte em *A República*. Mas o faz pela retomada de um especulativismo estratosférico, semelhante ao reiterar o sonho platônico do "relato simples", sem *mímesis*, ou seja, uma forma discursiva que escaparia do hiato entre a nomeação e a coisa nomeada.

Em suma, embora conjunturalmente tentasse escapar do especulativismo heideggeriano, Lacoue-Labarthe permanecia preso à sua herança. E assim sucedia, mesmo porque não questionava o papel reservado pelo filósofo alemão à etimologização. Pensemos um instante sobre ela. A força que se lhe reserva supõe que o curso do tempo provoca necessariamente a deterioração de sentido de que, na origem, as palavras teriam estado investidas. Mesmo sem levar em conta que os resultados de tal abordagem não têm como ser integralmente verificados, seu realce supõe ter havido um momento em que inexistia o hiato entre o signo nomeante e a coisa nomeada, que em vez daquele hiato havia uma tranquila transparência. A arbitrariedade do signo referida por Saussure diria respeito ao instante em que a deterioração entre o signo e o referente seria flagrante. Que momento anterior ao da arbitrariedade poderia ser esse senão o de uma pretensa linguagem

---

[36] Isso nos permite antecipar o que será desenvolvido adiante: o que chamo de *mímesis* zero não se confunde com o início de todo e qualquer processo mimético, senão de sua mudança de direção para a *mímesis* engendradora da obra de arte.

pré-adâmica, da linguagem do próprio Éden? Conteste-se que Heidegger nunca formulou semelhante desvario. No entanto, mesmo aceitando que a plena suposição da transparência é inconcebível, não é sua sombra que perpassa pelo especulativismo de Heidegger e contamina seu então seguidor?

Por isso, em vez de ainda demorar em acompanhá-los, é preferível acentuar, com Jean-Luc Nancy, tantas vezes companheiro de escrita conjunta com Lacoue-Labarthe:

> Jamais o filósofo é falado (domado) ele mesmo [e de si mesmo (a si-mesmo)], senão na *mímesis* do sofista – o que implica, causa e consequência ao mesmo tempo, que jamais a filosofia terá dito a própria *mímesis*, seja ela simples ou dupla. Noutros termos: o que a filosofia identificou sob todos os conceitos derivados de "*mímesis*" e sob a "imitação" em particular é constantemente ultrapassado por uma *mímesis* bem menos identificável. (Nancy, J.-L.: 1975, 275)

A passagem abre sua análise de *O sofista* de Platão. As consequências da frase transcrita são bastante graves e não diminuídas pela abordagem que se evita. Conquanto se devesse restringir o alcance da afirmação, justa quanto à linhagem de Heidegger e seus seguidores, de fato, no curso do pensamento ocidental, muito pouco se acrescentou ao que era feito, no momento capital da *Poética* aristotélica, em favor de uma compreensão da *mímesis* na arte. Por essa razão, a partir daqui, este capítulo dará uma guinada, a ser retomada no último capítulo, no sentido de oferecer algumas migalhas contra o que se tem chamado de verdadeira falha geológica.

Intervalo recapitulativo

Vale considerar o que se fez até agora. O Capítulo 2, em desenvolvimento do que se apresentava no primeiro, teve dois núcleos principais: sua parte principal levava adiante que, ao aparecimento do termo literatura, nas décadas finais do século XVIII, a partir do primeiro romantismo alemão, correspondeu o ostracismo conjunto da *imitatio* e da própria *mímesis*, tomada como um bloco uno, sob o suposto, por um lado, de que sua identificação recíproca era uma antiqualha e, por outro, que a própria insistência no conceito implicava uma historicização a que o *mímema* era subordinado e o afastamento consequente da percepção de sua força criadora. Essa força criadora, ao contrário, seria canalizada se se atentasse para o potencial expressivo do sujeito autocentrado. Já o segundo núcleo tinha papel bastante menor: na tentativa de mostrar as consequências práticas da ultrapassagem do veto ao esboço de conceituação da *mímesis* na arte, efetuava-se a análise sumária de um texto. O procedimento correspondia ao que fizéramos em livros anteriores: a abordagem teórica era sempre seguida de uma abordagem concreta.

A partir de agora, outro andamento se impõe: trata-se de pensar em vias que possam contribuir para ao menos diminuir o que aparece como uma deficiência do pensamento ocidental.

TERCEIRA PARTE
A imagem

O andamento do capítulo supõe que a partir daqui trataremos com a ruptura de uma tradição que se refuta. Até agora, malgrado a posição dominante entre filósofos, teóricos, críticos das artes visuais e da literatura, podia-se rastrear a presença de um fundo de *mímesis* – não dizemos mimético, para evitar a confusão de que *mímesis* equivaleria à imitação de referentes. A questão que agora se põe é saber se ainda se lida com a ambiência da *mímesis* ou se ela já não se encontra descartada. Na tentativa de encaminhar uma solução, partamos das considerações de G. C. Argan sobre a imagem.

A ideia de imagem, "que não tem um conteúdo objetivo de verdade", substitui a ênfase na forma. Disso resulta a renúncia do princípio de imitação da natureza (cf. Argan, G. C.: 1986, 22-3). Assim como o realce da forma era decorrente do efeito de deleite provocado pelo reconhecimento de sua significância,[37] que, em última análise supunha

---

[37] Em correlação à internalização da moral e do religioso pela concepção moderna de história, que condiciona a pretensão de a história conduzir à constatação da verdade (cf.

os valores afirmados pela Bíblia, assim também a ênfase na imagem implicava o destaque do efeito comunicativo. O que ainda vale dizer, ao passo que a forma implicava a ativação da "esfera do intelecto": a imagem reforçava a esfera da ação, a atuar com independência do campo da moralidade (ib., 24).

Como as distinções são básicas, ainda se acentua com Argan: a imagem, "não descendendo do conceito, tende a elevar-se ao conceito" (id.). A que se há de acrescentar um conceito, desde que não seja entendido ingenuamente, que se diferencia por saber-se diverso da espécie que ele assume nas ciências da natureza; nestas, o conceito pode (e deve) responder à univocidade do matemático; além delas, nas ciências sociais (também chamadas humanas), a determinação conceitual é cercada por um halo metafórico. A distinção não é ociosa. É em virtude daquele halo metafórico que as ciências sociais podem se aproximar dos fenômenos não passíveis de ser compreendidos pelo tratamento matemático. Daí os riscos distintos de cada espécie conceitual. Se o capaz de receber uma operacionalização matemática tem o risco de uniformizar a resposta ao fenômeno de que trata, o conceito nas ciências sociais – e na crítica das artes, delas aproximáveis – tem como risco específico entregar-se sem controle à fantasia de quem a realiza.[38] Entendido como articulado à esfera do intelecto, o conceito previamente se restringia ao que constitui sua objetividade. Por isso, o cálculo matemático desconhece o metafórico. Já o conceito que atua fora das ciências da natureza, liberto da objetividade a ser verificada, está a um passo de apenas mascarar as convicções e desejos de quem o declara.

A distinção desenvolvida a partir do crítico e historiador de arte italiano mostrará sua eficácia na abordagem de um conjunto de obras de Didi-Huberman, com as quais serão aprofundadas as propriedades da imagem. Por enquanto, apenas acrescentemos: por conta da dupla caracterização, nas ciências sociais e em sua aparentada crítica de arte,

---

Koselleck, R.: 1975, 124-5). Essa pretensão existia desde os gregos, mas agora é reforçada pelo exemplo das ciências naturais.

[38] Com o propósito de precisão, distinguimos entre imaginação e fantasia. Sua distinção está em que *a imaginação se atualiza contendo o controle relativo sobre ela realizado pela razão, ao passo que a fantasia não tem controle algum.*

"a imagem é ainda a forma, mas privada de suas estruturas intelectivas" (Argan, G. C.: 1986, 24). Desse modo, ainda recorrendo a Argan, era justamente negada "a descendência lógica ou causal da práxis em relação à teoria" (ib., 29). Assim, quando o mesmo autor declara, no *Arte moderna*, que a imagem não mais remete à "aparência da coisa" e sim a "uma coisa diferente" (Argan, G. C.: 1988, 81), deixava em aberto o problema: como se há de entender o "diferente" caso não se apresente uma mínima analogia com o que ali se apresenta? Não se nega que a imagem na arte contenha necessariamente o que vai além do referente, senão que também deve conter um indício ao plano do existente, i.e., um elemento analógico, portanto metafórico, que controle o desvario da fantasia.

Detenhamo-nos ainda nessa busca de configuração da imagem, ressaltada depois da ambiência que justificava o princípio da imitação.

Sem respeitar a cronologia das obras de Louis Marin e Henri Maldiney, dando preferência à agudeza das observações do segundo, vejamos o que extraímos de um e outro.

Menos convincente que a maioria das obras de Marin, *Des pouvoirs de l'image* é uma coletânea de glosas sobre diversos autores. Já a sua introdução ressalta a resposta usual acerca da imagem:

> A imagem atravessa os textos e os modifica; atravessados por ela, os textos a transformam. [...] Afinal de contas, à questão da imagem respondeu-se remetendo a imagem ao existente, à própria coisa, fazendo da imagem uma re-presentação, uma presença segunda. (Marin, L.: 1993, 10-1)

A significação dada ao prefixo "re" em "*re-présentation*", admite a reviravolta proposta. O prefixo assume "o valor de substituição".

> Alguma coisa que *estava* presente e não o é mais *agora* está representada. Em lugar de alguma coisa que está presente alhures, eis *presente* um dado, aqui: *imagem*? [...] Este seria o "primitivo" da representação como efeito: apresentar o presente como se o que reaparecesse fosse o mesmo e talvez melhor, mais intenso, mais forte do que era o mesmo. (Id.)

Pela modificação do sentido usualmente concedido ao prefixo, pela imagem transparece "a sintaxe opaca do desejo" (ib., 22). (A exata correspondência desse "re" como substituição se encontra nos "*salons*" de Diderot, escritos por ele sem mais os rever, de memória, e destinados a príncipes e reis que jamais viram os quadros referidos [cf. Marin, L.: 1993, 72-101].)

Embora admire o poder especulativo do autor, seu resultado depende do peso que se dê a uma etimologização, que, como sucede usualmente, supõe que a socialização do termo na linguagem corrente deteriorou sua força significante. Desconfia-se, pois, do resultado porque exige que se aceite a correção temporal imposta à linguagem comum. Por isso é preferível a opção que víamos oferecida por Argan.

Venhamos à segunda fonte suplementar. No início do capítulo "*L'Équivoque de l'image dans la peinture*", Maldiney propõe uma dupla e contraditória formulação. A primeira pareceria supor que o *mímema* seria por completo dependente do semântico: "Reproduzir o que é, é a fórmula clássica da imagem, que faz o existente perder o ser. Mas é também ocioso produzir o que não é – esta é a fórmula do simulacro, que põe como real o ilusório" (Maldiney, H.: 1973, 211). Pouco depois, contudo, cita Heidegger, propondo sua passagem como reforço do que afirmara antes:

> A imagem é sempre [...] o um é isso suscetível de ser intuído. Eis por que toda imagem, tendo o caráter de uma reprodução, por exemplo, uma fotografia, não passa de uma cópia do que se manifesta imediatamente como imagem. (Apud Maldiney, H.: 1973, 213)

As afirmações deixam de ser contraditórias porque, entendida como reprodução, a imagem estaria deturpada como uma cópia. Para que assim suceda, será preciso entender que, enquanto tal, a palavra se superpõe a seu referente. Ora, os pensadores referidos por certo conhecerão o sentido de arbitrário dado por Saussure ao signo verbal. Mas como entender a obra nas artes plásticas como necessariamente investida de uma semântica senão lhe emprestando um valor puramente subjetivo, i.e., arbitrário? Maldiney deve ter sentido esse risco e procura justificar seu ponto de vista: "Se o 'arranjo' geral da tela impõe regras à natureza é porque esta é de antemão submetida, na visão do pintor, a uma interpretação metafórica"[39] (ib., 214).

---

[39] Não deixa de ser curioso que todo o aparato relacionado ao fenômeno da *mímesis* é sujeito a controvérsia. Esta tampouco isenta a metáfora. Apesar de ser amplo o seu em-

A análise da justificativa é decisiva para a posição que está sendo aqui assumida. Sinteticamente, nossa objeção assim se formula: para ser absolutamente correta, a ressalva de Maldiney deveria ainda levar em conta que, como se sabe desde Aristóteles, não há metáfora se não dispuser de um aspecto analógico. Sem que este seja dado, estabelecendo-se pois um elo com o sentido usual, portanto socializado da palavra, tem lugar o absoluto descolamento quanto a uma recepção também objetiva. Maldiney dirá: "*Une image non une esquisse du monde*" (ib., 215). Certo, mas para que a imagem "apresente o ausente", será preciso que contenha a possibilidade de relacionar analogicamente o ausente. Aproxima-se dessa necessidade, mas ainda não a satisfaz ao declarar que a imagem pictórica contém "*une image dans l'image*" (id.). A formulação se concretiza adiante: na pintura, "O oculto traz o manifesto" (ib., 217). Por certo, a formulação da dupla imagem evita a etimologização, vai adiante da formulação que declaramos contraditória da abertura do capítulo, mas não resolve a questão da analogia no uso metafórico.

Com a finalidade de tornar seu enunciado progressivamente mais convincente, Maldiney precisará que a segunda imagem é uma "segunda estrutura", que ultrapassa a remissão ao objeto (referido) e constitui seu campo próprio (cf. 1973, 221). Parece contudo que o enunciado das duas estruturas é mais refinado do que exato: "A arte é a perfeição das formas inexatas" (ib., 226). O que falta no inteligente enunciado senão a focalização do dado analógico na metáfora? Sem ela, o autor é levado a supor que a concentração no temperamento do criador seria bastante para resolver a perfeição do inexato: "O quadro faz perceber entre a natureza e a pintura uma imagem deste temperamento, que funciona como tela (*qui fait écran*)" (ib., 215).

Para evitar a violência etimologizante, Maldiney era levado a ressaltar o papel do metafórico. Mas, desde que não observa o papel que nele desempenha o analógico, é obrigado a não ver a relação que sub-

---

prego, é surpreendente como um filólogo e linguista de qualidade, como Harald Weinrich, dela afirme: "Todo o problema da metáfora é escamoteado ("*herauseskamotiert*") da linguística e da lógica, para então ser tratado com métodos insuficientes na retórica e na estilística" (Weinrich, H.: 1967, 2215).

siste entre as duas imagens que certeiramente apontou na imagem pictórica e verbal.

Pelas insuficiências aludidas, devemos recorrer ainda a uma terceira fonte suplementar. Como seu aprofundamento exigiria um espaço aqui impossível, destacaremos apenas umas mínimas passagens. Pois, ainda que seja impossível apresentar a concepção de Konrad Fiedler (1841-1895) sobre a arte, sequer a relação que estabelece com a realidade, não posso deixar de ressaltar sua maior densidade quanto às duas outras fontes suplementares, aqui empregadas – a reunião de seus textos foi originalmente feita em 1913-4 –, o livro de Henri Maldiney é de 1973 e as glosas de Louis Marin são de 1993. Destaquemos apenas que, a partir de sua concepção geral da arte, tomada como parcialmente divergente do conhecimento conceitual, Fiedler promove um entendimento de seu objeto que, tivesse sido mais propriamente desenvolvido, poderia ter de fato arquivado o primado da *mímesis*. Feitas estas ressalvas, mostremos três fragmentos seus.

> Princípio da atividade artística é a produção da realidade no sentido de que, na atividade artística, a realidade ganha existência, ou seja, figura (*Gestalt*), em uma certa direção. – As artes em geral são tratadas (*betrachtet*) com base neste ponto de partida. (Fiedler, K.: 1991, II, 111)

Já não se tratava de opor o plano da existência, onde se situam os referentes, e o plano do ser, a que se voltaria o empenho das artes, mas de verificar como sua realização consiste em acrescentar àquele o que ele não poderia ter por si. É certo que, de maneira retorcida, Maldiney teve o mérito de falar da "imagem na imagem", encaminhando para a questão da metáfora, mas deixando um vazio que compromete a articulação dos planos – o lastro analógico que a metáfora contém. Ressalva feita, entende-se melhor por que Fiedler mantinha o ostracismo da *mímesis*, dando, contudo, condições de compensar sua ausência.

O segundo destaque é mais longo:

> É uma autoilusão pensar que a expressão verbal designa alguma coisa que já estivesse de antemão disponível, fixa e definida, agora descrita pela palavra. A expressão verbal é antes um grau de evolução da consciência da realidade e, com sua entrada, se introduz algo completamente novo; sucede uma es-

pécie de milagre no momento em que da massa confusa de representações brota algo completamente distinto desta massa de representações e, no entanto, algo que é uma etapa mais alta daquela realidade, que, em um nível inferior, se apresentava como aquela massa de representações. (Ib., 114)

Na passagem, Fiedler se antecipava a Koselleck em acentuar que entre o signo e o referente se estabelece um hiato sobre o qual trabalhará a configuração da segunda imagem, propriedade da obra de arte. De maneira menos elegante, porém mais direta, temos designado essa alusão à realidade partilhada por todos como "semelhança" e ao trabalho da segunda imagem de "diferença". Com isso, mostrávamos que o que se chama de falha geológica do pensamento ocidental era disfarçado por um torneio que a tornava menos notada. O hiato referido fica mais evidente pelo trecho seguinte:

> O que é expresso pela palavra de modo algum é concedido de antemão ao espírito humano por forma alguma salvo pela palavra; afirma-se (*eintreten*) com a palavra, nasce somente com ela. Uma vez disponível com a palavra, cria uma posse que permanece. (Ib., 117)

Venhamos ao último destaque:

> O fato de que o mundo esteja à disposição do indivíduo quando, com seus órgãos do sentido, se volta para ele, concede ao indivíduo a certeza de que o mundo está previamente ali, que ele pode vê-lo, agarrá-lo, que sabe que pode vê-lo, apreendê-lo, que o possui em si e por si; *o que é oposto de declarar que a palavra seja apenas uma fórmula rígida, mais do que expressão, um simples meio de comunicação alusiva.* (Ib., 126, grifo meu)

A última anotação será talvez ociosa. Mas, na impossibilidade de pensar sobre o todo de uma reflexão incomum, parece indispensável mostrar o modo como se articulava a relação entre arte e realidade. Havendo morrido no fim do século XIX, Konrad Fiedler não podia prever o quanto a sua formulação se chocaria com manifestações das artes visuais apresentadas por volta de 1960. Antecipando o que será visto com Giulio Carlo Argan, passa a arte a estar submetida ao princípio do consumo da cultura de massa. Talvez já seja redundante reiterar: sem recorrer ao traço analógico indispensável a toda metáfora que pretenda ter um alcance efetivo, a afirmação de que a imagem pictórica é dupla, imagem dentro da imagem, provoca a interpretação plenamente subjetiva, portanto absolutamente arbitrária. O que será manter o primado do sujeito autocentrado, quando o pensamento de ponta, desde as últimas décadas do século XX, procurava desfazê-lo.

Ao dizê-lo, estamos conscientes do quanto contrariamos a maioria do pensamento sobre as artes visuais formulado nas últimas décadas. Nesse sentido, tem-se uma pista que ajuda a explicar a superioridade da reflexão de Konrad Fiedler e a progressiva inferioridade de seus sucessores. Sem considerar a diversidade dos talentos, com independência de localização espacial ou de tempo, pode-se supor que a própria atmosfera ideativa que se desenvolve com o domínio de uma mentalidade industrial-consumista, associada à "necessidade" dos intérpretes de estar em dia com a produção do momento, provoca o enfraquecimento de que tivemos uma pequena prova. Ela será ainda reiterada pela presença de um veio negativo em obra em que, paradoxalmente, melhor ressalta a função da imagem.

3.1
Didi-Huberman e a imagem

Assinale-se de início que darmos ao autor o crédito de avançar a reflexão contemporaneamente mais consistente sobre a imagem não nos impede de discordar de sua frequente maneira de argumentar. Ela se faz presente tanto na defesa da qualidade incomum da pintura de Fra Angelico quanto do minimalismo norte-americano. Mas é preferível começarmos pelo que nele nos parece de inquestionável valor. Nesse sentido, teremos por epígrafe de seu pensamento a afirmação:

> Não poderemos produzir uma noção consequente da imagem sem um pensamento sobre a psique implicando o sintoma e o inconsciente, ou seja, uma *crítica da representação*. (Didi-Huberman, G.: 2000, 48)

Parta-se de seu debate com Claude Lanzmann e seus aliados sobre o filme que o tornou celebrado, *Shoah*. Lanzmann defende que, para trazer à tela o que foi o Holocausto, exige-se "a imagem sem imaginação", i.e, sem ficcionalizá-la. A citação que Didi-Huberman faz de Maurice Blanchot respaldaria a posição contrária: "Há um limite em que o exercício da arte, qualquer que ela seja, se torna um insulto à infelicidade" (apud Didi-Huberman, G.: 2003, 41). Mas a referência supõe que o autor reconhece que o esteticismo transgride os limites válidos da estesia e, portanto, que o filme de Lanzmann recorre a uma montagem de *testemunhos*, não que, fora de seu uso padronizado pela *mídia*, a imagem cumpra seu papel sem recurso à imaginação. Acompanhe-se seu argumento.

Pela enormidade do pouco que foi fotografado nos campos, em condições quase impossíveis, seria preciso, de acordo com o cineasta, despedir-se da tematização do imaginário. Mas, responderá Didi-Huberman, dela se despedir para se concentrar nos farrapos do sucedido? Não, para descer-se por eles. Vindo aquém do plano da factualidade:

> O que os SS quiseram destruir em Auschwitz não era somente a vida, mas ainda [...] a própria forma do humano e, com ela, de sua imagem. Em tal contexto, o ato de resistir por conseguinte se identificava com o de *manter esta imagem apesar de tudo*, fosse ela reduzida à sua mais simples expressão "paleontológica". (Didi-Huberman, G.: 2003, 60)

Como o filme de Lanzmann permitia fazer, põe-se em dúvida a imagem que costumamos ter da espécie a que pertencemos. A função das raras imagens – desde logo, as quatro fotos da morte no *Lager* de Birkenau – consiste em nos pôr em contato com um plano expressivo que não reproduz o que era a espera da morte nos campos de concentração, mas apresenta traços do que era sua espera. Ou seja, a imagem não conduz de imediato ao plano da imaginação, condição para que se constitua uma ficção interna,[40] senão que nos leva a tematizar a esfera da ética. É o que permite a formulação de R. Antelmeu, em *L'Espèce humaine*, exposta quase no fim do livro de 2003:

---

[40] Esteja bem claro que a expressão "ficção interna" não substitui por completo o que se costuma chamar de literatura. Se a parte bastante maior da ficção interna é coberta pelo *phantasma*, ela ainda compreende uma matéria que em comum divide com a história e a sociologia. A matéria literária, enquanto específica, daquelas ainda se distingue pela formulação tendencialmente rítmica de seus segmentos.

> As quatro imagens de Birkenau nos são tão preciosas porque oferecem a *imagem do humano apesar de tudo*, a resistência pela imagem [...] à destruição do humano que aí entretanto está documentada. [...] "Estávamos portanto em face de uma destas realidades que levam a dizer que ultrapassam a imaginação. É claro, de fato, que era apenas pela escolha, ou seja, ainda pela imaginação, que podíamos tentar dizer alguma coisa a respeito". (Didi-Huberman, G.: 2003, 200-201)

A formulação que se destaca discorda da postura do cineasta sem pôr em dúvida a qualidade de sua obra, e é aprofundada a partir do que faz o autor, a partir de Jean-Luc Godard. Para não nos perdermos no meandro do argumento, destaque-se o que era ressaltado sobre ficção e montagem: nela, a imagem multiplica o que diz sem acréscimos de palavras (cf. 2003, 170). Assim sucede quando a montagem não separa, mesmo porque *"faite avec"*. Como diz a propósito do testemunho de Hitchcock quando das sequências filmadas na abertura dos campos de concentração:

> *Uma montagem que não separa nada*: desde logo, era preciso não separar as vítimas dos carrascos, ou seja, mostrar em conjunto os cadáveres dos prisioneiros sob os próprios olhos dos responsáveis alemães. Daí a decisão de cortar o menos possível as longas panorâmicas da filmagem, tão aterrorizantes em sua lentidão. (Ib., 171-2)

O que leva à conclusão de Didi-Huberman: "As imagens se tornam preciosas ao *saber* histórico a partir do momento em que são postas em perspectiva em *montagens* de inteligibilidade" (ib., 198).

Em suma, Didi-Huberman não pretende revogar que há o inimaginável. A história conhece outros – pense-se no massacre das populações indígenas das Américas até sua completa submissão –, mas nenhum se compara, em termos de cálculo e sistematização racional, com o Holocausto. O que nos leva a pensar, considerando que ele é promovido por um povo que se destacou pela amplitude de seu aprofundamento intelectual: não seria o homem mais bem definido como a espécie capaz de extremos? Nossa ausência de uma territorialidade precisa não nos leva à busca de conquistas, aos choques e, daí, à vigência, de extremismos? Mas evitemos as afirmações paralelas. A não revogação do inimaginável é concretizada pelas imagens fotografadas do horror em Birkenau. É explicável que elas sejam fotograficamente pobres, que apenas contenham pedaços daquele pavor, não que sejam dispensáveis, conforme afirma a linha dos que seguem Claude Lanzmann.

É preciso exercer a força da sutileza. Entender que a experiência concentracionária provoca o inimaginável não significa negar a imaginação, mas a oportunidade de sua tematização pelo imaginário, i.e., sua precipitação estético-ficcional. E aqui, antecipando parte da objeção a posições outras de Didi-Huberman, lembre-se o aproveitamento do próprio Holocausto para obras de diversão cinematográfica (Steven Spielberg), com o que se acentua a extrema negatividade da cultura industrial de consumo. O lastro das imagens presente naquelas fotos heroicamente feitas provoca que, em lugar de sua abordagem estética, antes se imponha a tematização ética do que revelam. Não era isso que propunha a pergunta do título de Primo Levi, *Se questo è un uomo* (1947)? Assim creio bem explicada a relação entre inimaginação, reconhecimento das imagens sobreviventes (sua reunião em arquivo, compreendendo fotos tiradas em Dachau e Buchenwald, foi feita por Éric Schwab e Lee Miller e apresentada na exposição *Mémoire des camps*, cf. Didi-Huberman, 2003, 190), tematização da realidade perceptual, que, em condições desde que não absolutamente excepcionais, conduz a seu desdobramento estético – cf. atrás a questão da "imagem na imagem" – e ante a situação de excepcionalidade, leva à abordagem do ético. Sem o aprofundamento devido apenas se acentue, se a indistinção entre o "belo" e o "bom" levou, antes do Iluminismo, à moralização da obra de arte, numa confusão simplesmente espúria, à sua separação drástica correspondeu um resultado paralelo, igualmente desastroso, a estetização, i.e., a absolutização de uma suposta imanência da estesia.

O desenvolvimento até aqui feito oferece um argumento extra a favor de Didi-Huberman, contra a alegação de fetichismo da imagem levantada por Elizabeth Pagnoux e Gérard Wajman, em apoio à posição de Lanzmann. Vale por isso a observação, que remete a Hannah Arendt: a imaginação "é também uma faculdade política" (Didi-Huberman, G.: 2003, 201). No entanto, o fato de estarmos de acordo com a postura do crítico e historiador da arte francês está distante de significar sintonia total. Por mais que louvemos suas posições quanto à ética, elas não se desdobram à sua operacionalidade. Nesta, ao contrário, tende a dominar o enlace absoluto da imagem com um resultado estético. Pode-se aventurar a hipótese de que assim sucede pela orientação *performática* de sua argumentação,[41] em vez de uma constante contenção reflexiva.

A constatação, a ser adiante verificada, de uma abordagem muitas vezes sofística recomenda que seus julgamentos sejam refeitos a partir de outro enfoque. Contra a absolutização da equivalência entre anacronismo e escrita da história (cf. Didi-Huberman, G.: 2000, 39 ss) – a que não recorre na discussão com Lanzmann – consideremos a abordagem de Dominick LaCapra. Dele, se destacam duas passagens:

> Acordamos os mortos de modo a interrogá-los sobre problemas que nos interessam. As respostas que justificadamente inferimos nos dizem mais acerca de nós mesmos do que de um contexto que não poderíamos recriar por completo. (LaCapra, D.: 1994, 33)

A aludida impossibilidade decorre de que "se um texto pudesse ser de todo contextualizado, paradoxalmente seria a-histórico, pois existiria em uma imobilidade (*stasis*) em que não haveria qualquer diferença (ib., 35). É para evitar tal arbitrária absolutidade que se lança mão da transferência:

> A fixação em anacronismos tende a apagar os modos em que o passado se repete no presente, com variações mais ou menos significativas. Este processo é crucial em nossa relação transferencial com o passado. Só por sua investigação cerrada podemos ousar um julgamento de quão diferente era de fato um contexto ou período passado. (Ib., 37).

A questão da transferência será tratada com mais detalhes no ensaio com que contribui para a obra organizada por Saul Friedlander, *Probing the limits of representation. Nazism and the "final solution"* (cf. LaCapra, D.: 1992, 108-127, especialmente 111).[42]

---

[41] Com o agradecimento a Aline Magalhães Pinto.
[42] Dada sua importância, transcrevemos sua versão: "O positivismo em geral pode ser visto como um abuso do método científico através da autonomização da dimensão constatativa ou empírico-analítica do discurso de uma maneira que nega o problema da transferência" (LaCapra, D.: 1992, 111).

Sem nos atermos à questão do Holocausto, sua terrível singularidade nos impõe que ela ainda seja desenvolvida. Para orientação do leitor, seja dito que o desdobramento do que temos chamado de representação-efeito apresenta um enlace de ordem particular e outro de ordem geral. O particular se prende à própria negação da representação-efeito, efetuada em nome da irrepresentabilidade suposta de algo como a monstruosidade do Holocausto. O de ordem geral remete à questão do estatuto da imagem. Pela abordagem de Didi-Huberman – é essa a base do reparo que lhe fazemos –, os dois aspectos estão de tal modo entrelaçados que chegam a se confundir. Daí a importância do contraste com o enfoque de LaCapra, no ensaio "*Paul de Man as object of transference*" (cf. *Representing the holocaust*: 1994, 11-136). Nele, o enlace entre a "solução final" nazista e a irrepresentabilidade assume um cunho particularmente terrível. O excelente analista norte-americano observa as defesas propostas a Paul de Man por haver procurado "esquecer seus artigos escritos, ainda na Bélgica, durante a Segunda Guerra". Especialmente sério é o confronto de LaCapra com a defesa promovida por Shoshana Felman, em obra conjunta com Dori Laub: *Testimony: crises of witnessing in literature, psychoanalisis, and history* (1992):

> Mesmo se se concorde plenamente com Felman acerca da natureza da inscrição silenciosa da historicidade e do Holacausto nos textos posteriores de De Man, ainda se pode argumentar que esse procedimento não é suficiente para explicar a ausência de uma tentativa explícita de confrontar-se com seus artigos prévios. [...] Uma concepção do que opera nos textos posteriores em termos de traços silenciosos, onipresenças mudas e alusões alegóricas é demasiado genérica para explicar uma falta específica, sobretudo quando a concepção é trabalhada (*is prompted by*) pelo desejo manifesto de justificar aquela falta. (LaCapra, D.: 1994, 117)

O emprego do desconstrucionismo por Shoshana Felman, ferramenta difundida nas últimas décadas do século XX, dá a entender que o conhecimento do Holocausto e a experiência do nazismo, em geral, fizeram com que a História atingisse tal cume negativo que se tornaram vãs as práticas como a da confissão, da veemente desculpa por crimes ou omissões cometidas. A única resposta adequada ante o cometimento de atos traumáticos, já não mais passível de ser ocultado, seria o silêncio. Daí a necessidade de considerar-se a formulação de Felman:

> No testemunho de uma obra que cumpre ativamente o exercício do silêncio não como simples silêncio mas como a absoluta recusa de qualquer discurso banalizante ou legitimador [...], de Man assim articula nem – como alguns argumentaram – uma confissão empírica oculta, nem, segundo outros – uma recusa empírica (ou psicológica) em explicar [...] a impossibilidade ética de *uma confissão que, histórica ou filosoficamente, não pode ocorrer*. Essa complexa articulação da impossibilidade de confissão corporifica, de maneira bastante paradoxal, não a recusa da culpa do autor, mas, ao contrário, a admissão mais radical e irrevogável da responsabilidade histórica. (Apud LaCapra, D.: 1994, 122)

Como refuta o ensaísta, a desconstrução assim se reduz "a uma redução das alternativas à extrema oposição binária entre silêncio e uma 'visão panorâmica totalizante' e finalística" (ib., 117). O que vale dizer: o recurso à desconstrução consistia que se pusesse de lado o ponto de vista de que Paul de Man "evasivamente essencializava um problema que não desejava ou era incapaz de confrontar em termos específicos" (ib., 118).

O último acréscimo ao argumento de LaCapra serve para acentuar que o caso discutido – o silêncio em que o crítico literário Paul de Man se manteve acerca de seus ensaios de apoio ao nazismo, publicados em jornais belgas durante a guerra, e só descobertos depois de sua morte[43] – transcende o estrito campo da *intelligentsia* norte-americana:

---

[43] Paul de Man (1919-1983), crítico literário e teórico belga, se tornaria famoso nos Estados Unidos, a partir de suas intervenções no simpósio internacional "As linguagens críticas e as ciências do homem", efetuado em outubro de 1966 pelo Centro de Humanidades da Johns Hopkins University. Pelo simpósio era apresentado ao público universitário americano o então recente pensamento francês. Data de então o prestígio que se colaria aos nomes de Jacques Derrida e de Paul de Man. Particularmente, este seria o responsável pelo grupo conhecido como "The Yale critics", e a fonte, provavelmente máxima, da renovação do pensamento nas humanidades, nos Estados Unidos. Daí o choque provocado pela descoberta acidental do que havia publicado quando jovem. Disso resulta a transcrição fotografada dos textos originais de Paul de Man (*Wartime journalism, 1939-1943*, 1988), como todo o volume das respostas que aqueles provocaram (cf. Bahti, T. et al.: *Responses. On Paul de Man's wartime journalism*, 1989).

Felman é tão decidida em estabelecer o *status* de Paul de Man como vítima e sobrevivente que presta pouca atenção àqueles que foram as vítimas manifestas e sobreviventes do Holocausto. (Ib., 120)

Acrescente-se: assim como o impacto causado pela revelação do passado suspeito do renomado crítico por certo abalou sua fama, mas não impediu que seus livros continuassem a circular – o que é justo –, em âmbito maior o mesmo deveria suceder com o legado de Martin Heidegger.

Os dois desenvolvimentos anteriores, o mais longo relativo a Didi-Huberman, o mais curto concernente à resposta de LaCapra a Shoshana Felman, permitem que agora nos concentremos na questão mais geral da imagem. Voltamos, pois, a tratar de algumas obras de Georges Didi-Huberman, inicialmente pela consideração da questão do anacronismo na história; o faremos em três momentos: começamos com uma curta referência a *Devant le temps* (2000). Logo a interromperemos pela consideração do texto analítico sobre Fra Angelico, vindo à obra teórica que o acompanhava, *Devant l'image*, publicados no mesmo ano de 1990.

Na obra posterior, *Devant le temps*, o autor argumenta que toda mudança de consideração de um tópico qualquer implica um gesto anacrônico porque supõe a releitura do passado por outro ângulo, provindo de agora (cf. Didi-Huberman, G.: 2000, 39 ss). A aproximação é ousada e correta. Mas Didi-Huberman não se contenta com esse aspecto, senão que considera intercambiáveis os termos "história" e "anacronismo". Seria possível dizer: corte-se o exagero e estamos de acordo. Só que o "exagero" é indispensável para a abordagem que o autor já vinha fazendo desde seu livro sobre Fra Angelico. Como se vê, o argumento a ser desenvolvido supõe a inversão da ordem cronológica das obras referidas – de 2000, depois as duas obras de 1990, segue-se para *Ce que nous voyons, ce qui nous regarde* (1992). A ordem da exposição tem por fim acentuar como se afirma a posição analítico-teórica, que já estava presente nas obras anteriores e é agora reforçada.

Ao longo de *Devant le temps*, a identificação entre anacronismo e história ganha outras nuances. Assim, na parte dedicada a Carl Einstein (cap. 3, 159-232), o endosso das teses desse companheiro de destino e desgraças de Walter Benjamin (ambos cometem suicídio no mesmo ano de 1938) leva Didi-Huberman a considerar válida apenas a obra destruidora de cânones estabelecidos. Isso levaria ao privilégio tão só das posições divergentes do *status quo*. A ênfase na alternativa esquece a acepção mais modesta: ao surgir, a obra de arte não é por si transformadora, senão que destinada a um espectador de antemão não diferenciado. Ressaltar com Einstein apenas a obra de pretensão revolucionária significa eliminar o espectador que Didi-Huberman chama ironicamente de "burguês". Ora, o entrelaçamento das razões estética e ética não impediria aquele exclusivismo? Um documentário ou um testemunho pode ser valorizado por motivos independentes de sua apreciação estética. A tendência que consideramos performática ou sofística do autor o conduz àquele privilégio. No caso, critica fortemente a orientação estética por privilegiar o "belo", cujo realce exclusivo é uma resposta mesquinha à obra de arte. Ainda que seja verdade que o privilégio do belo, muitas vezes, se identifique com o destaque burguês do prazeroso, o extremismo einsteiniano não é igualmente nocivo, pois de ordem estetizante?

No crítico e historiador da arte francês, o extremismo estetizante se conjuga à exaltação da tese anacrônica. Assim, no capítulo 1 da parte I, comparando a história da arte segundo Vasari e segundo Plínio o Velho, toma o modelo renascentista como paradigma da história da arte usual – separada das outras artes, cultuadora da memória do sujeito etc. –, ao passo que, por não distinguir a pintura da história natural, o romano levava vantagem. Como não perceber que os dois eram praticantes da mesma *imitatio*? Como, entretanto, esquecer que livrar a *mímesis* desse parasita significaria estabelecer uma relação complexa com o receptor? Participante de uma identificação que vemos permanente, mesmo depois do abalo criado pelo primeiro romantismo alemão, Didi-Huberman prefere contornar a objeção por lançar mão de outro argumento:

> No sentido de Plínio, a imagem é justa ou injusta, legal ou ilegal. Ela extrai sua legitimidade de um espaço jurídico, na fronteira do direito público e

do direito privado, um espaço tradicionalmente chamado pelos autores de *ius imaginum*, o "direito às imagens" [...] [A arte] remete portanto a uma antropologia da semelhança. (Didi-Huberman, G.: 2000, 69-70)

É concebível que, pelo recurso à esfera jurídica, o autor não percebesse que saía do ponto de vista defendido de Carl Einstein para recair na normatividade, portanto em uma ética do costumeiro? Ao que parece, o performativismo sofístico a que o autor se agarra o impede de compreender o valor da *diferença*.

A referência demasiado pequena ao *Devant le temps* é suficiente para ter claro a condução argumentativa do autor. Venhamos pois ao *Fra Angelico. Dissemblance et figuration*. Didi-Huberman estabelece uma leitura *a contrario* das pinturas de Angelico, no convento de San Marco, Florença. Não considera que ele tratasse seu tema, convencionalmente extraído da história sagrada, senão que ressaltasse uma "chuva de manchas", "como um núcleo de indeterminações concertadas, feitas para construir picturalmente seu sujeito em *rede*, como arborescências virtuais" (Didi-Huberman, G.: 1970a, 11). Daí a estranheza de seu caráter figurativo. Se esse caráter estava de antemão relacionado ao sentido da tradição teológica a que o pintor se subordinava, a pretensão de seus afrescos era "afastar-se do aspecto, *deslocá-lo*, descrever um desvio fora da semelhança e da designação" (ib., 12). Tudo decorreria do tratamento teológico do mistério da Encarnação, a ser configurado pela "diferença que separa um corpo vulgar, não misterioso, de um corpo que traz ou suporte o mistério" (ib., 15). (Eliminamos a interrogação que encerrava a frase porque era uma questão de ênfase aqui ociosa.) A dissemelhança encontrada na obra do frade destaca a excepcionalidade do evento que funda o cristianismo: o divino transposto para a carne e o padecimento humanos. Como a pintura de Giotto, a de Angelico tornava oportuna uma exegese contrária ao hábito de acentuar a *similitude*:

> Além do saber, portanto, além dos conceitos e das opiniões, a exegese (efetuada por Angelico) inventava relações entre coisas, palavras ou imagens bíblicas, inexistentes na ordem natural, na ordem lógica ou na ordem das semelhanças visíveis. (Ib., 17)

Produzia-se, por conseguinte, "a via paradoxal das similitudes dissemelhantes" (id.). Em termos de C. S. Peirce, "toda a figurabilidade da Encarnação se revela [...] como uma vacilação perpétua entre a iconicidade [...] e a indicidibilidade" – a primeira supondo a semelhança, e a segunda, a dissemelhança (Didi-Huberman: 1990a, 20). Tal constante oscilação, concede o autor, era um entrave para a teologia, que, não podendo prescindir de dogmas, não podia viver sob *"perpétuels vacillements"*. Em troca, tal dificuldade se converte em vantagem para o pensador que tenha internalizado Freud: "Cada imagem oferecida a nosso olhar não será dada, em sua própria evidência, senão através da economia sempre ligada a outros paradoxos" (ib., 21).

Rápido comentário: o caminho proposto supõe recordar pressuposto contrário ao modo de fazer do frade pintor. A arte assumia uma prática que até então era secundarizada. Isso se dava ao preço de afastá-la da tradição teológica a que pertencia o pintor. Podia-se pensar: mas, assim, Didi-Huberman o faz a partir de um terceiro modo de abordar a imagem: o modo psicanalítico. A adoção do partido psicanalítico seria inatacável se seu enfoque fosse coincidente com o da arte. Mas, se não o próprio Freud, a abordagem psicanalítica já mostrou que sua orientação primeira, o conhecimento da psique do indivíduo, não coincide com o objeto da arte. Mesmo que estejamos alerta para o problema, a abordagem do autor é bastante sutil e inteligente para que a descartemos. (Apenas de passagem, nos perguntemos se aqui não se constata o obstáculo de a análise do objeto de arte não contar com uma plataforma mínima de aproximação de seu objeto. Responda-se como justificativa de continuação da indagação: não é precisamente isso que estamos procurando pela concentração no estatuto da imagem?)

Aceita a ressalva, detenhamo-nos em passagem da primeira análise de um quadro de Angelico, o *Noli me tangere*, com a distinção entre fundo e figura: "O fundo historiado não passa de uma mais-valia, um *acessório* – [...] no sentido teatral – da história principal sustentada pelas 'figuras'" (Didi-Huberman, G.: 1990a, 31). Por essa razão, o trabalho da (e sobre a) figurabilidade consiste em ultrapassar a dicotomia de iconografia e iconologia de Panofsky, questionando a iconologia já proposta por Cesare Ripa, porquanto os signos pictóricos passam a ter "valor de deslocamento, de passagem, de associação e não de definição" (ib., 39). (Cf. a brilhante descrição das flores pintadas na parte inferior do quadro como índices, metáforas dos estigmas de Cristo, e os estigmas como índices das flores [ib., 37-40].) Contrapõe-se, assim, à interpretação proposta por Michael Baxandall (referência bibliográfica na nota 29, 387), que, apoiado na formulação de um crítico quase contemporâneo de Angelico, Landino, acusava o pintor de "suave e devoto" (ib., 41). O autor argumenta que, embora Landino escrevesse apenas 30 anos depois da morte de Angelico, pertencia a outra corrente interpretativa – defensor do uso da língua autóctone, contra a tradição latina em que o dominicano se educara, amigo de Alberti, ao passo que o frade pintor fora discípulo do teólogo Santo Antonino (cf. ib., 42). Não entendemos as razões por que o crítico francês recusa o tratamento que Baxandall dá ao qualificativo "devoto". Apenas se assinale: Baxandall o entende em relação ao uso da imagem para o fácil acesso. Ora, contra a suposta destinação da pintura aos incultos, contra pois o "*simplismo das imagens*", o uso indicial das manchas vermelhas, em vez da representação icônica das flores, permite que Didi-Huberman formulasse sua hipótese:

> Minha hipótese é aqui que o ato pictórico consistente em produzir a "memória do mistério da Encarnação" – além da *storia* e além da imitação "figurativa" da realidade – deve ser denominado *figura*. Opondo deste modo *storia* e *figura*, emito portanto a hipótese que o que Fra Angelico entendia por "figura" é exatamente o contrário do que entende um historiador da arte quando crê apreender ou interpretar "figuras" na pintura, dita "figurativa", de Fra Angelico. (Didi-Huberman, G.: 1990a, 48)

Visto em uma acepção mais ampla: a revalorização da obra de Fra Angelico supõe que o intérprete, mantendo (como é justo) o desprezo pelo primado da *imitatio*, retira o frade pintor da secundariedade em que fora mantido e, pela leitura das manchas (*taches*) vermelhas, nele encontra certa antecipação do tachismo contemporâneo. (Daí a teorização posterior sobre a equivalência entre anacronismo e abordagem histórica.) O que vale dizer: sua leitura propõe a releitura derivada da crise da história da arte.

Mesmo porque não contamos com o acervo da obra do frade, não convém detalhar a tese de Didi-Huberman. Partimos do suposto de que ela não é deturpada pela consideração seguinte: o autor se põe contra uma tradição, bastante estabelecida na teologia, a propósito da Encarnação. Na abertura da passagem sobre o quádruplo sentido da Escritura, o autor declara que o ponto-chave que destacará está em que "a figura pintada deverá de algum modo *imitar o paradoxo* mesmo que constitui a visibilidade do Verbo divino" (1990a, 57). Para a apreciação de seu ponto de vista, sintetize-se seu argumento: a partir do pensamento medieval, a Escritura assumia um sentido quádruplo – é, por um lado, história, por outro "como os três raios do sentido espiritual, alegoria, tropologia, anagogia (cf. ib., 65). Acrescente-se a esse dado: antes mesmo de Descartes, com Alberti e Cesare Ripa, o Renascimento preparava o realce do linear e determinado. Daí, com o Iluminismo, o destaque que receberá a História, e o desprestígio dos "raios do sentido espiritual" e, com ele, da própria religião. Daí Didi-Huberman retira que a crise da arte, a que responde a sua própria História, se articula com o entendimento da imagem como algo linear, o figurativo sendo entendido como reprodução ou, no melhor dos casos, como correspondência com o perceptível. Donde a possibilidade de ganho em recuperar a aproximação da imagem com o indeterminado, não mais por via teológica, mas pela trilha que estivera encoberta desde a desleitura de Aristóteles, ou seja, pela trilha da ficcionalidade. Antecipe-se: Didi-Huberman assim se opunha tanto a Alberti como, contemporaneamente, a Erwin Panofsky. Em vez do mistério ressaltado pela teologia, o autor propõe o destaque da indeterminação do signo, i.e., seu uso indicial, que considera oposto à tradição clássica, centrada no mimético (cf. ib., 97).

Acentuem-se duas passagens: "A solução do problema consiste em dialetizar as noções de imagens e de dissemelhança" (ib., 77) e "[é] através deste mesmo trabalho de figurabilidade em que ela se disfratava, constantemente se deslocando, até se precipitar em 'a admirável profundidade' do mistério" (ib., 233).

A minuciosa descrição de Didi-Huberman quanto aos sentidos além da *storia* da Escritura Sagrada era concernente à teologia. O pensamento ocidental não se desliga da linearização da *storia*, seja por efeito da constante influência platônica, seja por não se haver ressaltado as consequências da divergência aristotélica, seja porque a teologia mesma necessitava de um respaldo que, evitando ambiguidades, assegurasse sua disposição dogmática, seja ainda pela perda de importância do teológico, nos tempos modernos. (Fora da direção proposta pelo exame dos fatores mencionados, para a reabertura da questão dos sentidos diversos do signo, importa – o que Didi-Huberman contudo não faz – considerar a relevância do realce do metafórico pela obra de Hans Blumenberg.)

Além de Baxandall, para a interpretação de Didi-Huberman importa que, na compreensão da obra do pintor frade, se tenha considerado, a exemplo do que sucede com Samuel Edgerton (cf. nota 20, 408), que a teologia de Santo Antonino, mestre do pintor e, durante sua vida, prior do convento de San Marco, era "uma moderna 'racionalização' dos comentários patrísticos ou medievais de São Lucas" e que "as autoridades – Santo Agostinho, Alberto, o Grande, Tomás de Aquino – não seriam por ele citadas senão para passar pelo crivo da exigência 'científica'" (ib., 218). Didi-Huberman chama a atenção que, a ser isso correto, Fra Angelico seria objeto de "uma inconsequência, uma ignorância ou uma impotência de sua pintura, pois o que sua obra nos 'conta' parece imediatamente marcado pelo selo da inverosimilhança histórica" (ib., 219). O autor sabe ademais que a reação contra a qual se levanta é ajudada por Angelico empregar recursos da posição de Alberti. Daí resultava a ambiguidade de uma arte que considera inovações humanistas, "mas as faz servir a outros fins" (ib., 221). A favor de sua defesa da qualidade pictórica da obra do frade, o autor conta com a reflexão do autor do *Quattrocento*, Giovanni di Genova (cf. nota 55, 410), a quem glosava:

> Dar uma figura a alguma coisa [...] não equivale a oferecer-lhe o aspecto desta coisa; ao contrário, consiste em lhe conceder um outro aspecto, em mudar (*mutare*) sua visibilidade, em aí introduzir a heterogeneidade, a alteridade. Em suma, figurar uma coisa é significá-la por outro aspecto. (Didi-Huberman, G.: 1990a, 232)

Em síntese, a posição de Didi-Huberman, que amplia seu tratamento em prol de uma teoria não linear da análise, paradoxalmente nos dá elementos para enfatizar a necessidade de repensar a questão da *mímesis*. Assim dizemos porque a questão da indeterminação e do estatuto ficcional a que a imagem da arte está submetida se integra a uma concepção renovada da *mímesis* sem que para isso se dependa de uma incursão em terreno tão diverso da estética quanto a teologia, tendo por subsídio uma reflexão cujo objeto não coincide com o da arte: a psicanálise. Não se trata de mera questão nominalista. A reconsideração da *mímesis* traz a vantagem extra de contar com o respaldo do esboço de um conceito próprio, cuja falta então continuaremos a acentuar.

*

Venhamos à obra do mesmo ano, *Devant l'image*. Ela mantém a indagação anterior, desenvolvendo-a em plano mais teórico: "Este livro gostaria simplesmente de interrogar o *tom de certeza* que reina com tanta frequência na bela disciplina da história da arte" (Didi-Huberman, G.: 1990b, 10). Isso supõe transpor a revalorização do frade pintor ao questionamento da história da arte, pelo desconhecimento por ela praticado que ignora o princípio da incerteza. Com ela, acrescentemos, em vez de lidar com a arbitrariedade do signo, transmite a convicção de que o signo e seu referente se superpõem. Por tudo isso, "requestionar a 'razão' da história da arte é requestionar seu *estatuto de conhecimento*" (ib., 12); concretamente, equivalente a indagar-se pelo dilaceramento provocado pela figurabilidade, i.e., o que resulta da passagem, no plano do conhecimento, da representação (*Vorstellung*) à apresentação (*Darstellung*). (Note-se a implícita sintonia já assinalada com o posicionamento de Wolfgang Iser.)

Dada a articulação com o livro do mesmo ano, era forçoso o reforço a extrair da abordagem nele efetuada. Por isso, referindo-se à *Anunciação*, cita a passagem que servira ao pintor de fonte (Lucas I, versículos 26 a 38) e declara sobre sua correspondência ser "uma espécie de reciprocidade silenciosa" (entre o anjo e Maria), em um quadro em que umas poucas pinceladas rompiam a unanimidade da brancura da cal, não havendo nem os "sentimentos expressos nem ação, nem teatro da pintura" (ib., 23). O frade seria portanto ou um pintor de qualidade modesta ou sua questão era a *infalibilidade* da cena, em que "o *nada* (*rien*) testemunhava o infalível e a infigurável voz divina, à qual, como a Virgem, Fra Angelico devia se submeter" (ib., 24). Ora, como trazer a questão proposta a Angelico ao tratamento analítico? O autor então anota: para fazê-lo será preciso vir às condições mesmas do olhar, i.e., da apresentação e da figurabilidade expressas pelo afresco (cf. ib., 26). É o que intenta fazer pela diferença que estabelece entre o *visível*, o objeto clássico da representação, e o *visual*, o branco quase unânime, "componente essencial e maciço da apresentação pictórica da obra" (id.).

A distinção nos conduz a pensar como o autor considera a relação entre a *mímesis* (que nega) e o hiato entre o signo e seu referente. A *mímesis* é entendida classicamente como sinônimo de imitação, portanto como ignorante da indeterminação (ou sobredeterminação) do sintoma, que só se alcança pela caracterização do índice peirciano. Por se indispor com essas propriedades, contudo justamente realçadas por Didi-Huberman, a *mímesis* permanece por ele cancelada. É aqui que aponta o caráter discutível de sua interpretação. Não mais repetimos que indeterminação e caráter indicial do ficcional pertencem ao estoque dos efeitos da *mímesis*; que, ao aceitá-los, seu ostracismo se torna contraditório e improcedente.

Considere-se a questão pelo ângulo assumido pelo autor. Declara ele: "O branco [é] vestígio, sintoma do mistério" (Didi-Huberman, G.: 1990b, 33). Ao dizê-lo, nega que o "*blanc vestige*" se inclua em "um código representativo" (id.) Mas assim será de fato? Desde que pensemos no código religioso, o mistério não faz parte do representativo? Enquanto tal, na experiência estética, o mistério não corresponde a seu oposto, o irrepresentável? Se a experiência estética reconhecidamente se abre para o sintoma, para a multiplicidade de respostas do indeterminável, ler a quase unanimidade do branco como sintoma do mistério seria paradoxalmente convertê-lo em determinável. Essa consequência seria por certo evitável se se tomasse o realce do mistério em termos teológicos. Mas é precisamente isso que o autor procura evitar. Ora, como já fizera a propósito do livro precedente, Didi-Huberman, ao se contrapor a Baxandall, tenta transpor a descontinuidade entre a obra realizada por Angelico e sua leitura dentro de uma perspectiva estética. Para isso, a identificação do anacronismo com a abordagem histórica era indispensável. Operacionalmente, isso lhe importava para relacionar a obra recuperada do frade com as atuais artes visuais norte-americanas – já notamos que a teorização sobre o anacronismo será feita em *Devant le temps* (2000). Pois aqui se lhe opunha uma barreira temporal. É contra ela que Didi-Huberman enuncia o salto a realizar:

> Compreende-se melhor agora que não é a visibilidade do visível que os cristãos terão desde logo reivindicado – isso era sempre a aparência, a *venustas* das figuras de Vênus, em suma, a idolatria –, mas sim a *visualidade*, dito de outro modo, seu caráter de acontecimento "sagrado", transtornante, sua verdade que, encarnada, atravessa o aspecto das coisas como sua desfiguração passageira, o efeito escópico de *outra coisa* – como um efeito de inconsciente. Para enunciar rapidamente, dir-se-á então que o cristianismo convocou por fim do visível não o domínio, mas o inconsciente. (Didi-Huberman, G.: 1990b, 39)

Por que o salto parece inadmissível? Deve-se argumentar: para o reconhecimento temporal de qualquer experiência, no caso a experiência estética, é preciso que haja certa expectativa temporalmente realizável. (Sem essa condição, por que estaríamos impedidos de declarar que o Édipo grego sofria de complexo de Édipo?) Nessa direção, o que declara sobre a Encarnação – "este encontro muito sutil do corpo e da luz já funcionava como uma metáfora da Encarnação" (ib., 40) –, sendo válido para o pensamento medieval, não o torna, com a conhecida decadência da sensibilidade para o religioso, suficiente para os tempos modernos. A propósito, vale destacar o aspecto ainda não abordado: temos dito que o fenômeno da indeterminação está necessariamente associado ao efeito de recepção da obra estética. Há, entretanto, de se acrescentar: a indeterminação só se confunde com a esfera da *mímesis* enquanto aquela se dá *a partir da nomeação*. A indeterminação que se cumpre além do nomeável está fora do campo da *mímesis* e se confunde com o que, do ponto de vista desta, confunde-se com o ornamental.

É certo que o termo "expectativa" não resolve em definitivo o problema do que é/não é instrumental para o historiador. Na posição contrária à que defendemos, declara Didi-Huberman:

> Ainda temos algumas palavras, contudo não sabemos mais a enunciação que as sustentava; ainda temos algumas imagens, porém já não sabemos o olhar que lhes dava carne; temos a descrição dos ritos, porém já não sabemos nem sua fenomenologia, nem o exato valor de sua eficácia. Que significa tudo isso? Que todo passado é definitivamente anacrônico? (Ib., 49)

O que resta ao historiador senão imaginar? (cf. 1990b, 48). Contra a precipitação – performática? – de tais afirmações, veja-se a cautela com que a posição aproximada é enunciada por um historiador da qualidade de Rainer Koselleck. Em passagem de incrível agudeza, Koselleck declarava: "Se a História (*Geschichte*) nunca se consuma sem a linguagem, ela é sempre, para mais ou para menos, diversa da linguagem" (Koselleck, R.: 2010b, 89). Do que deriva sua afirmação capital: a História "não é a reprodução (*Wiedergabe*) de uma realidade passada, mas sim, falando enfaticamente (*übersptizen*), a ficção do fáctico" (ib., 91). Não é pois apenas questionada a tradição positivista da história da arte senão da História dos historiadores. Mas a restrição é decisiva: contra a História como "reprodução" do que houve, Koselleck declara que ela é uma espécie precisa de ficção, a ficção do fáctico. Se há "*Fiktion des Faktischen*", é porque o nomeável em que ela se apoia, conquanto não absoluto, não pode ser apenas suplementado pela imaginação. Se assim fosse, o discurso da crítica não passaria de uma espécie do discurso ficcional, o ficcional suplementar.

O próprio Didi-Huberman reconhece a dificuldade ao se referir à necessidade de "*compreender* (o tempo passado) *por sua inteligibilidade própria*" (Didi-Huberman, G.: 2010b, 50). Mas não é isso exatamente que, afastada a contaminação positivista, significa o realce da expectativa? Isso quer dizer: não é tudo que agora se afirma que é passível de entrar em uma análise do passado. O próprio autor cria obstáculos à sua postura por uma argumentação sofística. Assim, quando se pergunta: o que se ganharia em interpretar o passado tão só com as categorias do passado, senão que devesse se examinar a Inquisição com os argumentos do inquisidor? (cf. id.). A rapidez do argumento termina tão infeliz como a aproximação do conceito do inconsciente quanto ao cristianismo. No caso preciso da Inquisição, porque sua análise contaria com os elementos contrários, até muito mais conhecidos, sintetizados no processo de Galileu ou na imolação de Giordano Bruno.

Para efeito da argumentação aqui desenvolvida, apenas aleatoriamente tocamos no questionamento seguinte do *modus operandi* da história da arte. Assim evitamos o retorno, mais desenvolvido, da abordagem de Vasari. Destaquem-se, em troca, as restrições a Panofsky, pensado a partir de seu acervo alemão.

No ensaio "Sobre o problema da descrição e da interpretação conteudística das obras das artes visuais" (*"Zum Problem der Beschreibung und Inhaltungsdeutung vom Werken der bildenden Kunst"*), acentua-se a impossibilidade de uma descrição apenas "formal", em oposição à "objetiva" (*gegenständlich*). Da longa passagem transcrita por Didi-Huberman, enfatizo apenas:

> Qualquer descrição – de certo modo, ainda antes de começar – deverá transformar os fatores puramente formais da apresentação (*die rein formale Darstellungsfaktoren*) em símbolos de alguma coisa que é apresentada; deste modo já assim faça-se como se queira, afasta-se da esfera puramente formal por uma região mais alta de sentido. (Panofsky, E.: 1932, 86)

A formulação pertence ao período anterior à sua emigração, em que, como diz o autor, a antítese era privilegiada, ao passo que o Panofsky de Princeton preferirá ao impacto crítico o realce da síntese harmonizadora (1932, 129). Ao primeiro Panofsky corresponde o abandono da "lei da natureza", que, mais de 50 anos depois do primeiro romantismo alemão, continuava a justificar a imitação. À sua mudança, como já sabemos, corresponde o ostracismo da *mímesis*.

Abrevie-se a argumentação para nos prendermos ao cerne pretendido pelo autor. A passagem para uma síntese harmonizadora, embora completada durante os anos norte-americanos de Panofsky, respondia à demanda kantiana de tornar o saber filosófico presidido pela busca de "princípios *a priori*" (cf. 1932, 129). No campo da arte, Didi-Huberman entende que a afirmação kantiana básica implicava uma interpretatividade sem fim, a vigorar em vez da opção pela verdade operacional – portanto, a cada instante modificável da ciência. Daí Panofsky voltar-se contra a "vontade de arte" de Aloïs Riegl e privilegiar "as condições metafísicas fundamentais da criação da arte". Daí a redefinição do problema, em ensaio anterior de Panofsky:

> Não se pode negar, dado o caráter universal das manifestações culturais, que jamais se possa chegar a uma explicação real (*eine wirkliche Erklärung*), que deveria consistir no registro de uma causalidade. [...] Se, portanto, o conhecimento científico não pode chegar às causas históricas e psicológicas das formas gerais de apresentação da arte, sua tarefa deveria ser pesquisar seu sentido meta-histórico e metapsicológico (*den metahistorischen und metapsychologischen Sinn*). (Panofsky, E.: 1915, 25-6)

E aqui concordamos em nos afastar por completo do primeiro Panofsky, condicionador do segundo, que favorece uma síntese nada problemática, a ser realizada pela iconografia e pela iconologia; mas isso não faz com que nos aproximemos de seu contestador, Didi-Huberman. Ao passo que Panofsky procurava na leitura neokantiana uma solução para a impossibilidade de a arte contar com o juízo determinante, reservado às ciências, e seu contestador optar, literalmente, por seu avesso, donde sua leitura da interpretação histórica como indistinta do emprego da imaginação, lemos de outro modo o legado da *Crítica da faculdade do juízo*. O que temos chamado de falha na exclusão do esboço de conceito de *mímesis* não significa que entendamos ser desejável que a seu respeito se chegue a um conceito pleno. (*Isso equivaleria a trazer o juízo de reflexão para a rede do juízo determinante.*) Significa que se aceite que o conhecimento humano se cumpre na escala do inconclusivo – o que, de fato, já se comprova do conhecimento científico, sempre passível de ser modificado. A *mímesis* enquanto geradora do indeterminado, indeterminado dentro da dimensão do nomeável, permanece plenamente inconclusiva. Ela é, pois, a testemunha por excelência do "ser carente" (*Mängelwesen*) que somos. Em vez de conceito pleno, a *mímesis* se contenta com um esboço de conceito – cujos termos básicos são semelhança e diferença, dispostos antiteticamente, sem possibilidade de conciliação.

Venhamos ao último livro escolhido do autor. Conquanto *Ce que nous voyons, ce qui nous regarde* seja publicado depois das obras em torno de Fra Angelico (cf. 1990a e 1990b), antes portanto da questão da história da arte e do posicionamento em favor do anacronismo (cf. 2000), preferimos dispô-lo no fim pelo encadeamento cerrado dos três acima referidos.

Ce que nous voyons tem um duplo começo. Ambos visam tanto a desdobrar o que enunciara sobre o anacronismo quanto a justificar o minimalismo norte-americano. O primeiro começo é uma explicação do próprio título: "O que vemos só vale – só vive – em nossos olhos pelo que nos olha" (Didi-Huberman, G.: 1993, 29) e avança pelas páginas iniciais. O segundo procura justificar a corrente minimalista. Para isso, precisa contornar o obstáculo de ensaio de Michael Fried e converter seu argumento a seu favor.

A glosa do primeiro começo deve enfatizar a dialética dos dois movimentos indicados no título. O que nos olha é um vazio desconfortável e angustiante porque, exemplarmente, nos faz deparar com a metonímia da morte, o túmulo. Se nos deixamos olhar pelo que está além da aparência – uma caixa de pedra, muitas vezes ornada, de tais dimensões –, nos encontramos com seu vazio interior. A dupla face se concretiza na imagem de arte. (Inteligente, sutil e sofisticamente, o autor prenuncia o que desenvolverá em sua análise.)

Com o segundo começo justifica o minimalismo. Como "um objeto visual [é] despido de todo ilusionismo espacial?" (ib., 50). Estaremos então "na região [...] de uma estética da tautologia?" (ib., 54). As perguntas preparam a afirmação: [A *minimal art* exclui] "toda forma de antropomorfismo" (e devolve) "às formas – aos volumes como tais – sua potência intrínseca" (ib., 60).

O crítico francês se depara então com o "*Art and objecthood*" de Michael Fried. Do ensaio ressalta, na primeira referência, "de um lado, [...] sua pretensão ou sua tensão dirigida à *especificidade* formal, à 'literalidade' geométrica de volumes *sem equívocos*; de outro, sua irresistível vocação a uma presença" (ib., 71). Vale, contudo, recorrer ao próprio Fried, cuja postura nada tem de literal. Assim já se mostra na abertura da abordagem: a corrente minimalista é vista como um empreendimento, em grande medida, ideológico, ou seja, "suscetível de ser formulado por meio de palavras" (Fried, M.: 1967, 173). Por isso, preferindo chamá-la de "arte literalista", acrescenta:

> A causa literalista contra a pintura descansa, principalmente, em dois encargos: o caráter relacional de quase toda a pintura, e a ubiquidade, na realidade, o caráter praticamente inevitável da ilusão pictórica. (Ib., 174)

Logo explica por que declara o minimalismo contra a pintura:

> Concebe-se aqui a pintura como uma arte que se encontra no limite do esgotamento, uma arte em que o conjunto de soluções aceitáveis de um problema básico – como organizar a superfície de um quadro – está severamente restrito. (Id.)

Ainda em explicação da primeira passagem: contra o caráter relacional, i.e., na obra pictórica, essa parte se relaciona àquela, e seu conjunto visa a um efeito antropomórfico. A isso se opõe o que Donald Judd e Robert Morris pretendem ser "'uma coisa', um único 'Objeto Específico'" (ib., 175). A integridade pretendida pelos artistas suscita a impressão de que suas obras são vazias. Além do mais, a objetualidade procurada se afirmava pelo caráter de *presença* que a coisa, ainda que pintada ou esculpida, ressalta. Embora ele próprio não escreva a restrição, o "ainda que" é fundamental para a posição de Fried porque "pode-se atribuir a presença ao formato, ou melhor, ao olhar da não arte" (ib., 177). O caráter de "não arte" precisa-se pela antítese à "perspectiva da pintura modernista recente", em que, para os proponentes da *minimal art*, "as exigências da arte e as condições da objetualidade entraram em conflito direto" (ib., 178).

Expostos os pré-requisitos de sua posição, o crítico norte-americano podia ressaltar sua caracterização do movimento como proponente de uma não arte em virtude da teatralização do objeto comum: "A adoção literalista da objetualidade não é senão o alegado em prol de um novo gênero de teatro: o teatro é agora a negação da arte" (ib., 179). Podemos então tomar como fecho de seu contundente argumento:

> Enquanto que na arte anterior "o que se consegue com a obra se localiza estritamente dentro dela", a experiência que se tem da arte literalista é de

um objeto em uma situação – uma situação que praticamente por definição, *inclui o espectador*. [...] A teatralidade da ideia de Morris do "modo público ou não pessoal" parece óbvia: a magnitude da obra, em conjunção com seu caráter unitário, não relacional, *distancia* o espectador – não física, mas psicologicamente. Poderíamos dizer que é precisamente este distanciamento que *converte* o espectador em um sujeito e a obra em questão... em um objeto. (Id.)

Os dados acima permitem entender a necessidade de estabelecer desarmes em que Didi-Huberman se punha para, a seguir, transformar as armas dirigidas contra ele em favoráveis à sua postura. Sem nos prendermos à sua procura de contestar o que Fried chamava de não arte, de corrente montada sobre um teatro que visa negar o ilusionismo da arte, acentue-se apenas que em Fried se enfatizava tratar-se de uma experiência intersubjetiva, enquanto relativa à arte, múltipla e indeterminada. O que valer dizer: a conversão pelo minimalismo do espectador em sujeito traria a corrente para o continente da arte. Eis a virtude atribuída ao intersubjetivo.

Tomada como evidente, a afirmação será de fato verdadeira? Podemos por certo dizer que o reconhecimento da objetualidade – de que isso é isso e não aquilo – na prática cotidiana é uma condição intersubjetiva voltada para não sofrermos frequentes desastres. Mas essa regra será válida para a experiência da arte? Dela, não é antes próprio o que Paul Celan chamava de "distanciamento do eu" (*Ich-Ferne*)? A arte que se põe a serviço do intersubjetivo supõe, portanto, o prolongamento, e não o corte com a expressão do cotidiano. (A expressão não é equivalente a ser contra a experiência do cotidiano.)

Os exemplos que Didi-Huberman apresenta em louvor da direção minimalista são inúmeros. Tomem-se apenas dois. Sobre as esculturas de Tony Smith diz ele que "inquietam [por] sua própria clareza formal – sua natureza essencialmente geométrica e não expressionista [...]. São visualmente compactas e intensivas [...] São pintadas de preto, isto é, são pintadas *no exterior* à imagem do que são no *interior*" (1967, 105).

Como a edição referida apresenta uma reprodução da escultura *Madeira pintada*, é facilmente comprovável que a última afirmação é a prova flagrante do que significa a extensão do intersubjetivo ao campo da arte. Diante de um puro objeto pintado em negro, quem declara o que ele contém em seu suposto interior senão apenas e tão só seu intérprete?[44] Por que precisamos de uma escultura para esse ato de imaginar? Por que não o fazemos diante de qualquer objeto cotidiano? Para glosar Michael Fried, assim só não seria cabível porque, no cotidiano, não há espaço para a teatralização dos objetos de uso pragmático.

O mesmo procedimento se repete a partir do objeto de madeira que Robert Morris propõe ser visto como escultura. Nas palavras do intérprete:

> Quando Robert Morris fabrica uma espécie de ataúde de madeira de seis palmos de comprimento exatamente, é para colocá-lo erguido diante de nós, como um armário embutido a humanos ausentes ou como uma absurda história a dormir de pé. (Didi-Huberman, G.: 1992, 128)

Ante a reprodução, pergunta-se qual a diferença do *objet trouvé* com qualquer armário de madeira de proporções semelhantes senão que o objeto cotidiano não será exposto em uma galeria de arte.

Não deixa de ser lamentável que a melhor fonte contemporânea para que se precise a peculiaridade da imagem na arte termine por negar sua própria peculiaridade, i.e., nos termos de Maldiney, ser uma imagem dentro da imagem. Se a duplicidade aí referida supõe certo grau de complexidade, o prolongamento do intersubjetivo até a experiência estética supõe a plena substituição desta segunda imagem pela imaginação do intérprete.[45]

---

[44] Curiosamente, é a arte mediática, por excelência o cinema, que se contrapõe ao objetualismo minimalista. Mostra-o o *Paterson* (2016) de Jim Jarmusch. A visão multifacetada da mediocridade do cotidiano, desde a visão chapada da coprotagonista até o objetualismo tenso de seu companheiro, o motorista de ônibus, tendo por intermediário o expressivo *bull-dog*, manifesta o sem sentido assumido pela "dialética negativa" da vida. Ao contrário do que declaram os anúncios da película, Jarmusch não joga com o dramático e o cômico, mas com o trágico e o paródico.

[45] Em defesa do romantismo (musical) de qualidade, acrescente-se que, em Schubert, Schumann, Chopin não se dá essa plena substituição da obra pela palavra do intérprete. Para reconhecer a diferença precisa-se, contudo, penetrar na própria estrutura musical. A distinção entre romantismo de qualidade e consumismo, fundado no privilégio do intersubjetivo, será decisiva no caso de literaturas como a brasileira. Nela, o padrão consumista é antecipado pela sintonia entre um público nada refinado, i.e., que confundia

*

Não encerramos o capítulo sem a remissão ao comentário sábio e amargo de Argan:

> A grande novidade americana na cultura artística mundial [...] consiste [...] [na] renúncia às categorias técnicas tradicionais e ao emprego de qualquer técnica capaz de "desmistificar" a arte, para inseri-la no circuito da comunicação de massa. [...] Sem a informação por meio de imagem, não existiria uma cultura de massa, e a cultura de uma sociedade industrial não pode ser senão uma cultura de massa. (Argan, G. C.: 1988, 508-9)

"cultura" com o adocicamento de obras de outro modo indigestas, e a "adaptação" dos autores ao padrão da casa-grande. Daí que a exaltação da faculdade da imaginação por um Álvares de Azevedo não passasse do exercício de uma fantasia sem limites; em contraparte, dá-se a marginalização de um irregular mas excepcional Sousândrade.

CAPÍTULO 4
Situando primeiras intuições

1

O capítulo final se distingue dos anteriores porque estes desenvolviam questões levantadas a partir de 1980 acerca da *mímesis*, ao passo que aqui se apresenta uma recolha de primeiras intuições. Embora ela também contenha acréscimos pontuais, sua função principal está em ordenar intuições, em mostrar como elas se encaixam umas nas outras, ao passo que até agora se haviam mostrado fragmentária e esparsamente.

Qualquer navegação que não pretenda ser apenas costeira, no caso presente, que não queira manter-se às bordas do "princípio de realidade", ao penetrar no mar alto, enfrenta o imprevisto. Assim sucedeu com pensar a *mímesis* como uma *energia*, portanto não confundida com a imitação, com a reiteração do já dado pela ordem da natureza ou da sociedade.

A travessia iniciada em 1980, em *Mímesis e modernidade*, ainda contou, nos vários livros que desde então têm sido escritos, com a salvaguarda de basicamente discutir com autores pertencentes à compreensão da ficção verbal. Mas, ao chegar ao que suponho seja o encerramento do périplo, verifiquei que a aventura tinha de ir além, trazendo à discussão o entendimento contemporâneo das artes visuais. Sei da ousadia de fazê-lo, porquanto não sou um crítico de artes plásticas. Ela não é compensada por considerar que o feito ao longo de quase três décadas leva a entender que seu objeto só admite o *esboço de um conceito*. Dizê-lo esboço significa que suponho não haver avançado tanto quanto devia? Que, então, a recolha das intuições apreendidas, mesmo quando eventualmente ainda agora se desenvolvam, possam (e devam) ser aprofundadas? Sim, talvez seja afirmativa a resposta às duas questões. Apesar do quê, é justo acrescentar: como a seguir será desenvolvido, suponho ser próprio da *mímesis* não permitir a formulação de um conceito pleno. Conceitos plenos – sempre modificáveis – são possíveis quanto a fenômenos que caibam no que Kant chamava de juízo determinante. É certo que os juízos de reflexão estão longe de se encerrar na *mímesis*. Mas esta ocupa não menos que *a área limite do juízo de reflexão*. Por isso mesmo, caracterizá-la como resultado da tensão entre os vetores de sentido contrário, semelhança e diferença, é muito vago para que um conceito estivesse definido. As afirmações – a *mímesis* não permite um conceito pleno, o que conceitualmente dela se diga não passará de um esboço, espera-se, contudo, que o esboço que dela se apresenta seja aprofundado – não são contraditórias por efeito da posição limite que ela ocupa. Prova indireta do lugar referido: conquanto a compreensão da *mímesis* seja fundamental para definir-se, no âmbito dos discursos, a posição diferencial da arte – o único dos discursos que não se fundamenta no pressuposto da verdade –, o que não quer dizer que seu fenômeno se esgote no campo da arte.

A última afirmação de imediato dá lugar a um desenvolvimento que antes não foi feito: se é sabido que a *Poética* corrigia Platão, assim o faz menos por afirmar o fenômeno da *mímesis* do que por assinalar a diferença interna entre sua incidência em geral e sua particularidade na imagem artística.

A generalidade do fenômeno aparece nas primeiras linhas do pequeno tratado:

> A ação de mimetizar se constitui nos homens desde a infância, e eles se distinguem das outras criaturas porque são os mais miméticos e porque recorrem à mimesis para efetuar suas primeiras formas de aprendizagem, e todos se comprazem com as mimeses realizadas. (*Poét.* 4, 5-9)

Trata-se evidentemente de uma causa natural que, estendendo-se a todo o gênero animal, ressalta particularmente entre os homens. Logo o parágrafo seguinte acrescentava uma observação que, entendida ao pé da letra, pareceria apenas uma comprovação da causa generalizada:

> Quando observamos situações dolorosas, em suas imagens mais depuradas, sentimos prazer ao contemplá-las; por exemplo, diante das formas dos animais mais ignóbeis e dos cadáveres. A causa disso é que conhecer

apraz não apenas aos filósofos, mas, de modo semelhante, também aos outros homens. (Ib., 11-16)

É certo que o filósofo não trata da arte, cujo sentido específico de resultante de uma experiência estética era desconhecido entre os gregos. Provavelmente, esta é a razão por que a diversidade dos dois sentidos não é notada. Podemos supô-lo porquanto o próprio tratado implica a diferenciação dos gêneros, o épico, o cômico e o dramático, que entendemos como incluídos na "arte". Antecipando-se ao próprio tempo do pensamento grego, Aristóteles pode haver se inspirado em passagem do *Filebo*, onde inexiste a distinção entre a experiência comum e a "estética". Referindo-se à reação humana – por que não pensar animal? – à sarna, Sócrates referia-se aos "casos em que há mais dores do que prazer" (Platão: *Filebo*, 46 d). E logo acrescenta:

> Quando prevalece em semelhantes misturas o sentimento de prazer, a dor aí presente em dose mínima produz coceira e atenuada irritação, ao passo que a difusão mais intensa de prazeres deixa o paciente excitado e a ponto de saltar de alegria. (Ib., 47a)

Se é questionável a distinção entre as espécies de *mímesis* é mesmo porque, de acordo com a tradição dos intérpretes, para Aristóteles ela constituía um fenômeno unitário. Caso exista a necessidade de comprová-lo, basta recorrer a uma obra que foi bastante divulgada. Em *The function of mimesis and its decline*, John Boyd, analisando a concepção vigente até o século XVIII, afirma que o "fracasso em compreender a *Poética* de Aristóteles foi uma das razões por que a tradição mimética chegou ao fim" (Boyd, J. D.: 1968, XII-III). O enunciado é paradoxalmente correto. O declínio referido decorreria para Boyd de que houvesse sido questionada a equivalência com a "*imitation*", quando afirmamos justamente o contrário: a não diferenciação entre o sentido geral e o artístico, em particular, é responsável pelo ostracismo da *mímesis*, desde que, no século XVIII, é denunciada sua função imitativa. Atente-se para a continuação de passagem já citada da *Poética*:

> Desde que [os receptores] não tenham por acaso se deparado anteriormente com tal coisa [representada na imagem], o prazer não se construirá

em função da mimese, mas do resultado ou da tonalidade obtida ou de qualquer outra causa desse mesmo tipo. (*Poét.*, 16-9)

A referência importa duplamente: (a) mostra como *conscientemente* o autor não internalizava a distinção que avançara um pouco antes. Portanto, que nossa inferência assinala uma contradição interna em seu pensamento; (b) essa contradição é sugerida no fim da frase: se aquele que vê tal imagem não conhece seu correspondente na realidade, seu deleite dependerá da execução da própria imagem. O que vale dizer, de um elemento que excedia a mera correspondência, ou seja, que ia além do lastro imitativo.[46]

Creio que a última observação mostra a plausibilidade da distinção que ressaltamos. Partimos dela para o aprofundamento de outro modo impossível.

A distinção entre as espécies de *mímesis* oferece a vantagem de podermos passar a dispor da contribuição da etologia. Recorre-se, pois, a algumas fontes de um mesmo pesquisador, Konrad Lorenz. (Apenas seja notado que, por fidelidade ao autor, empregaremos sempre o termo "imitação".)

Entre os animais cujo comportamento observou durante anos, o processo de imitação depende do "funcionamento do sistema instintivo da espécie em questão" (Lorenz, K.: 1965, 19); o que significa que a "coordenação de movimentos é inata, instintiva e reflexa" (ib., 21). Daí a dificuldade de precisá-lo depende das condições de observação e não de experiências teoricamente orientadas, do que decorria a necessidade de criar diferentes espécies, "em um meio que respondesse o quanto possível a seu ambiente natural de vida" (ib., 18).

Sem entrarmos em desenvolvimentos complexos, assinale-se apenas que as reações originadas de situações adquiridas, i.e., que não decorrem do esquema instintivo da espécie observada, senão que ofe-

---

[46] A favor do argumento que aqui desenvolvo lembro que, em sua tradução da *Poética*, Roselyne Dupont-Roc e Jean Lallot assumem posição contrária à imensa maioria de seus pares ao afirmarem que só em dois casos (15, 54b9 e 22, 59a12), o verbo *mimeisthai* significa "*imiter*". Em geral, ao contrário, o substantivo derivado, *mímesis*, "designa este movimento mesmo que, partindo de objetos preexistentes, conduz a um artefato poético, e à arte poética" (Roc, R. D. e Lallot, J.: 1980, 20).

recem ao observado um objeto instintivamente não previsto, não se confundem com um processo de aprendizagem, porquanto o esquema instintivo se adapta de maneira motora à situação nova. Mesmo sem entrarmos em detalhes, seja assinalada, ainda dentro da longa pesquisa sobre pássaros realizada em 1935, observação geral:

> Nas condições normais da vida em liberdade de uma espécie, a escolha do objeto dos atos instintivos, quando este objeto biológico é um congênere, é sempre dirigida com certeza a um congênere. Se, em troca, o jovem pássaro não é cercado de congêneres durante o período psicológico de fixação, ele orienta suas reações ligadas ao congênere para um outro objeto de seu meio, geralmente para um ser vivo [...] ou para objetos inanimados. (Lorenz, K.: 1965, 177)

A adaptação referida leva o pesquisador a negar o "ato instintivo como um comportamento finalístico", ou seja, racionalmente orientado (cf. ib., 195).

Destacado o papel decisivo do aparato instintivo (ao contrário do que pensava o autor, radicalmente diverso da pulsão – *Trieb* –, donde a impossibilidade de encontrar-se um similar nos outros animais da humana pulsão de morte), ressalte-se então a função da agressividade. Para quem não tenha familiaridade, como é o meu caso, com a etologia, é surpreendente o desmentido que Lorenz oferece – é usual ouvir que o homem é a única espécie que agride e mata seus semelhantes. O curioso encontra, no quadro mais amplo das pesquisas do autor, no caso, sobre os peixes, a afirmação do contrário:

> Seja no mar ou no aquário, a coexistência pacífica de dois indivíduos de uma espécie de cor viva se encontra somente nos peixes que vivem em um estado conjugal permanente. [...] Os parceiros são inseparáveis e é interessante notar que se mostram ainda mais agressivos quanto aos membros de sua própria espécie que os peixes celibatários. (Lorenz, K.: 1963, 24)

E, na conclusão de sua pesquisa:

> Constatamos que a agressão intraespécie [...] é indubitavelmente uma parte essencial da organização dos instintos para a proteção da vida, podendo ocasionalmente levar ao erro e destruir a vida. (Ib., 58)

Não será preciso explicar por que somos tão parcimoniosos nas referências às obras de Lorenz: não se pretende mais do que oferecer umas mínimas explicações autorizadas sobre a imitação, no sentido próprio da *mímesis* em geral, de Aristóteles. Embora fosse prescindível, interessa-nos apenas verificar o traço de animalidade que aproxima o humano das espécies orgânicas. Encerremos o breve parêntese por um outro livro que, noutro contexto, nos levaria mais fundo.

Note-se tão só: em vez de estender a presença da imitação para todas as espécies que estudou, o etólogo precisa que a imitação é reconhecida em apenas algumas espécies. Mesmo assim, diferencia a imitação na criança pelo prazer que ela sente em fazê-la. (Embora o *Filebo* nos tenha levado a reconhecer a produção de prazer entrelaçada à dor, é de supor que o prazer puro, sem misturas, seja mais frequente no animal humano. Nesse sentido, a hipótese é bastante fecunda para entendermos a propriedade do estético. Não que se diga que este simplesmente negue a dor, senão que a afasta do mero sofrimento; é o que se observa na experiência da catarse.) Vale, portanto, a tradução de algumas linhas:

> Fora do homem, somente certos pássaros, sobretudo entre os pássaros canoros e os papagaios, possuem, falando propriamente, uma faculdade de imitação, ainda que ela se limite exclusivamente ao domínio vocal. A faculdade de imitação dos macacos tornou-se proverbial, pois "macaquear" está muito perto de imitar. Mas, de fato, a reprodução exata de um movimento percebido só é esboçado no macaco antropomorfo e não se aproxima mesmo em precisão das performances do pássaro. [...] O que propriamente falando chamamos de "macaquear", i.e., reproduzir um movimento ou uma expressão pelo prazer da imitação, é um comportamento que, segundo penso, se existe no macaco, aí se encontra apenas esboçado. – Todo o contrário com a criança [...] que o pratica de modo evidente. Os especialistas em psicologia social estabeleceram com certeza que as crianças reproduzem os modelos de comportamento, com uma grande precisão formal, pelo prazer da imitação e o fazem bem antes de compreender seu sentido e finalidade. (Lorenz, K.: 1973, 208-9)

Conquanto de maneira rudimentar, o respaldo oferecido pelo pesquisador alemão é precioso para entendermos por que é fundamental precisar a distinção já esboçada na *Poética*, mas que permaneceu distante de ser formulada. Não se trata simplesmente de a obra de Aristóteles ter o caráter de um *work in progress*, como seus especialistas observam com frequência, senão que a própria ambiência do pensamento grego o impede de diferençar conceitualmente a arte de que trata das outras diversas *technai*. Se assim já sucede, como sequer conceber que tivesse consciência de que tantos séculos se passarão até que Baumgarten, e a seguir Kant, precisassem como peculiaridade da experiência estética?

Isto posto, podemos retomar, desdobrando-a, outra pequena intuição.

2

Duas consequências derivam da separação entre as duas acepções de *mímesis*: (a) o que, a partir de 2000, chamamos de *mímesis* zero só tem sentido se se estiver destacando a *mímesis* que centralmente opera na arte.[47] Enquanto fenômeno observado em várias espécies animais e radicalmente na conduta humana, a *mímesis* não tem um instante zero porque este, supondo uma escala numérica, inexiste em uma experiência que, como própria à espécie, não cresce nem diminui; (b) sua nomeação, por menor que seja a precisão que se alcance, é decisiva como fundamento para aquilo a que tem se dedicado este livro: o descarte da imitação na segunda acepção da *mímesis*.

Até o momento em que tive de reler passagens dos livros que escrevi desde *Mímesis: desafio ao pensamento* (2000), desconhecia quantas vezes me referira a tal instante zero. Pretender recompor seu trajeto seria penoso e sem grande utilidade. Apenas chamo a atenção de mim

---

[47] É fundamental a qualificação "centralmente", porque o modo como essa modalidade de *mímesis* opera não se verifica de modo exclusivo na obra de arte. Para quem não tenha contato com o que escrevi, antecipe-se: portanto, a *mímesis* zero não se restringe ao que tenho chamado de ficção interna. Por isso, se não considero o sonho como ficção é porque, conquanto se contraponha ao "princípio de realidade", enquanto ele se realiza, o que o "recebe" não se isenta de sentir o que nele se processa subordinado ao princípio de verdade. O sonho percorre parte da estrada do ficcional e não se confunde com ela.

mesmo que tal reiteração é sintomática, quer da relevância que sentia envolver a questão, quer da percepção confusa de que nunca conseguira apresentá-la de modo convincente.[48]

Curiosamente, na primeira vez que a formulação foi feita ela surgiu quase tão só como conclusão de um raciocínio, em que usara várias passagens de Freud, ao lado de Mikkel Borch-Jacobsen e René Girard, sob a suposição, portanto, de que a conexão entre aqueles autores bastasse para que o conceito estivesse explicitado. Não deixa de ser curioso – para não dizer desconfortável – perceber que a retomada da formulação recorresse a outras fontes, sem mais as referências iniciais. Até por isso sou agradecido a Aline Magalhães Pinto por relacionar a questão da *mímesis* com o tratamento da anamnese do *De anima*, que faria em *O controle do imaginário e a afirmação do romance* (2009).

Retomo, pois, a enunciação inicial do problema. Ela será aqui mais sintética, não só por economia do espaço, senão porque a passagem dos anos talvez tenha amadurecido a questão.

Com a nova redação de apresentação mais razoável da *mímesis* zero, estarei aqui propondo que com ela se inicia uma abordagem mais segura da *mímesis*, na acepção particular do termo. Até por isso, ao chegar a pensar sobre o ensaio de Aline Magalhães Pinto já estaremos no mar alto da abordagem, o que não quer dizer que a travessia depois não volte a águas menos profundas para de novo ser arremessada a rochas mais ferinas.

Parta-se da referência ao *diferimento do princípio do prazer*. A propósito das *Conferências introdutórias sobre a psicanálise* (1917), escrevia no item "Freud. Uma pequena nota": "Paradoxalmente, é em nome da satisfação do prazer que o sujeito há de aprender a lidar com a libido, a retardá-la e não simplesmente a exercê-la" (cf. Costa Lima, L.: 2000, 139). (Mais adiante, quando mais avançados, veremos que a relação da *mímesis* com libido não se restringe a diferi-la.) A referência às *Vorlesungen* supunha a elaboração que Freud realizara, entre outras

---

[48] Antes mesmo de servir-me de sua reflexão, agradeço a Aline Magalhães Pinto haver compreendido essa saliência e a ela haver dedicado seu ensaio "*Mímesis*, imaginação e torsão temporal" (cf. Magalhães Pinto, A.: 2012, 45-53).

não declaradas experiências, à que se cumprira a partir de uma conversa de trem, relatada em uma de suas primeiras publicações, "Sobre o mecanismo psíquico do esquecimento" (1898, I, 520-1). Em vez de, outra vez, transcrever a longa passagem, limito-me a sintetizá-la.

Vindo de Ragusa, na Itália, para uma localidade na Bósnia-Herzegóvina (atualmente, república autônoma), a conversa lidava com a Itália e a região vizinha. O que Freud e seu amigo discutiam teria sido esquecido não fosse o que Freud destacara. Aconselhava ao companheiro de viagem que, estando na Itália, não deixasse de ir a Orvieto para ver o quadro de certo pintor. Porém, por mais que se esforçasse, não conseguia recordar seu nome. Em vez de Signorelli, só lhe vinham à memória os nomes, que sabia não serem os corretos, de Botticelli e Boltraffio.

Por enquanto, a questão aí se encerrava. Só no *Para a psicopatologia da vida cotidiana* (1901), a retomada da questão apresentará uma solução para o enigma – ela contém uma das maiores contribuições de Freud à questão da *mímesis*. Os dados preliminares capitais para a interpretação proposta para o esquecimento do verdadeiro nome do pintor consistiam em: (a) Freud lembrar-se da informação que lhe transmitira um médico amigo, que vivera muitos anos na Bósnia-Herzegóvina: os turcos aí residentes a tal ponto estimavam a potência sexual que identificavam seu enfraquecimento com a proximidade da morte; (b) um pouco antes da viagem indicada, Freud fora informado de um paciente seu que se matara em razão de um distúrbio sexual. Em ambos os casos, portanto, era concretizada a ligação entre "morte e sexualidade" (*Tod und Sexualität*) (cf. Freud, S.: 1901, 8).

É a partir desses dados, e só a genialiadade do intérprete foi capaz de conjugar, que derivará o entendimento freudiano para a estranha substituição de Signorelli por Botticelli e Boltraffio. Quanto aos termos substitutos, assinala desde logo a duplicação da sílaba inicial. Em segundo lugar, como continuação do segundo termo, reitera integralmente o nome do lugar em que recebera a notícia da morte de seu paciente, Trafoi. A reiteração do "Bo" não é menos motivada pelo nome da região da Bósnia, de onde viera a informação engendradora do par "morte e sexualidade". Em suma, o esquecimento nada tivera de arbitrário e ocasional. Muito menos a articulação dos nomes que poderíamos chamar de tampões. Tampões de quê, senão do recalque em aceitar a estreita ligação entre morte e sexualidade? Recalque que não teria tamanha incidência caso fosse verdadeira apenas como crença de certa população, de certa região ou tendo ocorrido com o infeliz paciente. Seria absolutamente injustificado que alguém que se dedicava a penetrar nas artimanhas que cada humano prepara para si mesmo não percebesse que seu próprio esquecimento dele reclamava ser esclarecido. Note-se ainda que, embora o próprio Freud não chamasse a atenção sobre esse detalhe, a situação provocadora de todo o enigma não se dava em um sonho, como poderia parecer. Ao contrário, era à luz do cotidiano desperto que o recalque mostrava sua força. Como que ele terçava armas com o consciente no próprio terreno em que a percepção e a memória teriam as condições mais favoráveis. (Antecipe-se o que será reativado: a suposição de que a memória comanda inevitavelmente a recordação desconhece a presença do desejo na luz do cotidiano rotineiro.)

Daí a força categórica com que Freud encerra a explicação que resumimos:

Nesse processo, *os nomes foram tratados semelhantemente a pictogramas (Schriftbilder) de uma frase, que deve ser transformada em um enigma verbal (rebus)*. (Freud, S.: 1901, 10, grifo meu)

Dois componentes são decisivos na formulação magistral: a proximidade que a palavra guarda da imagem visual e a inclinação que tem a formulação verbal, pressionada pelo desejo e a força contrária do recalque, de tornar-se enigmática. Ambas se fazem presentes em formulação posterior do próprio Freud: o "pensar em figuras é [...] apenas um tornar-se consciente bastante incompleto" (Freud, S.: 1923, XIII, 248). Sem que ele fale em *mímesis*, cujo entendimento usual não precisava ser incomodado por sua preocupação central, de que trata senão dela? Para que a afirmação não seja arbitrária, será preciso observar que a sintonia do processo analítico realizado por Freud e a compreensão do fenômeno da *mímesis* se tornam possíveis a partir do percurso que temos feito. O que equivale a dizer: a revisão da *mímesis* deve muito mais do que tenho declarado à trilha aberta por Freud. Isso não é sinônimo de que a sua própria teorização não apresentasse dificuldades para tal reviravolta, dificuldades que se acentuam com a própria abordagem psicanalítica posterior. Em lugar de nos determos nesses obstáculos, digamos, em termos muito gerais, que a aproximação é facilitada pela própria concepção do sujeito como autocentrado, i.e., em que a instância do "eu" é capaz de mascarar a presença do inconsciente.

Em vez de nos metermos por uma região em que somos amadores, é preferível recorrer à voz dissidente de Borch-Jacobsen. É ele quem declara:

> Como pensar, [...] que a identificação [a *mímesis*, na concepção de B.-J.] é, *ao mesmo tempo*, o que abre a possibilidade da realização do desejo tal como Freud a descreve constantemente *e* o que desde logo começa por dissimular o desejo na fábula do fantasma [...]? [...] Será preciso supor que o desejo (*voeu*) só se realiza se disfarçando e que a *Wunscherfüllung* (a realização do desejo) coincide desde sempre com a *Entsstellung* (truncamento). (Borch-Jacobsen, M.: 1982, 35)

A formulação é preciosa, embora parcialmente discordemos de uma das consequências que o autor extrai dela. Reitere-se a propósito: pôr a produção do fantasma "*diante* de mim, pelo modo da *Vorstellung*" (ib., 61) é torná-la parte integrante do processo da *mímesis* e não, como pretende Borch-Jacobsen, um desvio do processo ou de sua compreensão. A *mímesis* nasce de uma impulsão, i.e., de um *Trieb* e não de um *Instinkt*, da necessidade de uma "identidade subjetiva". Não há, pois, dificuldade em entender que, em sua impulsão originária, a *mímesis* implica uma *Entstellung* (truncamento), em que o "sujeito do desejo" se inclui. Isso ademais permite que se compreenda que o "sujeito do desejo" não tem alguma identidade própria antes da identificação que o faz vir a ocupar o lugar de um outro (que não é outro sujeito, senão um outro constituído imaginariamente), desenhando-se uma alienação originária (que não se confunde com a alienação) e um engodo (tampouco confundido com o que se entende por engodo). A essas consequências, já assinaladas quase *ipsis litteris* no texto de 2000, deve-se agora ainda acrescentar: a *mímesis* não realizar o "sujeito do desejo" enfatiza que não visa satisfazer o sujeito que a executa; que sua identificação não é uma autoidentificação, do mesmo modo que, realizando-se por um enredo que não reproduz o já havido, não se confunde com um engodo. Nesse sentido, a partir do que já escrevíamos em 2000, reitera-se o que se dizia no capítulo 3: em sua modalidade artística, ou seja, ficcional, a *mímesis* provoca um "distanciamento do eu" (*Ich-Ferne*) (cf. Celan, P.: 1960, 49).[49]

Com pequenos acréscimos, recuperou-se acima o que era fundamental na exposição do *Mímesis: desafio ao pensamento*. O leitor poderá contudo observar; começando-se a tratar da *mímesis* zero, não se terá ido muito além. Sim, por certo. A reflexão sobre o ponto inicial da *mímesis* que não se confunde com uma imitação biologicamente fundada se dá, digamos assim, em um instante de calmaria. Sem maiores avisos, a travessia se depara com uma área de alta turbulência. É nela que se concentra o que com menos danos podemos arriscar como característico dessa *mímesis* particularizada. Parece desnecessário dizer que é nessa área de turbulência que se concentra o que há de mais próprio à *mímesis*. Se, portanto, partimos da *mímesis* zero para sem maiores avisos entrarmos nas consequências de uma manifestação de desejo que não se confunde com sua satisfação, uma manifestação que é um "truncamento", sem que isso seja um acidente dispensável, devemos aqui pensar sobre o que se escreveu e tentar determinar os limites da *mímesis* zero. Isso não era feito na abordagem de 2000, mas em sua retomada em 2012. Diz-se aí algo que faltava. Mas o que se diz, embora se declare que consequente à troca de correspondência com duas então orientandas, Aline Magalhães Pinto e Laíse Araújo, cabe em poucas linhas. Retomo-as para acrescentar outras poucas.

Antes de caracterizar o estrito ato ficcional, a *mímesis* zero já configura um *como se*, ou seja, a cláusula de abertura do ficcional. Assim sucede porque ele concerne ao estado em que se inicia a gestação do que, se tiver êxito, será uma obra ficcional. Ficção, no caso, há de se en-

---

[49] A *Entstellung* destacada por Borch-Jacobsen, por sua vez, era enfatizada por curta passagem do discurso de agradecimento ao receber o prêmio de literatura da cidade de Bremen: "Alcançável, próxima da perda e imperecível em meio à perda: a linguagem" (Celan, P.: 1958, 38).

tender não o que se confunde com uma obra de arte, senão o que, *sem questionar o primado da verdade* – questionamento implícito da obra de arte – se se cumprir em uma disposição textualizável, manifestará não poder ser tomado como restituição de algo de fato sucedido. Tenha-se como exemplo palpável a compreensão que Freud alcança para seu esquecimento do nome do pintor que gostaria de recomendar a seu companheiro de viagem. Destaco o exemplo seja pela grandeza da interpretação freudiana, seja porque ele foi há pouco analisado. É evidente que a instrumentação usada por Freud não está subordinada a algum princípio de verdade, a não ser que fosse invocado que a cena da conversa de fato sucedera como Freud sustenta. A verdade a que se submete o desenrolar da análise consistiria simplesmente em declarar que somos todos comandados por um princípio de realidade que provoca o recalque (e a repressão). No caso, o recalque consistia em não reconhecer que o temor comum da morte inevitável levava o falante a se interditar de recordar a relação entre morte e sexualidade, associada então fosse ao suicídio de seu paciente, fosse aos valores da região de que estavam próximos, a Bósnia-Herzegóvina. Ou seja, só se poderia falar em "verdade" pela recorrência ao instrumental psicanalítico, não por acaso contestado pela concepção positivista de ciência, assim como pelo senso comum. Em síntese, é impossível apreciar a qualidade da interpretação ali alcançada senão pondo-se entre parênteses a noção generalizada de verdade. É nesse sentido que, não sendo um texto de ficção, o relato e a compreensão atingida por Freud são exemplares para o texto propriamente ficcional.

Ora, todo esse arrazoado depende de que a lembrança do sucedido tivesse se cumprido não na acepção de recordar o que de fato sucedera – a conversa com o amigo no trem, a evocação do que lhe dissera o médico que vivera na Bósnia e do que provocara a morte de seu paciente –, mas de recorrer a um instrumental analítico que o primado do *cogito*, no Ocidente, ajudara a manter interditado. Em poucas palavras, a análise é exemplar à medida mesmo que a *mímesis* ultrapassava seu instante zero.

Volto então ao pouco que era acrescentado em *A ficção e o poema*. Dizia-se ainda: a *mímesis* zero equivale a uma mancha ou nebulosa na psique de um indivíduo. E logo se afirmava: ela é algo que, não tendo forma, "pouco possui movimento" (cf. Costa Lima, L.: 2012, 26). Hoje, isso me parece contestável. O zero a que se aludia é a abertura do movimento mimético. Embora a discussão possa ser irrelevante, vale acentuá-la para assinalar por que o instante zero da *mímesis* tende, com mais frequência, a não ir adiante. A propósito, importa passagem de Konrad Fiedler já ali citado (note-se que a reflexão do excepcional crítico de arte não tinha nada a ver com a questão pela qual é ele aqui citado):

> O homem rebela-se contra [a] coação [da forma árida, seca, convencional da palavra], esforça-se, procura emancipar-se e, no entanto, permanece submetido, pois toda tentativa de alcançar clareza e expressão fora dos caminhos trilhados está sujeita ao fracasso. (Fiedler, K.: 1991, II, 126)

Hoje se poderia dizer: a *mímesis* zero tem contra si o fato de que nossa realidade não encontra função para ela (Não é por acaso que o exemplo que se considerou deriva de alguém que se opunha à psiquiatria positivista.)

Em lugar de seguirmos por essa deriva, é preferível nos referirmos ao aproveitamento da questão por Aline Magalhães Pinto, no ensaio já citado. Como não seria cabível sua análise detida, nos limitemos a algumas observações pontuais. Por ela, já sairemos da relativa calmaria do ponto zero e voltaremos à área tumultuosa em que se concentra o cerne da *mímesis*. É básico acentuar com a jovem ensaísta: quando o instante zero consegue ganhar força e principia a efetivamente se mover, a constituição da *mímesis* depende do desenvolvimento do *phantasma* que será seu núcleo. Por *phantasma*[50] se entende o que, derivando do viés pelo qual o agente que o cria consegue estabelecer a alteridade dominante em seu texto, resulta do embate entre a faculdade da imaginação e o "princípio de realidade", que provoca a *Entstellung*. Isso significa que o *phantasma* configura o que a ensaísta bem chama

---

[50] É decisivo não confundir *phantasma* com a presença de personagens. Se eles são ocasionais na lírica, mesmo a tragédia, como já se observava na *Poética*, pode deles prescindir: "Sem ação não poderia haver tragédia, mas poderia havê-la sem caráter [caracteres]" (*Poét.* 6, 24-5).

de uma dissimulação "originária" (cf. Magalhães Pinto, A.: 2012, 53). Decorrem daí duas consequências capitais: (a) confirma-se por que, ao contrário do que haviam suposto os primeiros românticos alemães, a obra da *mímesis* não é expressão da identidade autoral. Não o é conquanto não seja essa a única razão, porque não há livre acesso do eu a seu fundo inconsciente. Se este "fala" pela imaginação, a imaginação não adquire voz sem se deparar com a interferência da Lei, i.e., do conjunto de valores sociais que se interpõem entre a expressão do eu e sua possibilidade de manifestação. (Mais adiante, veremos que essa interferência e choque decorrente se expõem e, ao mesmo tempo, são relativamente contornados pelo uso do fictício); (b) no *mímema*, o jogo fantasmático se "deforma", ou seja, perde sua caracterização de jogo livre para converter-se em encenação. Na precisa formulação da ensaísta:

> O que se põe em jogo cumpre as características miméticas ao ser temporalizado à maneira anamnética e imagético-fantasiosa, porém sempre tendo em vista um *deixar de ser* jogo e passar à encenação. (Magalhães Pinto, A.: 2012, 54)

Embora a citação destaque a questão da anamnese, antes chame-se a atenção para o *"deixar de ser* jogo". A anotação há de ser relacionada com algo análogo: próxima da incidência da libido, a *mímesis* dela se distingue por não conduzir à atuação de *Eros*, modo pelo qual a libido se concretiza e descarrega. Considero que ambas as consequências derivam do "truncamento" que lhes é constitutivo. Ao contrário da acepção geral da *mímesis*, a função da *mímesis* culturalmente condicionada não se confunde com o cumprimento de uma finalidade, mesmo porque, conquanto próxima das áreas da libido e do jogo, não realiza aquela, assim como substitui sua aparência lúdica pela encenação.

Veremos adiante como esse duplo aspecto será decisivo em sua disposição próxima do conceitual.

Venha-se então ao aspecto da anamnese. A ensaísta se refere ao uso que no livro de 2009 era feito da tese exposta por Dorothea Frede a propósito do *De anima* aristotélico. Sem reiterar as dificuldades da própria obra do filósofo grego, apenas se observe que nela as contradições de um pensamento em processo de construção atingiam seu auge. Em vez de insistir nessa deriva, concentro-me da formulação de Dorothea Frede. Ela consiste em desembaraçar o tratado de seu emaranhado interno pela aproximação da anamnese do desejo. Veja-se esquematicamente seu resultado. Parta-se da caracterização da *phantasia*: Por um lado, a *phantasia* é encarada como uma condição necessária do pensamento – "não há suposição sem ela" (*De anima* 427b, 15); por outro lado, sua definição sugere que *phantasiai* são meras imagens que persistem (*after-images*) da percepção sensorial, com frequência falsas (ib., 428a 11-6) (Frede, D.: 1992, 280).

Assim pensando, "parece que as *phantasiai* foram aqui relegadas a meros epifenômenos, a prolongamentos de imagens que persistem além das sensações" (ib., 282). É então que o enlace com o pensamento freudiano oferece um resultado que inverte o que aparentava ser decisivo no tratado grego. Frede extrai do labirinto do *De anima* uma função positiva da *fantasia*: *ela desempenha o papel suplementar de, plasmando o desejo em imagem, mover o pensamento, ao mesmo tempo que funciona como fusão de elementos da percepção sensível, abrangente do passado e da expectativa do futuro, enquanto a expectativa, em si mesma, por suposto implica a repetição do que já se deu* (fora o grifo, a formulação já estava integralmente em *O controle do imaginário e a afirmação do romance* (cf. 129).

A formulação, aqui resumida, é decisiva para entender-se que a anamnese não confunde memória e lembrança (ou recordação), mas, justamente pela *phantasia* e sua atualização pelo *phantasma*, estabelece sua plena dissociação: pela interferência da imaginação, atuante pela *fantasia*, a lembrança deixa de estar voltada tão só para o passado, cuja expectativa o reiteraria, senão que mistura o vivido com a ambiência presente com que se lhe recorda. Nesse rumo, a contribuição de Dorothea Frede será um passo decisivo para a valorização, a ser ainda exposta, do sensível, em lugar, como tradicionalmente se fez, do sentido (*logos*, a razão, o consciente, o *cogitandum*).

Os passos então dados não só nos põem na área de turbulência afirmativa do fenômeno da *mímesis* como nos permitem ainda desenvolvê-lo. Antes de entrarmos em outra breve zona de calmaria, inicie-se o tratamento de uma questão que deverá merecer abordagem menos superficial. Falou-se atrás no ritmo presente noutras artes. Também na ficção interna, o tratamento da frase se dá por sua presença, i.e, quebra da linearidade. A afirmação merece algum cuidado. Se ela é evidente no verso, no verso mal resolvido, a quebra da linearidade contudo não provoca o indispensável retardo do sentido e a formação consequente da cadência. Nesses casos, portanto, a quebra é tão só aparente. A ressalva quanto ao verso facilita entender a extensão da questão quanto à prosa. Na prosa de qualidade, a suspensão da linearidade não é aparente. A impressão visual então se acompanha de uma sonoridade muda, que se comprovará quando a passagem for falada. À diferença da poesia de êxito, isso se cumpre em instantes e não continuamente. Tomo dois instantes excepcionais. Comparando-se o original e a tradução de *Die Stimmen von Marrakesch*, de Elias Canetti, vê-se que a quebra da linearidade se realiza, em cada caso, de modo diverso, de acordo com a diferença da resolução sintática de cada língua:

> Noto que ainda não disse nada. Uma maravilhosa substância luminosa, refratária, permanece em mim e escarnece das palavras. Será o idioma, que lá não compreendi e que agora deverá se traduzir lentamente dentro de mim? (Canetti, E.,: 1967, 27)
>
> Neste desértico cemitério judeu não há nada. Ele é a pura verdade, uma paisagem lunar da morte. Não nos comove saber quem jaz por ali. O visitante não examina as lápides para descobri-lo. São como destroços pelos quais passaríamos rápido como um chacal. Ele é o deserto dos mortos, no qual nada mais cresce, o último, o deserto final. (Ib., 60)[51]

---

[51] As passagens de "O apelo dos cegos" e "Visita ao Mellah", na excelente tradução de Marijane Lisboa (1987), são correspondentes a "Die Rufe der Blinden" e "Besuch in der Mellah": "*Sobald ich vehwrstumme, [...] dass ich noch gar nicht gesagt habe. Eine wunderbar leuchtendeschwerflüssige Substanz bleibt in mir zurück und spottet der Worte. Ist es die Sprache, die ich nicht verstand, und die sich nun allmählich in mir übewrsetzem muss?*" (1967, 23) e "*Es ist die Wahrheit selbst, eine Mondlandschaft des Todes. Es ist dem Betrachter herzlich gleichgültig, wer wo liegt. Er bückt sich nicht und sucht es nicht zu enrätseln. Sie sind alle da wie Schutt und man möchte rasch wie ein Schakal darüber weghuschen. Es ist die Wüste aus Toten, auf der nichts mehr wächst, die letzte, die allerlezte Wüste*" (1967, 56).

Acrescente-se ainda: a quebra referida sucede em passagens do discurso indireto, sendo também provável no indireto livre, mas impossível no discurso direto – com frequência, a voz do narrador. Se uma narrativa ficcional for formada exclusivamente por discurso direto, a ausência de ritmo, na concepção própria do termo, será substituída pela incisividade da discussão.[52]

3

Já na abertura da revisão do conceito de *mímesis*, a consideração da poética mallarmaica nos permitia estabelecer a diferença entre duas espécies: a *mímesis* da representação e a da produção (cf. Costa Lima, L.: 1980, 138 e 166, respectivamente). Em termos mais modestos, já o título daquela obra de abertura acentuava que se tomava a revisão então empreendida como adequada à reformulação do poético que se abria com Mallarmé e Baudelaire. Não cabe considerar a tomada progressiva de fôlego do processo de exame da *mímesis*, mas recapitular de modo sumário a própria distinção.

Ao contrário do que entenderam alguns analistas, ela não era de ordem valorativa. A *mímesis* da representação diz-se tão só que é muito mais frequente, e não inferior à segunda. Fazê-lo seria desastradamente subentender que, na grande maioria dos casos, a *mímesis* seria de fato uma *imitatio* do já produzido pela natureza ou estruturado pela sociedade. Em nenhum instante assim se considerou. O fato de *A divina comédia* haver sido considerado um poema teológico não o convertia em reiteração do arco teológico. Ao contrário, cenas do Purgatório e do Inferno, em que os personagens condenados provisória ou eternamente dialogam com o narrador visitante, não seriam concebíveis em algum tratado teológico; muito menos quando o poeta relaciona seu canto com sua situação de exílio. Acrescente-se ainda: a análise da passagem já considerada de Freud sobre seu esquecimento do nome do

---

[52] Desde que não se confunda incisividade com um traçado em linha reta, *The ambassadors* (1903), de Henry James, é um exemplo marcante. Uma "missão" em si tão trivial como a de que está encarregado o protagonista mostra o quanto o comezinho e banal pode encobrir uma trama complicada.

pintor Signorelli, conquanto nada tenha de ficcional, seria um exemplo notável da *mímesis* da produção. Não há nada de extraordinário no fato, além do próprio extraordinário da análise, pois não há novidade em que, fora da acepção biológica do fenômeno, a *mímesis*, absolutamente distinta da imitação, não ocorre apenas na obra de arte.

Dito o quê, a distinção é formulável em mínimas palavras. Na *mímesis* da representação, *diz-se o que fantasmalmente se cumpriu no momento que o texto o declara*. A fórmula com que se iniciam as histórias infantis, embora grosseira, serviria para introduzi-la: "Era uma vez". Sua grosseria consiste em converter a cláusula de abertura do ficcional, o "como se", privilegiado por Vaihinger, em algo que caberia no passado da escala temporal do dia a dia. Já na *mímesis* da produção *o que é dito se faz no momento mesmo em que se diz*. Ela é portanto uma *mímesis* que se realiza performaticamente.[53]

Na primeira vez que empregamos a distinção, concretizamos a *mímesis* da produção pela análise da "*Prose pour des esseintes*". Posteriormente, usamos outros exemplos, considerando paradigmático o "Meu tio, o Iauaretê", de Guimarães Rosa. Aqui, nos valemos de exemplo utilizado em *Mímesis: desafio ao pensamento*. Trata-se do brevíssimo poema de Salvatore Quasimodo, "*Ed è súbito sera*":

Ognuno sta solo sul cuor della terra
trafitto di un raggio di sole:
ed è súbito sera.

Cada um está só no coração da terra
traspassado por um raio de sol:
E de repente é noite

(Quasimodo, S.: 1960, 23)
(trad. de Cavalcanti, G. H.: 1999, 18)

A *Entstellung* (truncamento), sempre presente na *mímesis* não imitativa, já é dada por "*sera*" (noite), que não se confunde com a noite física. O "*ognuno*" (cada um), concernente ao destino de todos, deno-

---

[53] Esteja bem claro que, na passagem, o termo *performance* é usado em sua acepção positiva.

ta a impessoalidade. Não há a mínima necessidade de interpretação. Para empregar o termo de Freud, o pictograma deve ser evidente a cada leitor. A evidência da asserção tem como truncamento apenas o segundo verso: a referência à noite transtorna ou trunca o de outro modo simples *trafitto di un raggio di sole*. Transtorno ou intensificação impessoal, generalizada, negativizante, é o traço analógico para que a afirmação banal – eis que a noite da morte espera a todos – se converta nessa espécie de *mímesis*. A presença da indesejável, mas nem por isso menos prevista, se completa pelo torneio metafórico que se plenifica pela expressão de sentido contrário – "o raio de sol". Seria o caso de falar-se em ironia se o tom de aceitação do inevitável não fosse absoluto.

A extrema simplicidade do poeta italiano nos permite entender como completada a compreensão da espécie menos frequente de *mímesis*. Chegamos a uma zona de turbulência moderada, com o que chamei em *O controle do imaginário* (2009) de ficção externa.

4

A expressão "ficção externa" se contrapunha a ficção *stricto sensu*, ou seja, a ficção interna. É decisivo notar como aquele conceito se impusera. Analisavam-se as obras de Castiglione (1478-1529), de Gracián (1601-1658) e, em contraparte, de La Rochefoucauld (1613-1680). *Il Corteggiano* do italiano é destacado, pela crítica europeia, por seu papel de difundir a função da retórica na valorização do poeta. Pareceu-nos que esse destaque era extremamente parcial e deixava sem mencionar algo importante, que ressalta pelas expressões que caracterizavam o papel do cortesão. Dele se dizia que era uma "ficção ambulante", um "teatro fora do teatro", figura pela qual se dava ênfase ao jogo dissimulatório. Através dessas máscaras, era justificada a presença do poeta, mais amplamente do artista, no meio privilegiado das cortes. De maneira semelhante com o religioso espanhol acentuava-se sua "ficção teológica", a ser concretizada pela figura do *discreto*: "Deus nos quer desiguais para que componhamos, depois da morte, a harmonia celeste" (cf. Costa Lima, L.: 2009, 59). Ao jogo de esquivas dos dois famosos autores se contrapunha La Rochefoucauld, que, em conjunção com Montaigne e logo Pascal, ressaltava que a desigualdade entre os homens depende da posição que ocupam na sociedade efetiva (cf. ib., 60).

O retrospecto acima tinha de início a função de mostrar que a expressão "ficção externa" era um meio auxiliar para que se destacasse o problema em princípio não tematizado pela crítica: a questão do controle.[54] Mas aqui e agora a análise adquire outra relevância. Pelo que se assinala em Castiglione e Gracián, é evidente que a legitimação institucional do poeta da sociedade de corte se fazia a partir do papel atribuído à dissimulação. Mas isso então nos escapava. Para tanto torna-se de extrema importância recorrer à teorização de Wolfgang Iser. Em obra originalmente publicada em 1991, o emérito teórico de Konstanz destacava que a obra de arte não tem origem na estrita tematização da imaginação, senão que esta se acompanha do papel concedido ao fictício. Em nossa teorização da *mímesis* artística, o destaque é fundamental como complemento ao papel que temos concedido ao truncamento (*Entstellung*) freudiano.[55] Se o truncamento impede que o *phantasma* com que se constitui o *mímema* possa ser mera expressão do desejo, portanto da identidade autoral, o fictício tem o papel de diminuir a distância entre a nucleação do *phantasma* e os valores diferenciais do "princípio de realidade". Desse modo, complexifica-se e se alcança uma elaboração melhor da *mímesis* na arte: reitera-se o que já se dissera: a *mímesis* não se confunde nem com o jogo, de que sua aparente gratuidade se aproximaria, nem com a libido, tendente a buscar sua descarga por *Eros*. Da mesma maneira, contendo uma parcela do que constitui a psique do autor, não é sua expressão, assim como, não repetindo a configuração da realidade, contém uma ponta que permite ver sua ligação – que se realiza pelo vetor verossimilhança.[56] Desse

---

[54] Não o desenvolvemos porque assim foi feito na *Trilogia do controle* (2007).

[55] Por efeito da argumentação, o destaque da *Entstellung* ainda só dentro em pouco será acompanhado do papel, conforme a concepção de W. Iser a ser concedida ao fictício (*Fiktive*).

[56] Não estranhe, contudo, que a própria verossimilhança possa servir ao vetor contrário da diferença. Ou seja, a familiaridade do leitor com certo recurso que aproximaria a obra da realidade é usada para provocar seu estranhamento. É o papel da paródia, em que o *Tristram Shandy* é exemplar.

modo, declaramos como a revisão proposta da *mímesis* deve fundamentalmente tanto a Freud quanto a Iser. Adiante ainda voltaremos a tratar do teórico alemão. Por enquanto, trata-se de assinalar como o papel que ele concedeu ao fictício permite que a ficção externa seja mais do que uma ferramenta acessória para o entendimento de um momento diferenciado da reflexão sobre a arte verbal.

Com independência do que se disse sobre a ficção externa na sociedade de corte, o que se declarava a seguir permanecia bastante pouco; resumia-se ao que podemos chamar de ritualização social, pela expressão entendendo-se os cumprimentos diários que reservamos aos conhecidos e amigos ocasionalmente encontrados. É em relação aos "como vai?", "tudo bem?" e às não menos esperadas respostas que cabem duas mínimas observações: (a) ninguém pensará que, ao fazê-las, pensa-se em querer saber o estado em que se encontra o interrogado. Se este, em dúvida, parar e se dispuser a declarar em que condição se encontra, será criada uma situação desconfortável. Ou seja, a ritualização social tem em comum com a ficção interna a suspensão do princípio de verdade; (b) assim sucede porque sua finalidade simplesmente consiste em evitar qualquer disposição agressiva, provável de suceder se o amigo ou conhecido perceber que a pessoa em pauta passou por ele sem o cumprimentar. Nessa concepção, a ficção externa seria um instrumento analítico pobre, cuja importância seria apenas de melhor explicar casos concretos como o que se apresentava na sociedade de corte. Contudo, há um âmbito que não havia sido tocado. Ele se torna premente quando as instituições sociais entram em crise, para não dizer que se acham em estado de falência. É o que sucede entre nós, desde o choque entre os poderes Executivo e Legislativo, que culminou no *impeachment* da presidenta da República, em agosto de 2016, cujo processo quase todo dia se agrava. Nesse caso muito mais grave, a ficção externa já *não supõe a suspensão do princípio de verdade, mas o agravamento do fictício*. Finge-se que o que se declara é a plena verdade quando se trata de uma montagem viciada de informações com o inequívoco, mas disfarçado propósito ideológico, no sentido literal da palavra: exclusivamente dependente da manipulação de gestos e palavras. Como não me disponho a fazer um exame minucioso,[57] chamo a atenção de apenas dois fatos: o incrível aumento das verbas publicitárias que vem sendo concedido pelo atual governo e a politização da Justiça por motivos ideológicos – os agentes do Judiciário estão conscientes de que passam por cima dos preceitos legais sob o pressuposto de que assim impõe o momento.

Não é ocasional que essa politização tem contado com plena cobertura mediática. Não se diz que o ataque à corrupção política seja apenas ideológico, senão que seletivo. Se a corrupção tem alcançado líderes e sublíderes conservadores é apenas porque a clientela dos empresários se estendia por toda a gama política e, por mais preciso que seja o alvo pretendido, seria demasiadamente escandaloso não o levar além da meta desejada. Isso poderia ter consequências nas eleições que o faz de conta democrático ainda não suspendeu. Desse modo, é provável que a politização do Judiciário tenha chegado a uma extensão de início não prevista, sem que por ora se possa saber qual seu resultado final. Poderia provocar um "suicídio judiciário", como já se declarou a propósito na fase nazista de Carl Schmitt? Apenas acrescento uma comprovação mais recente: ao noticiar os resultados da greve geral decretada pelos sindicatos no fim de abril de 2017, em protesto pelas pretendidas reformas trabalhista e da Previdência, um conhecido porta-voz mediático declarava, com sua autoridade de jornalista membro da Academia de filosofia, que não tinha sido uma greve geral porque não foi "espontânea". Compreendo que um protesto geral seria espontâneo apenas quando a massa que o compunha se encontrasse eventualmente passando pelas mesmas ruas, quando então um disparador automático a chamasse para caminhar juntos. Por absurda que seja a afirmação, ela se propaga sem contestação por todo o país. Como já escrevi em um pequeno artigo de jornal, a ditadura "democrática" que nos sufoca se propaga à maneira de uma peste.

Não preciso de mais detalhes. Apenas assinalo, enquanto a ficção interna é sujeita ao mecanismo de controle pelo qual os valores insti-

---

[57] Para uma ampla cobertura do que vem sendo noticiado, cf. "Manchetômetro", patrocinado pela Uerj (www.manchetometro.com.br).

tucionalizados, mesmo os valores de uma sociedade consumista, são propagados, a ficção externa ganha uma extraordinária expansão pelo desenvolvimento da eletrônica, acentuado em países como o Brasil, em que certa rede mediática não tem limites de incidência. A ficção, no caso, perde qualquer necessidade de especificação de sentido. Basta que se lhe ponha entre aspas. Enquanto privilégio do fictício, o termo se confunde com sua acepção comum: o puro embuste.

Em suma, quando a *mímesis* deixa de ser inventiva e sua peça secundária, o uso do fictício se torna dominante, portanto quando a *mímesis* degenera em socialização da mentira, passamos a ter uma segunda espécie a considerar. Daí ser necessário uma consideração extra. Ela termina por conduzir à maneira como *a razão* tem sido entendida, na tradição ocidental. Para tanto, partamos estritamente da falácia política, vista por dois casos contemporâneos, os Estados Unidos de Trump e o Brasil que *forjou* o *impeachment* de 2016 e estabeleceu o atual governo. No caso norte-americano, consideremos os artigos publicados em números recentes do *New York Review of Books*. Em número de maio de 2017, David Cole inseria as interdições do atual presidente no contexto político do país consistente em culpar parcelas de imigrantes por atos terroristas temporalmente próximos – e isso porque não recorda o confinamento dos japoneses em efetivos campos de concentração no decorrer da Segunda Guerra Mundial. O jornalista acrescentava que, no caso presente, a reação fora contrária ao que os assessores presidenciais esperariam: tanto a opinião pública quanto as cortes judiciais reagiram contra as medidas (cf. Cole, D.: 2017a, 4-6). O mesmo jornalista, no número seguinte, dava conta do agravamento da situação, pois agora falava na crise constitucional pela prática consistente em operar "notícias forjadas" (*fake news*) e os chamados "fatos alternativos" (*alternative facts*) (cf. Cole, D.: 2017b, 51). Número de 22 de junho-12 de julho traz artigo de Elizabeth Drew, que já por seu título anuncia a escalada negativa que sofre o presidente: "*Trump: the presidency in peril*" (cf. Drew, E.: 2017, 59-61). Número mais recente faz uma volta que mais agrava a situação ao estabelecer a progressiva capitalização do sistema de saúde do país, que, partindo, no começo do século XX, de um serviço de benemerência social, agora se torna, com a substituição do *Obama care* pelo que os autores chamam de *Trump care*, em um meio espoliativo que torna milhões de cidadãos do país mais rico do mundo em cidadãos sem assistência médica.

Por mais terrível que seja o quadro político-social que se apresenta, o nosso consegue ser mais grave. Para não detalharmos o que deve ser conhecido por todo cidadão razoavelmente informado, basta considerar um dado. No artigo citado de David Cole, "*Trump's constitutional crisis*", observa-se que "a vitalidade do domínio da lei nos Estados Unidos dependerá de o povo americano desejar manter explicável a administração de Trump" (Cole, D.: 20017b, 51). Ora, embora parte da grande rede mediática nacional não mais esconda o baixíssimo nível de aprovação do governo atual, ele permanece resguardado pela maioria congressual e parcela significativa do Poder Judiciário. E mesmo que a destituição do atual presidente se torne inevitável, sua substituição manterá o asqueroso *status quo*, que promete uma reforma das legislações trabalhista e previdenciária, que interessa aos proprietários.

Não custa compreender o que o duplo quadro apresentado tem a ver com a ficção externa. Em que ele se respalda senão na força do fictício, hoje mais poderoso do que antes porque a força de socialização é exercida pelos *mass media*?

Mas a situação política não exaure a questão. Ela reassume um tom reflexivo vindo à maneira como a razão tem sido historicamente considerada. A articulação com o acima exposto é simples: a corrupção política é diretamente estimulada pelo desenvolvimento da tecnologia eletrônica; esta, por sua vez, pela sua preponderância da razão científica. Cabe então perguntar: que razão é essa? Dito de maneira bastante sucinta, é aquela que, a partir de Descartes, confunde razão e racionalidade. Por certo, ela tem uma raiz bem mais antiga, pois corresponde a afirmar a dominância do "'olho da mente' (Platão) como oposto aos olhos físicos do corpo" (Jay, M.: 2016, 15). Sem entrarmos em tão longa história, é legítimo dizer que essa concepção redutora da razão, que conduz à afirmação absoluta da linguagem matemática, provocará o "princípio da razão suficiente" enunciado por Leibniz, na *Monadologia*. A ele, veremos contrapor-se o *principius rationis insufficientis*, com que Hans Blumenberg definirá a retórica. Mas não seria justo tamanho salto sem antes considerarmos que o contraste ao racionalismo iluminista foi exposto pelo título mesmo da primeira grande Crítica kantiana, *Kritik der reinen Vernunft* (1770), em que o "puro" se referia à desconsideração como irracional de tudo não fundado em uma argumentação estritamente lógica. Lembre-se de passagem que, nos termos de Adorno, Kant estabelece um tribunal da razão em que ela desempenha simultaneamente os papéis de "juiz, de promotor e de acusado", sem que Adorno entendesse a combinação como um erro lógico, pois o tomava como um impulso motivador. Impulso que levaria Kant a completar a primeira Crítica pelos motivos discrepantes que originam a segunda e a terceira.

Acentuando os nomes de Leibniz e Kant, assinalamos as duas concepções opostas que se propagaram pelo Ocidente. A antítese entre elas decorre do modo como cada uma entende a relação entre razão e racionalidade. Se o princípio da razão suficiente as confunde, as três Críticas kantianas supõem que há uma racionalidade ética e outra estética, não idênticas à operante na constituição das ciências. Como a primeira Crítica kantiana é bastante comentada, mais vale a pena ressaltarmos o artigo de Blumenberg, "*Anthropologische Annäherung an die Aktualität der Rhetorik*" ("Aproximação antropológica à atualidade da retórica").

Sem estar filiado ao neokantismo como seu admirado Ernst Cassirer, em "Aproximação antropológica", por certo a partir de outra base, Blumenberg desenvolve a perspectiva kantiana de um elenco de formas de racionalidade:

> O axioma de toda retórica é o princípio da razão insuficiente. É o correlato da antropologia de um ser, a que falta o essencial. Correspondesse o mundo do homem ao otimismo da metafísica de Leibniz, que acreditava poder para isso declarar mesmo o princípio da razão suficiente pelo fato de que haja algo e não, antes, nada (*cur aliquid potius quam nihil*), não haveria nenhuma retórica, pois não existiria nem a necessidade, nem a possibilidade de agir segundo ela. (Blumenberg, H.: 1971, 422-3)

Em sua defesa da retórica, Blumenberg lembrava a hostilidade manifestada pela metafísica dominante na Antiguidade:

A significação antropológica da retórica primeiramente se manifesta no pressuposto da metafísica dominante desde os antigos, que tinham uma projeção cosmológica: as ideias formam um cosmos, que o mundo aparente reproduz. (Ib., 408)

Por isso, ao passo que a "tradição metafísica nada soube dizer de especial sobre o homem, enquanto único" (ib., 409), a retórica "cria instituições onde faltam evidências" (ib., 411). A partir daí valeria acentuar a ligação que o pensador faz da retórica com a metáfora, enquanto a concepção redutora da razão só tem olhos para a conceitualidade. Mas isso é aqui dispensável. Ao invés, é decisiva a única restrição que fazemos ao louvor blumenberguiano da retórica: o reconhecimento da significação antropológica da retórica merece o reparo de que, sendo codificada e legitimada como *ornatus*, a retórica tem servido, por certo de maneira não consciente, para que o pensamento ocidental não sinta a necessidade de refletir sobre a *mímesis* enquanto ela mesma; em, ao contrário, disfarçar sua questão ora por manter a acepção de *imitatio*, ora por arbitrariamente a confundir com a criação. Portanto, a única divergência quanto à decisiva "Aproximação antropológica" nos repõe diante do problema que aqui temos discutido.

5

Aproximamo-nos da conclusão. A posição de fim admite alguma reiteração. Reserve-se ainda uma pequena nota sobre o papel da metáfora. A ele dedicamos um livro mais recente, *Os eixos da linguagem. Blumenberg e a questão da metáfora* (2015). Dada a acessibilidade de encontrá-lo, assinala-se apenas o mínimo básico.

O que Hans Blumenberg (1920-1996) chamou de metaforologia tem sido a ferramenta fundamental para desmanchar-se o privilégio que o pensamento ocidental tradicionalmente tem concedido ao conceito, portanto ao sentido verbalmente encarnado. Se em Aristóteles esse privilégio é algumas vezes contrariado, exemplarmente na *Poética*, com maior frequência, é afirmado pela subordinação dos diversos sentidos de um termo à centralidade da substância e, daí, da essência (*ousía*). Por isso, com independência da menor importância da recepção de seu pensamento quanto ao platônico,[58] a divergência, hoje acentuada, de sua leitura (para sua leitura logocêntrica cf. por exemplo, Rutten, C.: 1983, 31-48); para a que ressalta o papel atribuído ao sensível, a já aqui citada, Dorothea Frede (1992) e o ainda a ser referido Wolfgang Welsch (1987). O destaque da metáfora feito por Blumenberg consiste em acentuar que a ênfase no sentido alcançado pelo conceito é passível de dar conta de apenas uma parcela das experiências humanas, basicamente aquelas capazes de serem formuladas de maneira matemática. A matematicidade do mundo pode ser efetiva no máximo pelas chamadas ciências naturais. Mesmo as ciências sociais só se aproximam desse ideal à medida que, caminhando por aproximações metafóricas, chegam a um núcleo conceitual satisfatório. Mesmo este, entretanto, é cercado por um halo metafórico. Ou seja, em vez da univocidade do conceito matemático, mantém um caráter aproximativo. É exemplar nesse sentido a noção dos tipos ideais concebida por Max Weber, não por acaso criticada pelos que só aceitam a razão "pura".

Se as ciências, de maneira rigorosa ou aproximada, são guiadas por um ideal matemático, Blumenberg mostrava que, ao nos defrontarmos com as "metáforas absolutas", nada daquele ideal poderia ser esperado – este é o equívoco que cerca a firme tradição positivista. Embora o filósofo não houvesse tematizado o problema do ponto de vista estético, mas das experiências científicas e correntes, pode-se en-

---

[58] É fundamental, a respeito, o levantamento factual feito por Marshall McLuhan no só posteriormente publicado *The classical trivium: the place of Thomas Nashe in the learning of his time* (2006). Embora só o tenha conhecido há pouco tempo, para o desenvolvimento do que aqui se desenvolve foi fundamental sua tese segundo a qual, na passagem da Antiguidade para o pensamento de Agostinho, a ideia de linguagem era "expressão e analogia do *logos*", tomado como "razão universal" (McLuhan, M.: 2006, 41). Assim entendido, ressalta a importância de Platão para Agostinho. Do *Crátilo*, destaquem-se as respostas de Sócrates a Hermógenes: "Se as coisas não são semelhantes ao mesmo tempo, e sempre, para todo o mundo [...] devem ser em si mesmas de essência permanente; não estão em relação conosco [...] porém existem por si mesmas, de acordo com sua essência natural (*Crátilo*, 386 e); (Só é formador de nome) aquele que, "olhando para o nome que cada coisa tem por natureza, sabe como exprimir com letras e sílabas sua ideia fundamental" (ib., 390 e). Para seu desdobramento, será fecundo ler uma de suas fontes: cf. McKeon, R.: 1942, 1-32.

tender que, do ponto de vista dos discursos, a "metáfora absoluta" tem sua máxima residência no que temos chamado de ficção interna (para aprofundamento da questão, cf. Costa Lima, L. 2015).

A partir dessa base, pode-se dar um passo adiante (com isso, penetramos na área de maior turbulência que conseguimos visualizar). Se a metáfora abandona a área subordinada que lhe esteve reservada, deixando de se identificar com o ornamental e o tão só passível de causar deleite, configurando-se com um eixo da linguagem digno da mesma atenção reservada ao conceito, o que isso significa senão que uma teoria do conhecimento precisa considerar que seu ponto de partida se encontra na tematização da linguagem? Mais especificamente, na relação entre o signo, enquanto nomeante, e o nomeado, como referente? A conhecida afirmação saussuriana sobre a arbitrariedade do signo é o seu ponto de partida. Mas será preciso melhor especificá-lo. Curiosamente, vemos isso ser feito não por um linguista mas por um historiador que, em seu currículo, também teve formação filosófica, Reinhart Koselleck. De modo incomum entre seus pares, Koselleck indagava sobre a relação entre a abordagem histórica e a linguagem.

Em texto originalmente publicado em 1976, dizia que "nenhuma unidade política é passível de ser atividade sem linguagem" (1976, 88). A afirmação seria ociosa se logo não se acompanhasse da adversativa: "A própria realidade histórica, contudo, primeiramente se constitui entre, antes e depois das articulações verbais que apontam para ela" (id.). Já aqui se insinua que o enunciado saussuriano não era suficiente. Permanece indiscutível que o signo é arbitrário ou imotivado. Mas qual a consequência dessa arbitrariedade? Ao contrário do que a princípio nos parecera surpreendente, não é ocasional que a pergunta surja de um historiador; não é ele que tradicionalmente se entende como encarregado de dizer como foram as coisas? Ora, como essa recuperação poderia ser conseguida se não há maneira de a realidade histórica coincidir com alguma articulação verbal?

Koselleck pouco depois demonstrava sua convicção: "É a temporalidade da história que não pode se encerrar no ato verbal" (ib., 89). E, apoiando-se em Goethe, que isso vale tanto para a história, como a poesia. Dessa maneira, simultaneamente punha uma pá de cal na renitente afirmação da imitação do poético quanto ressaltava que a anamnese da *mímesis* opera também na história. "O historiador, o historiador da literatura e o poeta – hoje mais frequentemente chamado de escritor – se encontram, em conjunto, diante da mesma incomensurabilidade da realidade histórica e de sua transformação (*Verarbeitung*) verbal. Apenas reagem diferentemente ante a mesma provocação" (id.). *Verarbeitung*, diz o original, "elaboração", que é ao mesmo tempo uma "transformação". Ora, como ela se explicaria se implicitamente não estivesse sendo dito desde a primeira passagem traduzida que entre o nome e o nomeado há um hiato, que, de maneiras diferentes, serão trabalhados pelo historiador e o poeta?

Suponho que não seja eu que exagere a incrível importância do hiato que separa a enunciação verbal e o fato que ela procura formular. Por certo, não caberia ao autor aprofundar-se na elaboração do poético, aí se limitando, como de fato o faz, a recorrer à autoridade de Wolfgang Iser. Mas, a propósito do objeto de sua especialidade, dirá que o historiador procurará pela combinação de fontes aproximar-se de seu objeto de investigação. Aproximar-se, porém sem ultrapassar o hiato referido. "As atestações verbais (privilegiadas pelo historiador) serão utilizadas apenas como indicações de algo que não era imediatamente intencionado pelos testemunhos verbais" (ib., 89). Por essa razão, o ideal clássico do historiador de redizer o que houve, acrescentemos de nossa parte, seria para Koselleck um mísero mito. Em seu lugar, ele exprime uma fórmula diante da qual não sei como seus colegas se comportam: "O resultado não é a restituição de uma realidade passada, senão, formulando com certo exagero, a ficção do fáctico (*die Fiktion des Faktischen*) (ib., 91).

Como o próprio autor não desenvolve sua formulação ousada, sinto a necessidade de distingui-la das duas espécies de ficção de que tenho tratado. Em relação à ficção externa, é simples declarar: a história, tal como concebida por Koselleck, não tem por si nada a ver com as artimanhas do fictício autonomizado. Quando elas se confundem será porque o historiador não conseguiu (ou não pretendeu) se depurar de seu lastro ideológico (o que não significa que a absoluta depuração seja possível). Mas o que mais importa é sua diferença quanto à ficção interna. Pressionado em declarar o factual, conquanto nunca consiga alcançá-lo em sua plenitude, o historiador dele se aproxima o melhor que pode, sem, entretanto, deixar de contar com um aspecto mimético, ou seja, com o analógico inerente à metáfora. Pode-se então dizer com Carl Schorske que "o historiador é singularmente estéril na criação de conceitos" (Schorske, C. E.: 1998, 243).

Koselleck não concordaria com seu colega. O fato é que ser a história uma "ficção fáctica" provoca que sua apreensão conceitual é bastante menor do que, na filosofia ou nas ciências sociais, seu halo metafórico. De todo modo, não é esse o interesse maior a retirar da reflexão de Koselleck.

Não é de sua responsabilidade o desdobramento que fizemos sobre sua diferença quanto à ficção interna. É, no entanto, de sua precisa compreensão sobre a distância entre o enunciado verbal e o fato a que se refere, ou seja, do que chamamos de hiato entre o nome e o nomeado, que resulta o preciso estatuto da *mímesis*. Se a história, enquanto ficção fáctica, é tanto mais eficaz quanto mais reunir documentos que a permitam se aproximar da factualidade investigada, em consequência seu ganho conceitual é menor do que a presença do halo metafórico que terá de acompanhá-la. Em troca, o que seria legítimo dizer do *phantasma* do *mímema* – ancorado, para vencer seu instante zero, no truncamento (*Entstellung*) e no emprego de um fictício (*Fiktive*) que ajude a tornar compreensível seu vetor maior de diferença, senão que nele os restos conceituais são o mínimo possível? E o que isso significa dizer senão que, em suma, na escala do hiato entre o signo e seu referente, a *mímesis* na arte não apresenta senão um *esboço de conceito*? Que não é possível pensá-la senão como um produto que apenas delineia um conceito? Em suma, que conceitualmente dele não se pode dizer mais do que expõe a tensão entre vetores contrapostos: semelhança e diferença? Por isso mesmo, nenhuma teoria da arte em que a *mímesis* se concretiza está desobrigada de se manifestar sem a paralela da análise concreta, o quanto possível minuciosa, de obras particulares. Só essa análise detalhada expressará o grau de *diferença* internalizado. Esse o dilema que acompanha o crítico de arte. Se se ativer apenas à teorização de seu objeto, sua palavra tenderá ao inconsequente ou até ao vazio. Se, em função do limite do conceito na arte, desvencilhar-se de qualquer teorização – como é o mais frequente –, sua opção tenderá a fazê-lo seguir a trilha de concepções de que não se dá conta (ou que finge ignorar).

Um segundo esclarecimento ainda se impõe: alcançar o conceito matemático um significado unívoco, não haver metáforas em uma operação estritamente matemática não quer dizer que a matemática vença aquele hiato, senão que estabelece uma eficiente linguagem "artificial" que, descartando-se da pretensão de dizer que é seu objeto, em troca alcança a maneira de operacionalizá-lo. Parece bastante clara a posição oposta da *mímesis*. Ela se restringe a um esboço do conceito porque fantasmatiza seu referente, para isso empregando ao máximo o leque analógico da metáfora.

6

Encerremos esta síntese, por um lado chamando a atenção para o destaque, em parcela significativa do pensamento contemporâneo, do sensível (*sinnlich*), em lugar do sentido (*Sinn*), entendido como razão, conceitualidade, *cogitandum*. Por outro, a síntese a seguir proposta servirá para os que não tenham paciência para todo o livro. No primeiro caso, restrinjo-me a chamar a atenção para uma passagem da tese de Wolfgang Welsch:

> Aristóteles foi o primeiro que constantemente observou o império do sensível não como império de algo obscuro (*Verschattung*) senão como a garantia original do sentido. E empregou uma parte decisiva de seu esforço em fazer ver o sensível como a assim verdadeira configuração do sentido e em explicitar a estrutura originária do sensível. [...] De todo modo será acentuado que não é satisfatório o modo como ele levou a cabo a maneira como compreendeu e explicou a concepção original do estético. A estruturação do estético por Aristóteles também sustenta factualmente – por assim dizer contra sua própria intenção – a ocupação racionalista do sensível, dominante na tradição. (Welsch, W.: 1987, 27-8)

Portanto, o próprio Welsch assinala, em antecipação ao que vimos ser feito por Dorothea Frede, que a estruturação aristotélica do que será entendido como experiência estética não seguia sua intuição de que o sensível é a garantia do sentido. (Pela extensão com que discorre sobre o embate entre o sensível e o sentido – 498 páginas – não haveria possibilidade de aqui desenvolvê-lo.)

Para quem não tenha paciência ou interesse em verificar o encaixe das visões de aspectos parciais da integralidade do fenômeno da *mímesis*, chegando a seu estatuto de esboço de conceito, as poucas páginas seguintes cumprirão seu papel.

Entre as décadas de 1960 e 1980, se multiplicaram as concepções das artes plásticas e da literatura. Elas traziam como ponto comum o descarte da *mímesis*, sobretudo enquanto entendida como cumprimento da imitação da natureza ou reiteração da estrutura social. Para comprová-lo será bastante comparar dois especialistas distantes entre si: Roland Barthes e Wolfgang Iser. A própria diferença de estatuto que os separa – Barthes não era propriamente um teórico, mas um fascinante abridor de caminhos, ao passo que Iser foi um dos raros pensadores do fenômeno literário – não impede, entretanto, sua convergência.

Em resposta a questionário da revista *Tel Quel*, dizia Roland Barthes sobre a literatura contemporânea: "A literatura é [...] a própria consciência do irreal da linguagem" (Barthes, R.: 1961, 164). Tal consciência da irrealidade, dirá noutra intervenção, contrapõe-se à consciência simbólica, cuja falência hoje se mostra em seus adeptos procurarem "em vão os traços 'plenos', mais ou menos analógicos, que unem um significante [...] a um significado" (Barthes, R.: 1962, 209).

É simples a ligação entre as duas afirmações: a consciência simbólica, cujo domínio das ciências sociais vem sendo abandonado em décadas mais recentes, fundava-se em uma concepção da linguagem que via os produtos simbólicos investidos de um caráter "pleno", que reproduziria analogicamente as propriedades do nomeado. Por isso, ao declínio da consciência simbólica corresponde o realce do que Barthes chamava de caráter irreal do signo. Ambas as afirmações se pretendiam derivadas da arbitrariedade saussuriana do signo. Reposto em circulação por Lévi-Strauss, o princípio da arbitrariedade, contudo, continha no antropólogo um aspecto que "o irreal da linguagem" não considerava. Em texto de 1956, recordando a experiência do forçoso bilinguismo que vivera, Lévi-Strauss acentuava os limites da arbitrariedade do signo, pela comparação dos lexicalmente equivalentes *cheese* e *fromage*:

> *Fromage* evoca uma certa espessura, uma matéria pastosa, um pouco friável, um sabor denso; me faz imediatamente pensar no queijo branco. O "queijo arquetípico" não é portanto o mesmo para mim, conforme pense em francês ou em inglês. (Lévi-Strauss, C.: 1956, 107)

Do que concluía: "Direi que o signo linguístico é arbitrário *a priori* mas que deixa de sê-lo *a posteriori*" (ib., 105). A contraposição dos dois não significa que Barthes já então se afastasse do estruturalismo. Ser o signo motivado *a posteriori* não afeta ao extremo seu caráter de irrealidade. Mas, para que assim não se dê, é preciso que não se perceba o que chamamos há pouco de hiato estabelecido entre o nome e o nomeado. Ou seja, continuando-se preso à concepção de transparência estabelecida pela linguagem, como se procurasse um meio de negá-la. Ou seja, por certo Barthes não era um seguidor do princípio da imitação, mas alguém que a associa à *mímesis*, mandando-as para o lixo do perempto.

Venhamos ao caso de Wolfgang Iser. No princípio do "Epílogo" a *O fictício e o imaginário*, escrevia:

> O jogo do texto resulta da transformação de seus mundos de referência, pois deste jogo resulta algo que não pode ser deles deduzido. Em consequência, nenhum desses mundos pode ser objeto de apresentação (*Darstellung*), pois o texto de modo algum se esgota a ser a representação (*Repräsentation*) de algo previamente dado. (1991, 385)

Os dois textos não podem ser superponíveis, como muito menos seriam a deriva estruturalista no momento barthesiano e o embasamento fenomenológico iseriano. Mas as passagens seguintes de Iser mostram sua convergência: "Na formulação clássica do conceito de *mímesis*, o momento performativo (*Erzeugungsmoment*)[59] é, sem dúvida, minimalizado" (ib., 388). E tal minimalização decorreria de "o ser

---

[59] Literalmente, seria "momento de produção", mas o tradutor acerta em sua solução porque o autor tomava o performativo como aspecto criador da obra de arte verbal.

humano ser concebido como parte do cosmos e, por outro lado, de que a perenidade do mundo[60] não pode ser alterada" (id.).

O peso então retirado do "momento de produção" (*Erzungsmoment*) resultava de uma concepção de mundo que assegurava ao homem um lugar no cosmos e a este considerava eterno. Assim, conquanto em suas carreiras posteriores os dois autores permaneçam diversos – Barthes afastando-se de sua fonte estruturalista, Iser mantendo seu lastro fenomenológico –, nenhum dos dois se afasta da negação da imitação e de sua identificação com o fenômeno da *mímesis* (cf. Iser. W.: 2013, 152-169). É nesse sentido que, declarando meu débito a Wolfgang Iser, se constata que a respeito sempre discordamos.

*

A proposta de revitalização da *mímesis* como *energeia* enfrenta duas dificuldades imediatas: tem-se realizado a partir de um lugar intelectualmente modesto, cuja língua é praticada na periferia do sistema.[61] Em seguida, porque não se respalda em nenhum dos dois pensamentos responsáveis por se anteporem à tradição das vigentes no Ocidente. Assim sucede que Nietzsche e Heidegger propuseram uma revolução conservadora, e não só, ainda que também, no sentido político. Em Heidegger, sobre o qual não nos estenderemos, porque sua crítica à metafísica estratosférica considerava as dimensões ética e política como questões de ordem apenas ôntica, portanto desconsideráveis em sua "ontologia fundamental" (Hannah Arendt) e porque o realce como era feito do *Dasein* não o diferenciava de situações temporal e espacialmente diversas, o que equivalia a retomar a unanimidade da essência (Hans Blumenberg), que havia com justiça criticado.

---

[60] O tradutor explicita: "Na visão de mundo cristão-neoplatônica" (cf. ed. bras. cit.: 388).
[61] Não devo encerrar este questionamento sem acentuar o quanto o subsolo da ênfase no papel do semântico – o sentido inventivo – deve à poesia concreta. Lembro passagem de e-mail de Augusto de Campos: "Uma diferença que vejo entre a poesia concreta brasileira e a internacional (europeia, americana) é que a brasileira é prenhe de significados (verbivocovisual), enquanto as demais se limitam quase sempre à beleza visual (Campos, A. de: 27.5.2016).

Seremos mais superficiais quanto a Friedrich Nietzsche, em cuja obra *Genealogia da moral* (1887) nos concentraremos.

Ante a imensidão dos livros e ensaios dedicados ao autor e sua *Genealogia*, consideraremos alguns dos ensaios reunidos em *Nietzsche. Genealogy. Morality. Essays on Nietzsche's on Genealogy of morals* (1994) e no livro *La philosophie de Nietzsche* (1962), de Gilles Deleuze.

Assim como na própria *Geneologia*, a reiteração do antagonismo entre senhor e escravo, pelo qual o bem é identificado com o nobre, o forte, saudável e poderoso, é repetida *tout court*, entre muitos outros, por Robert C. Solomon. O professor da Universidade do Texas ressalta sua derivação nietzschiana do ressentimento:

> Ressentimento [...] é uma emoção que, antes de tudo, se distingue por sua relação e envolvimento com o poder. O mesmo sucede com a pena de si próprio, com a qual, com frequência, partilha a etapa subjetiva. (Solomon, R. B.: 1994, 103)

O comentarista não se intimida em glosar sua fonte: "É uma delícia ver os senhores. [...] Os escravos, a formular com polidez, são banais e maçantes; Nietzsche admira o poder; toma-o como um valor em si mesmo" (ib., 108). Ao processo dialético, por Nietzsche considerado detestável, o comentarista, em sintonia com o comentado, opunha o louvor ao "instinto da vida". Com o dito instinto retornarão seus constantes ataques aos sacerdotes, ao povo dos sacerdotes, os judeus, a partir de onde se difundirá o não menos detestado cristianismo, à via ascética, à vitória moderna do ressentimento, propriedade dos fracos e escravos, autêntica fatalidade derivada do ideal ascético, pregado pelos sacerdotes e seus acólitos.

Conquanto os diversos comentaristas não se cansem de repetir as frases nietzschianas, um Richard Wright não segue a maioria e prefere entender o louvor do nobre e poderoso com certa inclinação metafórica:

> O senhor é aquele que celebra a vida como ela brilha em sua existência, consagrando seu poder instintivo como algo "bom"; o escravo é aquele que sofre sua falta de força, embora finalmente se vingue na reavaliação de todos os instintos ativos como "maus", e sua própria passividade como "bondade". (Wright, R.: 1994, 64)

Apesar do torneio, para não se afastar de sua fonte, Wright logo constata que a metáfora não o separa do sentido estrito do texto glosado: "Ele [Nietzsche] descreve a lógica da história que sugere a iminência da vitória final do escravo; e tenta nos inspirar com um desejo urgente do 'retorno do senhor'" (ib., 65).

Em sua quase totalidade, os ensaios selecionados por Richard Schacht parecem glosas pouco inspiradas daquele que, segundo Rüdiger Bittner, escreve com "uma ferocidade desesperada. Mas não há nada em censurá-lo por isso. O estilo responde ao mundo" (Bittner, R.: 1994, 127). (Entre muito poucos, excetue-se o ensaio de Martha Nussbaum – cuja *Fragility of goodness* (1986), de acuidade incomum, evidentemente não concordava com as premissas de Nietzsche, embora também ela fizesse concessões a seu nome.)

A subserviência *noblesse oblige*, tão comum nos que se contentam em exposições "imparciais", desaparece em *La philosophie de Nietzsche* (1962), de Gilles Deleuze. Já em sua abertura, reconhece-se que "[...] a filosofia moderna, em grande parte, viveu e vive ainda de Nietzsche. Mas não talvez à maneira como ele tivesse aspirado" (Deleuze, G.: 1962, 1). Ante a inevitável questão do mestre e escravo, que atravessa as três partes da *Genealogia*, opta por uma metáfora, no entanto eficaz: "O alto e o baixo, o nobre e o vil não são valores, mas representam o elemento diferencial de que deriva o valor dos próprios valores" (ib., 2), com o que tomava as duas designações como resultantes do questionamento dos valores estabelecidos. Nesse sentido, o alto significaria julgar a distância, tendo uma posição privilegiada na genealogia dos valores, em antítese ao "caráter absoluto dos valores" (id.). Apesar de a metáfora já não ser uma maneira disfarçada de repetir o sentido literal, como não perceber que no julgamento a distância continua a ressoar o preconceito do nobre, do poderoso, do que se liga ao "instinto de vida"? Se assim não sucedesse, a metáfora teria se tornado ficcional, i.e., se afastaria do sentido original do texto comentado. Pois não há como negar que o destaque do investido de poder termina por se fundar na "essência da vida" (Nietzsche, F.: 1887, 67).

Consideramos a metáfora preferida por Deleuze como adequada porque lhe permite relacionar o *topos* do "mestre e escravo" com o problema do questionamento dos valores. Ela, por isso, se põe no mesmo nível de destaques capitais, como o do papel do corpo (cf. Deleuze, G., cap. II, 1, 1962), uma das razões da influência constante da obra de Nietzsche. Em lugar da análise detida do livro de Deleuze, é preferível acentuar o tipo de linguagem crítica adotada por Nietzsche. Adaptando a passagem citada de Bittner, a chamaríamos de metafórica furiosa. Desse modo estaremos dizendo que ela se concilia com uma crítica voltada para a ação, "performática", como a entendia Richard Wright (1994, 74), ou seja, que, em sua inversão dos valores, se distingue do propósito da crítica erudita ou da reflexiva, de manter a camada metafórica subordinada a um nível considerável de conceitualidade. Ao contrário da crítica erudita/reflexiva, a crítica performática visa ao "filósofo do futuro", de que Nietzsche se quer o antecipador. Entende-se melhor a timidez interpretativa de seus comentaristas. Ultrapassar o performativismo deles exigiria enfrentar um uso metafórico sem nenhum pudor em, sempre que necessário, se autocontradizer. Termine-se o breve excerto com meu próprio comentário.

Quaisquer que sejam as restrições ao pensamento nietzschiano, é inegável seu papel na transmutação dos valores e do significado da cultura, que deixam de ser tomados como válidos por si ou subordinados a uma linha de progresso, servindo, ademais, de amarra para o desenvolvimento bem mais complexo a ser cumprido por Heidegger.

Com independência das metáforas com que é glosado o ponto de partida da *Genealogia da moral*, ressaltemos sua formulação inicial: à tese que considerava própria da menosprezada psicologia inglesa, que explicava a origem do bom pela utilidade que prestava, a qual, ao ser repetida, tornava-se esquecida, Nietzsche propunha que o bom é próprio da ação realizada pelos que são "nobres, poderosos e superiores em posição e pensamento, que sentiram e estabeleceram a si e a seus atos como bons, i.e., de primeira ordem" (Nietzsche, F.: 1887, 18 e 19). Acrescentava que a contraposição acima se impunha pelo ponto de vista etimológico – outro ponto de vista a ser acolhido por Heidegger –, isto é, pela "transformação conceitual", conforme a qual "nobre, aristocrático", no sentido social, é o conceito básico pelo qual necessariamente o "bom" veio a ser tido na acepção de "espiritualmente bem-nascido", "espiritualmente privilegiado", ao passo que o "plebeu" era confundido com o "ruim" (cf. Nietzsche, F.: 1887, 21). A referida transformação derivava do efeito inibidor exercido, no mundo moderno, pelo "preconceito democrático" (id.).

Mais adiante, une as hipóteses inicialmente tomadas como opostas mediante a afirmação de que a utilidade está a serviço do poderoso, "todas as utilidades são apenas *indícios* de que uma vontade de poder se assenhoreou de algo menos poderoso" (Nietzsche, F.: 1887, 66). O uso etimológico, além do mais, é feito de maneira a manter o ataque à religião, especialmente o cristianismo, favorecedor dos inferiores e dos ressentidos. Assim com os sacerdotes – com os quais a proeminência na política se transforma em "conceito de proeminência espiritual" (ib., 161) –, tudo se torna perigoso. Dessa maneira, a contiguidade que a posição do sacerdote tem com os plenamente poderosos faz com que seu efeito perigoso assuma um traço positivo: com a condição sacerdotal, "o homem se torna um *animal interessante*, embora sua maldade de base provoque que a "profundidade ganha pela alma faz que ela se torne má" (cf. 1887, 25). Estabelece-se assim um jogo de conciliação entre o preconceito positivo do nobre e poderoso e o negativo do sacerdote – se este último enseja um ganho, a profundidade da alma, esta se torna má, porquanto o sacerdote, sendo primordialmente um fraco, favorece, com o cristianismo, o ressentimento dos escravos. Por isso mesmo, em sua ferocidade metafórica, Nietzsche não se preocupa com as contradições, e ao domínio moderno do fraco e pobre corresponde a "moralização e o amolecimento doentios", pelo qual o homem "aprende [...] a se envergonhar de seus instintos" (ib., 57), ao contrário dos tempos (nobres) em que ele não prescindia de fazer sofrer e em ver na crueldade "um verdadeiro chamariz de vida" (ib., 57).

*

Ainda que curto, e apesar dos louvores dos mais diferentes quilates, o comentário é suficiente para reiterar que, indiscutível, a presença de Nietzsche na ruptura de clichês sobre a cultura e os valores, sobre o humanismo e a espiritualização, sua transmutação se inclina em favor de um pensamento conservador, autoritário e "performático".

Pelos motivos apontados, não se crê na boa estrela do esforço que aqui se conclui na reconsideração da *mímesis*. O que não impede que se endosse o que escrevia Italo Calvino, 15 anos antes do milênio em que estamos: "Minha confiança no futuro da literatura consiste no conhecimento de que há coisas que só a literatura pode nos dar, por meios específicos a ela" (Calvino, I.: 1988, s. n.). Ao pensá-lo, reitero a afirmação paradoxal de Riobaldo, no *Grande sertão*: "Deus existe mesmo quando não há".

APÊNDICE
A topografia da recepção de Auerbach na América Latina[62]

Carlos Rincón

1

A Cidade do México e o Rio de Janeiro são os centros da topografia intelectual em que se deu a primeira recepção de Erich Auerbach na América Latina. Em todo caso, a primeira tradução espanhola do *Mimesis* (1946) – sua primeira tradução no mundo – apareceu em 1950, editada pela mexicana Fondo de Cultura Económica. Já em meados de 1949, ainda antes de que o *Mimesis* circulasse na América Latina, Sérgio Buarque de Holanda afirmava ser o livro "uma das obras capitais da crítica literária dos nossos tempos". Isso escreveu o ensaísta que constituía uma autoridade desde que seu *Raízes do Brasil* (1936) já ao aparecer foi reconhecido como um clássico, no *Diário de Notícias* (24/7/1949), jornal da então capital do país. É de se assinalar que esse interesse antecipado por Auerbach e sua obra sobre as novidades científicas dos últimos 50 anos é ocasião para uma projeção historicamente memorável ou até mesmo para um juízo implícito. Para permanecermos entre os brasileiros: o estudado e renomado sociólogo e historiador da literatura Antonio Candido, em uma entrevista ao crítico literário mexicano Jorge R. de la Serna, respondia à pergunta "Se o senhor voltasse a viver, quem gostaria de ser?" com: "Elegeria ser Erich Auerbach." O *grand patron* na vida universitária brasileira com o nome de Antonio Candido, desde 1970 professor de teoria da literatura

---

[62] Tradução de LCL de "*Die Topographien der Auerbach-Rezeption in Lateinamerika*", em Barck, Karlheinz e Treml, Martin (Hg.). *Erich Auerbach. Geschichte und Aktualität eines europäischen Philologen*. Berlim: Kulturverlag Kadmos, 2007.

e literatura comparada na Universidade de São Paulo, em sua conversa com o crítico mexicano justificava pôr-se na pele de Auerbach com as seguintes palavras:

> Para contextualizar sua resposta me contou que, quando jovem, conheceu um tio de Auerbach, já velho, que tinha ido viver no Brasil. Perguntou pelo grande crítico, a quem admirava muito. "Ah, Erich...", lhe respondeu. "Sim, é meu sobrinho". E acrescentou: "Erich é um *playboy*. É rico, tem um conversível vermelho e passa a vida conquistando as moças." (Serna, J. R. de la: 2003, 397-412)

Seria que o conhecimento da literatura, na compreensão irônica de Antonio Candido, apresentava, não a sublimação mas a realização do desejo, pois ele provoca estima, poder e amor, bem como a arte, de acordo com Sigmund Freud? De todo modo, ninguém sabe de um tio que emigrara para o Brasil e se a imagem oferecida de Auerbach não seria diferente de um estilo pessoal que se enunciava modesto. Igualmente distante, o interesse atribuído a Auerbach pelos temas que, nos anos 1990, determinavam suas discussões, como, por exemplo, o "tema frágil", o dirigir-se ao cotidiano, o *sermo humilis*, e a leitura existencial que constituíram a chave temática dos colóquios sobre o autor, na Stanford University, em 1992, e na Universidade do Estado do Rio de Janeiro, no princípio de 1994.

A nomeação das duas metrópoles, a Cidade do México e o Rio de Janeiro, pressupõe, como cada topografia intelectual, configurações espaciais. Pelo exílio, migração e viagem, elas se ligam e são pontes de ligação não só para Madri e Buenos Aires, como também para Berlim. A possibilidade do que se deu no México e o interesse antecipado pelo *Mimesis*, no Brasil, não decorriam de um acaso feliz, senão que exprimiam uma dupla anomalia. Até o princípio da Segunda Grande Guerra, a vida intelectual latino-americana se caracterizara pela já rotineira transferência cultural, acompanhada de impulsos modernizantes, sem que, no entanto, se seguisse um processo de modernização contínuo. A tradução antecipada do *Mimesis* é assim explicada, de um lado, pelos ativos processos de modernização em curso, a partir de 1940, por outro decorria do precedente geral que conduziu ao aparecimento do *Mime-*

sis, o que vale dizer: o livro equivalia a um parecer e era escolhido como a primeira obra de uma nova série da mais apreciada editora mexicana, oferecendo o autor um capítulo suplementar sobre a literatura espanhola; por fim, a tradução era devida à colaboração de intelectuais de procedência europeia que, naquele momento, estavam refugiados no México e no exercício de sua influência. Quero assim ressaltar que, com a publicação do *Mimesis*, dois traços estáveis na história da cultura intelectual latino-americana – transferência cultural imigracional e aditiva – desempenhavam seu papel, além da função marcante, decorrente da mudança fundamental da divisão internacional do trabalho intelectual. Essa situação de anomalia inicial proporciona uma primeira chave para a compreensão de uma larga e específica circunstância da recepção latino-americana de Erich Auerbach. Nesse universo, em que as tradições e desenvolvimentos não europeus não tinham vez, Auerbach e, particularmente, sua obra principal emprestavam impulso e orientação à destituição dos padrões europeus canonizados. Estes se cumpriram na América Latina em três etapas – nos anos 1940-50, 1960-70, 1980.

Os primeiros grupos vanguardistas latino-americanos que se formaram na Cidade do México, em Buenos Aires ou em São Paulo, receberam certos aspectos dos programas das vanguardas históricas e sempre os problematizando, não considerando os polos de imitação e autenticidade. Em seu empenho de renovação, utilizavam as figuras retóricas que tematizavam problemas de identidade, o que constituía os limites e as possibilidades de uma estética da periferia, ou seja, dirigiam seu interesse para uma dimensão espacial, não mencionada nos questionamentos europeus. A ascensão dessas metrópoles depois de 1940 a centros culturais, em um desenvolvimento que correspondeu à grande significação assumida pelas editoras e o novo papel resultante dessa fase, imediatamente após a Segunda Grande Guerra, na *intelligentsia* modernizante, forçou-a a compromissos com o imperialismo e de ordem político-econômica. Em uma situação mundial caracterizada por uma Paris ocupada pelo exército alemão, uma Londres destruída pelas bombas, uma Viena como parte do Terceiro Reich, Berlim sob o comando de Hitler, Roma, bastião do *duce* Mussolini, e Madri e Barcelona sob o regime do caudilho Franco, a *intelligentsia* latino-americana separou-se, como força simbólica da polaridade centro (europeu)-periferia (latino-americana).

Os intelectuais europeus exilados ou emigrados estavam entre os atores culturais mais ativos na acelerada modernização cultural, que também implicava uma nova definição das tradições nacionais, ou seja, da identidade nacional. Sua cooperação, em especial serem o estandarte do exílio, os obrigava à criação de novas instituições, transformadas em pontos de atração cultural. A persistente influência de sua atuação no México, um país que acolhera sob o governo de Lázaro Cárdenas 200 republicanos espanhóis, levou Carlos Fuentes a definir:

> Estes homens e mulheres representavam o melhor da cultura espanhola contemporânea: poetas, arquitetos, e filósofos, advogados e médicos deram vida nova a nossa cultura, modernizaram nossas universidades, estabeleceram editoriais novos e modernos. A partir desta data, todas as gerações de artistas e pensadores são (somos) descendentes da emigração republicana espanhola. (Fuentes, C.: 1986, 162)

Em apenas 10 anos, foram traduzidos no México todos os títulos do alemão que, na editora madrilenha *Revista de Occidente*, dirigida por Ortega y Gasset, não tinham encontrado lugar até o ano de 1930. O catálogo do Fondo de Cultura Económica inclui os textos fundamentais de Kant e Hegel, a obra completa de Wilhelm Dilthey e de Max Weber, e as *Ideen* de Edmund Husserl. O *Subjekt-Objekt. Erläuterungen zu Hegel* (*Sujeito-objeto. Comentários sobre Hegel*) de Ernst Bloch foi publicado no México antes de aparecer na Alemanha. Nessa sincronia do, por outro lado, heterogêneo, e nas experiências culturais fundamentais que provocavam, a publicação da *opus magnum* de Auerbach, nessa mesma editora, surge como o estandarte da nova série de *lengua y estudios literarios*. O amplo espectro de posições introduzido no debate com os livros que se publicavam é imediatamente medido pelas traduções imediatamente seguintes: *L'âme romantique et le rêve* (1939), de Albert Béguin, em que o antes leitor de francês na Universität Halle tornava acessível ao público francês o romantismo alemão, tendo em conta a experiência surrealista, e *Europäische Literatur und lateinisches Mittelalter* (*Literatura europeia e Idade Média latina*, 1948), de Ernst

Robert Curtius, com sua oferta de uma "visão geral" da literatura da Europa como um "corpo histórico abrangente", que exige ser superado.

Foi de Raimundo Lida a proposta de publicar o *Mimesis*, assim como foi ele quem escreveu sua primeira exposição. Tudo indica haver sido Lida quem propôs a Auerbach, nesse tempo já professor em Princeton, que escrevesse um capítulo sobre a literatura espanhola. À sua proposta se agradece o capítulo suplementar sobre Dulcineia, a encantada.[63] O filólogo Raimundo Lida trasladara-se em 1947 de Buenos Aires à Cidade do México para cooperar na criação do Centro de Estudios Literarios de América Latina, de que fora o primeiro diretor. Esse centro de pesquisa do Colegio de México, concebido a partir das experiências do Centro de Estudios Históricos de Madri e do Instituto de Filologia de Buenos Aires, cujos colaboradores tinham tido de emigrar durante o regime de Juan Domingo Perón. Entre eles, estavam Lida e sua irmã, a filóloga María Rosa Lida. A identidade de um emigrante como Lida, a empregar o conceito de Paul Virilio, era cunhada por sua trajetória. Lida tinha passado sua infância judaica na Europa Central, até que sua família tivesse que escapar para a Espanha. A próxima parada em sua diáspora foi a Argentina. Em Buenos Aires, Lida publicou seu primeiro artigo no quarto número da revista *Sur*, fundada por Victoria Ocampo. Era um confronto com a análise estilística de Leo Spitzer sobre o *Buscón* de Quevedo. Um ano depois, quando já ensinava no Instituto de Filología, traduziu o *Was ist Metaphysik*, de Heidegger, assim como artigos e livros de Karl Vossler e Spitzer. Depois de sua atividade como diretor do Centro de Estudios Literarios, no fim de 1950, aceitou o convite da Harvard University.

Da tradução do *Mimesis* em espanhol cuidou o intelectual basco Eugenio Imaz. Ele pertencia à *generación de 27*, que produziu poetas como Federico García Lorca, Rafael Alberti, Jorge Guillén e filósofos como José Gaos. Como a maioria dos intelectuais de sua geração, Imaz,

---

[63] Alí Chumacero, membro da direção da Fondo de Cultura Económica, em outubro de 2004, nos deu a informação de que, nos arquivos da editora dos anos 1950, não há qualquer documento. A tradução do capítulo de Dulcineia é provavelmente de I. Villanueva, embora não haja dados suficientes a seu nome. Agradeço a propósito à doutora Fabiala Ruiz por sua assistência na pesquisa a respeito.

durante seus anos de formação, se dedicara à cultura alemã e à ciência. Depois de concluir o estudo de direito na Universidade de Madri, Imaz dedicou-se à filosofia e, entre 1924 e 1932, estudou em Freiburg, Munique e Berlim, com uma bolsa e o apoio financeiro de sua irmã, durante a temporada de estudos viajando para a Inglaterra. Ainda durante seus estudos em Berlim, começou a traduzir Goethe, Schopenhauer, Jacob Burckhardt, Ferdinand Tönnies e Georg Simmel para a editora Revista de Occidente. Sobre seus anos na Alemanha, dizia em uma entrevista dada em 1947, em Caracas:

> Pensar na Alemanha é fazê-lo, na realidade, mais tremenda e contraditória. Penso nela, em sua grande experiência, mais do que em suas universidades. [...] Em sua vida plena e pujante, em sua ordem inaudita e provocadora; também – por certo – em seu ressentimento profundo e em sua funesta mania de pensar [...] as ideias até o fim. Conheci Husserl, um anjo de olhos azuis e de espessos bigodes brancos. Também Heidegger, pequeno, moreno, com olhinhos de inseto que pica, em sua testa ampla. Vestia uma calça curta, como, nos dias de gala, os tocadores de tambor de meu *"pueblo".* Nunca sorria. Como diria Pio Baroja, um antipático. E algo pior, como logo os fatos mostraram. Presenciei, com profunda amargura, os primeiros passos militares das hostes nazistas. Fui testemunha das violências brutais na universidade e na rua. Cheio de terror, pressenti a organizada falta de defesa das forças democráticas. (Corchuelo, L.: 1947)

O interesse profissional pelo idealismo alemão e pela hermenêutica, a proximidade intelectual com as formas de pensar da fenomenologia da vida e da vontade, a ser articulada com o humanismo e a religião, caracterizam a posição de Imaz nos anos 1933-36 em Madri, quando era colaborador do *Diablo Mundo* e redator-chefe de *Cruz y Raya*. Desde o princípio, Imaz se punha, como antifascista esclarecido, ativamente do lado da república e, em 1937, com a função de cumprir tarefas político-culturais, trasladou-se para Paris. Pouco depois, viajou com uma delegação espanhola a Washington, na tentativa de tentar mudar a política de não interferência do governo norte-americano. De volta a Paris, trabalhou como secretário do Servicio de Evacuación de Republicanos Españoles, Sere. Em 1939, emigrou com sua mulher alemã para o México, onde encontrou trabalho na Casa de España, em breve convertida no Colegio de México. Era, além do mais, um dos colaboradores mais importantes na editora Fondo de Cultura Económica.[64] Nesses anos, Imaz considerava que sua grande tarefa era, no entanto, a tradução das obras completas de Dilthey, para a qual escreveu uma introdução (Imaz, E.: 1946a). Reuniu seus próprios ensaios, prefácios e posfácios no volume *Topía y utopía*. A esperança de uma mudança política na Espanha depois do fim da guerra desaparecera quando os Estados Unidos, a França e a Inglaterra, com o envio de seus embaixadores para Madri, legitimavam o regime de Franco. Se Imaz formulara suas experiências políticas na defesa da república espanhola com as palavras "Vimos que defendíamos uma democracia que fora atraiçoada pelas democracias mais representativas e atraiçoada desde o começo" (ib., 16), via agora selado o fim de seu projeto de vida. No começo de 1951, em um hotel em Veracruz, Eugenio Imaz se matou.

No que concerne à primeira transferência de Auerbach para a América Latina, aos nomes de Lida e Imaz deve-se acrescentar um terceiro: o de Sérgio Buarque de Holanda. Como jovem intelectual, então residente no Rio de Janeiro, já na metade dos anos 1920 iniciara um diálogo com Blaise Cendrars, que, como organizador da *Anthologie nègre* (1921), como viajante e poeta, conheceu a fama por transpor a técnica moderna para o espaço de sua vida. A partir de 1927, trabalhou em Berlim como correspondente de diversos jornais brasileiros e dele se originou a anedota que Thomas Mann lhe dissera, em uma entrevista no Hotel Adlon, quando a conversa tratou de sua mãe brasileira, que ela seria "uma verdadeira espanhola". Nos anos 1940, Buarque de

---

[64] Originalmente, a editora fora fundada para publicar livros de economia. No começo de 1940, o programa editorial foi ampliado. Francisco Giner de los Rios, um dos exilados que colaboravam com a FCE, lembrava-se, em 26/3/1988, de uma sessão de trabalho da *Diputación foral de Guipúzcua*, "La cultura vasca em exilio: 1936-1939". Nela, Imaz desempenhava papel central em sua nova orientação: "Sem qualquer dúvida, somos de agradecer em grande parte a Eugenio Imaz – em conjunto com outros exilados e os grandes mexicanos de antes e sempre –, que com suas ideias e com o que em alguma ocasião chamamos em brincadeira séria seus "saltos mortais" para que a arquitetura do edifício editorial ampliasse suas primeiras bases especializadas e recebesse sua configuração definitiva e universal" (Rios, F. G. de los: 1990, 26-39).

Holanda ganhou a reputação de ser um dos mais influentes colunistas de diversos jornais cariocas. O artigo de 26 de novembro de 1950, no *Diário Carioca*, sobre *Mimesis*, fora ocasião para ressaltar o mérito editorial da Fondo de Cultura e para recomendar que sua política do livro fosse seguida. A publicação dos livros de Auerbach e Curtius parecia-lhe em uma linha consequente, ao passo que pouco mais de um ano nos seminários da Princeton University as diferenças fundamentais de posição constatadas levavam a uma controvérsia declarada (cf. Fitzgerald, R.: 1985). Na fenomenologia histórico-cultural, o tópico do paraíso no tempo da colonização brasileira justificava que a orientação de Buarque de Holanda se dirigisse ao método sugerido por Curtius. O possível núcleo do conceito de realismo praticado no *Mimesis* não era compreendido em um sentido descritivo senão como "realismo criatural", ou seja, em sua relevância para a vida pessoal do leitor. Sua atenção valia para a maneira como Auerbach apresentava os fenômenos da mescla de estilo e de gênero na Idade Média e a doutrina da elaboração no século XIX e como acompanhava seu "resultado" até os romances do século XX. Vendo-os posto em perigo no debate literário brasileiro, razão pela qual procurava defender o princípio estético:

> A possibilidade de recorrer-se ao *sermo humilis* ou *remissus* para temas graves e trágicos é uma conquista ou antes reconquista do século XIX, que Auerbach acompanha até às últimas consequências, quando aborda a arte de um Proust, de um Joyce, de uma Virginia Woolf. Mas conquista que, em certos setores, ainda não parece plenamente consolidada. Temos visto como, no Brasil ao menos, se generaliza ultimamente uma ofensiva bem concertada pela abolição do prosaico na moderna poesia. (Buarque de Holanda, S.: 26/11/1950, 6)

Summa summarum: na primeira fase de sua recepção, Auerbach foi tomado como um modernista unívoco e como figura legitimadora da tradição mista das modernas literaturas nacionais.

2

A partir de 1956, desenvolveram-se na América Latina os movimentos de redemocratização contra os regimes militares, que, no curso da guerra fria, vieram ao poder na Venezuela, no Peru e na Colômbia ou no poder permaneceram, como sucedia na América Central e no Caribe. Nesse processo de mudança política, os movimentos estudantis desempenhavam papel de protagonistas, não só quando almejavam reformar as universidades. Nas faculdades de filosofia e letras, eram as disciplinas científicas as visadas, não a romanística, pois ela só existia como filologia hispânica e como estudo das literaturas nacionais. Daí que o confronto com o método de Auerbach dava um impulso importante às discussões inovadoras fundamentais. Os estudantes protestavam veementemente contra os programas de ensino que lhes eram proporcionados e se restringiam a posições estreitamente ligadas à estética leninista-stalinista da obra e da representação. Bem diversa nos questionamentos e modos de procedimento analítico dominantes na procura estilística voltada para a forma individual – na linha de Spitzer e Dámaso Alonso[65] – e a participação significativa como contexto do sentido, que encontrava nas posições de Auerbach a ponte e a orientação para a historicização radical, para a problemática da assimilação de um conceito de história condutor da pesquisa da *figura* e para a focalização dos conflitos entre as linhas de tradição.

Os grupos estudantis encontravam, antes de tudo, em primeiro lugar no capítulo sobre Dante, sobre Stendhal-Balzac, um instrumentário para a diferenciação político-cultural. Numa primeira fase, a leitura dos escritos de G. Lukács ajudou, em um plano estratégico, a uma sociologia da literatura não vulgar, assim como para o distanciamento crítico da abordagem da literatura de um Georgi W. Plekhanov ou de um Andrei Zhdanov. Em uma fase posterior, contudo, os estudantes tomaram uma distância crítica da configuração gnoseológica da teoria de Lukács, que tinha como fundamento, na relação observada quanto à realidade, a teoria do reflexo, e a exigência de distanciar-se do esquema de decadência. Em oposição às aporias constitutivas de uma estética da representação empregada por uma teoria do reflexo, Auerbach era recebido como um mestre democrático, cuja atenção maior se voltava para as diferenças culturais e individuais, que levavam à observação das formas diversas de mescla de estilo e praticavam seu

---

[65] Sobre as posições de Dámaso Alonso, cf. Krauss, W.: 1972.

procedimento interpretativo na tensão entre a manifestação sensível e o significado, na linha fronteiriça entre fixação e mudança, entre a linguagem do espaço e a do tempo. Esse ato produtivo de *misreading* levava à compreensão de Auerbach para fora do curso da literatura ocidental, conduzindo à valorização conhecida do cotidiano por Zola. Mas a capacidade de flexibilização da perspectiva social e socioestilística de Auerbach ajudou na tarefa de aferir a mais recente literatura hispano-americana por critérios universais, ao passo que, conforme as categorias propostas por Lukács, em sua conferência no Petöfi-Club e no livro *Wider den missverstandlichen Realismus* (*Contra o realismo equivocado*, 1958), essa produção deveria permanecer incluída em uma arte da decadência.

No fim da década de 1950, estabeleciam-se, segundo o modelo das universidades norte-americanas e também dos colégios hispano-americanos de prestígio, cursos de introdução às humanidades, em que os alunos eram estimulados a ler os clássicos da literatura ocidental. As leituras obrigatórias propostas por *Mimesis* e os guias proporcionados para as leituras devidas eram a *Odisseia*, a *Divina comédia*, os *Ensaios* de Montaigne ou as *Novelas* de Boccaccio. Permanecia de fora o capítulo sobre Dom Quixote, porque a significação dominante das formas particulares do estilo e do gênero misto, que caracterizam a literatura espanhola, não se adequava às suas características. A supervalorização do valor imagético atribuído à literatura não excluía o estudo de tratados políticos. Assim, Leo Strauss desempenhava um papel de orientação semelhante quando almejava explicar *O príncipe* e *O leviatã*. Enquanto Auerbach oferecia no primeiro semestre as informações e instrumentos da análise literária comparada, os docentes extraíam do trato dos clássicos políticos dos tempos modernos europeus e das teorias da história a cota de uma filosofia política cuja leitura formulava, conforme seu ponto de vista, os princípios fracassados de democratização da República de Weimar.

As reações à revolução cubana interromperam, no princípio dos anos 1960, os processos de modernização acelerada. Nessa situação de transformações, mas também de transferências culturais posteriores, a atividade docente de alunos das universidades norte-americanas é determinante para a biografia intelectual de muitos escritores e intelectuais que então ali estudavam. Eles programaticamente se atinham ao conceito de Auerbach de estruturas figurais e da mescla de estilos como constituinte primordial da realidade representada. Isso vale, por exemplo, para Robert Lewis – aluno do comparatista Harry Levin na Harvard University e especialista em Joyce –, que fundou o setor de teoria da literatura comparada em Porto Rico, ou para Tito de Zubiria, que se doutorara na John Hopkins University com uma tese sobre a poesia de Antonio Machado e que, em suas preleções, para os primeiros cursos de pós-graduação, no Seminario Andrés Bello do Instituto Caro y Cuervo, em Bogotá, usava como guia de leitura o livro de Auerbach sobre Dante. Esse desenvolvimento assumiu outra mudança no fim da década de 1960, quando o impulso para a metodologização dos estudos de literatura passava a ter como orientação Jacques Lacan, e para a narratologia e a semiótica, Claude Lévi-Strauss. Nos cursos propedêuticos de humanidades, contudo, em cuja lista de leituras agora apareciam em primeiro lugar os textos de Franz Kafka, William Faulkner, Jorge Luis Borges, Carlos Fuentes, Julio Cortázar e Juan Rulfo, em vez dos clássicos da literatura mundial, a observação da *figura* e da "realidade concreta", assim como sobre as formas e estilos mistos, constituía um exercício diário.

3

A hiperpolitização sucedida nas universidades hispano-americanas, no tempo do *boom* literário, era próxima como atitude de expectativa anticolonialista de um alvo máximo, ou seja, equivalia à busca de uma teoria da literatura latino-americana como forma da práxis política. No fim dos anos 1970, o confronto crítico-literário com o recente desenvolvimento literário dividia-se em duas direções: as teorias modernizantes sobre o novo romance latino-americano e a pesquisa de uma historicização do conceito de literatura, com o afastamento da direção meta-histórica e transcultural dominante. Os teóricos da literatura que se empenhavam em tal historicização faziam uso crítico do empreendimento de Auerbach e, com auxílio de paradigmas sócio-históricos do conceito de representação, procuravam chegar à nova compreensão pela inclusão do conceito de testemunho.

No Brasil, a recepção de Auerbach transcorreu de outro modo que na América hispânica, sobretudo em decorrência da diferente institucionalização dos estudos da literatura. Devido ao fato de que uma série de professores franceses haviam sido convidados quando da fundação da Universidade de São Paulo, para se encarregar dos primeiros cursos, entre eles o historiador Fernand Braudel e o antrópologo Claude Lévi--Strauss, há pouco graduados, estabeleceu-se como paradigma dominante a *science de l'homme*. Depois da queda do regime autoritário de Getúlio Vargas, em seu começo com excrescências fascistas, teve êxito, no seu período governamental, o modernizador Juscelino Kubistchek, cuja divisa "progresso de 50 anos em 5" implicava alcançar um aumento da produção industrial em 80% (cf. Miranda, W. M.: 2002). Na Universidade de São Paulo, a investigação de Antonio Candido baseava a formação da literatura brasileira em determinar a representação de uma origem, na bem acolhida resposta ao marxismo hegeliano de Lukács à pergunta sobre as relações entre literatura e sociedade, sob as condições de desigualdade da modernização capitalista e da experiência brasileira. Em 1971, 7 anos depois do golpe militar que trouxe ao poder um novo tipo de regime ditatorial na América Latina, aparecia o *Mimesis*, na Editora Perspectiva, em tradução aos cuidados de Georg Bernard Sperber e Suzy Frank Sperber. Um ano antes, fora publicado em português, em edição da Cultrix, a introdução de Auerbach à filologia romântica, com o título de *Introdução aos estudos literários*.

Para os docentes que não haviam sido aposentados pelo novo regime, o livro que Auerbach preparara para seus estudantes em Istambul era um guia didático particularmente atrativo. O romancista brasileiro Machado de Assis era referido com atraso de 100 anos como o Balzac do império escravocrata brasileiro, canonizado de acordo com o lema "E por que não pode ser brasileira a forma do realismo europeu?". Desse modo eram ampliados o padrão e as categorias decisivas da análise literária. O primeiro a assim se servir foi o cientista social Raymundo Faoro. Com seu livro *A pirâmide e o trapézio*, Faoro promoveu uma contribuição substancial à sociologia da literatura, no Brasil. Nele, se apoiava *expressis verbis* na aplicação do conceito de *mímesis* de Auerbach e sua meta era trabalhar o enlace da realidade da obra narrativa de Machado de Assis, esse "moralista desencantado" e romancista da transição da sociedade escravocrata para a sociedade de classes, da monarquia para a república:

> Perdido na mudança, no fogo cruzado de concepções divergentes do mundo, sem conseguir armar a teia da sociedade e identificar-lhe os fios, o autor estiliza os fatos e os homens, na armadura de um esquema da própria transição. (Faoro, F.: 1974, 526)

As observações de Auerbach a propósito da maneira como os romances de William Makepeace Thackeray sobre a época napoleônica e pós-napoleônica se relacionam com uma acepção antes moralista que histórica proporcionam a Faoro o meio para incluir histórico-concretamente a representação realista de Machado de Assis e determiná-la como uma "*mímesis* dialética" (cf. 1974, 529), no sentido de "transmutação", que, ao mesmo tempo, é uma estilização:

> Substitui Machado a simetria sociológica, já incorporada por Stendhal, Balzac e Zola, a uma construção. E a estilização da sociedade – redução da realidade exterior à vontade humana, com formas e modelos fixados. [...] Persiste nela – diga-se ainda uma vez – o moralismo, mitigado embora com a sociedade sentida e percebida como resistência à vontade do homem, o homem ingenuamente vestido de rei da criação. (Ib., 545 s)

Roberto Schwarz, discípulo de Antonio Candido, foi um dos muitos professores universitários que conheceram o exílio durante a ditadura de 1964. Na Sorbonne, escreveu uma dissertação sobre Machado de Assis, cujas teses eram determinadas pela representação de Lukács da "correta imagem artística" como uma dialética adequada da forma literária e o processo social. Em uma entrevista, Schwarz respondia a uma pergunta direta sobre Lukács:

> (Entrevistador: Minha impressão – e não somente minha – é a de que seus trabalhos devem mais ao Lukács do que confessam. [...] Suas análises concretas seriam simplesmente impensáveis sem Lukács. Tomando como exemplo o seu trabalho sobre Machado de Assis, *Ao vencedor as batatas*: de fato, ele tem como parâmetro o tipo de análise que Lukács começou a

fazer na década de 1930, que é quando ele começa a perceber os problemas postos pela "miséria alemã", pela "via prussiana" de desenvolvimento do capitalismo etc., cujo modelo analítico – também o seu, claro – é o Marx da *Ideologia alemã*. Como você se situa então?
Schwarz: Ah, eu confesso totalmente a minha dívida para com Lukács. No meu entender, ele é o maior crítico do romance até o advento da literatura moderna. O meu Machado de Assis depende inteiramente de Lukács. Não há a menor dúvida, porque a referência ao romance realista do século XIX é toda fundada nele. Aliás, eu o cito abundantemente, não escondo essa influência de maneira nenhuma. (Brandão, G. M. e Louzada Filho, O.C.: 1979, 97-111)

É interessante como, em sua pesquisa, Schwarz mostra a diferença entre essa dialética em Stendhal e Balzac e seu desenvolvimento em Machado de Assis, a lei postulada do desenvolvimento desigual e combinada do capitalismo que Liev Trotski introduzira em sua história da revolução russa, e Auerbach, na problemática da realidade representada na literatura. Em consequência, sua tese sustenta a contribuição maior de Machado de Assis para a "constituição de um realismo brasileiro" (Schwarz, R.: 1977, 196), em sua característica mescla de estilo, que, no entanto, não o convertia em algo como fundador de uma *new province of writing*, pois, segundo a compreensão de Schwarz, a mescla de estilo é, de toda maneira, uma "fatalidade das culturas dependentes" (ib., 196 s).[66] É característico para o modo de exposição de Schwarz que o uso de seu método de análise explicitamente recebido de Lukács seja compensado pela ligação com a interpretação do texto e o esclarecimento histórico derivados da modelagem de Auerbach.

4

No princípio dos anos 1980, os tropos da recepção latino-americana de Auerbach depararam-se com um ambiente socioeconômico e cultural modificado. Com a aberta crise financeira deflagrada em 1982 nos países latino-americanos deu-se o fracasso de todos os projetos internos de desenvolvimento nacional-capitalista, assumidos desde o fim do sé-

---

[66] Schwarz, R: *Ao vencedor as batatas* (1977). O segundo volume apareceu 13 anos depois, com o título *Um mestre na periferia do capitalismo: Machado de Assis* (São Paulo, 1990).

culo XX e que, à parte da economia mundial, já não podiam ser considerados. Do ponto de vista histórico, os anos 1980 entravam como "os anos perdidos". Só lentamente, com a mescla do modelo neoliberal, se impôs um retrocesso de 100 graus. Na manifestação literária pública, a recepção de Auerbach sofreu um retrocesso com a formulação da teoria híbrida do realismo mágico e seu ideal para as ficções pós-moderna e pós-colonial. Do mesmo modo com a discussão sobre o empenho de revisão, criticamente o conceito de *mímesis* e a investigação do controle do imaginário, não como regra colonial ou pós-colonial, mas como macrofenômeno da cultura ocidental. Se se puder resumir as posições resultantes de ambas em uma fórmula sintética, poder-se-á dizer: a primeira provocava uma teoria do realismo mágico como uma renovação oposta das análises de Auerbach de como realisticamente a realidade pode ser literariamente representada, e as teorias sobre o simulacro. Em face do êxito mundial do *Cem anos de solidão* (1967), de Gabriel García Márquez, deslocava-se a pergunta central sobre a agenda de quais mudanças cartográficas deviam ser urgentemente consideradas para o realismo mágico latino-americano e para a ficção pós-moderna e pós-colonial. A segunda posição, com a superação da resistência tradicionalmente existente entre os pesquisadores brasileiros contra a teoria, apontava para uma revisão da compreensão da *mímesis* e para a anulação, proposta no Renascimento, da diferença epistemológica entre as concepções de Platão e Aristóteles. A tese era que a *mímesis* é produzida apenas nos casos de que se afasta a semelhança e, ademais, que os programas poetológicos desenvolvidos desde o Renascimento provocavam um controle do imaginário.

A oposição hispano-americana renovada pelo *Mimesis* e as teorias do simulacro seguiam paralelamente à pesquisa de encontrar a solução para dois questionamentos imediatamente presentes. Eles resultavam diretamente da forte medialização das sociedades latino-americanas na nova fase da globalização. Tratava-se da questão de que *status* tinha a realidade em sociedades em mundos não mais simbólicos e secularizados, nos quais a realidade era transmitida pela mídia eletrônica por "imagens realistas". A outra questão tinha por alvo como as imagens interculturais e mediáticas criadas pelas ficções mágico-realistas oferecem uma resposta à medialização da realidade. Tratava-se de apresentar o cálculo da nova geografia não mais correspondente ao mapeamento de Auerbach, nem tampouco adequado ao sistema até então dominante da metáfora de centro e margens, na paisagem da literatura mundial. Pois assim como os narradores pós-modernos e Michel Foucault, Gilles Deleuze ou Jacques Derrida ressaltavam em seus escritos Jorge Luis Borges, assim também o realismo mágico de um García Márquez era recebido por Günter Grass, Tschingis, Aitmostow e Milan Kundera, assim como pelos escritores então quase internacionalmente desconhecidos Salman Rushdie, Tony Morrison, Kenzaburo Oe, Orhan Pamuk, Tahar Benjalou ou Mo Jan. Evidenciava-se como inadequado entender esse desenvolvimento com uma teoria sobre os processos de modernização do romance na América como dependente da aceitação de modelos literários e meios artísticos produzidos nas metrópoles ou que fossem compreendidos com o conceito de transculturação à região em que a narrativa era efetuada, transculturação que supunha tratar-se de relações de poder, em que a possibilidade de ser criador e exercer controle se restringia aos produtos metropolitanos. Depois dos clássicos e dos modernos posteriores, García Márquez mostrara, como ressaltara o ficcionista pós-moderno Donalds Barthelme, "que era possível depois de Beckett" (Barthelme, D.: 1983, 44).

Entre 1978 e 1981, surgiram, em diversos lugares do mundo, os romances do realismo mágico, sempre relacionados à ficção de García Márquez. Por isso houve diversos impulsos, como a palestra sobre imaginação e fantasia na literatura latino-americana e caribenha realizada em 1989, por García Márquez, no México, próximo à sua conferência na recepção do Prêmio Nobel, que foi seu único texto a desenvolver questões teóricas. Assim como Coleridge, em sua *Biografia literária*, se ocupara com a distinção entre "imaginação e fantasia", García Márquez falava do raio de significação entre elas. Perguntava-se sobre o verossímil e a estética do maravilhoso, sobre a insuficiência da linguagem e a crise da representação, sobre o confronto entre os conceitos de *mímesis* e de realidade. Suas reflexões tratavam de como a subjetividade e a criatividade se condicionam e se pressupõem, como a criação e a imaginação se identificam e como sua condição para que possam se desdobrar é a indeterminação. Em consequência de uma inversão paradoxal da dialética entre criação e imaginação, punha-se no centro da relação a submissão da imaginação, de suas imagens, de suas representações ao "destino", como García Márquez exprimia, de imitar uma realidade, que se fazia impotente, em sua criatividade, pela imitação. García Márquez assim orientava poderosamente o debate por meio de sua reflexão, ligando as ações textuais hibridizantes com a linguagem carnavalesca e a magia clownesca, na medida em que dirigia a atenção àquela impotente realidade latino-americana" e às ações culturais correspondentes. Coleridge compreendia a poesia em contato com o processo orgânico, García Márquez entende a *mímesis* do realismo mágico em comparação com a criatividade da realidade superestrutural da América Latina. A discussão suscitada por essa interpretação e sua publicação em inúmeros jornais hispano-americanos punham significativamente em primeiro plano os limites do *Mimesis*: o conceito de realidade de Auerbach e as dificuldades que a ele se associavam, a irreversibilidade dos modos de representação, das formas de verossimilhança e a determinação equivocada do próprio conceito de *mímesis*. Muito mais produtivo se mostrava um outro modo, ou seja, as posições de García Márquez com a leitura do surrealismo proposta por Walter Benjamin e relacioná-la com os rastros de Auerbach acerca do "império mágico da palavra" e dos "experimentos mágicos da palavra".

Enquanto a reintegração do conceito dominante do realismo mágico oscilava entre *Mimesis* e o simulacro metaficcional, a veracidade, como desconstruída e em processo de desconstrução, era pensada de maneira complexa. O procedimento interpretativo praticado por Auerbach ensejava ademais formas de diferenciação que, em comparação entre o realismo mágico, a ficção pós-moderna e pós-colonial, eram "semelhantes e diversas", de acordo com as conexões cartográficas conforme a dominância das temáticas, das formas e das estratégias discursivas. Segundo a constatação de que Borges e García Márquez apresentavam o centro da periferia pós-moderna, era efetuada a articulação cartográfica do realismo mágico com a metaficção pós-moderna e com os discursos coloniais. Uma mudança que se cumpria como parte da modificação geral do campo temático das disciplinas literárias e culturais e que se entremesclava com a certeza de que os limites da análise e da argumentação de Auerbach eram comparáveis com os do procedimento hermenêutico.

O segundo projeto da recepção de Auerbach foi em primeiro lugar definido pelos trabalhos do teórico brasileiro L. Costa Lima.[67] O problema metodológico central já não era a questão de Antonio Candido e de seu discípulo Roberto Schwarz da escolha da mediação entre formalismo e sociologia, senão que derivava do encontro de uma perspectiva que se caracteriza pela tensão entre o discurso ficcional e os discursos da verdade da religião, da filosofia e da ciência. Por sua revisão do conceito de *mímesis*, chegava ao resultado que da *imitatio* resultava algo semelhante, pois o *imitator* não atualiza a *energeia* de que dispõe a *mímesis*. As poéticas do Renascimento fundadas nos princípios da verossimilhança e do decoro significavam para o autor que o espaço em que o imaginário podia se mover era controlado pela razão governada pela ideia de ciência. Não se propunha nenhuma história do realismo como a de Auerbach; o autor, ao contrário, na *Trilogia do controle* (2007), propunha variações sobre o tema, que tratavam da passagem do controle religioso para o controle secular, no Iluminismo.

Hans Ulrich Gumbrecht vê na fascinação do autor por Auerbach uma constante de seu estilo intelectual. Conforme Gumbrecht, em sua trilogia, C.L. vai de uma desconstrução da questão de Auerbach a um denominador comum para o conceito de literatura. Em que sentido ocorre essa desconstrução é assim precisado:

> Se chamo "desconstrutivista" à atitude de Costa Lima frente à proposta de Auerbach não é por referência a um certo estilo *rive gauche* mas sim à capacidade com que renuncia a aceitar uma resposta, conservando ao mesmo tempo os elementos filosóficos que a compõem. Se Auerbach historicizou o conceito de "*mímesis*" (ainda muito impregnado pela tradição de interpretá-lo como "*imitatio*") para encontrar uma base meta-histórica na configuração do que denominamos "subjetividade ocidental", a trilogia

---

[67] Cf. Costa Lima, L.: *O controle do imaginário* (1984) e *Mímesis* (2000; trad.: *Die Kontrolle des Imaginären*. Frankfurt a.M.: Suhrkamp, 1990).

de Costa Lima, ao contrário, define o discurso mimético como aquele que sempre marca diferenças, de conteúdo variável, face às realidades institucionalizadas de cada época e de cada sociedade, deixando de lado como uma mera lembrança histórica a subjetividade que a época "moderna" canonizara como meta-histórica. (Gumbrecht, H. U.: 1989, 5-8)

Gumbrecht considera que a diferença fundamental entre o estilo mental dos dois autores leva o teórico brasileiro a sair tanto da reflexão sobre a "dependência pós-colonial" como do "ângulo hegemônico" ocidental. Uma outra contribuição fundamental do autor brasileiro foi a determinação da posição do conceito de história entre a historicização radical de Auerbach e o trabalho com conceitos meta-históricos. A pergunta retórica de João Adolfo Hansen, no colóquio da Universidade do Estado do Rio de Janeiro, "por que Auerbach no Brasil?" aperfeiçoa a meta de repropor as linhas limítrofes da concepção de *figura* como também o conceito de "literatura mundial", como se encontra na "Filologia da literatura mundial" (Hansen, J. A.: 1994). A dissolução da representação de uma literatura mundial, na linha de Goethe-Auerbach, assim como julgamento estético valorizado também desse modo sucedia noutros países latino-americanos. Como a modernidade na América Latina era apenas uma categoria temporal, o esforço consistia em medir a distância ou a proximidade da norma europeia. A formulação de uma visão geograficamente ativa não resultava, nos anos 1990, em compreender os processos latino-americanos como parte de uma cartografia da expansão cultural da Europa ou dos Estados Unidos. A introdução de categorias espaciais provocava a descoberta de uma pluralização de trilhas da modernidade. Com o fim da literatura mundial, pensado de acordo com a compreensão de Auerbach, agora advinha o tempo de configurar uma geografia plural da literatura mundial (Fuentes, C.: 1993, 22 ss).

Saindo de minha topografia da recepção de Auerbach na América Latina, quero aos lugares efetivamente dados, em uma maneira heterotópica, acrescentar um lugar meio imaginário: a cidade de São Paulo do ano de 1935. Em 23/9/1935, Auerbach escrevia de Roma a Walter Benjamin uma carta que Karlheinz Barck encontrou e publicava em 1988:

> Justamente agora, minha mulher descobre sua colaboração na *Neue Zürcher Zeitung* do último sábado. Que alegria! Que ainda esteja aí e estes sons da pátria desaparecida. Por favor, nos dê um sinal de onde e como está. Há um ano pelo menos, quando se procurava um professor para ensinar literatura alemã em São Paulo, pensei no senhor. Através da *Frankfurter Zeitung*, soube de seu endereço (dinamarquês) de então e o comuniquei às autoridades competentes. Mas não deu em nada e não teria sentido lhe escrever da Alemanha. (Barck, K.: 1988)

As fantasias assumidas, provocadas pelo encontro tardio de Benjamin com o Brasil, eram de pura natureza literária. Como o protagonista do romance *O outro céu*, de Julio Cortázar, andava em Buenos Aires pelas passagens Guemez e, no curso da mesma frase, Lautréamont aparecia nos tempos das passagens parisienses, assim imaginava a mudança de Benjamin de Paris para São Paulo. Não se queria pensar na possibilidade de que Benjamin recusasse emigrar para a América Latina. Mas era uma hipótese plausível ao se ter em conta o fracasso de Meyer Schapiro que viajara à Europa, com sua mulher, e se encontrara em Paris com Benjamin para convencê-lo a se transferir para Nova York. Schapiro conta de seu encontro no café Deux Margots:

> Lilian e eu nos sentamos no café, esperando ouvi-lo, quando vi um homem caminhando para adiante e para trás na calçada e segurando uma cópia do *Zeitschrift für Sozialforschung*. Ele voltou e sentou-se conosco. Falamos sobre tudo na face da Terra. Ele decidiu que lhe seria muito difícil viver em Nova York, mesmo se muitos dos bons amigos que tivera estivessem lá. (Thompson, J. e Raines, S.: 1994)

Nos debates necessariamente transformados sobre heterogeneidade cultural, hibridização e identidades fragmentárias, na década de 1990, Benjamin era a figura principal nas teorias e estudos culturais latino-americanos, do mesmo modo como Auerbach havia sido nas décadas anteriores uma referência constante no ensino e na pesquisa nas universidades latino-americanas e na opinião pública literária.

Referências bibliográficas

Prefácio

Alcides, S. "Posfácio". In: Costa Lima, L. *Mímesis: desafio ao pensamento*. Florianópolis: Edusc, 2014.
Cechinel, A. (org.). *O lugar da teoria literária*, v. 1. Florianópolis: Editora da UFSC, 2016.
Costa Lima, L. *Limites da voz: Montaigne, Schlegel*. Rio de Janeiro: Rocco, 1993.
Costa Lima, L. *O controle do imaginário & a afirmação do romance*. São Paulo: Companhia das Letras, 2009.
Costa Lima, L. (org.). *Mímesis e a reflexão contemporânea*. Rio de Janeiro: Ed. Uerj, 2010.
Costa Lima, L. *A ficção e o poema*. São Paulo: Companhia das Letras, 2012.
Costa Lima, L. *Frestas. A teorização em um país periférico*. Rio de Janeiro: Editora PUC-Rio / Contraponto, 2013.
Costa Lima, L. *Mímesis e arredores*. Curitiba: CRV, 2017.

Apresentação

Fajardo, S. S. *Empresas políticas* (1640). Q. A. Vaquero (org.), dois tomos. Madri: Editora Nacional, 1976.
Gil, F. *Mimesis e negação*. Lisboa: Imprensa Nacional / Casa da Moeda, 1984.
Jay, M. *Reason after its eclipse. On late critical theory*. Madison, Wisconsin: The University of Wisconsin Press, 2016.
McLuhan, M. *The classical trivium. The place of Thomas Nash in the teaching of his time* (2005). Trad. cit. H. Langone: *O trivium clássico. O lugar de Thomas Nash no ensino de seu tempo*. São Paulo: É Realizações, 2012.

Capítulo 1

Alberti, L. B. *De pictura* (1435). Trad. e notas de J. L. Schefer: *De la peinture*. Paris: Macula, Dédale, 1992.
Argan, G. C. *L'arte moderna 1770/1970* (Sansoni, 1970). Trad. cit. D. Bottman e F. Carotti: *Arte moderna: do Iluminismo aos movimentos contemporâneos*. São Paulo: Companhia das Letras, 2013.
Aristóteles. *Poética*. Trad. P. Pinheiro. São Paulo: Editora 34, 2015.

Baumgarten, A. G. *Meditationes philosophicae de nonnulis ad poema pertinentibus* (1735). Trad., introd. e notas de K. Aschenbrenner e W. B. Holther: *Reflections on poetry.* Berkeley / Los Angeles: University of Lafornia Press, 1954.

Baumgarten, A. G. *Aesthetica* (1750). Trad. parcial do texto latino e interpretação de H. R. Schweizer: *Ästhetik als Philosophie der sinnlichen Erkenntnis.* Basileia / Stuttgart: Schwabe & Co., 1973.

Belting, H. *Bild und Kult – Eine Geschichte del Bildes vor dem Zeitalter der Kunst* (1990). Trad. E. Jephcott: *Likeness and presence. A history of the image before the era of art.* Chicago / Londres: The University of Chicago Press, 1994.

Belting, H. *Das Ende der Kunstgeschichte. Eine Revision nach zehn Jahre* (1995). Trad. R. Nascimento: *O fim da história da arte. Uma revisão dez anos depois.* São Paulo: Cosac Naify, 2006.

Benjamin, W. "Das Kunstwerk im Zeitalter seiner technischen Reproduzierbarkeit" (1935). In: *Gesammelte Schriften*, vol. I, 2. Frankfurt a.M.: Suhrkamp, 1980, p. 435-469.

Blumenberg, H. "Selbsterhaltung und Beharrung. Zur Konstitution der neuzeitlichen Rationalität" (1976). Trad. L. Costa Lima (incluída como apêndice): *Teoria da não conceitualidade.* Belo Horizonte: Editora UFMG, 2013.

Blumenberg, H. *Theorie der Unbegrifflichkeit.* Frankfurt a.M.: Suhrkamp, 2007. Trad. cit. L. Costa Lima: *Teoria da não conceitualidade*, op.cit.

Bruns, G. *Modern poetry and the idea of language. A critical and historical study* (1974). New Haven: Yale University Press, 2001.

Chatzidakis, M. e Grabar, A. *Byzantine and early medieval painting.* Trad. S. W. Taylor. New York: The Viking Press, 1965.

Cassirer, E. *Substanzbegriff und Funktionsbegriff* (1910). Trad. W. C. Swabey e M. C. Swabey: *Substance and function.* New York: Dover Publications, 1953.

Cassirer. E. "'Geist' und 'Leben' in der Philosphie der Gegenwart" (1930-1). Trad. R. W. Bretall e P. A. Schilp: "'Spirit' and 'life' in contemporary philosophy". In: *The philosophy of Ernst Cassirer,* P. A. Schilp (org.). Evanston, Illinois: The Library of Living Philosphers, 1949, p. 857-880.

Christoph, W. Cf. Gebauer, G.

Costa Lima, L. "O Iluminismo francês e Diderot". In: *O fingidor e o censor* (1988), reeditado em *Trilogia do controle.* Rio de Janeiro: Topbooks, 2007.

Costa Lima, L. *A ficção e o poema.* São Paulo: Companhia das Letras, 2012.

Costa Lima, L. *Frestas. A teorização em um país periférico.* Rio de Janeiro: Editora PUC-Rio / Contraponto, 2013.

Costa Lima, L. *Mímesis e arredores.* Curitiba: CRV, 2017.

Danner, M. "The magic of Donald Trump". In: *New York Review of Books*, May 26-June 8, 2016, p. 70-74.

Diderot, D. "Lettre sur le sours et les muets" (1751). In: *Oeuvres complètes*, I. J. Assézat (org.). Paris: Garnier, 1875.

Diderot, D. "Recherches philosophiques sur l'origine et la nature du beau" (1752). Trad. J. Guinsburg: "Tratado sobre o belo". In: *Obras II. Estética, poética e contos*, J. Guinsburg (org., trad. e notas). São Paulo: Perspectiva, 2000.

Dupont-Roc, R e Lallot, J. *Poétique*. Paris: Seuil, 1980.

Else, G. "'Imitation' in the fifth century". In: *Classical philology*, vol. LIII, n. 2, abril 1958.

Gebauer G. e Christoph, W. *Mimesis: Kuktur – Kunst – Gesellschaft*. Hamburgo: Rowohlts Enzyklopädie, 1992.

Goethe, J. W. "Über Wahrheit und Wahrscheinlichkeit der Kunstwerke. Ein Gespräch" (1798). In: *Werke. Hamburger Ausgabe*, vol. 12, E. Trunz (org.). Munique: DTV, 1998.

Goethe, J. W. "Diderots Versuch über die Malerei" (1799). In: *Berliner Ausgabe. Kunsttheoretische Schriften und Übersetzungen*, I. Berlim / Weimar: Aufbau-Verlag, 1977.

Grabar, A. Cf. Chatzidakis, M.

Grabar, O. *The mediation of ornament*. Princeton, New Jersey: Princeton University Press, 1992.

Halliwell, S. *The aesthetics of mimesis. Ancient texts and modern problems*. Princeton / Oxford: Princeton University Press, 2002.

Kant, I. Kritik der Urteilskraft. In: *Schriften zur Ästhetik und Naturphilosophie*, M. Frank e V. Zanetti (orgs.). Frankfurt a.M.: Deutscher Klassiker Verlag, 1996.

Koller, H. *Die Mimesis in der Antike. Nachahmung, Darstellung, Ausdruck*. "Diss. Bern.", ser. 1. Berna, 1954.

Koller, H. "Mimesis", verbete. In: *Historisches Wörterbuch der Philosophie*, J. Ritter e K. Gründer (orgs.), vol. 5. Basileia / Stuttgart: Schwabe & Co., 1980.

Lallot, J. Cf. Dupont-Roc, R.

Lessing, G. E. *Laocoon* (1766). Trad. M. Seligmann-Silva: *Laoconte ou sobre as fronteiras da pintura e da poesia*. São Paulo: Iluminuras, 1998.

Mammì, L. *O que resta. Arte e crítica de arte*. São Paulo: Companhia das Letras, 2012.

Nietzsche, F. *Zur Genealogie der Moral* (1887). In: *Kritische Studienausgabe*, G. Colli e M. Montinari (orgs.), vol. V. Munique / New York: DTV/ de Gruyter, 1988.

Platão. *Político*. Trad. C. A. Nunes. Belém do Pará: Universidade Federal do Pará, 1980.

Platão. *A República*. Trad. C. A. Nunes. Belém do Pará: Universidade Federal do Pará, 1976.

Platão. *Leis*. Trad. C. A. Nunes. Belém do Pará: Universidade Federal do Pará, 1980.
Plínio, o Velho. *Histoire naturelle XXXV. La peinture*. Trad. J. M. Croissille. Paris: Les Belles Lettres, 1997.
Sedlmayr, H. *Verlust der Mitte – Die bildende Kunst des 19. und 20. Jahrhunderts als Symptom und Symbol der Zeit*. Trad. B. Battershaw: *Art in crisis. The lost center*. Chicago: Henry Regnery Company, 1959.
Spingarn, J. *Literary criticism in the Renaissance* (1899). Reed. com introd. de B. Weinberg. New York / Burlingame: A Harbinger Books, 1963.
Steiner, G. *The poetry of thought. From hellenism to Celan*. New York: A New Direction Book, 2011.
Valéry, P. "Introduction à la méthode de Léonard da Vinci" (1895). In: *Oeuvres*, tomo I, H. Hytier (org.). Paris: Pléiade, 1957.
Valéry, P. "Discours sur l'esthétique". Trad. E. Viveiros de Castro: "Discurso sobre a estética" in *Teoria da literatura em suas fontes*, vol. I, L. Costa Lima (org.). Rio de Janeiro: Francisco Alves, 1983.
Vasari, G. *Vite de più eccelenti pittori, scultori e architettori* (1550). Seleção, trad., estudo preliminar e notas de J. E. Payró. México: Editorial Cumbre, 1980.
Welsch, W. *Grenzgänge der Ästhetik*. Stuttgart: Philipp Reclam, 1996.
Winckelmann, J. J. *Geschichte der Kunst des Alterthums* (1764). Trad., introd. e notas de D. Gallo: *Histoire de l'art dans l'antiquité*. Paris: Librairie Générale Française, 2005.
Woodruff, P. "Aristotle on mimesis". In: *Essays on Aristotle's Poetics*, A. O. Rorty (org.). Princeton, New Jersey: Princeton University Press, 1992.
Worringer, W. *Problematik der Gegenwartskunst* (1948). Trad. L. Rosenthal: *Problemática del arte contemporáneo*. Buenos Aires: Editorial Nueva Visión, 1958.

Capítulo 2

Aristóteles. *Poética*. Trad. P. Pinheiro. São Paulo: Editora 34, 2015.
Benjamin, W. "An Gershom Scholem", carta de 12/6/1938. In: *Gesammelte Briefe*, vol. VI, 1938-1940. Frankfurt a.M.: Suhrkamp, 2000, p. 105-115. Trad. M. Carone: "Carta a Gershom Scholem". In: *Novos estudos*, n. 35. São Paulo, p. 100-106.
Benjamin, W. "Lehre von Ähnlichen" (1933a). In: *Gesammelte Schriften*, vol. II-I. Frankfurt a.M.: Suhrkamp, 1980, p. 204-210. Trad. S. P. Rouanet: "A doutrina das semelhanças". In: *Magia e técnica, arte e política*. Obras escolhidas, vol. 1. São Paulo: Brasiliense, s/d.
Benjamin, W. "Über das mimetischen Vermögen" (1933b). In: *Gesammelte Schriften*, vol. II-1. Frankfurt a.M.: Suhrkamp, 1980, p. 210-213. Trad. V.

Chacon: "A capacidade mimética". In: *Revista Tempo Brasileiro*. Número sobre humanismo e comunicação de massa. Rio de Janeiro, 1970.

Browning, C. "German memory. Judicial interrogation, historical reconstruction". In: *Probing the limits of representation. Nazism and the "final solution"*, S. Friedlander (org.). Cambridge, Mass. e Londres: Harvard University Press, 1992, p. 22-36.

Descartes, R. *Méditations* (1647). In: *Oeuvres de Descartes*, Adam, C. e Tannery, P. (orgs.). Paris: Vrin, tomo IX, 1996.

Diner, D. "Historical understanding and counterrationality". In: *Probing the limits of representation*, op. cit., p. 128-142.

Fleischaker, S. "Poetry and truty-conditions". In: *Beyond representation. Philosophy and poetic imagination*, R. Eldridge (org.). Cambridge: Cambridge University Press, 1996, p. 107–132.

Foucault, M. *Les mots et les choses. Une archéologie des sciences humaines*. Paris: Gallimard, 1966.

Frye, N. *Anatomy of criticism. Four essays*. Princeton, New Jersey: Princeton University Press, 1957.

Ginzburg, C. *Rapporti di forza – Storia, rettorica, prova* (2000). Trad. Batista Neto: *Relações de força – história, retórica, prova*. São Paulo: Companhia das Letras, 2002.

Ginzburg, C. "Just one witness". In: *Probing the limits of representation*, op. cit.

Helfer, M. B. *The retreat of representation. The concept of* Darstellung *in german critical discouse*. New York: State University of New York Press, 1996.

Iser, W. "Representation: a performative act". In: *The aims of representation*, M. Krieger (org.). Stanford, California: Stanford University Press, 1987, p. 217-233.

Kant, I. *Kritik der praktischen Vernunft* (1788). In: *Werkausgabe*, vol. VII. W. Weischedel (org.). Frankfurt a.M.: Suhrkamp, 1974.

Kant, I. *Kritik der Urteilskraft* (1790). In: *Schriften zur Ästhetik und Naturphilosophie*, Werke III, M. Frank e V. Zanetti (orgs.). Frankfurt a.M.: Deutscher Klassiker, 1996, p. 479-880.

Kant, I. *Anthropologie in pragmatischer Hinsicht* (1798). In: *Werkausgabe*, vol. VII, op. cit.

Krieger, M. "The literary, the textual, the social". In: *The aims of representation*, op. cit., p. 23-67.

Lacoue-Labarthe, P. e Nancy, J.-L. *L'Abolu littéraire. Théorie de la littérature du romantisme allemand*, com a colaboração de Anne-Maria Lang. Paris: Seuil, 1978.

Lacoue-Labarthe, P. e Nancy, J.-L. "Scène. Un échange de lettres". In: *Nouvelle revue de psychanalyse*. Paris: Gallimard, n. 46, outono de 1992, p. 73-98.

LaCapra, D. "Criticism today". In: *The aims of representation*, op. cit., p. 235-255.

LaCapra, D. "Representing the Holocaust". In: *Probing the limits of representation*, op. cit.
Lang, B. *Act and idea in the nazi genocide*. New York: Syracuse University Press, 1990.
Leopardi, G. "Storia del genere humane". In: *Operette morali* (1827). Trad. e introd. M. Periquito: "História da espécie humana". In: *Pequenas obras morais*. Lisboa: Relógio d'Água Editores, 2003, p. 17-33.
Lyotard, J-F. "Judiciousness in dispute, or Kant after Marx". In: *The aims of representation*, op. cit.
Marin, L. "La dissolution de l'homme dans les sciences humaines: modèle linguistique et sujet significant" (1973). In: *De la représentation*. Paris: Hautes Études, Gallimard, Seuil, 1994, p. 11-22.
Marin, L. "Champ théorique et pratique symbolique" (1974). In: *De la représentation*, op. cit., p. 23-45.
Marin, L. "Mimésis et description, ou de la curiosité à la méthode de l'age de Montaigne à celui de Descartes" (1988). In: *De la représentation*, op. cit., p. 71-92.
Marin, L. "Le concept de figurabilité" (1990). In: *De la représentation*, op. cit., p. 62-70.
Marin, L. "Champ théorique et pratique symbolique" (1974). In: *De la représentation*, op. cit.
Nancy, J.L. "Scène. Un échange de lettres". In: *Nouvelle revue de psychanalyse*, n. 46, 1992, p. 73-98.
Pascal, B. *Pensées* (1711). In: *Oeuvres complètes*, J. Chevalier (org.). Paris: Pléiade, 1954.
Pinheiro, P. Nota à sua tradução da *Poética* de Aristóteles, op. cit.
Platão. *Le sophiste*. Trad. N.-L. Cordero. Paris: Flammarion, 1993.
Seyhan, A. *Representation and its discontents. The critical legacy of german romanticism*. Berkeley / Los Angeles / Oxford: University of California Press, 1992.
Trotignon, P. "Réflexions métaphysiques sur le concept de representation". In: *Revue des Sciences Humaines*, n. 154, 1954, p. 195-201.
White, H. "Historical emplotment and the problem of truth". In: *Probing the limits of representation*, op. cit., p. 37-53.

Capítulo 3

Argan, G. C. *Immagine e persuasione. Saggi su barroco* (1986). Trad. cit. M. S. Dias: *Imagem e persuasão. Ensaios sobre o barroco*. São Paulo: Companhia das Letras, 2004.
Bahti, T. et al. *Responses on Paul de Man's wartime journalism*. W. Hamacher, N. Hertz e T. Keenan (orgs.). Lincoln: The Nebraska University Press, 1989.

Barbera, J. R. (org.). *A dictionary of cultural and critical theory*. 2ª ed. West Sussex: Wiley-Blackwell, 2010.

Beauvoir, S. *Le cérémonie des adieux*. Paris: Gallimard, 1981.

Benjamin. W. "Über Sprache überhaupt und über die Sprache" (1916). In: *Gesammelte Schriften*, T. Rexroth (org.), IV, 2. Frankfurt a.M.: Suhrkamp, 1980, p. 204-210.

Benjamin, W. *Der Begriff der Kunstkritik in der deutschen Romantik* (1919). In: *Gesammelte Schriften*, I, 1, op. cit. Trad., pref. e notas de M. Seligmann-Silva. São Paulo: Iluminuras / Edusp, 1973.

Benjamin, W. *Goethes Wahlverwandtschaften* (1922). In: *Gesammelte Schriften*, I, 1, op. cit. Trad. M. K. Bornebusch, I. Aron e S. Camargo: *As afinidades eletivas*. In: *Ensaios reunidos: escritos sobre Goethe*. São Paulo: Duas Cidades / Editora 34, 2009.

Benjamin, W. *Ursprung des deutschen Trauerspiels* (1928). In: *Gesammelte Schriften*, I, 1. op. cit. Trad. cit. J. Barrento: *Origem do drama trágico alemão*. Lisboa: Assírio & Alvin, 2004.

Benjamin, W. "Lehre vom Ähnlichen" (1933a). In: *Gesammelte Schriften*, II, 1, op. cit., 204-210. Trad. S. P. Rouanet: "A doutrina das semelhanças". In: *Magia e técnica, arte e política. Ensaios sobre literatura e história da cultura*. Obras escolhidas, vol. 1. São Paulo: Brasiliense, 1985.

Benjamin, W. "Über das mimetischen Vermögen" (1933b). In: *Gesammelte Schriften*, II, 1, op. cit., p. 210-213. Trad. V. Chacon: "A capacidade mimética". In: *Revista Tempo Brasileiro*. Número sobre humanismo e comunicação de massa. Rio de Janeiro, 1970.

Blumenberg, H. *Beschreibung des Menschen*. Frankfurt a.M.: Suhrkamp, 2006.

Carbone, M. *La visibilité de l'invisible*. Hildesheim: Georg Olms, 2001.

Didi-Huberman, G. *Fra Angelico. Dissemblance et figuration* (1990a), ed. cit.: Paris: Flammarion, 1995.

Didi-Huberman, G. *Devant l'image. Question posée aux fins d'une histoire de l'art*. Paris: Les Éditions de Minuit, 1990b.

Didi-Huberman, G. *Ce que nous voyons, ce qui nos regarde* (1993). Trad. P. Neves: *O que vemos, o que nos olha*. São Paulo: Editora 34, 1998.

Didi-Huberman, G. *Devant le temps*. Paris: Les Éditions de Minuit, 2000.

Didi Huberman, G. *Images malgré tout*. Paris: Les Éditions de Minuit, 2003.

Felman, S. e Laub, D. *Testimony: crises of witnessing in literature, psychoanalysis, and history*. New York: Routledge, 1992.

Fiedler, K. *Schriften zur Kunst 1913-1914*, dois volumes. G. Boehm (org.), ed. cit.: Munique: W. Fink, 1991.

Fried, M. "Art and objecthood" (1967), cita-se a tradução de R. Guardiola: "Arte y objecualidad". In: *Michael Fried: Arte y objecualidad. Ensayos y reseñas*. Madri: A. Machado Libros, 2004, p. 173-194.

Friedlander, S. Cf. LaCapra, D., 1992.

Girard, R. *Mensonge romantique et vérité romanesque*. Paris: Grasset, 1961.
Girard, R. *La violence et le sacré*. Paris: Grasset, 1972.
Girard, R. em colaboração com J.-M. Oughourlian e G. Lefort. *Des choses cachées depuis la fondation du monde*. Paris: Grasset, 1978.
Goethe, J. W. von. *Die Wahlverwandtchaften* (1809). In: *Werke*, vol. 6: *Romane und Novellen*. Hamburger Ausgabe. Munique: DTV, 1998.
Hanssen, B. "Language and mimesis in Walter Benjamin's work". In: *The Cambridge companion to Walter Benjamin*, D. S. Ferris (org.). Cambridge: Cambridge University Press, 2004, p. 54-72.
Heidegger, M. "Die Frage nach der Technik". In: *Vorträge und Aufsätze* (1954). Ed. cit: Stuttgart: Klett Cotta, 2009.
Husserl, E. *Logische Untersuchungen. Zweiter Band. 1. Teil* (1901). In: *Gesammelte Schriften*, 3. Hamburgo: Felix Meiner, 1992.
Husserl, E. *Ideen zu einer reinen Phänomenologie* (1903). In: *Gesammelte Schriften*, 5, op. cit.
Kirwan, M. *Discovering Girard* (2004). Trad. A. L. Correia da Costa: *Teoria mimética: conceitos fundamentais*. São Paulo: É Realizações, 2015.
Koselleck, R. "Geschichte, Historie", verbete, vol. 2 dos *Geschichtliche Grundbegriffe* (1975). Trad. em *O conceito de história*. São Paulo: Autêntica Editora, 2013, p. 119-184.
Koselleck, R. "Fiktion und geschichtliche Wirklichkeit" (1976), republicado em *Vom Sinn und Unsinn der Geschichte*, C. Dutt (org.). Frankfurt a.M.: Suhrkamp, 2010, p. 80-95.
LaCapra, D. "Representing the holocaust: reflections on the historian's debate". In: *Probing the limits of representation. Nazism and the "final solution"*, S. Friedlander (org.). Cambridge / Massachusetts / Londres: Harvard University Press, 1992.
LaCapra, D. *Representing the Holocaust. History, theory, trauma*. Ithaca / Londres: Cornell University Press, 1994.
Lacoue-Labarthe, P. "Typographie". In: *Mimesis des articulations*, S. Agacinski, J. Derrida et al. Paris: Aubier-Flammarion, 1975, p. 168-270.
Laub, D. Cf. Felman, S. (1992).
Man, P. de. *Wartime journalism, 1939-1943*. Hamacher, W., Hertz, H. e Keenan, T. (orgs.). Lincoln / Londres: University of Nebraska Press, 1988.
Marin, L. *Les pouvoirs de l'image*. Paris: Seuil, 1993.
Merleau-Ponty, M. *Phénoménologie de la perception*. Paris: Gallimard, 1945.
Merleau-Ponty, M. "Le doute de Cézanne". In: *Sens et non sens* (1948), ed. cit.: Paris: Nagel, 1963, p. 15-44.
Merleau-Ponty, M. "De Mauss à Claude Lévi-Strauss". In: *Signes*. Paris: Gallimard, 1960, p. 143-157.
Merleau-Ponty, M. *Le visible et l'invisible, suivi de notes de travail par Maurice Merleau-Ponty* (1964a), C. Lefort (org., advertência e posfácio). Trad. J. A.

Giannotti e A. M. d'Oliveira: *O visível e o invisível*. São Paulo: Perspectiva, 1971.

Merleau-Ponty, M. *L'Oeil et l'esprit*. Prefácio de C. Lefort. Paris: Gallimard, 1964b.

Merleau-Ponty, M. *Résumés de cours, 1952-1960*. Paris: Gallimard, 1968.

Nancy, J-L. "Le ventriloque". In: *Mimesis des articulations*, op. cit., p. 273-338.

Nietzsche, F. *Nachgelassene Fragmente (1869-1874)*. In: *Kritische Studienausgabe*, vol. 7, G. Colli e M. Montionari (orgs.). Berlim: DTV / de Gruyter, 1988.

Panofsky, E. "Das Problem del Stils in der bildenden Kunst" (1915) e "Zum Problem des Beschreibung und Inhaltsdeutung von Werken der bildenden Kunst" (1932), transcritos em: *Aufsätze zu Grundfragen der Kunstwissenschaft*, H. Oberer e E. Verheyen (orgs.). Berlim: Wissenschaftsaverlag Volker Spiess, 1985.

Payne, T. (org.). Cf. Barbera, J. R.

Scholem, G. *Geschichte einer Freundschaft* (1975). Trad. H. Zohn: *The story of a friendship*. Philadelphia: The Jewish Publication Society of America, 1981.

Slatman, J. *L'Expression au-delà de la représentation. Sur l'aisthesis et l'esthétique chez Merleau-Ponty*. Louvain: Peeters, 2003.

Weinrich, H. "Linguistik des Widerspruch". In: *To honor Roman Jakobson. Essays on the occasion of his seventieth birthday*, vol. III. Haia / Paris: Montoun, 1967, p. 2212-2218.

Capítulo 4

Aristóteles. *Poética*. Trad. P. Pinheiro. São Paulo: Editora 34, 2015.

Aristóteles. *De anima*. Apres. trad. e notas de M. C. Gomes dos Reis. São Paulo: Editora 34, 2006.

Barthes, R. "La littérature aujourd'hui" (1961), republicado em *Essais critiques*. Paris, 1964.

Barthes, R. "L'imagination du signe" (1962), republicado em *Essais critiques*. Paris, 1964.

Bittner, R. "*Ressentiment*". In: *Nietzsche, genealogy, morality. Essays on Nietzsche's Genealogy of morals*, R. Schacht (org.). Berkeley / Los Angeles / Londres: University of California Press, 1994, p. 127-138.

Blumenberg, H. Anthropologische Annäherung an die Aktualität der Rhetorik" (1971). In: *Aesthetische und metaphorologische Schriften*, A. Haverkamp (seleção e posfácio). Frankfurt a.M.: Suhrkamp, 2001, p. 406-413.

Borch-Jacobsen, M. *Le sujet freudien*. Paris: Flammarion, 1982.

Boyd, J. D., S.J. *The function of mimesis and its decline* (1968), ed. cit.: New York: Fordham University Press, 1980.

Calvino, I. *Six memos for the next millennium*. Trad. P. Creagh. Cambridge, Mass: Harvard University Press, 1988. Embora o original italiano tenha sido publicado no mesmo ano (*Lezioni americane. Sei proposte per il prossimo millenio*. Milão Garzanti, 1988), preferimos citar a tradução porque o texto, interrompido pela morte de Calvino, era escrito para *The Charles Eliot Norton lectures: 1985-1986*.

Canetti, E. *Die Stimmen von Marrakesch* (1967). Trad. M. Lisboa: *Vozes de Marrakesch*. Porto Alegre: L&PM, 1987.

Cavalcanti, G. H. Trad., seleção e notas de *Salvatore Quasimodo – poesias*. Edição bilíngue. Rio de Janeiro: Record, 1999.

Celan, P. "Der Meridian" (1960) e "Ansprache: anlässilich der Entgegennahme des Literaturpreises der freien Hansestadt Bremen" (1958). In: *Der Meridian und andere Prosa*. Frankfurt a.M.: Suhrkamp, 1983.

Cole, D. "Trump's travel bans". In: *New York Review of Books*, NY, maio 11- maio 24, 2017a, p. 404-406.

Cole, D. "Trump's constitutional crisis". In: *New York Review of Books*, NY, junho 8-junho 21, 2017b, p. 51.

Costa Lima, L. *Mímesis e modernidade* (1980), ed. cit.: São Paulo: Paz e Terra, 2003.

Costa Lima, L. *Mímesis: desafio ao pensamento* (2000), ed. cit.: Florianópolis: Editora UFSC, 2014.

Costa Lima, L. *O controle do imaginário & a afirmação do romance*. São Paulo: Companhia das Letras, 2009.

Costa Lima, L. *A ficção e o poema*. São Paulo: Companhia das Letras, 2012.

Costa Lima, L. *Os eixos da linguagem: Blumenberg e a questão da metáfora*. São Paulo: Iluminuras, 2015.

Deleuze, G. *La philosophie de Nietzsche*. Paris: PUC, 1962.

Drew, E. "Trump: the presidency in peril". In: *New York Review of Books*, junho 22-julho 12, 2017, p. 59-62.

Dupont-Roc, R. e Lallot, J. *Aristotle. La Poétique. Texte, traduction, notes*. Paris: Éditions du Seuil, 1980.

Fiedler, K. "Wirklichkeit und Kunst. Drei Bruchstücke". In: *Schriften zur Kunst 1913-1914*, dois volumes, G. Boehm (org.), ed. cit.: Munique: W. Fink, 1991.

Frede, D. "The cognitive role of phantasia in Aristotle". In: *Essays on Aristotle's De anima*, M. C. Nussbaum e A. O. Rorty (orgs.). Oxford: Clarendon Press, 1992.

Freud, S. "Zum psychischen Mechanismus der Vergensslichkeit" (1898). In: *Gesammelte Werke*, vol. I. Frankfurt a.M.: S. Fischer, 1972. (As obras completas de Freud estão traduzidas em português, mais de uma reedição tem aparecido.)

Freud, S.: *Zur Psychopathologie des Alttagsleben* (1901). In: *Obras completas*, vol. IV, 1969.

Freud, S. *Vorlesungen zur Einführung in die Psychanalyse* (1917), ed. cit.: vol. XI. Frankfurt a.M.: S. Fischer, 1969.

Iser, W. *Das Fiktive und das Imaginäre. Perspektiven literarischer Anthropologie*. Frankfurt a.M.: Suhrkamp, 1991. Trad. rev. J. Kretschmer: *O fictício e o imaginário. Perspectivas de uma antropologia literária*. Rio de Janeiro: Eduerj, 2011.

Iser, W. "Mimesis – Emergenz" (publicação póstuma). In: *Emergenz*, A. Schmitz (org.). Konstanz: Konstanz University Press, 2013.

Jay, M. *Reason after its eclipse, on late critical theory*. Madison, Wisconsin: The University of Wisconsin Press, 2016.

Koselleck, R. "Fiktion und geschichtilich Wirklichkeit" (1976). In: *Vom Sinn und Unsinn der Geschichte*, C. Dutt (org. e posfácio). Dois volumes. Berlim: Suhrkamp, 2010.

Lallot, J. Cf. Dupont-Roc, R.

Lévi-Strauss, C. "Postface aux chapitres III et IV" (1956). In: *Anthropologie structurale*. Paris: Plon, 1958. Trad. em port.: *Antropologia estrutural*. São Paulo: Ubu, 2017.

Lorenz, K. *Das sogenannte Böse zur Naturgeschichte der Agression* (1963). Trad. V. Fritsch: *L'Agression. Une histoire naturelle du mal*. Paris: Flammarion, 1969.

Lorenz, K. Über tierisches und menschliches Verhalten. Aus dem Werdegang der Verhaltenslehre (1965). Trad. C. e P. Fredet: *Essais sur le comportement animal et humain*. Paris: Éditions du Seuil, 1970.

Lorenz, K. *Die Rückseite des Spiegels* (1973). Trad. J. Etoré: *L'Envers du miroir. Une histoire naturelle de la connaissance*. Paris: Flammarion, 1975.

McLuhan, M. *The classical trivium. The place of Thomas Nashein the learning of his time* (2005). Trad. cit. H. Langone: *O trivium clássico. O lugar de Thomas Nash no ensino de seu tempo*. São Paulo: É Realizações, 2012.

McKeon, R. "Rhetoric in the middle ages." In: *Speculum, a jornal of mediaeval studies*, vol. XVII, n. 1, janeiro, 1942.

Magalhães Pinto, A. "Mímesis, imaginação e torsão temporal". In: *Eutomia*. Recife, dezembro 2012.

Platão. *Crátilo*. Trad. C. A. Nunes. In: *Diálogos*, vol. IX. Belém do Pará: Universidade Federal do Pará, 1973.

Platão. *Filebo*. Trad. C. A. Nunes. In: *Diálogos*, vol. VIII, 1974.

Quasimodo, S. "Ed è súbito sera". In: *Tutte le poesie*. Milão: Mondadori, 1960.

Rutten, C. "L'analogie chez Aristote". In: *Revue de philosophie ancienne*, n. 1, sobre "La métaphysique de Aristote". Bruxelas: Ousia, 1983.

Schorske, C. E. *Thinking with history: explorations in the passage to modernism* (1998). Trad. cit. P. M. Soares: *Pensando com a história. Indagações na passagem para o modernismo*. São Paulo: Companhia das Letras, 2000.

Solomon, R. S. "One hundred years of *ressentiment*. Nietzsche's Genealogy of morals" (1984). In: *Nietzsche, genealogy, morality,* op. cit., p. 95-126.
Welsch, W. *Aisthesis. Grundzüge und Perspektiven der aristotelischen Sinneslehre.* Stuttgart: Klett-Cotta, 1987.

Apêndice

Ascunce, J. A. (org.). *Eugenio Imaz, hombre, obra y pensamiento.* Madri: Fondo de Cultura Económica, 1990, p. 26-39.
Barck, K. "5 Briefe Auerbachs an Walter Benjamin". In: *Zeitschrift für Germanistik,* ano 9, n. 6, dez. 1988, p. 688-694.
Barthelme, D. "An interview with D. D.". In: *Anything can happen,* T. LeClaire e L. McCaffery (orgs.). Urbana, 1983.
Brandão, G. M. e Louzada Filho, O. C. *Encontros com a civilização brasileira,* 15. Rio de Janeiro: Civilização Brasileira, 1979, p. 97-111.
Buarque de Holanda, S. "Simbolismo e realismo". In: *Diário de Notícias,* Rio de Janeiro, 24/7/1949, quarta seção, segunda página, republicado em *O espírito e a letra. Estudos de crítica literária, II, 1948-1959,* A. A. Prado (org.). São Paulo: Companhia das Letras, 1996, p. 127.
Buarque de Holanda, S. "Mimesis". In: *Diário Carioca.* Rio de Janeiro, 26/11/1950, p. 5-6, republicado em *O espírito e a letra,* op. cit., p. 289-293.
Corchuelo, L. "Topía y utopia del professor Imaz". In: Caracas: *El Nacional,* 18/7/1947.
Costa Lima, L. *O controle do imaginário. Razão e imaginação nos tempos modernos.* São Paulo: Brasiliense, 1984.
Costa Lima, L. *Mímesis: desafio ao pensamento.* Rio de Janeiro: Civilização Brasileira, 2000.
Faoro, R. *A pirâmide e o trapézio* (1974), reed. Rio de Janeiro: O Globo, 2001, p. 526.
Fitzgerald, R. *Enlarging the change: The Princeton seminars in literary criticism 1949-1951.* Boston: Northeastern University Press, 1985.
Fuentes, C. "La España de un mexicano". In: *Cambio* 16, 1986.
Fuentes, C. *Geografía de la novela.* Madri: Alfaguara, 1993, p. 22 ss.
Gumbrecht, H. U. "La inquietud de Luiz Costa Lima". In: *Nuevo texto crítico,* ano II, n. 3, primeiro semestre de 1989, p. 5-8.
Hansen, J. A. "Mimesis: figura, retórica & imagem". In: *Erich Auerbach: V Colóquio Uerj.* Rio de Janeiro: Imago, 1994, p. 45-69.
Imaz, E. *El pensamiento de Dilthey. Evolución y sistema.* México: El Colegio de México, 1946a.
Imaz, E. *Topía y utopia.* México: Tezontle, 1946b.
Miranda, W. M. (org.). *Anos JK. Margens da modernidade.* São Paulo / Recife: Imprensa Oficial, 2002.

Krauss, W. *Spanien 1900-1965. Beitrag zu einer modernen Ideologiegeschichte* (*Espanha 1900-1965. Contribuição a uma moderna história da ideologia*), com a colaboração de Kaklheinz Barck, Carlos Rincón, J. Rodríguez Richard. Berlim, 1972.

Rios, F. G. de los. "Mis recuerdos mexicanos de Eugenio Imaz". In: *Eugenio Imaz, hombre, obra y pensamento*, op. cit.

Schwarz, R. *Ao vencedor as batatas. Forma literária e processo social nos inícios do romance brasileiro*. São Paulo: Duas Cidades, 1977.

Serna, J. R. de la. "O método de Antonio Candido". In: *História e literatura. Homenagem a Antonio Candido*. Campinas / São Paulo: Unicamp, 2003, p. 397-412.

Thompson, J. e Raines, S. "A Vermont visit with Meyer Schapiro (August 1991)". In: *Oxford art journal* 17, 1, 1994.

Bibliografia geral

Alberti, L. B. *De pictura* (1435). Trad. e notas de J. L. Schefer: *De la peinture*. Paris: Macula, Dédale, 1992.

Argan, G. C. *Immagine e persuasione. Saggi su barroco* (1986). Trad. cit. M. S. Dias: *Imagem e persuasão. Ensaios sobre o barroco*. São Paulo: Companhia das Letras, 2004.

Argan, G. C. *L'arte moderna 1770/1970* (Sansoni, 1970). Trad. cit. D. Bottman e F. Carotti: *Arte moderna: do Iluminismo aos movimentos contemporâneos*. São Paulo: Companhia das Letras, 2013.

Aristóteles. *De anima*. Apres. trad. e notas de M. C. Gomes dos Reis. São Paulo: Editora 34, 2006.

Aristóteles. *Poética*. Trad. P. Pinheiro. São Paulo: Editora 34, 2015.

Bahti, T. et al. *Responses on Paul de Man's wartime journalism*. W. Hamacher, N. Hertz e T. Keenan (orgs.). Lincoln: The Nebraska University Press, 1989.

Barbera, J. R. (org.). *A dictionary of cultural and critical theory*. 2ª ed. West Sussex: Wiley-Blackwell, 2010.

Barthes, R. "L'imagination du signe" (1962), republicado em *Essais critiques*. Paris, 1964.

Barthes, R. "La littérature aujourd'hui" (1961), republicado em *Essais critiques*. Paris, 1964.

Baumgarten, A. G. *Aesthetica* (1750). Trad. parcial do texto latino e interpretação de H. R. Schweizer: *Ästhetik als Philosophie der sinnlichen Erkenntnis*. Basileia / Stuttgart: Schwabe & Co., 1973.

Baumgarten, A. G. *Meditationes philosophicae de nonnulis ad poema pertinentibus* (1735). Trad., introd. e notas de K. Aschenbrenner e W. B. Holther: *Reflections on poetry*. Berkeley / Los Angeles: University of Lafornia Press, 1954.

Beauvoir, S. *Le cérémonie des adieux*. Paris: Gallimard, 1981.

Belting, H. *Bild und Kult – Eine Geschichte del Bildes vor dem Zeitalter der Kunst* (1990). Trad. E. Jephcott: *Likeness and presence. A history of the image before the era of art*. Chicago / Londres: The University of Chicago Press, 1994.

Belting, H. *Das Ende der Kunstgeschichte. Eine Revision nach zehn Jahre* (1995). Trad. R. Nascimento: *O fim da história da arte. Uma revisão dez anos depois*. São Paulo: Cosac Naify, 2006.

Benjamin, W. "An Gershom Scholem", carta de 12/6/1938. In: *Gesammelte Briefe*, vol. VI, 1938-1940. Frankfurt a.M.: Suhrkamp, 2000, p. 105-115.

Trad. M. Carone: "Carta a Gershom Scholem". In: *Novos estudos*, n. 35. São Paulo, p. 100-106.

Benjamin, W. "Das Kunstwerk im Zeitalter seiner technischen Reproduzierbarkeit" (1935). In: *Gesammelte Schriften*, vol. I, 2. Frankfurt a.M.: Suhrkamp, 1980, p. 435-469.

Benjamin, W. "Lehre vom Ähnlichen" (1933a). In: *Gesammelte Schriften*, II, 1, op. cit., 204-210. Trad. S. P. Rouanet: "A doutrina das semelhanças". In: *Magia e técnica, arte e política. Ensaios sobre literatura e história da cultura.* Obras escolhidas, vol. 1. São Paulo: Brasiliense, 1985.

Benjamin, W. "Lehre von Ähnlichen" (1933a). In: *Gesammelte Schriften*, vol. II-I. Frankfurt a.M.: Suhrkamp, 1980, p. 204-210. Trad. S. P. Rouanet: "A doutrina das semelhanças". In: *Magia e técnica, arte e política*. Obras escolhidas, vol. 1. São Paulo: Brasiliense, s/d.

Benjamin, W. "Über das mimetischen Vermögen" (1933b). In: *Gesammelte Schriften*, II, 1, op. cit., p. 210-213. Trad. V. Chacon: "A capacidade mimética". In: *Revista Tempo Brasileiro*. Número sobre humanismo e comunicação de massa. Rio de Janeiro, 1970.

Benjamin, W. *Der Begriff der Kunstkritik in der deutschen Romantik* (1919). In: *Gesammelte Schriften*, I, 1, op. cit. Trad., pref. e notas de M. Seligmann-Silva. São Paulo: Iluminuras / Edusp, 1973.

Benjamin, W. *Goethes Wahlverwandtschaften* (1922). In: *Gesammelte Schriften*, I, 1, op. cit. Trad. M. K. Bornebusch, I. Aron e S. Camargo: *As afinidades eletivas*. In: *Ensaios reunidos: escritos sobre Goethe*. São Paulo: Duas Cidades / Editora 34, 2009.

Benjamin, W. *Ursprung des deutschen Trauerspiels* (1928). In: *Gesammelte Schriften*, I, 1. op. cit. Trad. cit. J. Barrento: *Origem do drama trágico alemão*. Lisboa: Assírio & Alvin, 2004.

Benjamin. W. "Über Sprache überhaupt und über die Sprache" (1916). In: *Gesammelte Schriften*, T. Rexroth (org.), IV, 2. Frankfurt a.M.: Suhrkamp, 1980, p. 204-210.

Bittner, R. *"Ressentiment".* In: *Nietzsche, genealogy, morality. Essays on Nietzsche's Genealogy of morals*, R. Schacht (org.). Berkeley / Los Angeles / Londres: University of California Press, 1994, p. 127-138.

Blumenberg, H. "Selbsterhaltung und Beharrung. Zur Konstitution der neuzeitlichen Rationalität" (1976). Trad. L. Costa Lima (incluída como apêndice): *Teoria da não conceitualidade*. Belo Horizonte: Editora UFMG, 2013.

Blumenberg, H. Anthropologische Annäherung an die Aktualität der Rhetorik" (1971). In: *Aesthetische und metaphorologische Schriften*, A. Haverkamp (seleção e posfácio). Frankfurt a.M.: Suhrkamp, 2001, p. 406-413.

Blumenberg, H. *Beschreibung des Menschen*. Frankfurt a.M.: Suhrkamp, 2006.

Blumenberg, H. *Theorie der Unbegrifflichkeit*. Frankfurt a.M.: Suhrkamp, 2007. Trad. cit. L. Costa Lima: *Teoria da não conceitualidade*, op.cit.

Borch-Jacobsen, M. *Le sujet freudien*. Paris: Flammarion, 1982.
Boyd, J. D., S.J. *The function of mimesis and its decline* (1968), ed. cit.: New York: Fordham University Press, 1980.
Browning, C. "German memory. Judicial interrogation, historical reconstruction". In: *Probing the limits of representation. Nazism and the "final solution"*, S. Friedlander (org.). Cambridge, Mass. e Londres: Harvard University Press, 1992, p. 22-36.
Bruns, G. *Modern poetry and the idea of language. A critical and historical study* (1974). New Haven: Yale University Press, 2001.
Calvino, I. *Six memos for the next millennium*. Trad. P. Creagh. Cambridge, Mass: Harvard University Press, 1988. Embora o original italiano tenha sido publicado no mesmo ano (*Lezioni americane. Sei proposte per il prossimo millenio*. Milão Garzanti, 1988), preferimos citar a tradução porque o texto, interrompido pela morte de Calvino, era escrito para *The Charles Eliot Norton lectures: 1985-1986*.
Canetti, E. *Die Stimmen von Marrakesch* (1967). Trad. M. Lisboa: *Vozes de Marrakesch*. Porto Alegre: L&PM, 1987.
Carbone, M. *La visibilité de l'invisible*. Hildesheim: Georg Olms, 2001.
Cassirer, E. *Substanzbegriff und Funktionsbegriff* (1910). Trad. W. C. Swabey e M. C. Swabey: *Substance and function*. New York: Dover Publications, 1953.
Cassirer. E. "'Geist' und 'Leben' in der Philosphie der Gegenwart" (1930-1). Trad. R. W. Bretall e P. A. Schilp: "'Spirit' and 'life' in contemporary philosophy". In: *The philosophy of Ernst Cassirer*, P. A. Schilp (org.). Evanston, Illinois: The Library of Living Philosophers, 1949, p. 857-880.
Cavalcanti, G. H. Trad., seleção e notas de *Salvatore Quasimodo – poesias*. Edição bilíngue. Rio de Janeiro: Record, 1999.
Celan, P. "Der Meridian" (1960) e "Ansprache: anlässilich der Entgegennahme des Literaturpreises der freien Hansestadt Bremen" (1958). In: *Der Meridian und andere Prosa*. Frankfurt a.M.: Suhrkamp, 1983.
Chatzidakis, M. e Grabar, A. *Byzantine and early medieval painting*. Trad. S. W. Taylor. New York: The Viking Press, 1965.
Christoph, W. Cf. Gebauer, G.
Cole, D. "Trump's travel bans". In: *New York Review of Books*, NY, maio 11-maio 24, 2017a, p. 404-406.
Cole, D. "Trump's constitutional crisis". In: *New York Review of Books*, NY, junho 8-junho 21, 2017b, p. 51.
Costa Lima, L. "O Iluminismo francês e Diderot". In: *O fingidor e o censor* (1988), reeditado em *Trilogia do controle*. Rio de Janeiro: Topbooks, 2007.
Costa Lima, L. *A ficção e o poema*. São Paulo: Companhia das Letras, 2012.
Costa Lima, L. *Frestas. A teorização em um país periférico*. Rio de Janeiro: Editora PUC-Rio / Contraponto, 2013.

Costa Lima, L. *Mímesis e arredores*. Curitiba: CRV, 2017.
Costa Lima, L. *Mímesis e modernidade* (1980), ed. cit.: São Paulo: Paz e Terra, 2003.
Costa Lima, L. *Mímesis: desafio ao pensamento* (2000), ed. cit.: Florianópolis: Editora UFSC, 2014.
Costa Lima, L. *O controle do imaginário & a afirmação do romance*. São Paulo: Companhia das Letras, 2009.
Costa Lima, L. *Os eixos da linguagem: Blumenberg e a questão da metáfora*. São Paulo: Iluminuras, 2015.
Danner, M. "The magic of Donald Trump". In: *New York Review of Books*, May 26-June 8, 2016, p. 70-74.
Deleuze, G. *La philosophie de Nietzsche*. Paris: PUC, 1962.
Descartes, R. *Méditations* (1647). In: *Oeuvres de Descartes*, Adam, C. e Tannery, P. (orgs.). Paris: Vrin, tomo IX, 1996.
Diderot, D. "Lettre sur le sours et les muets" (1751). In: *Oeuvres complètes*, I. J. Assézat (org.). Paris: Garnier, 1875.
Diderot, D. "Recherches philosophiques sur l'origine et la nature du beau" (1752). Trad. J. Guinsburg: "Tratado sobre o belo". In: *Obras II. Estética, poética e contos*, J. Guinsburg (org., trad. e notas). São Paulo: Perspectiva, 2000.
Didi Huberman, G. *Images malgré tout*. Paris: Les Éditions de Minuit, 2003.
Didi-Huberman, G. *Ce que nous voyons, ce qui nos regarde* (1993). Trad. P. Neves: *O que vemos, o que nos olha*. São Paulo: Editora 34, 1998.
Didi-Huberman, G. *Devant l'image. Question posée aux fins d'une histoire de l'art*. Paris: Les Éditions de Minuit, 1990b.
Didi-Huberman, G. *Devant le temps*. Paris: Les Éditions de Minuit, 2000.
Didi-Huberman, G. *Fra Angelico. Dissemblance et figuration* (1990a), ed. cit.: Paris: Flammarion, 1995.
Diner, D. "Historical understanding and counterrationality". In: *Probing the limits of representation*, op. cit., p. 128-142.
Drew, E. "Trump: the presidency in peril". In: *New York Review of Books*, junho 22-julho 12, 2017, p. 59-62.
Dupont-Roc, R. e Lallot, J. *Aristote. La Poétique. Texte, traduction, notes*. Paris: Éditions du Seuil, 1980.
Else, G. "'Imitation' in the fifth century". In: *Classical philology*, vol. LIII, n. 2, abril 1958.
Fajardo, S. S. *Empresas políticas* (1640). Q. A. Vaquero (org.), dois tomos. Madri: Editora Nacional, 1976.
Felman, S. e Laub, D. *Testimony: crises of witnessing in literature, psychoanalysis, and history*. New York: Routledge, 1992.
Fiedler, K. "Wirklichkeit und Kunst. Drei Bruchstücke". In: *Schriften zur Kunst 1913-1914*, dois volumes, G. Boehm (org.), ed. cit.: Munique: W. Fink, 1991.

Fiedler, K. *Schriften zur Kunst 1913-1914*, dois volumes. G. Boehm (org.), ed. cit.: Munique: W. Fink, 1991.

Fleischaker, S. "Poetry and truty-conditions". In: *Beyond representation. Philosophy and poetic imagination*, R. Eldridge (org.). Cambridge: Cambridge University Press, 1996, p. 107-132.

Foucault, M. *Les mots et les choses. Une archéologie des sciences humaines.* Paris: Gallimard, 1966.

Frede, D. "The cognitive role of phantasia in Aristotle". In: *Essays on Aristotle's De anima*, M. C. Nussbaum e A. O. Rorty (orgs.). Oxford: Clarendon Press, 1992.

Freud, S. "Zum psychischen Mechanismus der Vergensslichkeit" (1898). In: *Gesammelte Werke*, vol. I. Frankfurt a.M.: S. Fischer, 1972. (As obras completas de Freud estão traduzidas em português, mais de uma reedição tem aparecido.)

Freud, S. *Vorlesungen zur Einführung in die Psychanalyse* (1917), ed. cit.: vol. XI. Frankfurt a.M.: S. Fischer, 1969.

Freud, S.: *Zur Psychopatologie des Alttagsleben* (1901). In: *Obras completas*, vol. IV, 1969.

Fried, M. "Art and objecthood" (1967), cita-se a tradução de R. Guardiola: "Arte y objectualidad". In: *Michael Fried: Arte y objectualidad. Ensayos y reseñas*. Madri: A. Machado Libros, 2004, p. 173-194.

Friedlander, S. Cf. LaCapra, D., 1992.

Frye, N. *Anatomy of criticism. Four essays.* Princeton, New Jersey: Princeton University Press, 1957.

Gebauer G. e Christoph, W. *Mimesis: Kuktur – Kunst – Gesellschaft.* Hamburgo: Rowohlts Enzyklopädie, 1992.

Gil, F. *Mimesis e negação.* Lisboa: Imprensa Nacional / Casa da Moeda, 1984.

Ginzburg, C. "Just one witness". In: *Probing the limits of representation*, op. cit.

Ginzburg, C. *Rapporti di forza – Storia, rettorica, prova* (2000). Trad. Batista Neto: *Relações de força – história, retórica, prova.* São Paulo: Companhia das Letras, 2002.

Girard, R. em colaboração com J.-M. Oughourlian e G. Lefort. *Des choses cachées depuis la fondation du monde.* Paris: Grasset, 1978.

Girard, R. *La violence et le sacré.* Paris: Grasset, 1972.

Girard, R. *Mensonge romantique et vérité romanesque.* Paris: Grasset, 1961.

Goethe, J. W. "Diderots Versuch über die Malerei" (1799). In: *Berliner Ausgabe. Kunsttheoretische Schriften und Übersetzungen*, I. Berlin / Weimar: Aufbau-Verlag, 1977.

Goethe, J. W. "Über Wahrheit und Wahrscheinlichkeit der Kunstwerke. Ein Gespräch" (1798). In: *Werke. Hamburger Ausgabe*, vol. 12, E. Trunz (org.). Munique: DTV, 1998.

Goethe, J. W. von. *Die Wahlverwandtchaften* (1809). In: *Werke*, vol. 6: *Romane und Novellen*. Hamburger Ausgabe. Munique: DTV, 1998.
Grabar, A. Cf. Chatzidakis, M.
Grabar, O. *The mediation of ornament*. Princeton, New Jersey: Princeton University Press, 1992.
Halliwell, S. *The aesthetics of mimesis. Ancient texts and modern problems*. Princeton / Oxford: Princeton University Press, 2002.
Hanssen, B. "Language and mimesis in Walter Benjamin's work". In: *The Cambridge companion to Walter Benjamin*, D. S. Ferris (org.). Cambridge: Cambridge University Press, 2004, p. 54-72.
Heidegger, M. "Die Frage nach der Technik". In: *Vorträge und Aufsätze* (1954). Ed. cit: Stuttgart: Klett Cotta, 2009.
Helfer, M. B. *The retreat of representation. The concept of Darstellung in german critical discouse*. New York: State University of New York Press, 1996.
Husserl, E. *Logische Untersuchungen. Zweiter Band. 1. Teil* (1901). In: *Gesammelte Schriften*, 3. Hamburgo: Felix Meiner, 1992.
Husserl, E. *Ideen zu einer reinen Phänomenologie* (1903). In: *Gesammelte Schriften*, 5, op. cit.
Iser, W. "Mimesis – Emergenz" (publicação póstuma). In: *Emergenz*, A. Schmitz (org.). Konstanz: Konstanz University Press, 2013.
Iser, W. "Representation: a performative act". In: *The aims of representation*, M. Krieger (org.). Stanford, California: Stanford University Press, 1987, p. 217-233.
Iser, W. *Das Fiktive und das Imaginäre. Perspektiven literarischer Anthropologie*. Frankfurt a.M.: Suhrkamp, 1991. Trad. rev. J. Kretschmer: *O fictício e o imaginário. Perspectivas de uma antropologia literária*. Rio de Janeiro: Eduerj, 2011.
Jay, M. *Reason after its eclipse, on late critical theory*. Madison, Wisconsin: The University of Wisconsin Press, 2016.
Kant, I. *Anthropologie in pragmatischer Hinsicht* (1798). In: *Werkausgabe*, vol. VII, op. cit.
Kant, I. *Kritik der praktischen Vernunft* (1788). In: *Werkausgabe*, vol. VII. W. Weischedel (org.). Frankfurt a.M.: Suhrkamp, 1974.
Kant, I. *Kritik der Urteilskraft* (1790). In: *Schriften zur Ästhetik und Naturphilosophie*, Werke III, M. Frank e V. Zanetti (orgs.). Frankfurt a.M.: Deutscher Klassiker, 1996, p. 479-880.
Kirwan, M. *Discovering Girard* (2004). Trad. A. L. Correia da Costa: *Teoria mimética: conceitos fundamentais*. São Paulo: É Realizações, 2015.
Koller, H. "Mimesis", verbete. In: *Historisches Wörterbuch der Philosophie*, J. Ritter e K. Gründer (orgs.), vol. 5. Basileia / Stuttgart: Schwabe & Co., 1980.
Koller, H. *Die Mimesis in der Antike. Nachahmung, Darstellung, Ausdruck*. "Diss. Bern.", ser. 1. Berna, 1954.

Koselleck, R. "Fiktion und geschichtliche Wirklichkeit" (1976), republicado em *Vom Sinn und Unsinn der Geschichte*, C. Dutt (org.). Frankfurt a.M.: Suhrkamp, 2010, p. 80-95.

Koselleck, R. "Geschichte, Historie", verbete, vol. 2 dos *Geschichtliche Grundbegriffe* (1975). Trad. em *O conceito de história*. São Paulo: Autêntica Editora, 2013, p. 119-184.

Krieger, M. "The literary, the textual, the social". In: *The aims of representation*, op. cit., p. 23-67.

LaCapra, D. "Criticism today". In: *The aims of representation*, op. cit., p. 235-255.

LaCapra, D. "Representing the holocaust: reflections on the historian's debate". In: *Probing the limits of representation. Nazism and the "final solution"*, S. Friedlander (org.). Cambridge / Massachusetts / Londres: Harvard University Press, 1992.

LaCapra, D. *Representing the Holocaust. History, theory, trauma*. Ithaca / Londres: Cornell University Press, 1994.

Lacoue-Labarthe, P. "Typographie". In: *Mimesis des articulations*, S. Agacinski, J. Derrida et al. Paris: Aubier-Flammarion, 1975, p. 168-270.

Lacoue-Labarthe, P. e Nancy, J.-L. "Scène. Un échange de lettres". In: *Nouvelle revue de psychanalyse*. Paris: Gallimard, n. 46, outono de 1992, p. 73-98.

Lacoue-Labarthe, P. e Nancy, J.-L. *L'Abolu littéraire. Théorie de la littérature du romantisme allemand*, com a colaboração de Anne-Maria Lang. Paris: Seuil, 1978.

Lallot, J. Cf. Dupont-Roc, R.

Lang, B. *Act and idea in the nazi genocide*. New York: Syracuse University Press, 1990.

Laub, D. Cf. Felman, S. (1992).

Leopardi, G. "Storia del genere humane". In: *Operette morali* (1827). Trad. e introd. M. Periquito: "História da espécie humana". In: *Pequenas obras morais*. Lisboa: Relógio d'Água Editores, 2003, p. 17-33.

Lessing, G. E. *Laocoon* (1766). Trad. M. Seligmann-Silva: *Laoconte ou sobre as fronteiras da pintura e da poesia*. São Paulo: Iluminuras, 1998.

Lévi-Strauss, C. "Postface aux chapitres III et IV" (1956). In: *Anthropologie structurale*. Paris: Plon, 1958. Trad. em port.: *Antropologia estrutural*. São Paulo: Ubu, 2017.

Lorenz, K. *Das sogenannte Böse zur Naturgeschichte der Agression* (1963). Trad. V. Fritsch: *L'Agression. Une histoire naturelle du mal*. Paris: Flammarion, 1969.

Lorenz, K. *Die Rückseite des Spiegels* (1973). Trad. J. Etoré: *L'Envers du miroir. Une histoire naturelle de la connaissance*. Paris: Flammarion, 1975.

Lorenz, K. Über tierisches und menschliches Verhalten. Aus dem Werdegang der Verhaltenslehre (1965). Trad. C. e P. Fredet: *Essais sur le comportement animal et humain*. Paris: Éditions du Seuil, 1970.

Lyotard, J-F. "Judiciousness in dispute, or Kant after Marx". In: *The aims of representation*, op. cit.

Magalhães Pinto, A. "Mímesis, imaginação e torsão temporal". In: *Eutomia*. Recife, dezembro 2012.

Mammì, L. *O que resta. Arte e crítica de arte*. São Paulo: Companhia das Letras, 2012.

Man, P. de. *Wartime journalism, 1939-1943*. Hamacher, W., Hertz, H. e Keenan, T. (orgs.). Lincoln / Londres: University of Nebraska Press, 1988.

Marin, L. "La dissolution de l'homme dans les sciences humaines: modèle linguistique et sujet significant" (1973). In: *De la représentation*. Paris: Hautes Études, Gallimard, Seuil, 1994, p. 11-22.

Marin, L. "Champ théorique et pratique symbolique" (1974). In: *De la représentation*, op. cit., p. 23-45.

Marin, L. "Le concept de figurabilité" (1990). In: *De la représentation*, op. cit., p. 62-70.

Marin, L. "Mimésis et description, ou de la curiosité à la méthode de l'age de Montaigne à celui de Descartes" (1988). In: *De la représentation*, op. cit., p. 71-92.

Marin, L. *Les pouvoirs de l'image*. Paris: Seuil, 1993.

McKeon, R. "Rhetoric in the middle ages." In: *Speculum, a jornal of mediaeval studies*, vol. XVII, n. 1, janeiro, 1942.

McLuhan, M. *The classical trivium. The place of Thomas Nash in the teaching of his time* (2005). Trad. cit. H. Langone: *O trivium clássico. O lugar de Thomas Nash no ensino de seu tempo*. São Paulo: É Realizações, 2012.

Merleau-Ponty, M. "De Mauss à Claude Lévi-Strauss". In: *Signes*. Paris: Gallimard, 1960, p. 143-157.

Merleau-Ponty, M. "Le doute de Cézanne". In: *Sens et non sens* (1948), ed. cit.: Paris: Nagel, 1963, p. 15-44.

Merleau-Ponty, M. *L'Oeil et l'esprit*. Prefácio de C. Lefort. Paris: Gallimard, 1964b.

Merleau-Ponty, M. *Le visible et l'invisible, suivi de notes de travail par Maurice Merleau-Ponty* (1964a), C. Lefort (org., advertência e posfácio). Trad. J. A. Giannotti e A. M. d'Oliveira: *O visível e o invisível*. São Paulo: Perspectiva, 1971.

Merleau-Ponty, M. *Phénoménologie de la perception*. Paris: Gallimard, 1945.

Merleau-Ponty, M. *Résumés de cours, 1952-1960*. Paris: Gallimard, 1968.

Nancy, J.L. "Scène. Un échange de lettres". In: *Nouvelle revue de psychanalyse*, n. 46, 1992, p. 73-98.

Nancy, J-L. "Le ventriloque". In: *Mimesis des articulations*, op. cit., p. 273-338.

Nietzsche, F. *Nachgelassene Fragmente (1869-1874)*. In: *Kritische Studienausgabe*, vol. 7, G. Colli e M. Montionari (orgs.). Berlim: DTV / de Gruyter, 1988.

Nietzsche, F. *Zur Genealogie der Moral* (1887). In: *Kritische Studienausgabe*, G. Colli e M. Montinari (orgs.), vol. V. Munique / New York: DTV/ de Gruyter, 1988.

Panofsky, E. "Das Problem del Stils in der bildenden Kunst" (1915) e "Zum Problem des Beschreibung und Inhaltsdeutung von Werken der bildenden Kunst" (1932), transcritos em *Aufsätze zu Grundfragen der Kunstwissenschaft*, H. Oberer e E. Verheyen (orgs.). Berlim: Wissenschaftsaverlag Volker Spiess, 1985.

Pascal, B. *Pensées* (1711). In: *Oeuvres complètes*, J. Chevalier (org.). Paris: Pléiade, 1954.

Payne, T. (org.). Cf. Barbera, J. R.

Pinheiro, P. Nota à sua tradução da *Poética* de Aristóteles, op. cit.

Platão. *A República*. Trad. C. A. Nunes. Belém do Pará: Universidade Federal do Pará, 1976.

Platão. *Crátilo*. Trad. C. A. Nunes. In: *Diálogos*, vol. IX. Belém do Pará: Universidade Federal do Pará, 1973.

Platão. *Filebo*. Trad. C. A. Nunes. In: *Diálogos*, vol. VIII, 1974.

Platão. *Le sophiste*. Trad. N.-L. Cordero. Paris: Flammarion, 1993.

Platão. *Leis*. Trad. C. A. Nunes. Belém do Pará: Universidade Federal do Pará, 1980.

Platão. *Político*. Trad. C. A. Nunes. Belém do Pará: Universidade Federal do Pará, 1980.

Plínio, o Velho. *Histoire naturelle XXXV. La peinture*. Trad. J. M. Croissille. Paris: Les Belles Lettres, 1997.

Quasimodo, S. "Ed è súbito sera". In: *Tutte le poesie*. Milão: Mondadori, 1960.

Rutten, C. "L'analogie chez Aristote". In: *Revue de philosophie ancienne*, n. 1, sobre "La métaphysique de Aristote". Bruxelas: Ousia, 1983.

Scholem, G. *Geschichte einer Freundschaft* (1975). Trad. H. Zohn: *The story of a friendship*. Philadelphia: The Jewish Publication Society of America, 1981.

Schorske, C. E. *Thinking with history: explorations in the passage to modernism* (1998). Trad. cit. P. M. Soares: *Pensando com a história. Indagações na passagem para o modernismo*. São Paulo: Companhia das Letras, 2000.

Sedlmayr, H. *Verlust der Mitte – Die bildende Kunst des 19. und 20. Jahrhunderts als Symptom und Symbol der Zeit*. Trad. B. Battershaw: *Art in crisis. The lost center*. Chicago: Henry Regnery Company, 1959.

Seyhan, A. *Representation and its discontents. The critical legacy of german romanticism*. Berkeley / Los Angeles / Oxford: University of California Press, 1992.

Slatman, J. *L'Expression au-delà de la représentation. Sur l'aisthesis et l'esthétique chez Merleau-Ponty*. Louvain: Peeters, 2003.

Solomon, R. S. "One hundred years of *ressentiment*. Nietzsche's Genealogy of morals" (1984). In: *Nietzsche, genealogy, morality*, op. cit., p. 95-126.

Spingarn, J. *Literary criticism in the Renaissance* (1899). Reed. com introd. de B. Weinberg. New York / Burlingame: A Harbinger Books, 1963.

Steiner, G. *The poetry of thought. From hellenism to Celan.* New York: A New Direction Book, 2011.

Trotignon, P. "Réflexions métaphysiques sur le concept de representation". In: *Revue des Sciences Humaines*, n. 154, 1954, p. 195-201.

Valéry, P. "Discours sur l'esthétique". Trad. E. Viveiros de Castro: "Discurso sobre a estética" in *Teoria da literatura em suas fontes*, vol. I, L. Costa Lima (org.). Rio de Janeiro: Francisco Alves, 1983.

Valéry, P. "Introduction à la méthode de Léonard da Vinci" (1895). In: *Oeuvres*, tomo I, H. Hytier (org.). Paris: Pléiade, 1957.

Vasari, G. *Vite de più eccelenti pittori, scultori e architettori* (1550). Seleção, trad., estudo preliminar e notas de J. E. Payró. México: Editorial Cumbre, 1980.

Weinrich, H. "Linguistik des Widerspruch". In: *To honor Roman Jakobson. Essays on the occasion of his seventieth birthday*, vol. III. Haia / Paris: Montoun, 1967, p. 2212-2218.

Welsch, W. *Aisthesis. Grundzüge und Perspektiven der aristotelischen Sinneslehre.* Stuttgart: Klett-Cotta, 1987.

Welsch, W. *Grenzgänge der Ästhetik.* Stuttgart: Philipp Reclam, 1996.

White, H. "Historical emplotment and the problem of truth". In: *Probing the limits of representation,* op. cit., p. 37-53.

Winckelmann, J. J. *Geschichte der Kunst des Alterthums* (1764). Trad., introd. e notas de D. Gallo: *Histoire de l'art dans l'antiquité.* Paris: Librairie Générale Française, 2005.

Woodruff, P. "Aristotle on mimesis". In: *Essays on Aristotle's Poetics*, A. O. Rorty (org.). Princeton, New Jersey: Princeton University Press, 1992.

Worringer, W. *Problematik der Gegenwartskunst* (1948). Trad. L. Rosenthal: *Problemática del arte contemporáneo.* Buenos Aires: Editorial Nueva Visión, 1958.

Índice remissivo

Absoluta, metáfora: 277
Absoluto, eu: 197
Abstracionismo: 63, 66-67, 113
Abstrato, expressionismo: 115
Adorno, T. W.: 163, 176, 204, 274
Adriano: 75
Agamêmnon: 78
Agatão: 34
Agostinho: 38, 119, 236, 276
Agrado: 66-67
Aitmostow, T.: 304
Alberti, L. B: 54, 55, 234-236
Alberti, R.: 293
Alberto, o Grande: 236
Alegoria: 102, 235
Alonso, D.: 297
Anacronismo e escrita da história: 227
Anamnese: 256, 263-264, 278
Angelico, Fra: 223, 230, 232-234, 236, 238-239, 243
Anschauung: cf. Intuição
Antelmeu, R.: 224
Antepredicativa, realidade: 174
Antonino, Santo: 234, 236
Apeles: 77
Apresentação: 19, 126, 152, 160-162, 237-238, 241-242, 256, 282
Aquino, T. de: 236
Arendt, H.: 226, 283
Argan, G. C.: 19, 112-119, 222, 247
Aristófanes: 34
Aristóteles: 15, 29, 37, 42-43, 46-49, 51-52, 64, 100, 121, 143, 155-156, 159-160, 190, 206, 220, 235, 251, 254-255, 275, 280, 303

Art, pop: 66, 108, 112
Arte, morte/perda de centro da: 31, 39, 66, 68, 103-105, 109, 114-116, 118
Ascético, ideal: 36-37, 284
Assis, M. de: 300-302
Ática, tragédia: 201-203
Auerbach, E.: 135-136, 289-308
Autocentrado, sujeito: 161, 166, 171, 189-190, 193, 216, 223
Azevedo, A.: 247

Bacon, F.: 94, 117
Bahti, T.: 229
Bakhtin, M.: 145, 153
Balzac, H. de: 297, 300-302
Barck, K.-H.: 26, 289, 307-308
Baroja, P.: 294
Barthelme, D.: 304
Barthes, R.: 135-137, 281-283
Batteux, C.: 80
Baumgarten, A. G.: 68, 70-74, 79-80, 84, 88, 93-94, 98, 151, 255
Baxandall, M.; 234, 236, 239
Beauvoir, S. de: 177
Beckett, S.: 151, 304
Béguin, A.: 292
Beleza, belo: 38, 39-41, 44, 56, 75, 77, 80, 82, 87, 92-93, 151, 202, 226, 231
Belting, H.: 57-65, 105-109, 113
Bem: 38, 40-41, 90, 102, 284
Benjalou, T.: 304
Benjamin, W.: 112, 116-117, 137, 163, 195-209, 231, 305, 307-308
Benzaquen, R.: 27

Bloch, E.: 292
Bloom, M.: 102
Blumenberg, H.: 145, 175-176, 178-179, 236, 274-276, 283
Bizantina, arte: 52, 60-63, 199
Blanchot, M.: 224
Boccaccio, G.: 298
Borch-Jacobsen, M.: 256, 259-260
Borges, J. L.: 299, 304-305
Boyd, J.: 251
Brandão, G. M.: 302
Braudel, F.: 251, 300
Brecht, B.: 47
Browning, C.: 141
Bruno, G.: 241
Bruns, G.: 94, 96-99
Burckhardt, J.: 294
Burke, E.: 80

Calvino, I.: 288
Campos, A. de.: 171, 283
Campos, H. de: 26, 66
Candido, A.: 289-290, 300-301, 306
Canetti, E.: 265
Carbone, M.: 182
Cárdenas, L.: 292
Carone, M: 136
Carroll, D.: 153
Carpeaux, O. M.: 26
Cassirer, E.: 34, 96-98, 274
Catarse: 43, 254
Causalidade: 84, 93, 130-131, 134, 147-149, 242
Cendrars, B.: 295
Cervantes, M. de: 184
Cézanne, P.: 60, 115, 182-183
Charis: cf. Graça
Chatzidakis, M.: 62
Chumacero, A.: 293
Ciência, desenvolvimento da, epistemologia da: 81
Cimabue: 56

Coleridge, S. T.: 304-305
Conceito, esboço de: 242, 279, 281
Conceito, univocidade do: 86, 217, 276
Concreta, poesia: 92, 283
Confissão, gênero da: 167, 169, 228-229
Constantino: 57-59
Constantinopla: 57, 60
Contrarracionalidade: 139
Contrarreforma: 41, 200, 203
Corchuelo, L.: 294
Cordero, N. L.: 121
Correspondência: 34, 40, 42-44, 46, 51, 59, 62, 64, 70, 94, 98, 128-129, 197, 204-205, 207, 218, 235, 237, 252, 260
Cortázar, J.: 299, 308
Costa Lima, L.: 13-17, 19-20, 62, 66, 81, 89, 256, 262, 266, 268, 277, 306
Criatural, realismo: 296
Cristão, pensamento: 52, 64, 209
Cristianismo: 80, 186, 195, 209, 232, 239, 241, 284, 287
Cristo: 44, 58-59, 64-65, 91, 186, 234
Croce, B.: 119, 141
Culto, função de imagens de: 61
Cultural, modernização: 292
Curtius, E. R.: 293, 296

Danner, M.: 99
Dante: 297, 299
Danto, A.: 111
Da Vinci, L.: 56, 60, 91
Decadência, arte da: 298
Decorativo: 92
Deleuze, G.: 176, 284-286, 304
Derrida, J.: 229, 304
Descartes, R.: 88, 122-123, 126-127, 129-131, 133, 142, 150-151, 176, 235, 273

Desconstrução: 229, 302, 305, 306
Desigual, desenvolvimento: 302
"Desvio, arte do": 97
Determinismo: 74-75
Dianoia: cf. Pensamento
Dialética: 117, 181, 183, 203, 243, 246, 301-302, 305
Diderot, D.: 79-84, 218
Diferença: 14, 20, 43-45, 67, 112, 222, 242, 250, 279
Différend: 144-146, 148-149, 153-154
Dilthey, W.: 292, 295
Diner, D: 138-140, 143
Dioniso: 31, 33, 201
Direto, discurso: 266
Documentário: 231
Doesburg, van: 66
Dostoievski, F.: 184, 186, 189
Drew, E.: 272
Duchamp. M.: 108-110, 112
Dupont-Roc, R.: 43, 47, 51-52
Dürer, A.: 44

Eddington, A. E.: 137-138
Edgerton, S.: 236
Eficiente, energia: 97
Efigênia: 78
Eidética, redução: 175, 182
Eikos: cf. Verossímil
El Greco: 200
Eliot, T. S.: 98
Else, G.: 13
Engano: 37, 46-47, 49, 65, 123, 161
Ensaio como gênero: 172
Entimema: 144
Epicuristas: 51-52
Erro: 29, 39, 49, 54, 76, 133-134, 162, 209, 253, 274
Erudita, crítica: 286
Espaço: cf. Tempo como *a priori*
Esquematismo: 85
Ésquilo: 32-33, 202

Essência: 95, 109, 134, 173-175, 181, 200, 209, 211-212, 275-276, 283, 285
Estética e ética: 231
Estética, explosão: 116
Estética, mediação: 60
Estético-ficcional, precipitação: 226

Estetização: 16, 19, 116-118, 226
Estilos, mescla de: 296-297, 299, 302
Estoicos: 51-52
Estrabão: 32
Estrutura com vazios: 93
Estruturalismo: 17, 27
Etimológico/a, argumento, base: 33
Eu, distanciamento do": 245, 260
Eu, expressão identitária: 44
Expiatório, bode: 192, 195
Expressão (como paralela à imitação): 31, 33, 37, 77-78, 115, 132, 245, 254
Externa, ficção: 268-270, 272-273, 278

Fajardo, D. S.: 24
"Falsidades, tecido de": 80
Faoro, R.: 300, 301
Fato e evento: 135
Faulkner, W.: 299
Felman, S.: 228-230
Ferry, L.: 118
Ficção, espécies de: 96
Figura: 38, 44, 51, 53, 56, 58-59, 62, 66, 75, 77, 129, 158, 188, 200-201, 207, 210-211, 233-236, 268, 296-297, 299, 307
Flaubert, G.: 94-95, 177, 184
Ficcional: 14, 49, 70, 72, 81, 94-95, 97-98, 102, 124, 135, 138, 140-141, 143, 152-155, 167, 169, 206, 207, 213, 226, 237-238, 240, 255, 260-261, 266-267, 289, 306

Fichte, J. G.: 197
Fictício: 73, 83, 99, 114-115, 123, 192-193, 263, 269-270, 272-273, 278-279, 282
Fiedler, K.: 221-223, 262
Figurativismo: 62
Filodemo: 51, 294
Fitzgerald, R.: 296
Forma, realce da: 216
Formativa, energia: 97-98
Foucault, M.: 155, 163, 165-166, 176, 304
Franco, F.: 291, 295
Frede, D.: 15, 263-264, 276, 280
Freud, L.: 117
Freud, S.: 122, 233, 256-259, 261, 266, 268, 270, 290
Fried, M.: 243-246
Friedlander, S.: 134, 135, 227
Frye, N.: 166-167
Fuentes, C.: 292, 299, 307
Furetière, S.: 153, 162, 164

Galileu: 126, 241
Gaos, J.: 293
Gasset, O.y: 292
Gebauer, G.: 52
Gentile, E.: 141-142
Genova, G. de: 236
Geológica, falha: 29, 119-120, 171, 215, 222
Gil, F.: 23, 25
Giotto: 56, 232
Girard, R.: 184-192, 195
Godard, J.-L.: 225
Goethe, J. W. von: 79, 82-84, 88, 93, 206-208, 277, 307
Goya, F.: 104
Grabar: 62-63, 65, 67
Graça: 61
Grass, G.: 306, 307
Gumbrecht, H. U.: 200

Guillén, J.: 293
Gryphius, A.: 200

Habermas, J.: 176
Halliwell, S.: 30-36, 38-40, 42-44, 51-52, 64, 102, 121
Hansen, J. A.: 63, 307
Hartung, H.: 115
Hegel, G. W. F.: 24, 99, 292
Heidegger, M.: 99, 101, 142, 172, 175-176, 210-215, 219, 230, 283, 286, 293-294
Hedoné: cf. Prazer
Helfer, M. B.: 164
Heráclito: 101
Heterocósmico: 69-72, 84, 103, 151
Hieróglifo: 80
Hirst, D.: 110
Hitler, A.: 291
Holanda, S. B. de: 295-296
Hölderlin, F.: 99, 101
Holmes, S.: 102
Holocausto: 143, 223, 225-226, 228, 230
Holocausto, irrepresentatividade do: 135
Homero: 34, 36, 68
Horácio: 29, 52-53, 54
Horkheimer, M.: 204
Hubert: 191
Hugo, V.: 92
Humilis, sermo: 290, 296
Husserl, E.: 172-176, 178-180, 292, 294
Hutcheson, F.: 80

Ich-Ferne: cf. "Eu, distanciamento do"
Ícone, iconicidade: 59-61, 64, 112, 233
Iconografia: 62, 233, 242
Iconologia: 233, 242

Identidade, conceito de: 86
Imagem, estatuto, sacralização: 61-62, 65, 231
Imaginação: 15, 56, 75-80, 127-128, 130, 132, 155-156, 168, 217, 224-226, 240, 242, 246-247, 256, 262-264, 269, 304-305
Imaginário, controle do: 18, 61, 256, 264, 268, 282, 303, 306
Imaz, E.: 293-295
Imitação: 15, 16, 24, 29, 30-31, 32, 33, 35, 38-40, 42-44, 50-51, 54, 56, 59, 62, 64, 68-69, 71-84, 88-89, 91-92, 94, 100, 102, 104, 112, 121-123, 136, 139, 143-144, 150-151, 153, 155, 159, 162-165, 171, 183-185, 187, 189, 190, 194, 196-198, 201, 206, 210, 213, 215-216, 218, 231, 234, 238, 241, 249, 251, 252, 254-255, 260, 266, 267, 275, 278, 281-283, 291, 305, 306
Imitatio: cf. Imitação
Indicial, narrativa: 144, 238
Indeterminação: 19, 76, 86-87, 90-93, 157, 235, 237-239, 305
Indicidibilidade: 233
Indireto, discurso: 266
Interna, ficção: 224, 255, 265, 268, 270-271, 277, 279
Intuição, intuitivo: 16-17, 69, 72, 81-82, 84-85, 87, 97, 129, 137, 151, 161, 209, 255, 281
Intencionalidade: 174-175
Iser, W.: 93, 151-155, 162, 164, 237, 269, 270, 278, 281-283

Jäckel, E.: 140
Jan, Mo: 304
Jay, M.: 273
Joyce, J.: 95, 296, 299
Judd, D.: 244
Jünger, E.: 210-212

Kafka, F.: 102, 137, 195, 299
Kant, I.: 16-18, 71, 84-87, 119, 144-151, 157, 164, 176, 250, 255, 274, 292
Kirilov: 186
Kirwan, M.: 195
Koller, H. L.: 31-33
Kosuth, J.: 111-112
Krauss, W.: 297
Krieger, M.: 145, 151, 153
Kubistchek, J.: 300
Kundera, M.: 304

Laocoon: 76-77
LaCapra, D.: 132, 140, 153, 227-229
Lallot, J.: 43, 47, 51, 252
Lacan, J.: 299
Landino, C.: 234
Lang, B.: 135
Lanzmann, C.: 135, 140, 223-224, 226-227
Latino-americana, *intelligentsia*: 291
Laub, D.: 228
Lautréamont, c. de: 308
Leclaire, T.: 254
Leibniz, G. W.: 273-274
Leopardi, G.: 166, 169, 171-172
Lessing, G. E.: 77, 79
Levi, P.: 226
Levin, H.: 299
Lévi-Strauss, C.: 27, 177, 191, 281-282, 299
Lewis, R.: 299
Lida, R.: 293, 295
Lisboa, M.: 265
Lisipo: 77
Livre, discurso indireto: 266
Lohenstein, G. C. von: 200
Longino: 52
Lorca, F. G.: 293
Lorenz, K.: 252-254

Louzada Filho, O. C.: 302
Lucas, São: 236-237
Lukács, G.: 24, 89, 163, 297-298, 300-302
Lyotard, J.-F.: 85, 144-146, 148-150, 153

McKeon, R.: 276
Machado de Assis: 300-302
McLuhan, M.: 24, 276
Magalhães Pinto, A.: 256, 260, 262-263
Mágico, realismo: 303-304
Maldiney, H.: 218-220, 224, 246
Malevich,K.: 63
Mammì. L.: 109-112, 114
Man, P. de: 228-230
Mann, T.: 295
Maravilhoso, estética do: 304
Maria: 56, 63, 65, 237
Marin, L.: 119-120, 122, 124-126, 153, 218-219, 221
Marquard, O.: 98
Márquez, G. G.: 303-305
Marx, K.: 24, 144, 302
Mauss, M.: 177, 191
Mediática, imagem: 107
Merleau-Ponty, M.: 176-183
"Metafísico, halo": 92
Metáfora: 20, 33, 43, 51, 133, 183, 212, 219, 220, 222, 234, 239, 275-277, 279-280, 286, 304
Metaforologia: 71, 275
Metafísica, verdade: 34
"Metafísico, halo": 92
Michelangelo: 81
Miller, A.: 45
Miller, L.: 226
Mimeisthai: 31-32, 34, 160, 252
Mímema: 18, 39, 43, 46, 49, 62, 64, 67-68, 73, 112, 115, 134, 151, 156, 216, 219, 263, 269, 279

Mímesis: 13, 14, 16-19, 21, 23-27, 29-36, 39, 42-47, 49-52, 56-57, 59, 61-67, 72, 88-89, 90-94, 98, 100-103, 114-115, 119-123, 125-126, 132, 135-136, 142-144, 150-164, 166-167, 169, 171-172, 176-177, 183-185, 187, 189, 190-194, 196-198, 200-219, 221, 231, 237-239, 241-242, 250-252, 254-264, 266, 270, 275, 278-283, 288, 291, 293, 296, 298, 300-301, 303-306
Mímesis, ostracismo da: 24, 89-90, 92, 115, 167, 171-172, 221, 241, 251
Mímesis zero: "Mimético, desejo": 185-190, 193
Mimos: 31, 33
Minimalismo: 223, 243-245
Miranda, W. de M.: 300
Miró, J.: 116
Modernidade: 16, 98, 105, 107-109, 113, 117, 120, 249, 307
Modernos, tempos: 47, 65, 126, 193, 236, 239, 298
Mondrian, P.: 63, 66, 115
Montagem: 45, 115, 224-225, 270
Montaigne, M. de: 122-123, 151, 269, 298
Monroe, M.: 109
Morris, R.: 244-246
Morrison, T.: 304
Mozart, W. A.: 128
Múmia: 75
Mussolini, B.: 291
Muzio: 53

Nachahmung: cf. Imitação
Nacional,: 27, 273, 292, 302
Natureza, ciência, imitação, ordem, leis, preceito, princípio, verdade da: 15, 24, 42, 56, 71, 77, 81, 83, 137, 216, 249, 281

Naudé, G.: 122-123
Negativa, dialética: 246
Neokantismo: 173, 274
Newton, I.: 83-84, 88
Niceia, concílio: 60
Nietzsche, F.: 88, 201, 210-214, 283-287
Noético, momento: 174
Nominalismo, ta: 110-111

Objetividade: 23, 126, 217
Ocampo, V.: 293
Oe, K.: 304
Ornamento: 17, 63-64, 67, 91-92, 212
Oughourlian, J. M.: 184
Ousía: cf. Essência

Pagnoux, E.: 226
Panofsky, E.: 233, 235, 241, 242
Pamuk, O.: 304
Parrásio de Éfeso: 54
Pascal, B.: 119-121, 269
Pensamento: 50
Peirce, C. S.: 122, 233
Perceptiva, fé: 179-181
Periferia: 71, 283, 291, 292, 305
Performática, crítica: 286
Perón, J. D.: 293
Pharmakós: 192
Physis: cf. Natureza
Picasso, P.: 104
Platão: 29, 34-38, 40, 42, 44, 47-49, 52, 64-65, 102, 121, 123, 155, 160, 187, 210-211, 213, 215, 250-251, 273, 276, 303
Plekhanov, G. W.: 297
Plínio, o Velho: 52-54, 231
Polanski, R.: 141
Pollock, J.: 114-116
Poetologia: 52-54, 62
Pop, art: 66, 108, 112

Pós-moderna, periferia: 305
Prado, A. A.: 320
Praxíteles: 77
Prazer: 50
Proust, M.: 136, 184, 189, 296
Psamétrico: 74

Quevedo, F.: 293
Quintiliano: 52, 53

Racine, J.: 80, 92
Rafael: 44
Raines, S.: 308
Razão: 85, 274
"Razão, monograma da": 85
Realidade, princípio de: 249, 255, 261-262, 269
Receptor: 16, 43, 60, 63, 91, 103, 112, 135, 143, 169, 198, 231
Reduplicação: 40, 123, 153, 160, 165, 166, 177, 206, 213
Referente: 20, 54, 59, 64, 76, 94, 112, 144, 146, 149, 154, 174, 214, 218-219, 222, 237, 238, 277, 279, 280
Reflexão, centralidade da, juízo de: 16, 147, 197, 242, 250
Reflexo, teoria do: 297
Reforma: 65
Religiosa, pintura: 61
Renascimento: 52, 54, 57, 60, 200, 235, 303, 306
Representação: 19, 25, 26, 35, 42, 44-46, 61, 68-70, 72, 76, 87, 120, 122-124, 126-128, 131, 132, 134-136, 138-145, 147, 152, 153, 158-162, 164-166, 211, 213, 214, 223, 234, 237, 238, 266, 267, 282, 297, 300, 301, 304, 305, 307
Representação, efeito: 13-14, 24, 52-53, 67, 125-126, 132, 142, 183, 218, 228

Retórica, retórico, enfeite: 52-53, 68, 143, 144, 196, 220, 268, 274, 275, 307
Riegl, A.: 89, 242
Rincón, C: 289, 321
Rios, F. G. de los: 295
Ripa, C.: 233, 235
Ritmo: 31, 44, 114, 265, 266
Rodin, A.: 44
Rousseau, J.-J.: 210
Ruiz, F.: 293
Rulfo, J.: 299
Rushdie, S.: 304

Sacrifício: 78, 109, 185, 186, 191, 192-194, 201, 203
Sade, M. de: 110
Salisbury, J.: 24
Santos, imagem dos: 58
Sartre, J.P.: 176-177
Saussure, F. de: 124, 214, 219
Scaliger, J.J.: 68
Schapiro, M.: 108, 308
Scheler, M.: 96-97
Schmitt, C.: 199-200, 271
Scholem, G.: 137, 205
Schopenhauer, A.: 38, 294
Schwab, E.: 16, 226
Schwarz, R.: 301-302, 306
Schweizer, H. R.: 71, 73
Sedlmayr, H.: 103-105
Semelhança: 14, 20, 30-31, 35, 40, 44, 46, 51, 58, 62, 65, 67, 71, 74, 75, 99, 100, 112, 115, 119, 162, 192, 203, 206, 222, 232, 242, 250, 279, 303
Semelhança e diferença: 67, 112, 222, 242, 250, 279
Sensível: cf. Sentido e sensível
Sentido e sensível: 15, 24, 71, 72, 73, 100, 118, 174, 211, 242, 264, 276, 280, 281, 298

Serna, J. R. de la: 289
Significado: 19, 31, 32, 63, 66, 94, 96, 139, 149, 159, 201, 204, 212, 280, 281, 286, 298
Significante: 63, 65, 66, 67, 219, 281
Signo, hiato do: 156, 214, 222, 238, 279
Simbólicas, formas: 97
Símbolo: 60, 186, 87, 103
Símbolo, ambiguidade do: 86
Simmel, G.: 294
Simulacro, teorias do: 303
Sinn: cf. Sentido e sensível
Sinnlich: cf. Sentido e sensível
Shakespeare, W.: 184
Slatman, J.: 178-179, 182
Sócrates: 35, 37, 102, 251, 276
Solomon, R. C.: 284
Soulages, P.: 115-116
Sousândrade, J. de: 247
Sperber, P. e S. F.: 300
Spingarn, J.: 52-53
Spitzer, L.: 293, 297
Stella, F.: 63
Stendhal: 189, 297, 301, 302
Stevens, W.: 94
Strauss, L.: 27, 177, 191, 281-282, 298-300
Stravroguine: 189

Tachismo: 234
Techné: 50, 121
Tempo, como *a priori*: 17, 85-86, 96, 256, 298, 306
Teoria, resistência contra a: 303
Terpnón: 63, 67
Teodoreto: 75
Testemunho, gênero do: 231
Teológico-metafísica, parábola: 102
Teódoto: 63
Thompson, J.: 308
Timantes: 78

Ticiano: 56
Tönnies, F.: 294
Transculturação, conceito de: 304
Treml, M.: 289
Trento, concílio de: 64
Triangular, desejo: 186, 188, 190, 194
Tropologia: 235
Trotignon, P.: 124, 125
Trotski, L.: 302
Trublet, N.-C.-J.: 80
Trump, D.: 99, 272-273

Ulisses: 102

Valéry, P.: 66, 90-94
Vargas, G.: 300
Vasari, G.: 54, 56, 231, 241
Verdade: 14, 17-18, 37, 46-47, 49, 51, 53, 61, 69-73, 76-77, 82, 92-93, 120-121, 125, 155-156, 168-169, 210, 212, 255
Vermeer, J.: 114
Vernunft: cf. Razão
Verossímil: 53, 65, 153, 156, 169, 192, 304
Verstand: cf. Entendimento 85, 265
Vicente, G.: 23
Vida, filosofia da: 173

Villanueva, I.: 293
Virilio, P.: 293
Voss: 68
Vossler, K.: 293

Wagner, R.: 38, 117
Wajman, G.: 226
Warburg, A.: 89
Watelet, C. H.: 80, 82
Weber, M.: 276
Weimar, República de: 298
Welsch, W.: 25, 116-118, 276, 280
White, H.: 135-136, 138, 141-144
Wilamowitz-Moellendorff, U. V.: 201
Winckelmann, J. J.: 56, 74, 76-77, 79
Wittgenstein, L.: 119
Woodruff, A.: 43-44, 47-50
Woolf, V.: 135, 296
Worringer, W.: 89-90
Wright, R.: 284-286
Wulf, C.: 52

Zaratustra: 210-212
Zêuxis: 54
Zhdanov, A.: 297
Zola, É.: 44, 298, 301
Zubiria, T. de: 299

Obras do autor

Por que literatura. Petrópolis: Vozes, 1966 (esgotado).
Lira e antilira: Mário, Drummond, Cabral. Rio de Janeiro: Companhia Editora Nacional, 1968; ed. rev. Rio de Janeiro: Topbooks, 1995 (esgotado).
Estruturalismo e teoria da literatura, 1ª e 2ª ed. Petrópolis: Vozes, 1973 (esgotado).
A metamorfose do silêncio. Rio de Janeiro: Eldorado, 1974 (esgotado).
A perversão do trapezista: o romance em Cornélio Penna. Rio de Janeiro: Imago, 1976; ed. rev. sob o título *O romance em Cornélio Penna*. Belo Horizonte: UFMG, 2005 (esgotado).
Mímesis e modernidade. Formas das sombras (1980); 2.ª ed. rev. Rio de Janeiro: Graal, 2003 (esgotado).
Dispersa demanda. Rio de Janeiro: Francisco Alves, 1981 (esgotado).
O controle do imaginário. Razão e imaginação nos tempos modernos (1984); 2ª ed. rev. São Paulo: Brasiliense, 1989. Cf. *Trilogia do controle*, 2007.
O fingidor e o censor. Rio de Janeiro, 1988 (esgotado). Cf. *Trilogia do controle*, 2007.
Pensando nos trópicos (Dispersa demanda II). Rio de Janeiro: Rocco, 1991 (esgotado).
Limites da voz (Montaigne, Schlegel, Kafka). Rio de Janeiro: Rocco, 1993; 2.ª ed. rev. Rio de Janeiro: Topbooks, 2007 (esgotado).
Vida e mímesis. São Paulo: Editora 34, 1995 (esgotado).
Terra ignota. A construção de Os sertões. Rio de Janeiro: Civilização Brasileira, 1997 (esgotado).
Intervenções. São Paulo: Edusp, 2002.
História. Ficção. Literatura. São Paulo: Companhia das Letras, 2006; reimpr. 2011.
Trilogia do controle. O controle do imaginário, Sociedade e discurso ficcional, O fingidor e o censor. Rio de Janeiro: Topbooks, 2007 (esgotado).
O controle do imaginário e a afirmação do romance: Dom Quixote, As relações perigosas, Tristram Shandy. São Paulo: Companhia das Letras, 2009.
O redemunho do horror. As margens do Ocidente. São Paulo: Planeta, 2003; 2.ª ed. São Paulo: Perspectiva, 2011.
Escritos de véspera (org. Aline Magalhães Pinto e Thiago Castañon Loureiro). Florianópolis: Editora da UFSC, 2011.
A ficção e o poema. São Paulo: Companhia das Letras, 2012.
Sebastião Uchoa Leite. Resposta ao agora. São Paulo: Dobra Ensaio, 2012.

Frestas. A teorização em um país periférico. Rio de Janeiro: Editora PUC-Rio / Contraponto, 2013.
Me chamo Lully. Rio de Janeiro: 7 Letras, 2013.
Os eixos da linguagem. Blumenberg e a questão da metáfora. São Paulo: Iluminuras, 2015.
O encontro. Rio de Janeiro: 7 Letras, 2015.
Mímesis e arredores. Curitiba: CRV, 2017.
Melancolia. Literatura. São Paulo: Unesp, 2017.
O insistente inacabado. Recife: Cepe, 2018.

Sobre o autor

Luiz Costa Lima começou sua carreira universitária na Universidade Federal de Pernambuco (UFPE). Nela, não ensinou mais de um ano, pois, havendo colaborado com o programa de alfabetização de Paulo Freire, foi demitido pelo AI-1 (outubro de 1964). Transferiu-se então para o Rio de Janeiro e doutorou-se em Teoria da literatura e literatura comparada, pela Universidade de São Paulo (USP), em 1972, sob orientação de Antônio Candido. Desde 1965, leciona na Pontifícia Universidade Católica do Rio de Janeiro (PUC-Rio), atualmente professor emérito. Foi professor na Universidade do Estado do Rio de Janeiro (UERJ) e, por efeito da anistia, completou seu tempo de serviço na Universidade Federal Fluminense (UFF). Foi professor concursado da Universidade de Minnesota e professor convidado da Universidade de Stanford, da Universidade Johns Hopkins, Universidade de Montreal, Universidade Paris VIII, Universidade Ruhr Bochum e pesquisador do Zentrum für Literatur und Kulturforschung. Recebeu o prêmio de pesquisa da Fundação Humboldt-Stiftung (Berlim), para o ano de 1992. Em 2011, a Universidade australiana de Queensland, realizou um mini-simpósio sobre sua obra. Dos seus livros, três estão traduzidos para o inglês e dois para o alemão.

1ª edição [junho de 2019]
Esta obra foi composta em Minion Pro para texto,
e Meta Plus para títulos.
Miolo impresso em papel Pólen Soft 80g/m²
e capa em Cartão Supremo 300g/m².